프랑스어-한국어 소사전
NOUVEAU DICTIONNAIRE FRANCAIS-COREEN

이승환 장유경 편저

외국어전문
문예림

머리말

한국에서 불어를 공부하는 사람들은 이전에 <엣센스 불한사전>(1984, 민중서림)과 <모델 불한 중사전>(1988, 삼화출판사)등을 주로 참고하였다.

이 두 사전이 출판된 이후 불어 어휘에 많은 변화가 있었고, 최근에는 많은 불어 학습자들이 이러한 변화를 반영한 <동아 프라임 불한사전 개정신판>(2003, 두산동아)을 참고하고 있다.

그러나 이 사전은 불어를 어느 정도 공부한 사람들에게 적합하다. 따라서 불어를 처음 공부하는 고등학생들이나 기초과목으로 불어를 이수하는 대학생들 그리고 불어권 국가에 여행을 떠나는 사람들을 위한 소사전이 필요하다는 생각을 하고 있었다.

사실 우리는 해박한 지식과 면밀한 주의력을 요구하는 사전 편찬에 있어서 적임자가 되지는 못한다. 다만 현재 우리나라에는 상당수의 불한사전이 출판되어 있음에도 처음 불어를 배우는 고교생들을 비롯한 초보자들이 이러한 사전을 활용한다는 것은 복잡한 불어의 성질상 쉬운 일은 아니라는 생각이 들어 이들을 위한 새로운 사전을 만드는데 도전하고자 한 것이다.

다시 말해서 초급 및 중급 불어를 익히는 사람들을 위한 특별한 사전이 필요하다는 요청에 응하고자 하였으며, 더 나아가서 오늘날 일상적으로 쓰이는 불어를 익히게 하고자 하였던 것이다.

그러다가 마침 문예림 측으로부터 <불어-한국

어 소사전>을 편찬해달라는 제의를 받았고, 1년여에 걸친 어려운 작업이 끝나가는 지금 자부와 불안감을 동시에 느끼고 있다. 실질적으로 우리나라 불어 학습자들에게 적합한 보기 쉬운 사전을 내놓았다는 만족감을 느끼는 한편 오류나 누락이 있을지도 모른다는 두려움도 있기 때문이다. 그러나 이 세상에 완벽한 사전은 없을 것이다.

우리는 기본적인 불어 단어만을 싣는 반면 최근 불어권 국가에서 많이 쓰이는 시사용어 및 표현을 추가하였고, 해외여행 및 유학 시 필요한 회화표현을 부록에 실었다.

어느 사전이나 사용자 및 전문가의 비판 그리고 편저자들의 수정과정을 통하여 보다 훌륭한 사전으로 개정되어 나가야 한다고 생각한다. 그런 의미에서 우리는 이 사전이 폭넓은 사용 및 비판의 대상이 되기를 바란다.

아무쪼록 이 사전이 불어를 처음 접하는 이들에게 조금이나마 도움이 되기를 바란다. 끝으로 많은 도움을 주신 Anne-Marine Mauviel 한국외대 통번역대학원 교수님, 이 사전의 출간을 쾌히 승낙하시고 이 사전이 나오기까지 노고를 아끼지 않으신 서덕일 문예림 사장님과 서여진 대리님께 감사를 표한다.

2007년 12월
편저자 이승환, 장유경

참고문헌

1. Concise Oxford Hachette French Dictionary, Jean-Benoit Ormal-Grenon 외, Oxford University Press, New York 2004

2. Larousse de poche : dictionnaire noms communs, noms propres précis de grammaire, Paris 2003

3. 동아 프라임 불한사전 개정신판, 정지영 외, 두산동아, 서울 2003

4. 신불한소사전, 이휘영, 민중서림, 파주 1999

5. Club France
http://www.france.co.kr/francais/proverbe-1.htm

6. eec 유럽유학센터
http://blog.naver.com/eeceurope?Redirect=Log&logNo=150022561888

7. Le grand dictionnaire terminologique
http://granddictionnaire.com

8. 생활불어
http://blog.naver.com/knoff/60007434612

약어 풀이

[감] 감탄사
[관] 관사
[남] 남성 명사
[단] 단수형
[대] 대명동사
[대명] 대명사
[명] 명사 (남성·여성)
[복] 복수형
[부] 부사
[비] 비인칭 동사
[약] 약어
[여] 여성명사
[영] 영어 외래어
[자] 자동사
[전] 전치사
[접] 접속사
[타] 타동사
[타간] v.t.ind. verbe transitif indirect 간접타동사
[형] 형용사
cond. conditionnel 조건법
ind. indicatif 직설법
inf. infinitif 동사원형
qch quelque chose 어떤 것
qn quelqu'un 어떤 사람
sub. subjonctif 접속법

불어 발음

ami [ami]
ensemble [ãsã:bl]
bal [bal]
danse [dã:s]
éternel [etɛRnɛl]
le [lə]
lait [lɛ]
vin [vɛ̃]
fantastique [fãtastik]
garde [gaRd]
il [il]
yeux [jø]
colonel [kɔlɔnɛl]
long [lɔ̃]
madame [madam]
néon [neɔ̃]
ignorant [iɲɔRã]
cote [kɔt]
conte [kɔ̃:t]
heureux [œRø]
un [œ̃]
peu [pø]
papa [papa]
riche [Riʃ]
savant [savã]
chic [ʃik]
table [tabl]
ouvrage [uvRa:ʒ]
valeur [valœ:R]
oui [wi]
pur [py:R]
huit [ɥit]
zéro [zeRo]
jamais [ʒamɛ]

A

A, a [남] 불어 자모의 첫 글자
à [전] ① (방향, 목적, 도착점을 가리킴) …에, …으로, …에게로, …까지 aller ~ l'école 학교에 가다 ② (장소를 가리킴) …에, …에서, …의 지점에 ~ deux kilomètres de la gare 역으로부터 2킬로미터 떨어진 곳에 ③ (시간을 가리킴 …에, …때에 ~ cinq heures 다섯 시에
abaissable [형] 낮출 수 있는
abaissant(e) [형] 낮추는, 내리는
abaissement [남] ① 낮게 함, 낮아짐 ~ du store 블라인드를 내리기 ~ de la voix 목소리를 낮추기 ② (가치 따위가) 낮아짐, 줄어듦 ~ de la température 온도의 강하 ~ de la valeur d'une monnaie 화폐 가치의 하락
abaisser [타] ① 낮추다, 내리다 ~ une vitre 자동차 창문을 내리다 ② (수량을) 줄이다, 내리다, 낮추다 ~ le prix du pain 빵 값을 내리다
abalourdir [타] 우둔하게 만들다
abalourdissement [남] 우둔하게 만들기, 우둔함
abandon [남] ① 버리기; 사용하지 않기 ~ des matériaux sur la route 도로 위에 자재를 버리기 ② 포기, 단념 ~ d'un droit 권리의 포기 ③ 유기, 돌보지 않음 ~ d'un enfant 어린아이의 유기
abandonnable [형] 포기할 수 있는
abandonné(e) [형] ① 버려진, 버림받은 barque ~e 버려진 배 enfants ~s 버림받은 아이들 ② 포기된 projets ~s 포기된 계획 ③ 빈, 사람이 살지 않는 maison ~e 버려진 집 village ~ 폐촌
abandonner [타] ① 포기하다 ~ un droit 권리를 포기하다 ~ l'idée de poursuivre les études universitaires et s'envoler à une école

à l'étranger 대학진학을 포기하고 외국유학을 선택하다 ~ un droit 권리를 포기하다 ~ ses biens 재산을 포기하다 ~ le pouvoir 권좌에서 물러나다 ~ un voyage 여행을 포기하다 ② 버리다, 유기하다 Cet homme *a abandonné* sa femme et ses enfants. 그는 아내와 자식들을 버렸다

abasourdir [타] 어리둥절하게 만들다, 얼떨떨 하게 하다, 아연하게 하다, 질겁하게 하다

abasourdissant(e) [형] 어리둥절[얼떨떨]하게 만드는

abasourdissement [남] 어리둥절[얼떨떨]하게 함; 아연실색, 망연자실

abat [남] 소나기

abâtardir [타] 퇴화[타락]시키다; 품격을 떨어뜨리다

abat-faim [남] (불변) 회식자의 시장기를 덜기 위하여 식사 처음에 내는 요리

abat-jour [남] (불변) (램프의); 천창; 해가리개

abattable [형] 넘어뜨릴 수 있는; 도살할 수 있는; 꺾을 수 있는

abattage [남] ① 베어 쓰러뜨리기 ~ d'un sapin à la scie 톱으로 전나무를 베어 넘기기 ② [광업] 채굴 chantiers d'~ de la mine 광산의 채굴 작업장 ③ 도살 ~ d'un boeuf 소의 도살 ④ [수의학] ~ d'un cheval (치료하기 위해) 말을 눕힘

abattant [남] (책상 따위의) 뚜껑처럼 여닫게 된 것 [장치]

abattement [남] 쇠약, 낙담

abatteur [남] 벌채자; 도살자; 채굴자

abattis [남] (나무의) 벌채; 도살

abattoir [남] 도살장

abattre [타] ① 쓰러뜨리다; 무너뜨리다; 베어버리다 내리다; 가라앉히다 ~ des quilles (볼링에서) 핀을 쓰러뜨리다 ~ un adversaire [운동] 상대방을 때려눕히다 ~ la cheminée 굴뚝을 무너뜨리다 ~ le chêne à la scie mécanique 기계톱으로 떡갈나무를 잘라버리다 ② 죽이다; 제거하다 ~ un brigand 강도를 죽이다 homme à ~ 제거해야 할 사람 ③ (동물을) 도살하다, 잡다 ~ un boeuf 소를 도살하다

abattu(e) [형] 넘어진; 무너진; 낙담한; 쇠약한
abat-vent [남] 차양; 바람막이
abbaye [여] 대수도원
abbé(esse) [명] 수도원장
abcès [남] 종기
abdicable [형] 버릴 수 있는, 포기할 수 있는
abdicataire [형] 권리를 버린
abdication [여] 퇴위
abdiquer [타] (왕위, 권력을) 양위하다; (고위직을) 사임하다 ~ la couronne 왕위를 물려주다 ~ le consulat 영사직을 사임하다 / (보어 없이) ~ en faveur de son fils 아들을 위해 양위하다 La reine fut obligée d'~. 여왕은 양위하지 않을 수 없었다 ② (문어) 포기하다, 단념하다 Il *a abdiqué* sa dignité d'homme. 그는 인간의 존엄성을 포기했다 / (보어없이) C'est un homme fini, il *a* complètement *abdiqué*. 그는 끝난 사람이야, 완전히 포기했어
abdomen [남] 복부
abdominal(e [복] **aux)** [형] 복부의
abeille [여] 꿀벌
aberrant(e) [형] ① 양식[논리]에서 벗어난 (=absurde, insensé); 비상식적인 conduite ~e 엉뚱한 행동 / (비인칭) Il est ~ de sa part de faire une chose pareille. 그가 이런 짓을 한 것은 비상식적이다 ② [수학] 평균치를 벗어난 ③ [언어] (격변화 따위가) 불규칙적인 forme ~e 이상한 형태 ④ [생물] (체변화, 돌연변이에 의한) 비정상적인 larve ~ 비정상적인 유충
aberration [여] 탈선
aberrer [자] 잘못을 저지르다, 과오를 범하다;

탈선하다
abêtir [타] 어리석게 만들다
abêtissement [남] 어리석게 만듦[됨]; 우둔, 어리석음
abhorrer [타] 몹시 싫어하다
abîme [남] ① 깊은 구렁, 심연 (= gouffre) ~ marin 심해 Un alpiniste a roulé dans l'~. 한 등반인이 깊은 구렁으로 굴러 떨어졌다 ~s de l'enfer [종교] 지옥의 심연 ② (비유) 큰 차이[간격] (= fossé) Il y a un ~ entre les deux idéologies. 두 이데올로기 사이에는 큰 차이가 있다 ③ (문어) 무한, 극치 se perdre dans un ~ des temps 무한한 시간 속으로 사라지다 Il est tombé dans un ~ de désespoir. 그는 헤어나기 힘든 절망 속에 빠져들었다 ④ 파멸[파산] (= perte, ruine) Elle est maintenant au bord de l'~. 그녀는 지금 파탄 지경에 처해 있다
abîmer [타] ① (옛) 구렁에 빠뜨리다; (비유) (좋지 않은 상태에) 빠뜨리다 [~ qn dans qc] ~ qn dans le malheur ...을 불행에 빠뜨리다 ② (옛) 파멸[파산]시키다 (=ruiner) [~ qn/qch] Le jeu l'*a abîmé*. 그는 도박으로 파산했다 ③ 상하게 하다, 망가뜨리다 (=endommager, casser) [~qch] ~ la santé 건강을 해치다 La pluie *a abîmé* mon chapeau. 비를 맞아서 모자가 못쓰게 됐다.
abject(e) [형] 비열한, 치사한
abjection [여] 비열, 비굴
abjuration [여] 포기
abjurer [타] (의견, 주의 따위를) 버리다, 포기하다
ablatif [남] 탈격
ablation [여] 절제, 잘라버림 ~ d'une partie de l'estomac 위 일부 절제
ablution [여] (종교적 예식으로) 몸을 정하게 물로 담기, 세정; 목욕
abnégation [여] 희생; 자기 희생, 헌신

aboi [남] (개의) 짖는 소리
aboiement [남] 개 짖는 소리
abolir [타] ① (제도 따위를) 폐지하다 La France *a aboli* la peine capitale en 1981. 프랑스는 1981년 사형제도를 폐지했다. ~ l'esclavage 노예제도를 폐지하다 ② 파괴하다, 없애다 ~ la mémoire de l'accident 사고의 기억을 지우다 L'avion *abolit* les distances. 비행기가 거리를 대폭 단축시켜 준다 Une mode *est abolie* par une plus nouvelle. 유행이 더 새로운 유행에 의해 사라졌다
abolissable [형] 폐지할 수 있는
abolissement [남] 폐지
abolisseur [남] 폐지자
abolitif(ve) [형] 폐지하는, 취소하는
abolition [여] 폐지
abolition(n)isme [남] 노예 폐지론; 관세 폐지론
abominable [형] ① 밉살스러운, 가증스러운 (=affreux, horrible) acte ~ 가증스러운 행동 Je la trouvais ~. 그녀가 밉살스럽게 여겨졌다 Je ne veux plus voir cet ~ individu. 나는 그 가증스러운 인간을 더 이상 보고 싶지 않다 / (비인칭) Il est ~ de sa part de se comporter ainsi. 그가 이렇게 행동하다니 가증스럽다 ② 아주 나쁜, 고약한 (=détestable, exécrable) Quel temps ~ ! 날씨 참 고약하군! une ~ odeur de putréfaction 지독한 썩는 냄새 [être ~ avec qn] Il a été ~ avec ses parents. 그는 부모에게 못되게 굴었다
abominablement [부] 밉살스럽게
abomination [여] 가증스러운 언동
abominer [타] 몹시 싫어하다
abondamment [부] 많이, 풍부히
abondance [여] 풍부 en ~ 풍부하게
abondant(e) [형] 풍부한
abonder [자] 많이 있다, 풍부하다
abonné(e) [명] (잡지, 신문 따위의) 구독자

abonnement [남] (잡지, 신문 따위의) 구독
abonner [타] (다른 사람을 위해) 구독신청을 하다
abord [남] ① (옛) (배의) 접안; 접근 (=accès); 도달 ② (사람에게) 접근하기, 말 걸기 ③ (사람을 맞는) 태도, 응대 (=accueil, réputation) Son ~ m'a mis à l'aise. 그는 나를 편안하게 맞아주었다 ④ (복수) 주변, 근처 (=alentours, environ) Les ~s du volcan sont dangereux. 화산 근처는 위험하다 à l'~; au premier ~; dès l'~ de prime ~ 처음부터, 첫눈에 Cet homme, au premier ~ un peu fermé 첫눈에 좀 폐쇄적으로 보이는 그 사람 aux ~s de qc ...주변에, 근처에; 무렵에 Ces industries se localisent aux ~s des grandes villes. 이 산업은 대도시 주변에 집중되어 있다 Cet événement se situe aux ~s de 1900. 이 사건이 일어난 시기는 1900년 경이다 (tout) d'~ 우선, 앞서, 먼저 Demandons-lui d'~ son avis, nous déciderons ensuite. 먼저 그의 의견을 물어보고 그 다음에 결정 합시다
abordable [형] 접근할 수 있는[하기 쉬운]; 상냥스러운
aborder [타] ① [해양] (다른 배에) 접근하다; (배가) 사고로 충돌하다; (공격 목적으로) 다른 배를 들이받다 ② 해변에 닿다; (낯선 곳, 험한 곳에) 이르다 ~ une montagne par la face nord 북쪽 사면으로 산에 이르다 ③ (사람에게) 접근하다, 말을 걸다 (=draguer, accoster) Elle s'est fait ~ par un inconnu. 낯선 사람이 그녀에게 말을 걸어왔다 ④ (비유) (문제에) 착수하다 (=entamer); 논의하다 (=débattre) La question *a été abordé* mais pas approfondie. 문제가 일단 거론되기는 했으나 깊이 다루어지지는 않았다
aborigène [명][복] 원주민 A~s d'Australie 호주 원주민 [형] 토착의
aborner [타] ...의 경계를 정하다

abortif(ve) [형] 유산의, 유산시키는
aboutir [자간] ① [~à/dans/en/sur] (주어는 사물) ...에 끝이 닿다, ...로 연결되다 ruelle qui *aboutit* à la rivière 강으로 이어지는 골목길 La Loire *aboutit* à l'Atlantique. 루아르 강은 대서양으로 흘러든다 (주어는 사람) (마침내) ...에 도착하다[이르다] (=atterrir) Après deux heures de marches, ils *ont abouti* dans un village. 두 시간을 걸은 끝에 그들은 마침내 어느 마을에 이르렀다 [~à qch/inf] (비유) ...로 이끌다, ...의 결과에 이르다, ...로 귀착되다 (=conduire, mener à) Les accords de Genève *ont abouti* à couper le Viêt-nam en deux. 제네바 협약은 베트남을 분단시키는 결과를 낳았다 [자] ① 성공하다 (=réussir); (목표, 결실을) 맺다 Après un long travail, j'ai enfin *abouti*. 오랜 노력 끝에 나는 마침내 성공했다 Les négociations *ont abouti*. 협상은 결실을 맺었다 ② [의학] 종기가 곪다 faire ~ qch ...을 성취시키다
aboutissant(e) [형] 이르는; ...에 귀착하는
aboutissement [남] 결과; 실현
aboyant(e) [형] 짖는
aboyer [자] ① (개, 이리 따위가) 짖다 (=japper, hurler); (을) 향해 짖어대다 [~à/contre/après] Le chien *aboie* contre le facteur. 개가 우체부를 향해 짖어댄다 ② (사람이) 목쉰 소리를 내다 Il parle anglais en *aboyant* un peu. 그는 좀 쉰 소리로 영어를 한다 ③ (비유) 소리치다; 욕설을 퍼붓다; 울부짖다 (=crier, invectiver) [~contre/à/après] Un policier en colère *aboyait* après les piétons. 화난 경관은 보행자들에게 소리를 지르고 있었다 ~ à la lune (비유) 공연히 떠들어대다 Chien qui *aboie* ne mord pas. (속담) 짖는 개는 물지 않는다 [타] ① (개가) 쫓아다니며 짖다 Ce chien *aboie* tous les passants. 이 개는 지나가는 사람만 있으면 쫓아다니며 짖

는다 ② 분노하여 (을) 외치다; (에게) 욕설을 퍼붓다 Après cinq minutes de silence, il *aboyait* deux ou trois mots. 그는 5분 정도 침묵하더니 두세 마디를 내질렀다.

abrégé [남] 간략, 생략

abrégement [남] ① (기간의) 단축 ② (책, 연설의) 요약, 간추림; 철자 생략

abréger [타] ① (기간을) 단축시키다, 줄이다(=écourter, réduire) Le mauvais temps *a abrégé* nos vacances. 악천후 때문에 휴가를 일찍 끝냈다. ~ sa vie[ses jours] (과로, 근심으로) 명을 재촉하다 ② (연설, 담화, 원고 따위의) 양을 줄이다, 요약하다; (철자를) 생략하다 (=raccourcir, résumer) ~ le récit d'une histoire 이야기의 줄거리를 줄이다 / (보어 없이) *Abrégeons* ! au fait ! 각설하고, 본론으로 들어갑시다! La tâche de l'historien consiste à ~. 역사가의 임무는 요약에 있다 pour ~ 요컨대, 간단히 말해서 (=bref) s'~ [대] (로) 줄여지다, 단축되다

abreuver [타] 물 먹이다

abréviation [여] 약어

abri [남] 피난소, 몸 피할 곳 mener une vie à l'~ de la faim et de la maladie 배고픔과 질병으로부터 보호되는 삶을 살다

abricot [남] [식물] 살구

abriter [타] 피난시키다

abricot [남] 살구

abricotier [남] 살구나무

abriter [타] ① 피난시키다; 덮어 가리다; 보호하다, 막아주다 ② 피하다; 피난하다; 위험을 피하다

A.B.S. [약] Anti Blocking System (자동차 급제동시 미끄러짐 없이 완만한 제동을 하게 하는 장치)

abrogatif(ve) [형] 폐지[폐기]하는

abrogation [여] 폐지

abroger [타] 폐지하다, 취소하다

abrupt(e) [형] 가파른, 험한; 거친
abscisse [여] [수학] 가로좌표
absence [여] 부재
absent(e) [형] 부재의, 결석 Il a été ~ hier. 그는 어제 부재중이었다.
absentéisme [남] 결석하는 것
absenter(s') [대] (있던 곳으로부터) 떠나다, 자리를 비우다; 결석하다
absolu(e) [형] 절대적인 Le pouvoir ~ corrompt absolument. 절대 권력은 절대적으로 부패한다.
absolument [부] 절대적으로
absolution [여] 면제
abolutisme [남] 전제주의, 전제정치, 독재
abosorbable [형] 흡수할 수 있는
absorbant(e) [형] 빨아들이는, 흡수성의; 마음을 빼앗는, 열중케 하는 [남] 흡수성의 물질; 흡수제
absorber [타] 흡수하다; 마시다, 먹다; 마음을 빼앗다, 열중케 하다 s'~ dans qch …에 몰두하다
absortif(ve) [형] 흡수성의
absorption [여] 흡수; 섭취; 전심, 열중
absoudre [타] 죄를 용서하다; 석방하다
abstême [형][명] 술을 안 마시는 (사람)
abstenant(e) [명] (투표의) 기권자
abstenir(s') [대] 삼가다 s'~ de qch 스스로 무엇을 삼가다
abstention [여] ① (행동의) 자숙, 회피 ② (투표, 토론의) 기권, 기권표
abstinence [여] (음식물의) 절제, 단식; 금욕
abstinent(e) [형] (음식 따위를) 절제하는
abstraction [여] 추상
abstraire [타] 추상하다
abstrait [형] 추상적인
abstrus(e) [형] 알기 어려운, 난해한
absurde [형] 불합리한 il est ~ que + sub. …한 것은 불합리하다
absurdement [부] 이치에 맞지 않게; 당치 않게,

터무니없게
absurdité [여] 부조리
abus [남] 오용, 남용
abuser [타간] 남용하다
abusif(ve) [형] 과도의, 부당한, 그릇된; 속이는
abysse [남] 심해
académie [여] 아카데미
académicien(ne) [명] 아카데미 회원
académique [형] 아카데미의
acajou [남] 마호가니
accablant(e) [형] 짓누르는 듯한; 과중한; 견딜 수 없는
accablement [남] 짓누름, 압도; 과중; 낙심, 낙담
accabler [타] 짓누르다, 압도하다
accalmie [여] (폭풍 따위의) 잠시 잔잔함
accéder [자] 이르다; 동의하다, 승낙하다; [정보] 접속하다 ~ à la page d'accueil 홈페이지에 접속하다
accélérateur [남] 액셀러레이터
accélération [여] 가속화
accélérer [타] 가속화하다
accent [남] ① 악센트; (음악의) 강세 ② 악센트 부호, 프랑스어의 악상
accentuation [여] 악센트를 붙여 발음하기
accentuer [타] 강조하다
acceptabilité [여] 수락할 수 있음
acceptable [형] 받아들일만한
acceptation [여] 영수; 승낙
accepter [타] 받아들이다
accès [남] 접근
accessibilité [여] 가까이하기 쉬움; [정보] 접근성 ~ numérique 정보[인터넷] 접근성
accessible [형], (~à) 접근 가능한
accession [여] 도달, 달성; 취임 ~ au trône 즉위
accessoire [형] 부속의 [남] 악세서리
accessoirement [형] 부차적으로

accident [남] 사고
accidentel(le) [형] 우연한
accidentellement [부] 우연하게
acclamation [여] 갈채, 환호
acclamer [타] 갈채하다, 환호하여 맞이하다
acclimatation [여] (~à) 새 풍토에 대한 순응
acclimater [타] 새 풍토에 순응시키다
accommodant(e) [형] 친절한, 성질이 순한, 다루기 쉬운
accommodation [여] 적응; 개조; 설비; 조절
accommoder [타] 맞게 하다, 적응시키다; 화해시키다
accompagnateur(trice) [명] 반주자
accompagnement [남] 반주
accompagner [타] ① 동반하다 ② 수행하다, 호위하다 ③ 반주하다
accomplir [타] 성취하다
accomplissement [남] 수행, 실행, 완성, 성취; 실현
accord [남] 협약, 협정 ~ permettant aux sud-Coréens de visiter plus facilement les Etats-Unis 한국인의 미국입국 절차를 간소하게 하는 협정 (한국인에 대한 미국입국 비자 면제 협정); ~ cadre 기본협정;~ culturel 문화협정; ~ de libre-échange entre la Corée et les États-Unis 한미자유무역협정(FTA); ~ de libre-échange nord-américain (ALÉNA) 북미 자유무역협정([영] NAFTA : North American Free Trade Agreement); ~ général sur les tarifs douaniers et le commerce (GATT) 관세 및 무역에 관한 일반협정 ([영] GATT: General Agreement on Tariffs and Trade); ~ multilatéral sur l'investissement 다자간 국제투자협정; ~s régionaux de commerce 지역무역협정 ([영] Regional Trade Agreements)
accordable [형] 동의할 수 있는; 화해시킬 수 있는

accordement [남] 화해시키기
accordéon [남] 아코디언
accorder [타] 일치시키다, 화해시키다; 승인[허락]하다; (선물, 은혜 따위를) 주다 ~ un prêt à la consommation ou au logement 가계 및 주택자금 대출을 해주다 ~ une aide énergétique 에너지 원조를 약속하다
accouchement [남] 해산, 분만
accoucher [자] 해산하다, 출산하다
accoudement [남] 팔꿈치를 기대기
accouder(s') [대] 팔꿈치를 기대다
accouplement [남] 연결; 접합; 결합; 교미
accoupler [타] 짝짓다; 결합시키다; 교미시키다
accoutumé(e) [형] 습관이 된, 일상의
accoutumer [타] [~ qn à qch/inf.] 익숙케 하다, 습관을 붙여주다 On ne l'a pas *accoutumé* à se lever tôt. 우리는 그에게 일찍 일어나는 습관을 붙여주지 못했다
accréditation [여] 인정
accrocher [타] (갈고리에) 걸다
accroître [타] 증가시키다; 성장시키다, 발육시키다; 증대시키다 ~ et intensifier les relations 관계를 증진 시키고 강화하다
accroupi(e) [형] 웅크린, 쭈그린
accroupir(s') [대] 웅크리다, 쭈그리다
accrouissement [남] 웅크림, 쭈그림
accueil [남] 접대, 대접
accueillant(e) [형] 환대하는, 상냥스러운
accueillir [타] 접대하다; 입학시키다 ~ tout bachelier 바깔로레아를 취득한 모든 신입생을 입학시키다; 개최하다 ~ une exposition consacrée à l'artiste 예술가의 전시회를 열다
accumulation [여] 축적; 수집; 축적[수집]된 것 ~ du capital 자본축적
accumuler [타] 축적하다, 모으다 ~ des preuves 증거를 수집하다
accusateur(trice) [형] 비난하는, 고소의 [명] 고소인

accusation [여] 고발 porter une ~ 고발하다
accusatif(ve) [남] 대격, 목적격 [형] 대격의
accusé(e) [명] 피고인
accuser [타] 고발하다 ~ de qch / d'avoir fait qch ...(한) 것에 대해 고발하다 être *accusé* d'avoir joué le rôle d'intermédiaire 중개인 역할을 했다고 고발되다
acerbe [형] 신랄한
acétate [남] 아세테이트 (필름)
acharné(e) [형] 열중하는, 악착스러운
acharnement [남] 악착스러움, 열중
acharner(s') [대] 열중하다
achat [남] 구매, 물건 사기
acheminement [남] 앞으로 나아감, 전진
acheminer [타] 향하게 하다
achetable [형] 살 수 있는
acheter [타] 사다
achèvement [명] 완성, 성취
achever [타] 끝마치다, 완성하다
acide [남] (화학)산
acidifier [타] 산화하다
acidité [여] 산성도
acier [남] 강철
acné [여] 여드름
Açores [여][복] 아조레스 군도
acoustique [형] (악기가) 전기증폭이 되지 않은
acquérir [타] 사다; 얻다, 획득하다; 취득하다
acquis(e) [형] ① 획득된 ② 후천적인, 후천성의
acquisition [여] 획득
acquittable [형] 치를[지불할] 수 있는
acquittement [남] 지불
acquitter [타] 치르다, 지불하다
acrimonie [여] 신랄함
acrobate [명] 곡예사
acrobatie [여] ① 줄타기, 곡예 ② (곡예와 같은) 재주, 묘기
acrobatique [형] 곡예의
acronyme [남] [언어] 단어처럼 발음되는 약자

(예: ovni, sida)

acrylique [남] 아크릴의

acte [남] 동작, 행위, 행동

acteur(trice) [명] ① 배우 ~ de théâtre[cinéma] 연극[영화]배우 ② (사건 따위의) 관계자, 당사자 principal ~ 주동자 ③ 주체 ~s du domaine de l'aviation 항공분야의 주체 ~s économiques 경제주체

actif(ve) [형] 활동적인; 활기 있는; 근면한, 부지런한; [문법] 타동의, 능동의 [남] [경제] 자산 ~s nets 순자산; 자기 자본

action [여] ① 행동 ~s de représailles 보복행동 ~s engagées pour les personnes handicapées 장애인들을 위하여 착수한 활동 ② 주식 ~ au porteur 무기명주 ~ avec valeur nominale 액면주 ~ de base 기본주 ~ de priorité 우선주 ~ diluée 희석주 ~ gratuite 무상주 ~ nominative 기명주식 ~ nouvelle 신주 ~ ordinaire 보통주 ~ sans droit de vote 무의결권주 ~s non cotées 비상장주식

actionnaire [명] 주주 ~ de priorité 우선주식 보유 주주 ~ individuelle 개인주주

activation [여] ① [물리, 화학] 활성화 ② 촉진, 활성화 ~ des mouvements sociaux entraînée par la hausse du coût de la vie 물가 상승에 따른 여러 가지 사회 운동들의 활성화 현상

actif(ve) [형] ① 활기찬, 부지런한 ② 적극적인, 능동적인

activement [부] 부지런히, 씩씩하게; 능동적으로

activer [타] 활기를 띠게 하다; 촉진하다; 선동하다

activiste [여] 행동주의자

activité [여] 활동 ~s en ligne 네트워크상에서 이루어지는 각종 활동 ~s sociales et culturelles 사회문화 활동

acteur(trice) [명] 배우

actualisation [여] ① (잠재적인 것의) 실현,

현실화 ② (인쇄물, 자료 따위의) 개정
actualité [여] ① 현실성; 현실, 실제 ② (집합적) 시사 문제, 당대의 관심사
actuel(le) [형] ① 현재의, 오늘날의; 현행의 ② 시사적인, 현대의
actuellement [부] ① 현재, 지금 Il est ~ malade. 그는 지금 아프다
acupuncteur(trice) [명] 침술사
acupuncture [여] 침술
adage [남] 격언
adaptable [형] 적용할 수 있는; 개작[번안]할 수 있는
adaptabilité [여] 적응능력
adaptateur [남] [전기] 어댑터
adaptation [여] 적용; 번안
adapter [타] ① (물건을 다른 것에) 맞추어 붙이다; 맞추다 ~ un tuyau à un autre 파이프를 다른 파이프에 맞추어 연결하다 ② 각색[번안]하다 s'~ [대] (에) 적응하다; ~ au réel 현실에 적응하다
adapter(s') [대] s'~ à 적응하다
additif(ve) [형] 부가의; 부가적인
addition [여] 덧셈 ① 추가 ② 합계 ③ [수학] 덧셈, 합산
additionnel(le) [형] 부가의, 부가되어야 할
adepte [명] 달인, 비전을 받은 사람, 숙달한 사람; 신봉자
adéquat(e) [형] 정확한, 꼭 들어맞는; (에) 적절한, 적합한 définition parfaitement ~e 완벽한 정의
adéquatement [부] 정확하게, 적합하게
adhérent(e) [형] ① 달라붙는; 밀착된 gomme très ~e 점착력이 강한 고무 [명] (협회 따위의) 가입자, 당원
adhérer [타간] (~à) 가입하다; 동조하다 ~ à la voie de développement paficique 평화적 발전에 합류하다
adhesif(ve) [형] ① 들러붙는, 점착성인 ruban ~

스카치테이프 [남] (반창고, 테이프 따위의) 접착물; 접착제
ad hoc [형] 임시의
adieu [남] 작별 faire ses ~x à qn …에게 작별인사를 하다
adjectif [남] [언어] 형용사
adjoint(e) [명] [행정] 부책임자; 보좌관 ~ au maire 부시장
admettre [타] ① (장소, 조직 따위에서) (을) 맞아[받아]들이다; (권리행사 따위를) 인정하다, 허락하다 ~ qn à sa table …을 자기 식탁에 맞아들이다 ② 승낙[수락]하다; 인정하다 ~ un principe 어떤 원칙을 인정하다 ③ 가정하다 ~ une chose comme vraie[possible] 어떤 것을 사실이라고[있음직하다고] 가정하다
administrateur(trice) [명] 관리인 ~ de site [정보] 웹마스터
administratif(ve) [형] 관리의 [남] 공무원; (집합적) 행정직, 행정인력
administration [여] ① 관리, 경영 ~ d'une société 회사의 경영 ② 행정 ~ centrale 중앙행정 ③ 관공서, 행정기관; (집합적) 공무원, 관리 A~ 행정부; 정부
administrer [타] ① 관리[경영]하다 ~ les biens d'un mineur 미성년자의 재산을 관리하다 ② (나라를) 다스리다, 행정을 펼치다 ③ [의학] 약을 먹이다, 투약하다
admirable [형] 감탄할만한
admiration [형] 찬양 ~ pour qn / qch …에 대한 찬사
admirer [타] 존경하다
admissible [형] 용인[수용] 가능한; (특히 부정문에서) 받아들일 수 있는, 용납되는
admission [여] 인정, 허락 ~ dans qch …에 대한 인정
admonition [여] 훈계
adolescent(e) [형] 청춘기의; 청년의 [명] 청소년 film interdit aux ~ 청소년 관람금지 영화

adopter [타] ① 양자[양녀]로 삼다 ② 채택하다 ~ une théorie 이론을 따르다 ③ (투표로) 가결하다, 통과시키다 L'Assemblée a adopté le projet de loi. 하원은 그 법안을 통과시켰다

adoption [여] ① 입양 ~ d'enfants métis 혼혈아 입양 ~ individuelle 개인간 입양 ~ internationale 해외입양 ② 채택, 선택 ~ du système décimal 십진법의 채용 ③ [정치] (표에 의한) 가결, 통과 ~ d'un projet de loi 법안의 가결

adorable [형] 귀여운
adoration [여] 숭배
adrénaline [여] 아드레날린
adorer [타] 아주 좋아하다 [~ + inf.] ...하는 것을 좋아하다
adoucir [타] 온화하게 하다; 완화하다, 부드럽게 하다
adoucissement [남] 완화, 경감, 진정; 위안
adresse [여] 주소
adresser [타] ① (우편물 따위를) 부치다, 보내다 ② (를) (에게) 보내다 ③ (말, 미소, 비난 따위를) 던지다[보내다] ~ des voeux 소원성취를 빌다 s'~ [대] ① (에게) 말을 걸다[말하다] ② (에게) 문의하다 Je ne peux pas vous renseigner, adressez-vous à la concierge. 저는 모르겠군요, 수위에게 문의하세요

Adriatique [여] [지리] 아드리아 해
adroit(e) [형] 재주 있는, 솜씨 좋은, 교묘한
adroitement [부] 솜씨 좋게, 교묘하게
adulation [여] 아첨
aduler [타] 아첨하다
adulte [형] 장년의, 성인의, 어른의 [명] 성인
adultère [남] 간통
advenir [자] 우발하다, 일어나다, 생기다
adverbe [남] 부사
adversaire [명] 적
adverse [형] 불행한, 불운의

adversité [여] 적의
aérer [타] 바람을 들이다, 환기하다, 바람에 쐬다
aérien(ne) [형] 공기의, 대기의
aérobic [여] 에어로빅
aérodynamique [형] 공기[항공] 역학의 [남] 공기[항공] 역학
aérogramme [남] 무선전보
aéronautique [형] 항공의 [여] 항공학
aérosol [남] 에어로졸
aérostatique [형] 항공술의
affabilité [여] 상냥함
affable [형] 상냥한
affaiblir [타] 약하게 하다
affaire [여] ① 일, 용건 ② 사건 ③ (복수) 장사, 사업
affaissement [남] 침하, 침강
affaisser [타] (지면 따위를) 내려앉게 하다, 함몰시키다; 무너뜨리다 Les fortes pluies *ont affaissé* la route par endroits. 세찬 비로 도로 곳곳이 내려앉았다 s'~ [대] ① (지반, 노면 따위가) 내려앉다, 침강하다 ② 쇠약해지다
affamé(e) [형][명] 굶주린 (사람)
affamement [남] 굶주리게 하기; 굶주림
affectable [형] 감동하기 쉬운
affectation [여] ① 할당, 충당 ② (직무에) 임용, 임명; 직무, 직위
affecté(e) [형] ① 할당된, 충당된 ② 병에 걸린 être ~ d'une maladie 병에 걸리다 ③ 타격[영향]을 받은 employés ~ par cette restructuration 이번 구조조정으로 타격을 입은 직원들
affecter [타] ① 할당[충당]하다 ~ une part de ses revenus à l'entretien de l'immeuble 수입의 일부를 건물 유지에 충당하다 ② (에) 영향을 미치다 ~ négativement l'image de qn/qch ...의 이미지에 악영향을 미치다
affection [여] 애정 ~ pour qn ...에 대한 애정
affectionné(e) [형][명] 사랑받는 (사람)

affectionner [타] 사랑하다, 좋아하다
affectueusement [부] 다정스럽게
affectueux(se) [형] 다정한
affectuosité [여] 정다움, 다정스러움
affermir [타] 억세게 하다, 튼튼히 하다, 견고히 하다
affermissement [남] 튼튼하게[공고하게] 함
affichage [남] ① 게시, 공고(공시), 벽보(붙이기) ② [정보] 디스플레이
affiche [여] 포스터
afficher [타] 게시하다
affilier [타] 회원으로 가입시키다
affiliation [여] ① 회원가입 ② (회사, 단체 따위의) 제휴
affirmatif(ve) [형] 긍정의
affirmation [여] 단언; 긍정
affirmer [타] 단언하다; 긍정하다
affliction [여] 근심, 심로; 고뇌; 슬픔, 수심
affligé(e) [형][명] 고통 받는 (사람)
affliger [타] 괴롭히다
afflouer [타] (암초에 걸린 배를) 물 위에 떠오르게 하다
affluence [여] 군집, 쇄도
affluent(e) [형] 흘러드는
affluer [자] 흘러들다, 흘러 모이다; 쇄도하다
afflux [남] 쇄도
affolement [남] 얼빠져 있음; 당황, 공황
affoler [타] 얼빠지게 하다
affranchi(e) [형] 해방된; 우표를 붙인
affranchir [타] ① 해방하다, 면세하다 ② 우표를 붙이다
affranchissement [남] 해방; 면세; 우표를 붙이기
affreux(se) [형] 무서운; 지독한; 지긋지긋한; 추악한
affront [남] 모욕, 치욕
affrontement [타] 서로 맞서기; 대결, 대립 ~ des deux grandes puissances 양대 세력간의

대립
affronter [타] 대담하게 대하다
afin [부] ~ de (+ inf.); (~ que + sub.) ...하기 위하여
afghan(e) [명] (A~) 아프가니스탄 사람 [형] 아프가니스탄의
Afghanistan [남] [지리] 아프가니스탄
africain(e) [명] (A~) 아프리카 사람 [형] 아프리카의
afrikaans [남] [형] 아프리칸스어, 아프칸스어의 (남아프리카공화국의 네덜란드계 주민의 언어, 1925년부터 영어와 함께 공용어가 됨)
afrikaner [형] 남아프리카 네덜란드계 백인(층)의 [명] (A~) (남아프리카) 네덜란드계 백인
Afrique [여] [지리] 아프리카
afro-américain(e) [형] 아프리카에서 유래된 미국풍의 (A~-A~) 아프리카계 미국인
agaçant(e) [형] 성가신
agacement [남] 성가신 기분
agacer [타] 성가시게 굴다
âge [남] ① 나이, 연령 Quel ~ avez-vous ? 나이가 어떻게 되십니까? ② (인생의) 시기; 시대 ~ d'or 황금시대
âgé(e) [형] ① 나이가 많은; 늙은 personnes ~es 노인 ② ...살[세]의 Il est ~ de trente ans. 그는 서른 살이다
agence [여] 대리점
agenda [남] 비망록
agenouillement [남] 꿇어앉기
agenouiller(s') [대] 무릎을 꿇다
agent [명] 대리인
agglomération [여] 덩어리; 집단; 주거 밀집지역 La nation française est une ~ des peuples. 프랑스 국민은 여러 민족의 결합체이다
agglomérer [타] (한 덩어리로) 모으다
aggravant(e) [형] 악화시키는
aggraver [타] 악화시키다
aggravation [여] 악화시키기

aggraver [타] 악화시키다
agile [형] 날쌘, 재빠른, 민첩한
agilement [부] 날쌔게, 재빠르게, 민첩하게
agilité [여] 민활, 민첩, 경쾌
agir [자] 행동하다
agitateur(trice) [명] 선동자
agitation [여] 동요
agité(e) [형] 동요하는
agiter [타] 뒤흔들다, 휘두르다
agneau [남] ([복] ~**x**) 어린 양
agnostique [형] 불가지론의 [명] 불가지론자
agonie [여] ① 임종의 순간 ② (비유) (국가, 문명의) 말기, 최후, 종말
agoniser [자] 죽어가다, 빈사상태에 있다
agora [남] (옛 그리스의) 광장; 시장
agoraphobie [여] 광장공포증
agoraphobique [형] 광장공포증의
agrafage [남] 스테이플러로 찍기
agrafe [여] 스테이플
agrafer [타] 스테이플러로 찍다
agrandir [타] 크게 하다, 확장하다
agrandissement [남] 증대, 증가, 확장, 확대
agréable [형] 쾌적한
agréablement [부] 쾌적하게
agrémenter [타] ① 장식하다 ② 흥미롭게 하다
agresseur [남] 공격자
agressif(ve) [형] 공격적인
agression [여] 공격
agressivement [부] 공격적으로, 침략적으로
agressivié [여] 공격적 성질, 침략성
agricole [형] 농업의
agriculteur [남] 농부
agricultural(ale, [복] **aux)** [형] 농업의
agriculture [여] 농업
agriffer [타] 손톱[발톱]으로 움켜잡다
agripper [타] 움켜잡다
agrochimie [여] 농약
agronome [명] 농학자

agronomie [여] 농학
agronomique [형] 농학의
aide [여] ① 도움, 조력 J'ai besoin de votre ~. 당신의 도움이 필요하다 ② 원조, 보조 ~s aux personnes handicapées 장애인 보조 ~ alimentaire 식량원조 **économique** 경제원조 ~ énergétique 에너지 지원
aider [타] 돕다 [속담] *Aide*-toi et le ciel t'*aidera*. 하늘은 스스로 돕는 자를 돕는다
aïeul(e) ([복] **aïeux**) [명] 조상
aigle [남] 독수리
aiglon(ne) [명] [조류] 새끼 독수리
aigre [형] 신; (목소리 따위가) 귀에 거슬리는
aigrement [부] 날카롭게, 신랄하게
aigrir [타] ① 시게 하다 ② 기분을 상하게 하다
aigu(ë) [형] 뾰족한; 날카로운
aiguille [여] 바늘
aiguiser [타] 날카롭게 하다
ail [남] [식물] 마늘
aile [여] 날개
aileron [남] 지느러미
ailleurs [부] 다른 곳에 d'~ 게다가 ~ 한편으로는
aimable [형] 호감을 주는
aimablement [부] 사랑스럽게, 귀엽게
aimant [남] 자석
aimanter [타] 자기를 띄게 하다
aimer [타] 사랑하다, 좋아하다
aîné(e) [형] 맏이의; 손위의 [명] 장남, 장녀; 연장자
ainsi [부] 그와 같이; 그러므로
air [남] ① 공기, 대기 ② (비유) 분위기 ③ 태도, 얼굴표정 avoir l'~ + 형용사 ...처럼 보이다; ...하는 것 같이 보이다
aise [여] 기쁨, 만족; 자유, 편한
aisé(e) [형] 유복한
aisément [부] 마음 편히, 불편없이; 쉽사리;

안락하게
aisselle [여] 겨드랑이
ajournement [남] 연기
ajourner [타] 연기하다 ~ pour / à qch …까지 연기하다
ajout [남] (원고, 조각, 원형 따위에) 덧붙이기, 첨가
ajouter [타] 추가하다
ajustable [형] 조절 가능한
ajuster [타] (가격, 요금 등을) 조절하다
alarmant(e) [형] 불안감을 주는, 걱정스러운; 놀라게 하는
alarme [여] 경보
alarmer [타] 불안을 주다, 걱정시키다
alarmiste [명] 기우가 심한 사람
albâtre [남] 설화석고
albatros [남] 신천옹
alphabet [남] 알파벳
analyse [여] 분석 être en ~ 분석중이다
albanais(e) [형] 알바니아의 [명] (A~) 알바니아 사람
Albanie [여] [지리] 알바니아
albatros [남] 신천옹
albinos [명] 선천성 색소 결핍증인 사람
album [남] 앨범
albumen [남] 알의 흰자
alcali [남] 알칼리
alcalin(e) [형] 알칼리의
alchimie [여] 연금술
alchimiste [남] 연금술사
alcool [남] 알코올
alcoolique [명] 알코올성의
alcooliser [타] 알코올화하다; 알코올을 타다
alcoolisme [남] 알코올 중독
alcôve [여] 침상을 들여놓는 곳; 부부간의 화목
aléa [남] 요행
aléatoire [형] 우연성의; 위험한, 확실성 없는
aléatoirement [부] 우연[사행]적으로

alentour [부] 주위에, 부근에 [남][복] 부근
alerte [여] 경계
algèbre [여] 대수학
Alger [명] [지리] 알제 (알제리(Algérie)의 수도)
Algérie [여] [지리] 알제리
algérien(ne) [형] 알제리의 [명] (A~) 알제리 사람
algorithme [남] 알고리듬
algue [여] 해초
alibi [남] 알리바이
aliénation [여] ① [법] (재산, 권리 따위의) 양도 ② [의학, 심리] (일시적 또는 지속적인) 정신이상, 이성의 상실 ③ (개인에 대한 집단적인) 반감, 적대감
aliéner [타] ① (재산, 권리 따위를) 양도하다 ② (비유, 문어) 포기하다, 상실하다 ③ (사람의 마음을) 멀어지게 하다; 반감을 갖게 하다
alignement [남] 정렬
aligner [타] 정렬하다
aliment [남] 식품 ~ riche[pauvre] en calories 고[저] 칼로리식품 ~ diététique 다이어트 식품
alimentaire [형] 음식의
alimentation [여] 영양, 자양; 양식
alimenter [타] 양식을 공급하다
allaiter [타] (에게) 젖을 먹이다, 수유하다 ~ un enfant au sein 아이에게 모유를 먹이다
allée [여] 골목
allégeance [여] 충성
alléger [타] 가볍게 하다
allégorie [여] 풍유
allègre [형] 즐거운, 쾌활한, 민활한
alléluia [남] 할렐루야
Allemagne [여] [지리] 독일
allemand(e) [형] 독일의 [명] (A~) 독일 사람 [남] 독일어
aller [자] ① 가다 Je *vais* à l'école. 나는 학교에 간다 ② 순조롭게 진행되다 Le commerce *va* bien. 장사가 잘 된다; 경기가 좋다 ③ (건강

상태가) ...하다; ...한 상태로 지내다 Comment *allez*-vous ? 어떻게 지내십니까? ④ (주어는 사물) (에) 맞다, 어울리다 Cette robe vous *va* bien. 이 드레스는 당신에게 잘 어울립니다
allergie [여] 알레르기
allergique [형] 알레르기의
allergologue [명] 알레르기 전문 의사
alliance [여] 연합
allocation [여] 급여; 수당; 할당
allocution [여] 짧은 연설 prononcer une ~ 연설을 하다 ~ de victoire [정치] 당선 연설
allonger [타] 길게 하다
allumer [타] 불을 붙이다, 점화하다 ~ la flamme olympique 올림픽 성화를 점화하다
allumette [여] 성냥
allure [여] 걸음걸이; 행동거지, 태도
allusion [여] 암시
alors [부] ① 그 때, 그 당시 ② 그러면; 그러므로, 그래서
alpha [남] 그리스어 자모의 첫 자
alphabet [남] 알파벳
alphabétique [형] 알파벳의
alpin(e) [형] ① 알프스의 ② 등산의 club ~ 산악회
altération [여] 변질
altercation [여] 언쟁
altérer [타] 변질시키다
alternance [여] 교대
alternateur [남] 교류발전기
alternatif(ve) [형] ① 번갈아드는, 규칙적으로 교체되는 ② 양자 택일의, 선택적인 ③ 대체의, 대용의 énergies ~ves 대체 에너지 [여] 양자택일
alternativement [부] 양자택일로
altimètre [남] 고도계
altitude [여] 고도
alto [남] 알토
altruisme [남] 이타주의
altruiste [형] 이타주의의

aluminium [남] 알루미늄
amaigrir [자] 수척해지다, 마르다
amalgamation [여] 합동, 합병
amalgame [남] 아말감
amalgamer [타] 통합하다
amande [여] 아몬드
amant(e) [명] ① (옛) 애인, 연인 ② (복수) 애인 관계
amasser [타] 쌓아놓다, 긁어모으다
amateur [남] 아마추어
Amazone [여] [지리] 아마존 강
ambassade [여] ① 대사의 직 ② 대사관
ambassadeur [남] 대사
ambiance [여] 분위기
ambiant(e) [형] 주위의, 주변적인 air ~ 주위 공기
ambidextre [형] 양손잡이의
ambigu(ë) [형] 모호한
ambiguïté [여] 모호성
ambition [여] 야심
ambitieusement [부] 야심적으로
ambitieux(se) [형] 야심적인
ambivalence [여] 상반되는 감정
ambivalent(e) [형] [심리] 반대 감정이 양립한
ambre [남] 호박
ambulance [여] 구급차, 앰블런스 Appelez une ~ ! 구급차를 부르세요!
âme [여] 영혼
amélioration [여]] ① 개선, 개량; 진보, 향상 ② (건강, 날씨 따위의) 회복, 진전, 호전
améliorer [타] ① 개선하다, 개량하다 ② 향상[진보]시키다
amen [남] 아멘
aménagement [남] ① 정비; 개조 ② 개발 plan d' ~ 개발계획
amende [여] 벌금
amendement [남] 개정
amender [타] 개정하다

amener [타] 데리고 가다[오다]
amer(ère) [형] 쓴; 쓰라린, 슬픈
américain(e) [형] 미국의 [명] (A~) 미국 사람
américanisme [남] 미국 문화 및 생활방식의 숭배[모방]
Amérique [여] [지리] 아메리카 대륙
amertume [여] ① 쓴맛 ② 고통, 쓰라림; (회한, 실망 따위의) 쓰라린 감정
ameublement [남] 가구; 실내장식
améthyste [여] 자석영차
ami(e) [명] 친구
amibe [여] 아메바
amical(ale, [복] aux) [형] 우호적인
amiral [남] (해군) 사령관
amitié [여] 우정
ammoniac [남] 암모니아
amnésie [여] 기억상실증
amnésique [명] 기억상실증 환자
amnistie [남] 사면
amont [남] ① (강의) 상류 ② [경제] 전단계 en ~ (de qch) ...의 상류에; [경제] 생산 이전의 단계에; 사전에 미리
amoralité [여] 도덕관념의 결여
amorce [여] ① (새, 짐승을 잡기 위한) 먹이; (비유) 유혹 ② 시초
amorphe [형] 일정한 모양이 없는
amortir [타] 약하게 하다; 완화하다
amortissement [남] ① 약하게 함, 완화 ② [경제] (부채의) 상각; 감가상각(비) De nouveaux investissements n'ont pas eu lieu malgré un ~. 감가상각이 발생했지만 그만큼 신규투자는 이뤄지지 않았다
amortisseur [남] 완충장치
amour [남] 사랑
amoureux(se) [형] (에게) 반한, (을) 사랑하는 tomber ~ de qn ...을 사랑하다, ...와 사랑에 빠지다
amour-propre ([복] ~s-~s) [남] 자존심, 자부

심, 자만심
ampère [남] 암페어
amphibe [남] 양서동물
amphibie [형] 수륙 양서의
amphithéâtre [남] 계단식 강의실
ample [형] 넓은
amplifier [타] 확대하다, 부연하다; 과장하다
amplificateur [남] 증폭기, 앰프
amouple [여] 전구
amputation [여] ① 절제 (팔, 다리) ② 삭제, 삭감, 축소
amputé(e) [명] (팔, 다리 등의) 절단 수술을 받은 사람
amputer [타] (외과 수술에서) (팔, 다리 따위)를 절단하다
Amsterdam [명] [지리] 암스테르담
amusant(e) [형] 즐거운
amusement [남] 즐거움
amuser [타] 즐겁게 하다
an [남] 해, 년
anachronisme [남] 시대착오
anaérobie [형] [생물] 혐기성의
anagramme [여] 철자 바꾸기
analgésique [남] 진통제
analogie [여] 유사, 우추(법)
analogique [형] ① 유추에 근거한; 유사의 ② [정보통신] 아날로그의 calcul ~ 아날로그 계산
analogue [형] 유사한
analyse [여] 분석
analyser [타] 분석하다
analyste [명] 분석자
analytique [형] 분석적인
anarchie [여] 무정부 상태
anarchique [형] 무정부(상태)의
anarchiste [명] 무정부주의자
anathème [남] 파문
anatomie [여] 해부
anatomique [형] 해부의

ancestral(ale, [복] aux) [형] 조상의
ancêtre [명] 조상
anchois [남] [어류] 멸치
ancien(ne) [형] ① (혼히 명사 뒤) 오래전부터 있는, 예부터의; 고물의 ② (명사 앞) 이전의, 퇴역[퇴직]한 ~s combattants 재향군인
ancrage [남] 닻을 내림
ancre [여] 닻 jeter l'~ 닻을 내리다
ancrer [자] 정박하다
andin(e) [형] 알데스 산맥의
Andes [여][복] [지리] 안데스 산맥
Andorre [여] [지리] 안도라
anéantir [타] 말소시키다
âne(esse) [남] [동물] 당나귀; 바보, 어리석고 고집이 센 사람
anéantir [타] ① 없애다; 소멸[전멸]시키다 ② 진을 빼다, 지칠대로 지치게 하다
anecdote [여] 일화
anecdotique [형] 일화의
anémie [여] 빈혈
anémique [형] 빈혈의
anémone [여] [식물] 아네모네
anesthésie [여] 마비, 마취
anesthésier [타] 마취시키다
anesthésique [남] 마취제
anesthésoste [명] 마취사
anesthésiste [명] 마취 전문의
ange [남] 천사 ~ gardien 수호천사
angélique [형] 천사의
angine [여] [의학] 안기나, 구협염 ~ de poitrine 협심증
anglais(e) [형] 잉글랜드의; 영어의 [명] (A~) 잉글랜드 사람 [남] 영어
angle [남] 각도
Angleterre [여] [지리] 영국
angliciser [타] 영어화하다
anglicisme [남] 다른 나라 말에 도입된 영어식 표현

anglo-américain(e) [형] 영미의 [남] 미국 영어
anglophone [형] 영어권의
anglo-saxon(onne) [형] 앵글로 색슨 사람의 [명] (A~-S~) 앵글로색슨 민족
angoissant(e) [형] 마음을 괴롭히는; 안타까운
angoisse [여] 괴로움, 고뇌
angoissé(e) [형] 매우 불안해하는
angoisser [타] 괴롭게 하다; 걱정시키다
Angola [남] [지리] 앙골라
anguille [여] 뱀장어
anguleux(se) [형] 모난
animal([복] **aux**) [남] 동물 militant(e) pour les droits des *animaux* 동물권리 옹호가
animateur(trice) [명] 생기를 주는 사람
animé(e) [형] 활기를 받은
animateur(trice) [명] 사회자
animer [타] 활기를 주다
animosité [여] 원한, 증오 ~ envers qn …에 대한 원한
annales [여][복] 연대기 figurer dans les ~ 연대기에 나와 있다
anneau ([복]~**x**) [남] 반지
annexe [형] ① 부속된, 보조적인 ② 부수적인, 부차적인 [여] ① 별관, 부속기관 ② 부록
annexion [여] [정치] 영토의 병합
annihilation [여] 전멸, 근절
annihiler [타] 없애버리다, 전멸하다
anniversaire [남] 생일, 기념일 ~ de la Révolution 혁명 기념일 ~ diplomatique 수교 기념일
annonce [여] 발표
annoncer [타] 발표하다 ~ que + ind. …라고 발표하다
annonciation [여] [가톨릭] 수태고지
annoter [타] 주석을 달다
annuaire [남] 연보, 연감
annuel(elle) [형] 연간의
annulation [여] ① 취소, 해약, 파기 ~ d'une

réservation 예약 취소 ② 무효화, 해제
annuler [타] ① [법] 무효화하다, 파기하다, 해약하다 ② (약속, 예정 따위를) 취소하다 ~ une commande 주문을 취소하다
anodin(e) [형] 대수롭지 않은
anomalie [여] 비정상, 이례적인 것 ~ dans... ...에 있어서 이례적인 것
anonymat [남] 익명성
anonyme [형] 익명의
anorak [남] 아노락 (두건 달린 방한용 자켓)
anorexie [여] 식욕부진 ~ mentale 신경성 식욕부진
anorexique [형][명] 식욕부진의, 식욕부진에 걸린 (사람)
anormal(ale, [복] **aux)** [형] 비정상적인
anormalement [부] 비정상적으로
antagonisme [남] 적대, 대립 ~ entre A et B A 와 B 사이의 적대관계
antagoniste [형] 적대하는 [명] 반대자, 상대자; 경쟁자
antarctique [형] 남극의 [여] (A~) 남극 대륙
antécédent [남] ① (추론, 판단에서 전제되는) 선행현상, 선례 ② [복] (사람의) 과거지사, 전력; (사물의) 유래
antenne [여] 안테나
antérieur(e) [형] ① (시간) ...전의, 이전의 vie ~e 전생 ② (공간) ...앞의, 전방의 parties ~es d'un édifice 건물의 앞부분 ③ [문법] passé[futur] ~ 전과거[미래]
anthologie [여] 선집, 문집
anthologiste [명] 명시선집의 편집자
anthracite [남] 무연탄
anthrax [남] 탄저병
anthropologie [여] 인류학
anthropologique [형] 인류학의
anthropologiste [명] 인류학자
antibactérien(ne) [형] 항균성의
antibiotique [형] 항생작용이 있는 [남] 항생제

anticiper [타] 기대하다
anticlérical(ale, [복] **aux)** [형] (공공 생활에) 교권의 개입을 반대하는, 반교권주의의 [명] 반교권주의자
anticyclone [남] [기상] 고기압권[대]
antidater [타] 앞서다
antidépresseur [남] 우울증 치료제, 항 우울증의
antidote [남] 해독제 ~ contre / à qch …에 대한 해독제
antihistaminique [형] [의학] 항히스타민의 [남] 항히스타민제(천식, 두드러기 따위의 치료제)
anti-inflationniste [형] 인플레이션 억제[방지]의
antilope [여] [동물] 영양
antipathie [여] 반감
antiquaire [명] 골동품상
antiquité [여] ① 먼 옛날, 태고 ② (l'A~) 고대 (문명) ③ (복수) 고대의 유적; 고미술품
antiracisme [남] 인종차별 반대
antisémite [형] 반유대주의의
antisémitisme [남] 반유대주의의
antiseptique [형] [의학] 소독의, 살균의 [남] 소독약, 살균제
antiterroriste [형] 테러에 대항하는
antithèse [여] 대조, 대립
antithétique [형] 대조적인
antitrust [형] 반독점의
antonyme [남] 반의어
anus [남] 항문
anxiété [여] 불안
aorte [여] 대동맥
août [남] 8월
Apache [명] 아파치족 (미국 남부의 인디언부족)
apaisement [남] 진정, 완화, 위무
apaiser [타] 진정시키다
apartheid [남] 민족격리정책, 인종차별정책
apathie [여] 무감동
apathique [형] 무감동한
apercevoir [타] 언뜻 보다; 알아차리다

apéritif [남] (식욕을 돋우기 위해 마시는) 반주
aphrodisiaque [남] 최음제
aplanir [타] 평평하게 하다; 해소하다 ~ les principaux points de tension 주요 갈등요소를 해소하다
aplatir [타] ① 납작[평평]하게 하다 ② 부피를 줄이다 ③ (비유) 기를 꺾다
aplomb [남] 수직, 균형
apocalypse [여] (A~) 요한계시록, 세상의 종말
apocalyptique [형] (파멸의) 전조가 되는, 종말적인, 대참사를 예언하는
apocryphe [형] 외전, (저작, 작품 등의) 작자나 전거가 의심스러운
apogée [남] ① 원지점 (달, 인공위성 따위가 궤도상에서 지구와 가장 멀어지는 위치) ② (비유) 절정, 최고점; 전성기
apolitique [형] 정치에 무관심한
Apollon [남] 아폴론
apologie [여] 변명
apologiste [명] (주의, 행동의) 옹호자, 변호자
apostrophe [여] 아포스트로피 (')
apothéose [여] 신으로 모시기, 신격화
apôtre [남] 사도, (주의, 사상의) 전도자 se faire l'~ d'une idée 어떤 사상을 열심히 전파하다
Appalaches [여][복] 애팔래치아 산맥
apparaître [자] 나타나다
apparemment [부] 명백하게
apparence [여] 외모 Il ne faut pas se fixer aux ~s. 겉모습을 믿어서는 안 된다.
apparent(e) [형] 명백한
apparition [여] 출현
appartement [남] 아파트
appartnier [자] ...에 속하다
appauvrir [타] 가난하게 만들다
appel [남] 부름; 출석을 부름, 점호; 소집
appeler [타] 부르다
appellation [여] 명칭
appendice [남] 부록

appendicite [여] 충수염, 맹장염
appétissant(e) [형] 식욕을 돋구는
appétit [남] 식욕 Il a bon ~. 그는 식욕이 왕성하다. Il n'a pas d'~. 그는 식욕이 없다. Bon ~ ! 맛있게 드세요!
applaudir [타] 박수갈채하다
applaudissement [남] (~s) 박수갈채 Les ~s ont éclaté. 박수갈채가 터졌다.
application [여] 붙이기, 바르기; 적용
appliqué(e) [형] (과학이 실제로) 적용된, 응용의
appliquer [타] 적용하다 ~ sur qch …에 적용하다
apport [남] ① 가져오기, 지참; 가져온 것, 지참물 ② [경제] 출자; 출자액; (복수) (현금 이외의) 동산 또는 부동산
apporter [타] ① 가져오다; 지참하다; 운반하다 ~ le café dans la salle de séjour 거실로 커피를 가져오다 ② 출자하다 ~ des capitaux dans une industrie 자본을 산업에 출자하다
apposition [여] 병렬
appréciable [형] 평가할 수 있는
appréciation [여] ① 평가, 감정; (거리, 크기 따위의) 측정 ② 판단, 평가, 의견
apprécier [타] ① 평가하다, 감정하다 ② (거리, 크기 따위를) 어림하여 측정하다 ③ 높이 평가하다, 존중하다; (예술 작품을) 감상하다, 애호하다; (요리, 술 따위를) 맛보다, 즐기다; 인정하다, 고맙게[기쁘게] 생각하다 ~ la musique 음악을 감상[애호]하다
appréhender [타] ① 붙잡다, 체포하다 ② 이해하다, 파악하다 ~ une notion 개념을 이해하다
apprendre [타] 배우다
apprenti(e) [명] 견습(생), 수습생
approche [여] 접근
approcher(s') [대] (~ de) 가까이가다
approfondir [타] 깊게 하다; 깊이 연구하다
appropriation [여] 사물화, 전유

approprié(e) [형] 적절한 ~ pour qch …에 적절한
approuver [타] ① 찬성[동의]하다 ~ une décision 결정에 찬성하다 ② 허가[인가]하다 ~ le projet de budget 예산안을 승인하다
approvisionnser [타] 식료품을 공급하다
approximatif(ve) [형] 대략의
approximation [여] 접근
appui [남] 받침; 괴기
appuyer [타] 받치다, 괴다
âpre [형] 떫은
après [전] 뒤에, 다음에
après-demain [부] 모레
après-guerre (불변) [남] (1, 2차) 세계대전 후
après-midi [남] 오후
a priori, à priori [부] 선험적으로, 선천적으로
à-propos [남] 시기에 적합한 것[말, 행위]
aptitude [여] 적성
aquarium [남] 수족관
aquatique [형] 물의
aqueduc [남] 물길
aquilin(e) [형] 매부리 모양의; nez ~ 매부리코
arabe [형] 아랍의 [명] (A~) 아랍인 [남] 아랍어
Arabie [여] 아라비아
arable [형] 경작할 수 있는
araignée [여] 거미
arbitraire [형] 제멋대로인, 독단적인
arbitre [남] 중재인, 심판 prendre qn pour ~ …을 중재자로 삼다
arbitrer [타] 중재재판하다
arbre [남] 나무
arc [남] 활, 호
arcade [여] 오락실, 아케이드
arche [여] (노아의) 방주 (=~ de Noé)
archaïque [형] 고풍의, 구식의
archéologie [여] 고고학
archéologique [형] 고고학의

archéologue [명] 고고학자
archer [남] 궁수
archétype [남] 원형
archipel [남] 열도
architecte [명] 건축가
architectural [형] 건축의
architecture [여] 건축
archive [여] 자료
arctique [형] 북극의 [남] 북극 aller dans l'~ 북극으로 가다
ardent(e) [형] 열렬한
adremment [부] 열렬하게
ardeur [여] 열성
ardu(e) [형] 힘든, 정력적인, 끈기있는
argent [남] ① 은; 은화 ② 돈, 금전, 화폐; 재산
argentin(e) [형] 아르헨티나의 [명] (A~) 아르헨티나 사람
Argentine [여] 아르헨티나
argile [여] 점토, 찰흙
argument [남] ① 추론, 논증 ② 논거; 설득 수단
aride [형] 불모의
aridité [여] 건조, 메마름
aristocrate [명] 귀족
aristocratie [여] 귀족정치
aristocratique [형] 귀족의
arithmétique [형] 산수의 [여] 산수
arme [여] 무기 prendre les ~s 무기를 지니다
armé(e) [형] 무장한 ~ de qch …로 무장한
armée [여] 군대
armement [남] 장비, 병기, 무장
arménien(ne) [형] 아르메니아의 [명] (A~) 아르메니아 사람
armer [타]] 무장시키다
armistice [남] 휴전
armoire [여] 장롱, 옷장
armure [여] 갑옷
aromathérapie [여] [의학] 아로마테라피
aromatique [형] 향기가 있는 [여] 방향 요법

arôme [남] 향기
arraché [남] [역도] 인상 à l'~ 힘겹게, 간신히
arracher [타] 잡아 뽑다; 빼앗다
arrangement [남] 정돈
arranger [타] ① 배열하다, 정돈하다 ~ des livres dans une bibliothèque 책들을 책장에 정돈하다 ② (모임 따위를) 마련하다, 주선하다 ~ un mariage 결혼을 성사시키다
arrestation [여] 체포 être en état d'~ 체포된 상태이다
arrêt [남] 중지, 정지
arrêté [남] 명령, 포고
arrêter [타] ① 중단하다 Il *a arrêté* de fumer après sa maladie. 그는 병이 난 다음부터 담배를 끊었다 ② 체포하다
arriéré [남] 미납금 ~ de loyer 집세 미납금
arrivée [여] 도착 "~ à Berlin 7 heures 25″" 베를린 도착 7시 25분"
arriver [자] ① 도착하다 Nous *arriverons* à Paris à midi. 우리는 정오에 파리에 도착할 것이다 ② (상태, 목표, 수준에) 이르다, 도달하다 ne pas ~ à dormir 잠을 이루지 못하다 ③ (사건 따위가) 일어나다, 발생하다 Cela peut ~ à tout le monde. 그런 일은 누구에게든 일어날 수 있다
arrogamment [부] 거만하게
arrogance [여] 거만
arrogant(e) [형] 거만한
arroser [타] ① 물을 주다[뿌리다] ~ des plantes 화초에 물을 주다 ② (을) (로) 적시다
arsenal [남] 무기고
arsenic [남] 비소
art [남] 예술, 미술
artère [여] 동맥의
artériel(le) [형] 동맥의
arthrite [여] 관절염
arthritique [명] 관절염의
artichaut [남] [식물] 아티초크 (국화과의 다년초)

article [남] ① 관사 ② 기사
articulation [여] 명료한 발음
articuler [타] 명료하게 발음하다
artifice [남] 화구 feu d'~ 불꽃놀이
atrificiel(le) [형] 인공적인
artillerie [여] 포, 대포
artisan [남] 공예가, 장인
artiste [명] 예술가, 예능인
artistique [형] 예술적인
artistiquement [부] 예술적으로
aryen(enne) [형] 아리아족의 [남][복] (A~s) 아리아족
ascendant [남] 영향력, 지배력 avoir l'~ sur qn …에게 영향을 미치다 (황도 12궁의 위치로 나타내는 탄생 때의) 성위
ascenseur [남] 승강기, 엘리베이터
ascension [여] 상승, (A~) 예수 승천 l'A~ de Jésus 예수의 승천
ascète [명] 수행자, 고행자
ascétique [형] 수행의, 고행의
aseptique [형] 무균의
asiatique [형] 아시아의 [명] (A~) 아시아 사람
Asie [여] 아시아
Asie Mineure [여] 소아시아
asile [남] 보호소
aspect [남] 국면 examiner qch sous tous les ~s …을 모든 면에서 조사하다
asperge [여] 아스파라가스
asphyxie [여] 질식
asphyxier [타] 질식시키다
aspiration [여] 열망, 갈망 ~ à qch …에 대한 열망
aspirer [타간] 열망하다 ~ à qc[inf.] …을 열망하다
aspirine [여] 아스피린
assaillant(e) [명] 공격자
assaillir [타] 공격하다 *être assailli* par les soucis[par le doute] 걱정[의심]으로 압도되다

assassin [남] 암살자
assassinat [남] 암살
assassiner [타] 암살하다
assaut [남] 공격(습격)하다, 폭행하다 ~ aérien[terrestre] 비행[지상]공격
assemblée [여] 조립
assembler [타] 집합시키다, 조립하다
assembleur(euse) [명] 조립공
asseoir [타] 앉히다, 착석시키다 s'~ 앉다
asservir [타] 노예로 만들다; 굴복시키다, 복종시키다
assez [부] 충분히, 부족 없이; 꽤, 상당히
assidu(e) [형] 근면한
assiduité [여] 근면, 부지런함
assiéger [타] 포위하다
assiette [여] 접시
assigner 할당하다
assimilation [여] 동화, 융합 ~ à qch …에의 동화
assimiler [타] 동류시하다 ~ une indemnité à un salaire 수당을 급여와 동일시하다
assistance [여] 청중
assistant(e) [명][복] 참석자
association [여] 단체
associé(e) [형] 연합한 [명] 동료
associer [타] 연합시키다 ~ à …에 연합시키다
assortiment [남] 유별, 분류 ~ de qch …의 분류
assortir [타] 배합하다
assortissant(e) [형] 잘 어울리는
assoupir [타] 졸게 하다 s'~ [대] 졸다
assouplir [타] 부드럽게 하다, 연하게 하다
assourdir [타] 귀가 멀게 하다; 귀가 아프게 하다
assurance [여] ① 자신(감); 대담, 침착, 확신 ② 보증, 확약, 언질 ③ 보험 ~ automobile 자동차 보험
assuré(e) [형] 보장된

assurer [타] 보증하다; 보장하다 ~ la réconciliation et la coexistence pacifique 화해와 평화적 공존을 보장하다~ à qn que + ind. …에게 …을 보증하다

Assyrie [여] [고대지리] 앗시리아
astérisque [남] 별표
astéroïde [남] 불가사리
asthmatique [명] 천식의
asthme [남] 천식
astigmatisme [남] 난시
astre [남] 천체; 별
astrologie [여] 점성술
astrologue [명] 점성가
astronaute [명] 우주비행사
astronome [명] 천문학자
astronomie [여] 천문학
astonomique [형] 천문의
astrophysicien(ne) [명] 천체물리학자
astrophysique [여] 천체물리학
astuce [여] 예리함
astucieusement [부] 예리하게
astucieux(se) [형] 통찰력이 날카로운, 예리한
asymétrique [형] 불균형의, 부조화의
atavique [형] 격세유전의
athée [형] 무신론의 [명] 무신론자
atelier [남] ① 공장 ② (공장 내에서 동일한 작업이 이루어지는) 작업장, 소공장 ③ 연구회; 연수회 ④ 아틀리에, 화실, 조각실
athéisme [남] 무신론
Athènes [명] [지리] 아테네
athlète [명] 운동선수
athlétique [형] 운동선수다운
athlétisme [남] 운동경기
atlantique [형] 대서양의 [남] (A~) 대서양
atlas [남] 지도책
atmosphère [여] 분위기 L'~ était tendue. 분위기가 긴장되어 있었다.
atmosphérique [형] 대기의

atome [남] 원자
atomique [형] 원자의
atomiser [타] 미립자화하다
atomiseur [남] 분무기
atroce [형] 흉악한, 극악한
atrocité [여] 흉악, 악행, 잔학행위
atrophie [여] (영양부족 따위에 의한) 위축증, 소모증
attaché(e) [형] 부속의 ~ à qn / qch …에 부속된[명] (대사, 공사의) 수행원
attachement [남] 부착
attacher [타] 붙잡아 매다 ~ les mains d'un prisonnier 죄수의 손을 묶다 s'~ [대] 집착하다, 애착을 갖다 Il s'attache trop à l'argent. 그는 돈에 너무 집착한다
attaquant(e) [명] 공격자
attaque [여] 공격 ~ contre qn …에 대한 공격
attaquer [타] 공격하다
attarder [타] 늦어지게 하다
atteindre [타] 도달하다
attendre [타] 기다리다
attentat [남] 가해; 폭행; 범죄계획; 음모; 테러행위
attentif(ve) [형] 주의 깊은
attention [여] 주의, 집중 attirer l'~ de qn …의 주의를 끌다 à l'~ de qn (편지, 메모 따위의 행선) …씨 앞
attentivement [부] 주의 깊게
atterir [자] [항공] 착륙하다
atteerrissage [남] [항공] 착륙
attestation [여] ① 증명, 증언, 증거 ② 증명서 ~ d'assurance automobile 자동차보험 증명서
attester [타] 증명하다 ~ que + ind. …을 증명하다
Attique [여] [고대지리] 아티카
attirer [타] 매료시키다 Son charme *attire* tout le monde. 그의 매력은 모든 사람의 마음을 사로잡는다.

attitude [여] 태도 ~ à l'égard de qch …에 대한 태도
attraction [여] 끌어당김, 매력
attrait [남] 매력 ~ de qch …의 매력
attraper [타] 잡다
attrayant(e) [형] 매력적인
attribuer [타] 주다, 부여하다 ~ une part à un héritier 상속인에게 몫을 할당하다
attribut [남] 특성 [문법] 속사
attribution [여] 부여, 할당 ~ d'un rôle à un acteur 배우에게 역할을 맡기기
attrister [타] ① 슬프게 하다 ② (자연 따위를) 음울[음산]하게 만들다
aube [여] 새벽
auberge [여] 여관
aubergine [여] [식물] 가지
auburn [형] (불변) 적갈색의
aucun(e) [형] (부정) 어떠한, 하나도, 조금도 Le mot n'est dans ~ dictionnaire. 이 단어는 어떤 사전에도 없다
audace [여] 대담(성)
audacieux(se) [형] 대담한
au-dessus [부] ① (장소가) 위에 ② (수량, 정도 따위가) 그 이상으로; 높게
audible [형] 들리는
audience [여] ① (대중의) 지지, 찬동, 공감 ② (특히 라디오, 텔레비전의) 청취자; 시청자 taux d'~ 시청률
audio [형] 음성의
audiotypiste [명] 녹취자
audiovisuel(le) [형] 시청각의
audit [남] 회계감사
auditer [타] 회계감사하다
auditeur(trice) [명] 회계감사관, 감사
auditif(ve) [형] 청각(기관)의, 귀의
audition [여] 듣기, 오디션, 심사 ~ pour qch …에 대한 오디션
auditionner [타] 시청하다, 오디션을 하다 ~

automobile

pour qch …에 대해 오디션을 하다
augmentation [여] 증대, 증가
augmenter [타] 늘리다, 증가시키다 ~ la capacité de production 생산력을 증대시키다
auguste [형] 당당한, 위엄 있는
aura [여] 영기, 아우라 (초능력자에게 보인다는 인체의 후광)
aurore [여] 오로라
aussi [부] 역시, 또한
aussitôt [부] 곧, 즉각, 곧장
austère [형] 준엄한, 엄숙한
austérité [여] 준엄, 엄격
austral(ale, [복] **aux**) [형] 남쪽의
Australie [여] [지리] 호주
australien(ne) [형] 호주의 [명] (A~) 호주 사람
autant [부] 그만큼, 같은 정도로
auteur [남] 작가; (범죄, 사건 따위의) 주모자, 장본인, 범인 ~ du massacre 학살의 범인
authenticité [여] 신빙성, 진실성, 신품임
authentifier [타] 진품임을 감정(인정)하다
authentique [형] 진정한, 진짜의, 진품의
autisme [남] 자폐증
autiste [형] 자폐증의
auto [여] 자동차
autobiographie [여] 자서전
autobiographique [형] 자서전의
autocrate [남] 전제군주, 독재자
autocratie [여] 절대주권
autocratique [형] 전제의, 독재의
autodéfense [여] 자주국방
autographe [남] 서명
auto-immun(e) [형] 자기면역의
automatique [형] 자동의
automatiquement [부] 자동적으로
automatisation [여] 자동화
automatiser [타] 자동화하다
automne [남] 가을
automobile [형] 자동차의 [여] 자동차

autonome [형] ① 자치[독립]적인; 독자적인 territoire ~ 자치령 ② 자율적인 individu ~ 자율적인 개인
autonomie [여] 자치, 자치권
autopsie [여] 부검
autorisation [여] 허가 accorder l'~ de + inf. …할 허가를 내주다
autoriser [타] 허가하다 ~ à + inf. …하는 것을 허가하다
autoritaire [형] 권위적인
autoritarisme [남] 권위주의
autorité [여] 권한 [복] 당국
autosuggestion [여] 자기암시
autour [부] 둘레에, 주위에 ~ de qch … 주위에
autre [형] 다른
autrement [부] 달리, 다른 방법으로
Autriche [여] [지리] 오스트리아
autrichien(ne) [형] 오스트리아의 [명] (A~) 오스트리아 사람
autruche [여] ① [조류] 타조 ② 타조가죽 chaussures en ~ 타조가죽 신발 avoir un estomac d'~ (무엇이든 소화해내는) 튼튼한 위를 가지다 pratiquer la politique de l'~ 눈감고 위험을 얼버무리는 정책을 쓰다
auxiliaire [형] 보조의 [남] 조동사
avalanche [여] 눈사태
aval [남] ① 하류 ② 하위부문, 후속단계 en ~ de qch …의 하류(쪽)에; …에 뒤이어
avaler [타] 삼키다
avance [여] 돌출부
avancé(e) [형] 고급수준의
avancement [남] 전진
avancer [타] ① (앞으로) 내밀다 ② 내놓다, 제시하다; 주장하다 ~ que la légitimité arrivera forcément 반드시 일이 공정하게 진행될 것이라고 주장하다
avant [전] … 전에
avantage [남] 이점

avantageux(se) [형] 유리한
avant-garde [여] (예술의) 전위파, 아방가르드
avant-hier [부] 그제
avare [형] 인색한
avec [전] …와 함께
avenir [남] 장래, 미래 à l'~ 앞으로는
avent [남] 대림절 (크리스마스 전 4주간을 포함하는 시기)
aventure [여] 모험
aventurier(ère) [명] 모험을 즐기는 사람
aventureux(se) [형] 모험적인
avenue [여] 대로
aversion [여] 혐오, 싫음, 반감 ~ pour …에 대한 반감
avertir [타] ① 알리다; 경고[예고]하다
avertissement [남] ① 통지; 예고 ② 경고; 주의
aveu [남] ([복] ~**x**) 고백, 자백
aveugle [형] 눈먼
aveugler [타] ① 눈멀게 하다 ② 이성을 잃게 하다; 현혹하다
aviateur(trice) [명] 비행사, 조종사
aviation [여] 비행(술), 항공(술)
avide [형] …을 갈망하는
avidité [여] 열심, (열렬한) 욕망, 갈망, 탐욕 ~ de qch …에 대한 욕망
avion [남] 비행기
avis [남] 의견 à mon ~ 내 생각에는
avocat [명] 변호사 (여자 변호사일 경우 avocate가 통용되나 avocat로 쓰기도 함. 칭호는 Maître)
avoir [타] ① 가지다 Il a une moto. 그는 오토바이를 한 대 가지고 있다 ② (조동사: 과거분사와 결합하여 복합 시제를 구성함) Je n'*ai* pas encore déjeuné. 나는 아직 점심식사를 하지 않았다 ③ (비인칭 구문: Il y a) (사물, 사람이) 있다 Il y *a* une voiture devant la maison. 집 앞에 자동차 한 대가 있다
avoisiner [타] 이웃하여 있다, 인접하여 있다

avortement [남] 낙태
avoué(e) [형] (사실이) 고백된
avril [남] 4월
axe [남] ① 축(선), 중심
axiome [남] ① [철학] 명제, 전제 ② [수학, 논리학] 공리 ③ 자명한 이치 ④ 격언, 금언
axiomatique [형] ① [수학][논리학] 공리의; 공리적인 ② (공리와도 같이) 자명한
Azerbaïdjan [남] [지리] 아제르바이잔
azerbaïdjanais(e) [형] 아제르바이잔의 [명] (A~) 아제르바이잔 사람
azéri(e) [형] 아제르바이잔의 [명] (A~) 아제르바이잔 사람
aztèque [형] 아즈텍의 [명] (A~) 아즈텍 사람
azur [남] 푸른 하늘, 창공

B

B, b [남] 불어 자모의 둘째 글자
bac [남] (구어) 대학입학 자격(시험) (=baccalauréat) passer le[son] ~ 대학입학 자격시험을 치다
baccalauréat [남] 대학입학자격 (시험) préparer[passer] le ~ 대학입학 자격시험을 준비하다[치다] être reçu[refusé] au ~ 대학입학자격시험에 합격[낙방]하다 candidat au ~ 대학입학 자격시험 응시자 titulaire du ~ 대학입학 자격 취득자
bâche [여] ① [기계] (증기기관, 보일러 따위의) 물탱크; (압축된 용수를 모아두는) 물탱크 ~ d'alimentation (기계 작동을 위한) 급수탱크 ② [원예] (식물의 성장촉진을 위한) 온상 ③ (수력터빈의) 덮개 (케이스) ④ 물품 보호용 덮개[방수포] recouvrir un étalage d'une ~ 진열대에 보호 덮개를 씌우다 ⑤ [어업] 자루 그물 ~ traînante[volante] 저인망 ⑥ (속어) 침대 시트 se mettre dans les ~s 잠자리에 들다 ⑦ (구어) 운동모자 (=casquette)
bâcler [타] ① (구어) 일을 날림으로 해치우다 ~ son devoir 숙제를 대강 해치우다 / (보어 없이) Il ne sait pas travailler : il bâcle. 그는 일을 제대로 할 줄 모른다: 서둘러 대충 해치우기만 한다 ② (옛) (문, 창문을) 빗장으로 걸어 닫다 ③ (옛) [해양] (항구, 하천 따위를) 폐쇄하다; (비유) 항행을 불가능하게 하다 ~ un bateau 하역을 위해 배를 부두에 묶어 정박시키다
bacon [남] 베이컨
bactérien(ne) 박테리아[세균]의
bactériologie [여] 세균학
bactérie [여] 박테리아, 세균

bagage [남] ① [복] (여행객의) 짐, 가방; 휴대품, 수하물 ~s à main 휴대품, 핸드캐리 여행물품 chariot à ~s 여행가방용 카트 garde des ~s 여행물품 보관소 faire[défaire] ses ~s 여행가방을 챙기다[풀다] faire enregistrer ses ~s à la gare 여행가방을 역수하물 창구에 등록하다 mettre[déposer] ses ~s à la consigne 여행가방을 수하물 위탁소에 보관하다 excédent de ~s 중량초과 수하물 / [단] Un seul ~ ? 이 짐 하나 뿐입니까? ② (비유) 지식, 학식 (=connaissance); 경험; Son ~ scientifique est quasi nul. 그가 과학에 관해 갖고 있는 지식은 거의 전무하다

bagarre [여] ① 싸움판; 소란, 소동 Des ~s ont éclaté entre la police et les manifestants. 경찰과 데모대 사이에 난투극이 벌어졌다 Je me suis trouvé pris dans la ~. 나는 어쩌다가 싸움판에 끼어들게 되었다 ② (구어) 주먹다짐, 폭력 ~ pour le pouvoir 권력 쟁취를 위한 투쟁 Il va y avoir de la ~. 곧 심상치 않은 일이 벌어질 것이다

bagarrer [자] (구어) 싸우다, 싸움판을 벌이다; 투쟁하다 (=lutter); 열변을 토하다 Il va falloir ~ pour l'obtenir. 그것을 얻기 위해 싸워야 할 것이다 se ~ [대] (구어) ① (서로) 싸우다, 주먹다짐하다 (=se battre) Il *s'est bagarré* avec son frère. 그는 자기 형제와 주먹다짐하며 싸웠다 ② (서로) 논쟁하다 (=se quereller) Ils *se sont bagarrés* à propos des élections. 그들은 선거를 쟁점으로 격렬한 논쟁을 펼쳤다 ③ 투쟁하다, 대항하여 싸우다 se ~ contre la concurrence 경쟁을 물리치려고 애쓰다

bagarreur(se) [형] 싸움[논쟁]을 좋아하는; 공격적인 (=agressif, batailleur) [명] 싸움[논쟁]을 좋아하는 사람 Ce garçon est un ~. 이 사내아이는 싸움꾼이다.

bagatelle [여] ① 하찮은 [쓸모가 없는] 물건 (=bibelot); 적은 돈, 푼돈 B~ que tout cela !

다 쓸데없는 것들이야! acheter qch pour une ~ ...을 헐값에 사다 ② 사소한[쓸데없는] 짓(일); (옛) 예의에 어긋나는 행동 perdre son temps à des ~s 쓸데없는 짓에 시간을 허비하다 Ils se sont brouillés pour une ~. 그들은 별것도 아닌 문제로 사이가 틀어졌다 ③ (구어) 육체관계, 정사 Il est très porté sur la ~. 그는 여자를 밝히는 사람이다 ~s de la porte 문전에서 손님을 꾀는 수장; (속어) 전회 la ~ de (반어) 막대한 금액 Il a dépensé en une soirée la ~ de dix mille euros. 그는 하루 저녁에 무려 만 유로를 썼다.

Bagdad [명] 바그다드 (이라크의 수도)

bague [여] ① 반지, 가락지 (=anneau) ~ de fiançailles 약혼반지 diamant en ~ 반지에 세팅된 다이아몬드 tête d'une ~ 반지의 (보석을 부착하기 위한) 거미발; 반지의 보석 ~ à large chaton (문장, 이니셜 따위를 새긴) 넓은 알반지 porter une ~ au doigt 손가락에 반지를 끼고 있다 ② (새의 발에 두르는) 고리; (궐련 따위의) 두름띠 ~ d'un pigeon voyageur 통신비둘기의 발고리 ③ [기계] (두 부품 사이를 맞추는) 이음[받침, 낌] 고리 ~ d'assemblage 이음고리 ~ d'excentrique 편심륜 ④ [해양] 선박용 각종 고리 ~ en corde 돛의 삭륜 ~ d'amarrage 계선환, 링볼트 ⑤ [건축] (원기둥의 몸체를 수평으로 구분하는) 고리 모양 쇠시리 ⑥ [음악] (악궁의) 현의 장력을 조절하는 부분 ⑦ [도량형] (원통형 물체의) 겉지름 측정기 ⑧ (버섯의) 팡이고리, 균륜 ⑨ [전기] ~ collective 슬립링 aller comme une ~ au doigt (물건이) 꼭 맞다 avoir la ~ au doigt 결혼을 약속하다 C'est une ~ au doigt (구어) 그것은 (값이 적당하고) 부담 없이 바꿔칠[쓰다가 버릴] 수 있다; 부담없고 수입이 괜찮은 일이다 jeu de ~s 말을 달리며 기둥에 달아놓은 고리를 창으로 찔러 따는 놀이 (Sa place est) une ~ au doigt (그의 지위는) 한직(이다)

baguette [여] ① (가는 막대기); 지팡이; 지휘봉 coup de ~ 막대기로 치기 ~ de tambour 북채 ~ magique 마술 지팡이 ~ des sourciers 지하 수맥을 찾는 사람의 지팡이 ~ d'officier[de chef d'orchestre] 장교[오케스트라 지휘자]의 지휘봉 ② [건축] 쇠시리, 몰딩 (molding) ~ d'angle 테두리 몰딩 ~s décoratives 장식 몰딩 ~ dissimulant les fils électriques 전선을 가리는 막대 ③ (바지, 양말 따위의) 가장자리 두름테; (구두코 끝의) 장식 가죽; (편지지의) 장식테 ④ [제과] 바게트 빵 une demi-~ 바게트 반쪽 ⑤ 젓가락 manger du riz avec des ~s 쌀밥을 젓가락으로 먹다 avaler ses ~s 죽다 avoir de la ~ 운이 좋다 avoir les ~s (구어) 겁이 나서 움츠러들다; 기가 죽다 commander[mener] les gens à la ~ 사람들을 엄하게 다루다 d'un coup de ~ (magique) 마술에 걸린 듯; 눈깜짝할 사이에 en avoir plein les ~s 너무 걸어서 다리가 막대기처럼 뻣뻣해졌다 être à la ~ 지휘[감독]하다 (des cheveux) raides comme des ~s de tambour (구어) 매우 뻣뻣한 (머리카락) marcher à la ~ 엄한 규율하에 움직이다[진행되다] mettre les ~s 달아나다 obéir[se laisser mener] à la ~ 아무 말 없이 복종하다 passer par les ~s 태형을 받다; 혹독한 비평[모욕]을 받다

Bahreïn [남] 바하마
baie [여] 후미, 내포
baigner [타] ① (물, 액체에) 담그다, 적시다 ~ ses pieds dans l'eau 발을 물에 담그다 ~ ses lèvres avec un onguent 연고로 입술을 촉촉이 하다 *être baigné* de qch ...으로 흥건해지다[적셔지다] ② 목욕시키다; 미역감게 하다 ~ un enfant 어린애를 목욕시키다 ③ (바다, 호수의 물이 육지 따위에) 닿다, 에워싸다; (강이) (에) 흐르다 mer qui *baigne* cette côte 바다에 면한 연안 La Seine *baigne*

Paris. 센 강이 파리에 흐르고 있다 ④ (빛 따위가) 에워싸다, (위로) 퍼지다 (=inonder) [자] ① (물, 액체에) 잠기다, 젖어들다 [~ dans qch] La viande *baignait* dans la sauce. 고기가 소스에 담겨 있었다 ~ dans son sang 피투성이가 되다 ② (안개 따위에) 둘러싸이다; (기쁨, 슬픔 따위에) 감싸이다, 잠기다 [~ dans qch] Tout le paysage *baignait* dans la brume. 온 풍경이 안개에 싸여 있었다. ~ dans sons chagrin 침울함에 잠기다 Ça[Tout] baigne dans l'huile; Ça[Tout] baigne. (구어) 모든 일이 순조롭다; 모든 일이 척척 진행중이다 se ~ [대] ① 목욕하다; 물놀이 하다, 해수욕하다 se ~ dans la mer[dans une piscine] 바다[수영장]에서 물놀이 하다 Tu viens te ~ ? 물놀이 갈래? ② (물에) 자기의 …을 적시다, 담그다 [se ~ qch] Elle *s'est baigné* seulement les pieds. 그녀는 발만 적셨다 ③ (에) 기꺼이 잠기다, (을) 즐기다 se ~ dans l'air libre 자유분망하게 지내다 se ~ dans le sang (문어) 살육하다, 학살하다

baignoire [여] 욕조
bail ([복] **aux**) [남] 임대차
bâiller [자] 하품하다
bain [남] 목욕
baiser [타] 입맞추다; (속어) 성교하다 [남] 키스
baisse [여] 낮아지기
baisser [타] 낮추다, 내리다 [자] 감소하다 Le nombre de demandeurs d'emploi *a baissé* de 48 900. 구직자 수가 48,900명 줄었다
bal [남] 무도회
balader (se) [대] 산보하다, 거닐다
balai [남] 비, 빗자루; 걸레, 대걸레
balance [여] ① 저울 ② 균형, 평형상태 ③ [상업] 차감잔고, 결산
balancer [타] 좌우로 흔들다
balayer [타] 비로 쓸다
balcon [남] 발코니

ballade [여] 민요, 발라드
balle [여] ① 공 ② 총알
ballet [남] 발레, 무용극
ballon [남] 공, 구(球), (구기용)볼
balustrade [여] (계단의) 난간
bambou [남] 대나무, 죽재(竹材)
banal(ale) [형] 진부한, 평범한
banaliser [타] ① 평범하게 하다, 진부하게 하다; 일반화하다, 보편화시키다
banalité [여] 진부(함), 평범함; 진부한 말
banane [여] 바나나
bancaire [형] 은행의
bandage [남] 붕대눈가리개, 안대
bande [여] ① 띠, 밴드 ② 무리, 떼
bandeau (〔복〕 ~x) [남] 이마에 두른 띠; 눈가리개
bander [타] (상처를) 붕대로 싸매다
bandit [남] 산적, 강도, 도적, 도둑
Bengale [남] [지리] 벵골(만) (인도의 북동부지역)
ban [남] ① [복] (교회에서의) 혼인공시 ② (행사, 수훈식 따위에서 선언에 앞선) 북소리
bannir [타] 추방하다
banque [여] 은행
barrage [남] 연발 사격, 둑, 댐
banquet [남] 연회, 축하연
baptiste [명] [종교] 침례교도 [형] 침례교의
bar [남] 술집
baratin [남] 감언이설 Elle est franche, elle ne fait pas de ~. 그녀는 솔직하며, 감언이설을 하지 않는다.
barbare [형] 문명에 뒤진, 문명권 외에 있는, 미개한
barbarie [여] 야만성
barbarisme [남] [언어] 부정확한 어법[어구]
barbe [여] 수염; 수염 모양의 것
barbecue [남] [요리] ① (야외에서 숯불을 사용하여) 고기 굽는 틀 ② 바베큐 요리

baromètre [남] 기압계, 청우계, 바로미터
barométrique [형] 기압(계)의
baron [남] 남작, 외국귀족, 호족
baronnial(ale, [복] **aux)** [형] 남작의, 남작령의, 귀족풍의, 당당한
baroque [남] 바로크 양식, 세련된, 복잡하고 화려한
barrage [남] 댐
barre [여] 막대기; 빗장
barrer [타] ① (길 따위를) 막다, 가로막다, 차단하다 ② (페이지, 글씨 쓴 곳에) 줄을 긋다
barricade [여] 바리케이드
barrière [여] 장애, 장벽, 방벽, 방책
bas(basse) [형] 낮은
basculer [자] ① 앞뒤로 움직이다, 기울다 ② 회전하다 ③ 균형을 잃다, 쓰러지다
base [여] 토대, 기초, 근거, 기지
baser [타] ...에 기초를 두다
basilic [남] [식물] 꿀풀과의 박하 비슷한 식물 (향미료, 약용)
basilique [여] 공회당, 대성당
basques [여][복] 바스크 사람
basse [여] 베이스, 바스, 저음
basset [남] (광맥·암층(岩層)의) 노두(露頭)
bassin [남] 대야; 못; 저수지
bassiste [복] 콘트라베이스 주자, 베이스 기타 주자
basson [남] 바순, 파고토
bataille [여] 전투, 싸움, 교전
bâtard(e) [복] ① 사생아, 서자 ② (동물의) 잡종
bathos [남] 우스꽝스런 용두사미, 평범, 진부함
bâtiment [남] ① 건물
bastion [남] 능보(稜堡), 요새
bâtir [타] 짓다, 건축하다
bâton [남] 지휘봉, 배턴
batterie [여] ① [군사] 포대; 포병 중대 ② 전지, 배터리
battre [타] 치다, 두드리다; 휘젓다

bavard(e) [형] 수다스러운
bavardage [남] 수다
bavarder [자] 수다를 떨다
baver [자] ① 침을 흘리다 ② (비유, 구어) (놀람, 경탄 따위로) 입을 다물지 못하다, 얼떨떨해지다
Bavière [여] [지리] 바이에른 주 (독일 남부의 주)
bazar [남] 시장, 상점가, 백화점
bazooka [남] 바주카, 바주카포
béatifier [타] [가톨릭] (교황이 죽은 자에 대해) 시복을 선포하다; (에게) 하늘나라의 행복을 누리게 하다
beau(bel) ([여] belle, [남][복] beaux [여][복] belles) [형] 아름다운 ~ paysage 아름다운 경치
beaucoup [부] 많이 Il y a ~ de pommes. 사과가 많이 있다
beau-fils ([복] ~x-~) [남] 의붓아들; (때로) 사위
beau-frère ([복] ~x-~s) [남] 매형, 처남
beau-père ([복] ~x-~s) 시아버지, 장인
beauté [여] 아름다움, 미, 미모
beaux-arts [남][복] 미술
beaux-parents [남][복] 의부모, 계부모, 시부모, 장인장모
bébé [남] 갓난아이, 아기
bec [남] 부리
bégonia [남] [식물] 베고니아
beige [남] 낙타색, 베이지 색
belgique [여] 벨기에
Belgrade [명] [지리] 베오그라드 (세르비아 (Serbie)의 수도)
bélier [남] 숫양
belle-fille ([복]~s-~s) [여] 며느리; 의붓딸
belle-mère ([복]~s-~s) [여] 시어머니; 장모; 의붓어미
belligérance [여] 호전성, 투쟁성, 교전
belligérant(e) [형] 교전 중의
bémol [남] (음악) 플랫 (b), 반음내림표 / 반음

내리는, 플랫을 mettre un ~ (à la clé) 어조[태도]를 부드럽게 하다
bénédictin(e) [명] 베네딕트파 수도사[수녀]; (비유) 박식하고 근면한 사람
bénédiction [여] 축복
bénéfice [남] 이익, 이윤
bénéficiaire [남][여] 수익자, 수혜인
bénéficier [타간] ① (주어는 사람) [~de] ...의 득을 보다, 혜택을 입다 ② (주어는 사물) [~à] ...에 도움이 되다, 기여하다
bénéfique [형] 유익한, 이로운
Bénélux (le) [남] 베네룩스 3국 (Be(lgique), Né(erlande), Lux(embourg) 3국(의 총칭)); 베네룩스 3국 사이의 관세동맹
bénin(igne) [형] 인자한, 친절한, 상냥한
Bénin [남] 베닌
bénir [타] 축복하다
benzène [남] [화학] 벤젠
benzine [여] [화학] 벤진
berceau ([복] ~**x**) [남] 요람
bercer [타] 가만히 흔들다; 흔들어 재우다
béret [남] 베레모
bergamote [여] [식물] 배의 일종; 베르가모트 (오렌지의 일종)
berger(ère) [명] 목자; 지도자
Berlin [명] [지리] 베를린 (독일(Allemagne)의 수도)
berlinois(e) [형] 베를린의 [명] (B~) 베를린 사람
bermuda [남] 버뮤다 (대서양 서부의 군도로 된 영국 식민지)
bésigue [남] 베지크 (두서너 사람이 하는) 카드놀이의 일종
besoin [남] 필요, 요구 avoir ~ de qch ...이 필요하다
bestialité [여] 수성, 수욕, 잔인한 짓, 잔인한 성격
bestseller [남] 베스트셀러

bête [여] 짐승
bêtise [여] 어리석음, 우둔함; 어리석은 짓[말]
béton [남] 콘크리트
beurre [남] 버터
Bhoutan [남] 부탄
biais(e) [형] [건축] 경사진, 비스듬한 [남] ① 경사, 비스듬함 ② 완곡한 방법[수단] par le ~ de qch ...라는 간접적인 수단으로; ...을 핑계삼아
bibelot [남] 자질구레한 실내 장식품
Bible [여] (la ~) 성경
bibliographie [여] ① 서지학 ② 저서 목록, 참고문헌
bibliographique [형] 서지학의; 참고문헌의
bibliothèque [여] ① 도서관 ② 책장, 서가
biblique [형] 성서의, 성서에서 나온 구절
bicamér(al)isme [남] [정치] 양원제
bicarbonate [남] 중탄산염
biceps [남] 이두근, 팔의 근력
bicyclette [여] 자전거
bidet [남] 비데
bien [남] 선 [부] 잘, 능란하게
bien-aimé(e) [형] 가장 사랑하는
bientôt [부] 곧, 오래지않아
bienveillant(e) [형] 친절한, 호의적인
bienvenu(e) [형] 환영받는
bière [여] 맥주
bifteck [남] 비프스테이크
bifurcation [여] 분기점
big-bang [남] 우주폭발 생성이론; (비유) 대격변
bigamie [여] 중혼(죄)
bijou [남] ([복] ~x) 보석
bilan [남] 대차대조표; 결산서
bilatéral [형] (ale, [복] aux) 양자간의
bilieux(se) [형] 담즙질의; (구어) 성 잘 내는 (성격이) 조바심하는, 근심걱정 잘하는
bilingue [형] 두 나라 말을 하는, 두 나라 말로 쓴

bilinguisme [남] 2개 국어 상용(常用)
billet [남] 표, 티켓
binette [여] [정보] 사이버 공간에서 컴퓨터 자판의 문자, 기호, 숫자 등을 조합해 감정이나 의사를 나타내는 표현법
bingo [남] 빙고, 대히트
biographie [여] 전기, 일대기
biologie [여] 생물학
biologiste [명] 생물학자
bionique [형] 생체 공학의
biopsie [여] 생체 검사(법)
biorythme [남] 생체 리듬
biparti(e) [형] 이분된, 두 부분으로 이루어진
biscuit [남] 비스킷, 과자 모양의 빵
bisexuel(le) [명] 양성의, 양성기관을 가진
bistrot [남] 작은 바, 비스트로
bivouac [남] 야영, 노숙
bizarre [형] 이상한
blague [여] 농담
blaguer [자] 농담하다
blâmer [타] 비난하다, 나무라다
blanc(che) [형] 흰
blanchir [타] ① 희게 하다 ② 표백하다
blanc-manger([복] ~s-~s) [남] [요리] 젤리의 일종
blazer [남] 선전하는 사람, 퍼뜨리는 사람
blé [남] [식물] 밀
blesser [타] ① 상처를 입히다; 아프게 하다 ② 마음을 상하게 하다 ③ (눈, 귀 따위에) 거슬리다
bleu(e) [형] 파란 [남] 파란색, 청색 ~ ciel 하늘색
blizzard [남] 심한 눈보라, 폭풍설, 돌발
bloc [남] 큰 덩어리
blocage [남] 봉쇄, 방해, 저해
blond(e) [형] 금발의
bloquer [타] 차단하다
boeuf [남] ([복] ~s) ① 소 ② 쇠고기

bohème [여] 보헤미안
boire [타] 마시다, 술 마시다
bois [남] 나무, 재목; 숲
boîte [여] 상자
boiter [자] 다리를 절다
bol [남] 공기, 사발
Bolivie [여] [지리] 볼리비아
bombardement [남] 포격, 폭격
bombarder [타] 포격하다, 폭격하다
bombe [여] 원자[수소] 폭탄, 핵무기
bon(ne) [형] ① (품질, 성능이) 좋은 ~ fauteuil 좋은 의자 ② 적절한, 알맞은 arriver au moment 적시에 도착하다 ③ 착한, 선량한 ~ garçon 착한 소년 ④ 맛있는, 냄새 좋은 très ~ plat 매우 맛있는 음식
bondir [자] ① (사람, 동물이) 뛰어오르다, 뛰어가다 ② (공 따위가) 튀다
bonheur [남] 행복 suprême ~ 최고의 행복 recherche du ~ 행복의 추구
bonhomme [남] ① 착한 사람, 호인 ② (구어) 친밀감을 나타내어) 녀석; (아기 또는 아기처럼 대하는 사람을 가리켜) 애야, 아가
bonjour [남] (낮 인사) 안녕하십니까, 안녕
bonnet [남] 테 없는 모자
bonsoir [남] (저녁 인사) 안녕하십니까, 안녕
bonté [여] 착함, 어짊음; 친절
bord [남] 가장자리; 기슭 au ~ de la mer 바닷가에서
bordel [남] 갈보집; 풍기문란한 곳
border [타] (주어, 보어는 사물) 가장자리를 따라 뻗어나다, 가장자리를 이루다
Bordeaux [명] [지리] 보르도
bordure [여] ① 가장자리[테두리]에 두른[댄] 것, 가장자리 장식 ② 가장자리
borne [여] 경계표
borner [타] 한정하다, 한계를 정하다
bosse [여] 혹
bossu(e) [형] 혹이 있는 [명] 꼽추

Botswana [남] [지리] 보츠와나
botte [여] 장화 une paire de ~s 장화 한 켤레
bouc [남] 염소의 수컷
bouche [여] 입
bouchon [남] (병 따위의) 마개
boucle [여] ① 버클, 고리쇠, 죔쇠 ② (비유) 둥글게 말린 것 ~ de cheveux 머리카락의 컬
boucler [타] 버클을 채우다; (머리카락을) 곱슬곱슬하게 하다; 마무리 짓다 ~ les négociations 협상을 마무리 짓다
Bouddha [남] 불타, 부처, 석존
bouddhisme [남] 불교
bouddhiste [명] 불교도, 불교 스님
boue [여] 진창, 진흙
bouger [자] ① 움직이다 ② 이동하다
bouillir [자] 끓다
boulanger(ère) [명] 빵집 주인
boulangerie [형] 빵집
boulevard [남] 나무가 들어선 큰 길
boulimie [여] 이상 식욕 항진, 과식증
bouquet [남] 부케, 꽃다발
bourbon [남] (피아노 오르간의) 최저 음역의 음전
bourgeois(e) [명] 중산 계급의, 부르주아의
bourgeoisie [여] 중산계급, 유산계급, 부르주아 계급
bourreau [남] ([복] ~x) ① 형리 ② 남을 괴롭히는 사람, 학대자 ~ d'enfants 아동학대자 ~ de travail 많은 일을 척척 해치우는 사람; 일[공부]벌레
bourse [여] 지갑; 장학금
bousculer [타] ① 뒤죽박죽으로 만들다, 뒤엎어놓다 ② 떼밀다
bout [남] 끝, 약간
bouteile [여] ① 병, 술병 ② (병 속의 내용물로서의) 술, 포도주 boire une ~ de rouge 적포도주 한 병을 마시다
boutique [여] 부티크, 상점, 가게

bouton [남] 단추 ~ de chemise 셔츠 단추
boycott [남] 보이콧
boycottage [남] 불매(不買) 동맹을 맺기, 배척하기, 보이콧
boycotter [타] 보이콧하다, 동맹배척하다
bracelet [남] 팔찌
branche [여] 가지, 분지
branchement [남] 접속 ~ téléphonique 전화접속
bras [남] 팔
brasser [타] 휘젓다
brasserie [여] 맥주 양조(장)
brave [형] 용감한
braver [타] 무릅쓰다 ~ la mort 죽음을 무릅쓰다
bravo [감] 잘 한다, 좋다
bref(ève) [형] 간략한
brevet [남] 특허
bride [여] (말의 굴레) (재갈과 고삐 포함)
brièvement [부] 짧게; 간결하게
brièveté [여] 짧음, 간결
brigade [여] ① [군사] 여단 ② (군대, 경찰 따위의) 분대, 소대, 반 ③ (공무원, 근로자 따위의) 반, 조
brillant(e) [형] (명사 앞, 뒤) ① 빛나는 ② (지적으로) 우수한, 명석한
brimade [여] 따돌림, 왕따 ~ à l'école 학교에서의 따돌림
brin [남] 실오라기
brique [여] 벽돌
briser [타] 깨뜨리다
brocart [남] 수단(繡緞), 문직(紋織)
broche [여] ① 꼬챙이; (고기 굽는) 쇠꼬챙이, 꼬치 ② 브로치, 장식핀
brochette [여] [요리] (고기 굽는) 작은 꼬치[꼬챙이]; 꼬치에 꿴 고기
brocoli [남] 브로콜리
bronchite [여] 기관지염

bulletin

brochure [여] 팸플릿, 가제본한 책, 소책자
broder [타] (천에) 수를 놓다
broderie [여] 수, 자수
bronze [남] 청동, 브론즈
brossage [남] 솔질, 브러시질
brosse [여] 솔, 브러시
brouillard [남] 안개
brouillé(e) [형] 뒤섞은, 혼합한 oeufs ~s [요리] (계란을 휘저어 부친) 스크램블에그
brouiller [타] ① 뒤섞다, 혼합하다 ② (시각 따위를) 흐리게 하다
bruit [남] ① 소리, 음 ~ d'animaux 짐승이 내는 소리 ② 소문, 풍문
brûler [타] 태우다
brume [여] 짙은 안개
brun(e) [형] 갈색의
Brunei [남] [지리] 브루나이
brusque [형] ① (주로 명사 뒤) 거친, 난폭한 ② (주로 명사 앞) 갑작스런, 돌연한, 뜻밖의
brut(e) [형] 천연의, 가공하지 않은 pétrole ~ 원유
brutal(ale, [복] aux) [형] 잔인한, 난폭한, 야만적인
bruyant(e) [형] 시끄러운
buanderie [여] 세탁소
bûche [여] 장작
bucolique [형] 목자(牧者)의, 목가적인
budget [남] ① (국가, 공공기관의) 예산 ~ de l'Éducation nationale 교육예산 ② (기업, 단체, 가정, 개인의) 예산; 경비 ~ de publicité 광고예산
budgétaire [형] 예산(상)의
buffet [남] ① 찬장 ② 뷔페
buffle [남] 물소
buisson [남] (관목의) 덤불, 수풀
bulle [여] ① 거품 ② (만화에서 인물의 대사를 나타내는) 동그란 테
bulletin [남] ① (공식적인) 보고서, 공보 ②

(학회, 단체의) 회보 ③ (학교의) 성적표 ④ 투표 용지 ~ blanc[nul] 백지[무효]표
bureau [남] ([복] ~**x**) ① (사무용) 책상 ② 사무실 ③ (관청, 회사의) 부서, 국, 원, 과
bureaucrate [명] ① 관리, 관료 ② (경멸) 관료적인 사람 ③ (경멸) (법률사무소 따위의) 서기; 하급관리 [형] 관료적인
bureaucratie [여] ① 관료주의 ② (집합적) 관료 (전체)
bureaucratique [형] 관료 정치의; 관료적인 절차가 번잡한
burlesque [형] ① 우스꽝스러운, 익살스러운 ② [문학] genre[style] ~ 고상하고 웅장한 주제를 비속화함으로써 희극적 효과를 자아내는 장르 [문체] (특히 17세기 전반기의 한 문학 양식을 가리킴)
Burundi [남] [지리] 부룬디
bus [남] 버스
busqué(e) [형] 구부러진
buste [남] ① 상반신 ② (여자의) 유방, 가슴둘레 ③ [미술] 흉상, 반신상
but [남] 과녁, 목표
byzantin(e) [형] 비잔틴의, 동로마 제국의 [명] (B~) 비잔틴 사람

C

C, c [남] 불어 자모의 셋째 글
ça [대명] (cela의 단축형) 그것 Comment ~ va ? 어떻게 지내? Ça va bien. 잘 지내
cabale [여] 음모, 비밀결사, 파벌
cabane [여] 오두막집, 선실, 조종실
cabaret [남] 카바레
cabestan [남] 캡스턴
cabine [여] ① (특정 용도의) 작은 공간 ~ d'ascenseur (승강기의) 사람 타는 곳 ~ de bain (목욕탕, 해수욕장 따위의) 탈의실 ~ de douche 샤워실 ~ d'essayage (옷가게의) 옷 입어보는 곳 ~ téléphonique 전화박스 ~ de vote (투표장의) 기표소 ② [해양] 선실 ~ de luxe 특등실 ~ de passager 객실 ~ des cartes 해도실 retenir une ~ à bord d'un paquebot 여객선의 객실을 예약하다 ③ [항공] (비행기의) 조종사실 ④ [철도] (기차의) 기관사실 ~ d'aiguillage[de signaux] 신호소
cabinet [남] (큰 방에 딸린) 작은 방 (수식어나 한정 어구가 없이는 거의 쓰이지 않음) ~ de bains 욕실; 탈의실 ~ de débarras 짐을 넣어두는 방 ~ de toilette[d'aisances] 화장실 ~ particulier (카페, 식당 따위의) 별실 ② 전시실, 진열실 ~ d'objet d'art 미술품 진열실 ③ 서재, 연구실 ~ de travail[d'étude] 서재[연구실] ~ de littérature [lecture] 열람실 homme de ~ 서재에 묻혀 사는 사람 ④ (복수) 화장실 (=toilettes) (이 경우 복수 표시는 불쾌한 말을 부드럽게 해주는 역할을 함) aller aux ~s 화장실에 가다 ~s à la turque 좌변기가 없는 화장실 ⑤ 사무실, 진찰실, 집무실 ~ d'un avocat 변호사 사무실 ~ de consultation 진찰실 ~ de groupe 공동 진료

소 ~ dentaire 치과 ~ d'affaires 대리업 사무소, 회계 사무소 ⑥ (집합적) 고객, 단골 환자; 업무 avoir un très bon ~ 많은 고객을 확보하고 있다 Il a un gros ~. 그는 업무가 많다 ⑦ [정치] 내각, 정부 ~ anglais[de Londres] 영국 정부 conseil de ~ 각의 ⑧ (장관, 도지사의) 비서실 ~ du ministre 장관 비서실 chef de ~ 비서실장

câble [남] ① 굵은 밧줄, 쇠줄, 강삭; [해양] 닻줄(=~ d'ancre) ~ de traction 견인 밧줄 ~ métallique 와이어 로프 haler un ~ 밧줄을 당기다 mouiller le ~ 닻줄을 풀다 ② [전기] 전선, 피복선, 케이블 ~ aérien[souterrain, sous-marin] 공중[지하, 해저] 케이블 ~ électrique[hertizien, téléphonique] 전기[전파, 통신, 전화] 케이블 ~ isolé[coaxial] 절연[동축] 케이블 télévision par ~s 유선[케이블] 텔레비전 ③ (해저) 전선 통신(=câblogramme); 전신문, 전보(=télégramme); répondre par ~ 유선 통신으로 답하다 envoyer un ~ à qn; aviser qn par (le) ~ …에게 전보를 치다 ④ (밧줄 모양의) 장식끈(=câblé) ⑤ [해양] 연 (=encablure) (옛날의 길이 단위, 185.2 미터) ⑥ [건축] 밧줄꼴 쇠시리 ⑦ [항공] ~ de commande (비행기의) 조종삭 couper le ~ avec qn …와 관계를 끊다, 절교하다 filer le[du] ~ [해양] 밧줄을 풀다; (구어) 질질 끌다 filer le ~ (옛) 떠나다, 출발하다 (=s'en aller, partir) filer son ~ par le bout [해양] 자기 배의 닻줄을 풀다; (구어) 죽다

câblé(e) [형] ① 꼬인, 꼰 fil ~ 꼬아만든 선 ② (쇠시리가) 밧줄 모양인; 밧줄꼴 쇠시리를 단 ③ [해양] 밧줄이 달린 ancre ~e 밧줄이 달린 닻 ④ 배선이 된, 케이블 공사가 된 circuits ~s 배선 회로 réseau ~ 배선망 ville ~e 케이블 공사를 한 도시 ⑤ (구어) 세상 물정에 밝은 (=au courant); 첨단 유행의 (=à la mode, branché) cinéaste ~ 첨단 유행을 걷는 영화인

⑥ (해저) 전선[케이블] 통신으로 보낸 [남] ① 굵게 꼰 밧줄 ② (밧줄 모양의) 장식끈

câbler [타] ① (여러 줄을 합쳐서) 꼬다 ② (해저) 전선[케이블]으로 타전하다, 전보를 치다 Je vous *câblerai* une dépêche. 당신에게 전보를 치겠다 ③ (전기 따위의) 배선을 하다; (도시 따위에) 케이블 설치 공사를 하다 ④ (목재 따위를) 케이블 수송하다

câblerie [여] 밧줄[전선] 제조[판매]; 밧줄[전선] 제조 공장

cabrer [타] ① (말 따위를) 뒷발로 서게 하다 ② 격분시키다, 반항[반대]하게 하다 (=révolter) Votre attitude l'*a cabré*. 당신의 태도가 그를 노하게 했다 ③ [항공] 급상승시키다 ~ un avion 비행기를 급상승시키다 / (보어 없이) ~ pour sauver son altitude 고도를 유지하기 위해 급상승하다 se ~ [대] ① (말 따위가) 뒷발로 일어서다; [항공] (비행기가) 급상승하다 ② (비유) 격분하다, 반항[반대]하다 (=se révolter) se ~ à l'idée de lui demander pardon 그에게 용서를 구해야 한다는 생각에 격분하다 [se ~ contre qn/qch] se ~ contre le patron[la morale] 상사에게 대들다[도덕에 어긋나게 행동하다] [se ~ devant qch] se ~ devant une exigence absurde 터무니없는 요구에 반발하다

cacao [남] [식물] 카카오

cacatoès [남] 앵무새의 일종

cache [여] 저장소, 캐시 메모리

cache-cache [불변] [남] 숨바꼭질

cachemire [남] 캐시미어 pullover en ~ 캐시미어 스웨터

cacher [타] ① 감추다, 숨기다 [~ qch/qn] ~ des bujoux[de l'argent] 보석[돈]을 감추다/~ des prisonniers évadés 탈옥수를 숨겨주다 ② 가리다 (=masquer, voiler) [~ qch] ~ la lumière[vue] 빛[시야]을 가리다 La maison *cache* la plage. 집 때문에 해변이 보이지 않는

③ 비밀로 하다, 드러내지 않다, 은폐하다 ~ son âge 나이를 숨기다 ~ ses inquiétudes[sentiments] 불안감[감정]을 드러내지 않다 ~ la vérité 진실을 은폐하다 [~ qch à qn] ~ la vérité[ses intentions] à qn …에게 진실[의도]을 숨기다 [~ à qn que + ind] Elle vous a caché qu'elle m'avait vu. 그녀가 당신에게 나를 본 사실을 숨겼다 [~ à qn + inf] Je ne vous cache pas avoir une opinion différente. 당신에게 내가 견해를 달리 하고 있음을 숨기지 않겠습니다 [~ à qn + 간접의문절] Elle ne m'a pas caché qui elle aimait. 그녀는 내게 누구를 사랑하는지를 숨기지 않았다 ~ sa vie 은둔생활을 하다 ~ son jeu[ses cartes] 의도를 숨기다, 속셈을 감추다 L'arbre cache la forêt. (속담) 나무만 보고 숲은 보지 못하다 pour ne rien vous ~ 숨김없이 말하자면 Un train peut en ~ un autre. 열차 뒤에 또 열차 (건널목 주의 표지판) se [대] ① 숨다, 은신하다 se ~ derrière un arbre 나무 뒤에 숨다 se ~ pour ne pas être arrêté. 체포되지 않으려고 은신하다 Va te ~ ! 꺼져 버려! (=Va-t'en !) ② 숨겨지다, 가려지다 Sa méchanceté se cache sous[derrière] l'indifférence. 그는 무관심한 척 하지만 속으로는 악의를 품고 있다 ③ (을) 피하다, 몰래하다 [se ~ de qn] Il *s'est caché* de moi. 그가 나를 피했다. [se ~ à qch] se ~ aux yeux de tout le monde 누구의 시선에도 띄지 않다 ④ (…하는 것을) 숨기다 [se ~ de qch/inf] Il ne *se cache* pas de la sympathie qu'il a pour elle. 그는 그녀에 대한 호감을 숨기지 않는다 Il ne *s'est pas caché* d'avoir menti. 그는 거짓말을 했다는 것을 숨기지 않았다

cachet [남] ① 도장, 인장 (= sceau); 스탬프 (=tampon); 소인 (=timbre) appliquer[apposer, mettre] un ~ sur qch …에 도장을 찍다 ② (도장, 소인이 찍힌) 자국; 봉인, 봉랍; 상표, 마크

~ d'obligation[de la poste, postal] 우체국의 소인 fermer une lettre par un ~ de cire 편지를 봉랍으로 봉하다 briser un ~ 봉인을 뜯다; [법] 봉인을 파기하다 ~ volant 봉하지 않은 편지 ~ d'un fabricant 상표 ③ (비유) (특이한) 흔적, 특징, 특이성; ~ d'originalité 독창성 ~ d'une époque 시대의 특징 avoir du ~ 특색이 있다 manquer de ~ 특색이 없다 ④ 사례금, 보수 ~ d'un acteur[musicien] 배우[음악가]에 대한 사례금 toucher un gros ~ 많은 보수를 받다 ⑤ [약학] 약포; 정제, 캡슐 ~ d'aspirine 아스피린정

cachette [여] 숨는 곳
cacophonie [여] 불협화음
cactus [남] 선인장
cadavérique [형] 송장 같은, 새파랗게 질린
cadavre [남] 시체
caddie [남] 캐디
cadeau ([복] ~x) [남] ① 선물; 증정품 (=don, présent) ~ d'anniversaire 생일선물 ~ de mariage 결혼선물 ~ de nouvel an 연말연시의 선물(=éterne) faire[offrir] un ~ à qn ...에게 선물을 하다 (동격으로 합성명사 구성) papier ~ 포장지 paquet[boîte] ~ 선물상자 ~ souvenir 기념품 C'est pas un ~. (구어) 견디어 내기 힘든 사람이다; 재미없다 C'est un ~ de la maison. 이것은 무료 증정품입니다. faire ~ de qch à qn 에게 ...을 선물하다 Je vous fais ~ des détails. (속어) 자질구레한 일은 면제해 드리지요 Les petits ~x entretiennent l'amitié. (속담) 작은 선물이 우정을 돈독히 한다 ne pas faire de ~ à qn (구어) (사업상) 깐깐하게 굴다, 엄하게 대하다
cadence [여] 율동적인 흐름, 억양, 운율, 리듬
cadet(tte) [형] 손아래의 [명] 동생; 손아랫사람
cadre [남] 틀, 핵심 그룹, 간부, 뼈대
café [남] ① 커피 ~ crème 크림커피 ② 카페
caféine [여] 카페인

cafétéria [여] 카페테리아, 구내식당
cafetier(ère) [명] 카페주인
cage [여] (짐승의) 우리; 새장
caillou [남] ([복]~**x**) 자갈, 조각돌
caisse [여] ① 상자 ② 금고, 돈궤 ③ 계산대
caissier(ère) [명] 회계원
cajou [남] [식물] 캐슈 (열대 남미산으로 그 열매는 식용)
calamine [여] [광물] 칼라민, 이극광
calamité [여] 큰 재난, 참사
calcaire [형] 석회질의 [남] 석회암
calcifier (se) [대] 석회질이 되다
calcium [남] 칼슘
calcul [남] 계산 faire des ~s 계산을 하다
calculatrice [여] 계산기
calculer [타] 계산하다 machine à ~ 계산기
calculette [여] 계산기
calendrier [남] 달력
calibrage [남] ① (총포, 탄환의) 구경 정하기[측정]
calibre [남] 직경, 구경
calibrer [타] 눈금을 정하다, 조정하다, 대응시키다
calice [남] 성배
Californie [여] [지리] 캘리포니아
calligraphie [여] 서예
calme [형] 고요한 [남] 침착 Du ~ ! 침착하세요!
calmement [부] 침착하게
calmer [타] 가라앉히다 se ~ [대] ① 고요해지다, 잔잔해지다 ② 평정[냉정]을 되찾다
calomnie [형] 험구, 중상
calorie [여] 칼로리 faire attention aux ~s 칼로리에 신경을 쓰다
calvaire [남] [조각][회화] 예수 수난상; (특히 브르타뉴 지방의) 예수 수난군상; (그) 십자가
calviniste [형] 칼빈주의를 신봉하는, 칼빈파의 [명] 칼빈주의자

calvitie [여] 대머리
camarade [명] 동료
camaraderie [여] 우정, 우애
Cambodge [남] [지리] 캄보디아
cambriolage [남] 가택침입행위, 강도행위
cambrioler [타][자] 가택에 침입하여 도둑질하다
camée [남] 카메오 (색상 차이가 보이도록 돋을새김한 조가비, 자수정, 오닉스 따위)
caméléon [남] [동물] 카멜레온
camélia [남] [식물] 동백나무, 동백꽃
caméra [여] 비디오 카메라
Cameroun [남] [지리] 카메룬
caméscope [남] 캠코더
camion [남] 트럭
camouflage [남] 위장
camoufler [타] 위장하다
camp [남] 캠프장, 야영지 planter son ~ 캠프를 치다
campagne [여] 운동, 캠페인, 작전
camper [자] 야영하다
campeur(se) [명] 캠핑 참가자
camping [남] 야영 faire du ~ 야영을 하다
campus [남] 교정, 캠퍼스
Canada [남] [지리] 캐나다
canadien(ne) [형] 캐나다의 [명] (C~) 캐나다 사람
canal [남] 운하, 인공 수로
canaliser [타] 운하를 파다
canapé [남] 카나페, 소파
canari [남] [동물] 카나리아
cancer [남] ① (C~) [천문] 게자리 ② [의학] 암 avoir un ~ 암에 걸리다
cancéreux(se) [형] 암의, 암에 걸린
cancre [남] 열등생
candélabre [남] (가지가 많이 달린) 큰 촛대
candidat(e) [명] 후보자
candidature [여] 입후보, 입후보 자격
candide [형] 순진한, 순박한

canevas [남] 캔버스, 범포
canin(e) [형] 개의
cannabis [남] [식물] 인도 대마, 대마초
canne [여] 지팡이
cannelle [여] 계피, 시나몬
canner [타] (의자의 밑판, 등판을) 등으로 엮다, 매질하다
cannibale [명] 식인종 [형] 야만의
cannibalesque [형] 식인종 같은
cannibaliser [타] ① (다른 기계를 수리하기 위해 폐기된 기계의) 부품을 떼어내다 ② (동일 생산 업체의 다른 생산품과) 경쟁을 하다 ③ (비유) 흡수하다, 파괴하다
cannibalisme [남] ① 식인풍습; (비유) 잔인성, 잔학 행위 ② [동물] 같은 종을 잡아먹는 행위
canoë [남] 카누 Ils ont descendu la rivière en ~. 그들은 카누를 타고 강을 내려왔다
canoéiste [명] 카누 젓는 사람
canon [남] ① [군사] 포, 대포 ② [신학] (교황에 의해 공인된 교리, 계율, 법령 등을 모은) 교회 법령집
canonique [형] 규범에 맞는; 표준이 되는
canoniser [타] ① [가톨릭] 시성하다, 성인품에 올리다 ② (구어) 무턱대고 칭찬하다
cantilever [남] [토목] 캔틸레버, 외팔보
cantine [여] 구내식당 manger à la ~ 구내식당에서 식사하다
cantonal [형] (ale, [복] aux) ① (스위스) 주의 ② (프랑스의) 면의
Cantorbéry [명] [지리] 캔터베리 les Contes de ~ 캔터베리 이야기
canyoning [남] (협곡을 내려오는) 급류타기
capable [형] (을) 할 수 있는 Il est, se sent ~ de réussir. 그는 성공할 능력이 있고 스스로 그렇게 느끼고 있다
capacité [여] ① 용적; 용량 ② 능력; 역량 une grande ~ de travail 상당한 작업 능력
cape [여] 망토

capillaire [형] 모발의, 털의
capital(ale, [복] aux) [형] 중대한 [남] 자본 [여] 수도
capitalisation [여] 자본주의화
capitaliser [타] 자본주의화하다, 투자하다
capitalisme [남] 자본주의
capitaliste [형] 자본주의의 [명] 자본주의자
capituler [자] 항복하다
caprice [남] 변덕
capricieux(se) [형] 변덕스러운
capricorne [남] ① [동물] 영양 ② (C~) [천문] 염소자리 tropique du C~ 남회귀선
capitaine [남] 선장; 육군[공군] 대위 [운동] (팀의) 주장
captiver [타] 매혹하다
caprice [남] 일시적 기분, 변덕
capricieux(se) [형] 변덕스러운
capsule [여] 캡슐
captif(ve) [형] 매혹된 [명] 포로
captiver [타] 사로잡다, 매혹하다
captivité [여]. 포로 en ~ 사로잡혀
capturer [타] 붙잡다
car [접] 왜냐하면 [남] 관광버스
caractère [남] 성격 être d'un ~ agréable 성격이 쾌활하다
caractériser [타] 특징짓다 se ~ par …로 특징지어지다
caractéristique [형] 특징적인 [여] 특성, 특색, 특징
carafe [여] 유리 물병
caramel [남] 캐러멜 dessert au ~ 캐러멜 디저트
carat [남] 캐럿 or 18 ~s 금 18 캐럿
caravane [여] 여행자단, 운반차
carbone [남] 탄소 onoxyde de ~ 일산화탄소
carbonate [남] 탄산염
carbonater [타] 탄산염, 탄화하다
carboniser [타] 탄화하다

carburateur(trice) [형] [화학] 탄화시키는, 기화시키는 [남] 기화기
carcasse [여] 시체
cancérigène [형] [의학] 발암성의 substance ~ 발암물질
carcinome [남] [의학] 암
cardiaque [형] 심장의
cardigan [남] 카디건
cardinal [남] 추기경
cardiologie [여] [의학] 심장병학
cardiologue [명] [의학] 심장병전문의
cardiovasculaire [형] [해부] 심장 혈관의
carence [여] 부족 ~s en vitamines 비타민 부족
caresser [타] 애무하다, 귀여워하다
caricature [여] 캐리커처
caricaturiste [명] 풍자만화가
carnage [남] 대학살
carnaval [남] 사육제, 카니발
carnivore [형] [동물] 육식성의 [남] [동물] 육식 동물
carotène [남] 카로틴
carotidien(ne) [형] [해부] 경동맥의
carotte [여] [식물] 당근
carpe [여] [동물] 잉어
carré(e) [형] ① 정사각형의, 평방의 ② [수학] 제곱의 [남] ① 정사각형; 체크무늬 ② [수학] 제곱수
carreau [남] ([복] ~x) ① 바둑판 무늬 ② (바닥, 벽면에 붙이는) 타일, 포석, 보도블록 ③ 창유리
carrefour [남] 사거리
carrière [여] 직업, 경력 ~ politique 정치 경력
carrosserie [여] [자동차] 차체
carrousel [남] 회전목마
carte [여] ① 카드 jouer aux ~s 카드놀이를 하다 ② 지도 ③ 메뉴
cartel [남] 카르텔, 기업 연합
cartilage [남] 연골

cartographe [명] 지도제작자
cartographie [여] 지도제작법
carton [남] 종이 상자
cartouche [여] 탄약통, 카트리지
cascade [여] 폭포
cas [남] 경우 au cas où + cond.; au[en] ~ que + sub. ...한 경우에는
case [여] 구획, 칸
casier [남] (서류 따위를 넣어두는) 칸막이 함
casino [남] 카지노
casse-croûte [남] (불변) 가벼운 식사, 간단한 식사
casse-noisettes [남] (불변) 호두 까는 기구
casser [타] 깨뜨리다
casserole [여] 냄비
cassette [여] 카세트테이프 enregistrer sur ~ 카세트테이프에 녹음하다
castagnettes [여][복] 캐스터네츠
caste [여] 카스트 le système des ~s 카스트 제도
castrer [타] 거세하다
cataclysme [남] 큰 홍수, 대변동
catacombes [여][복] 지하묘지
catalan [형] 카탈루냐의 [명] (C~) 카탈루냐 사람 [남] 카탈루냐어
catalogue [남] 카탈로그
catalyseur [남] 촉매, 자극
catalytique [형] 촉매의
cataracte [여] ① 폭포 ② (비유) 폭우, 호우
catarrhe [남] ① [의학] 카타르; 카타르성 염증 ② 심한 감기, 독감
catastrophe [여] 대참사, 큰 재앙
catastrophique [형] 파멸의
catéchisme [남] 교리문답서
catégorie [여] ① [철학] 범주, 카테고리 ② 부류, 종류; 분야, 부문 ranger qch par ~s ...을 종류별로 분류하다
catégorique [형] 절대적인

catégoriquement [부] 단호하게, 분명하게, 명확하게

cathédrale [여] 대성당

cathéter [남] [의학] 카테테르, 도뇨관

cathode [여] [전기] 음극

catholique [형] 가톨릭의

catholicisme [남] 천주교

caucasien(ne) [형] 카프카스 지방의 [남] 카프카스어

cauchemar [남] 악몽

causal(ale, [복] als, aux) [형] 원인이 되는; 인과 관계를 나타내는

causalité [여] 인과관계

cause [여] 원인, 이유 la ~ directe 직접적인 원인

caustique [형] 부식성의

cautériser [타] 부식하다

cavalcade [여] 퍼레이드

cavalerie [여] 기병; 기병대

cavalier(ère) [명] 말을 타는 사람; 기수 [남] 기병; 기갑병

cave [여] 지하실

caverne [여] 동굴

caverneux(se) [형] 동굴 같은

caviar [남] 캐비어 (철갑상어의 알젓)

cavité [여] ① (단단한 물체 내부의) 빈 공간, 구멍 boucher une ~ 구멍을 메우다 ② (조직, 기관에서 병으로 인해 생긴) 공동, 구멍 ~ dentaire 충치의 구멍 ③ [해부] 강, 와 ~ abdominale 복강

CD-R [남] 기록가능 CD

CD-ROM, cédérom [남] CD롬 sur ~ CD롬에

CD-RW [남] 재기록 가능 CD

ce(cet) [형] ([여] cette [복] ces) 이, 그, 저 ~ livre 이[그] 책 [대명] (형식적인 주어로) *C'*est bon. 좋아요

ceci [대명] 이것

céder [타] 양도하다

cédille [여] .[언어] 세디유 (모음 a, o, u 앞의 c를 [s]음으로 발음하기 위해 c 밑에 붙이는 기호 (ç))

céder [타] ① 넘겨주다, 양보하다 ~ sa place à qn ...에게 자리를 양보하다 ② [법] 매각하다; (권리 따위를) 양도하다 ~ un magasin 점포를 매각하다

cèdre [남] [식물] (지중해 원산의) 서양삼나무

ceinture [여] 허리띠, 벨트

cela [대명] 그것, 저것

célébration [여] 축하

célèbre [형] 유명한

célébrer [타] 축하하다

célébrité [여] 명성, 유명인

céleri [남] [식물] 셀러리 ~s braisés 익힌 셀러리

céleste [형] 하늘의, 천체의

célibat [남] 독신생활

célibataire [형] 독신의 [명] 독신자

cellulaire [형] 세포의

cellule [여] 세포

cellulite [여] 피하 결합조직의 부풀음

celluloïd [남] 셀룰로이드

cellulose [여] 셀룰로스, 섬유소

celtique(celte) [형] 켈트 족의, 켈트 말의

celui ([여] **celle** [남][복] **ceux** [여][복] **celles**) [대명] 이것, 이 사람 ma femme et *celle* de mon cousin 내 아내와 내 사촌의 아내

cendre [여] 재 ~s d'un foyer 난로의 재

cendrier [남] 재떨이

Cendrillon [명] 신데렐라

cénotaphe [남] 기념비

censeur [남] 검열관

censure [여] 검열

censurer [타] 검열하다

cent [남] 백, 센트

centenaire [형][명] 100세(이상의) [남] 100주

년
centilitre [남] 센티리터
centimètre [남] 센티미터
central(ale, [복] aux) [형] 중앙의
centralisation [여] 집중
centraliser [타] 집중시키다
centre [남] 중심 le ~ de l'attention 관심의 초점
centrer [타] 중심, 집중하다
centrifuge [형] 원심(성)의; 원심력을 이용한
centrifugeuse [여] 원심기 (원심력을 이용한 기기의 총칭)
cépage [남] 포도나무 품종 ~ précoce 조생종 ~ tardif 만생종
cependant [접] 하지만
céphalée [여] [의학] 두통 ~ de tension 긴장성 두통
céramique [여] 도자기
cercle [남] 원 former un ~ 원을 형성하다
céréale [여] 곡류, 시리얼 ~s pour le petit déjeuner 아침식사용 시리얼
cérébral(ale, [복] aux) [형] 대뇌의
cérémonial [남] 예식, 의식, 의전
cérémoniel(le) [형] 의식[의례]의
cérémonie [여] 의식 ~ du mariage 결혼식
cerfeuil [남] [식물] 파슬리의 일종
cerf-volant [남] ([복] ~s-~s) ① [곤충] 사슴벌레 ② 연 jouer au ~ 연날리기를 하다 lancer un ~ 연을 띠우다[날리다]
cerise [여] [식물] 체리
cerisier [남] [식물] 벚나무
cerne [남] 다크서클
cerner [타] 파악하다 ~ les attentes du public 소비자의 기호 파악
certain(e) [형] 확실한, 확신하는
certainement [부] 확실히
certitude [여] 확실성, 확신
certificat [남] 증명서

certification [여] 증명
certifier [타] 증명하다
certitude [여] 확신
cerveau ([복] ~x) [남] 뇌
cervelle [여] 뇌장; 지혜
cervical(ale, [복] **aux)** [형] [해부] 목의, 경부의
cesse [여] 중단, 끊임, 휴지 sans ~ 끊임없이, 줄곧
cesser [자] 멈추다
cessez-le-feu [남] 휴전
c'est-à-dire [접] 즉, 다시 말하자면
chacun(e) [대명] 각자, 각기
chaîne [여] 쇠사슬, 연쇄 tenir un chien à la ~ 개에게 목줄을 채우다
chair [여] 살; 육신
chaise [여] 의자
chalet [남] 별장
challenge [남] ① [운동] (선수권에의) 도전 경기; 우승배, 챔피언 타이틀 ② (비유) 도전
challenger [남] [운동] 도전자[팀]
chambre [여] 방
champ [남] 밭
champagne [형] 샴페인의 [남] 샴페인
chameau [남] ([복] ~x) 낙타 caravane de ~x 낙타 대상
champignon [남] 버섯
champion(ne) [명] 챔피언, 우승자 ~ du monde 세계 챔피언
championnat [남] 선수권 대회, 챔피언쉽
chance [여] 운 Il y a peu de ~s qu'on attrape le voleur. 그 도둑을 잡을 가망은 거의 없다.
chancelier [남] 장관, 대법관, 독일의 총리
chandail [남] 스웨터
chandelle [여] 양초
change [남] 환전 taux de ~ 환율
changer [타] 바꾸다 ~ de mode de vie 삶의

방식을 바꾸다
chanson [여] 노래
chant [남] 노래
chanteur(se) [명] 가수
chantier [남] 작업장, 공사장, 일터
chaos [남] 혼돈 théorie du ~ 카오스 이론
chapelle [여] 예배당
chaperon [남] 여성보호자
chaperonner [타] 보호자로서 동반하다
chapitre [남] 장 au ~ 33 33장에
chaplain [남] 예배당 목사
chapon [남] 식용 수탉
char [남] 4륜 경마차
charade [여] ① [놀이] (한 단어를 여러 음절로 나누어 맞추는) 문자 수수께끼; 몸짓 수수께끼 ② (비유) 이해하기 힘든 일[것, 작품], jouer aux ~s 제스처 게임을 하다
charge [여] 부담
chargé(e) [형] 가득 찬 ~ d'émotion 감정에 휩싸인
charger [타] ① (에 짐을) 싣다, 지우다 ~ un camion (de paquets) 트럭에 짐을 싣다 ② (을) (으로) 가득 채우다[덮다] ~ une table de mets 식탁에 음식을 푸짐하게 차려놓다 ③ 충전하다 ④ (세금을) 부과하다; (책임을) 지우다; (임무나 책임을) 맡기다 ~ le peuple de taxes 국민에게 세금을 부과하다
charismatique [형] 카리스마적인
charisme [남] 카리스마
charitable [형] 자비로운, 자선의
charitablement [부] 자비롭게
charité [여] 자선 par ~ 자선으로
charme [남] 매력
charmer [타] 매혹하다
charmant(e) [형] 매력적인
charnel(le) [형] 육체의
charnu(e) [형] 살집이 있는
charpenterie [여] 목수직, 목수일

charpentier [남] 목수
charogne [여] 썩은 고기, 오물
charrette [여] 짐수레
charte [여] 특허장, 헌장
chasse [여] 사냥; 추격
chasser [타] 내쫓다; 사냥하다
châssis [남] ① (유리, 판 따위를 끼워 정시시키는) 틀, 테, 액자 ② (창 따위의) 틀, 샤시, 유리창, 유리문
chaste [형] 순결한, 품위 있는
chasteté [여] 순결, 정숙
chat(chatte) [명] 고양이
château ([복] ~x) [남] 성, 성곽
châtier [타] 벌하다, 혼내주다
chaud(e) [형] 뜨거운, 따뜻한
chaudron [남] 냄비; 솥
chauffage [남] 난방
chauffer [타] 덥게 하다, 데우다
chauffeur [남] 운전사 une voiture avec ~ 기사가 있는 자동차
chauve-souris ([복] ~s-~) [여] [동물] 박쥐
cheddar [남] 체다 치즈
chef [남] 장, 우두머리
chemin [남] 길, 도로
cheminée [여] 굴뚝
chemise [여] 드레스셔츠
chèque [남] 수표
cher(ère) [형] 비싼; 친애하는
chéri(e) [형] 극진히 사랑하는 [명] 애인, 극진히 사랑하는 사람
chérir [타] 소중히 하다
chérubin [남] 케루빔, 천사
cheval ([복] aux) [남] [동물] 말
chevaleresque [형] 기사도적인, 용기 있고 예의 바른
chevalerie [여] 기사도 정신
chevalier [남] 기사
cheveu ([복] ~x) [남] 머리카락

cheville [여] 발뒤꿈치
chèvre [여] 염소
chewing-gum [남] 껌
chic [남] 멋; 유행 avoir du ~ 멋있다 [형] (불변) 멋진, 근사한, 세련된
chicane [여] 어거지; 트집; 궤변; 소송
chicaner [자] 어거지 부리다 [타] 트집 잡다; 다투다
chicanerie [여] 억지, 트집
chicorée [여] [식물] 치커리, 꽃상추
chien(nne) [명] [동물] 개
chiffon [남] 누더기 조각
chiffre [남] 암호, 숫자
Chili [남] [지리] 칠레
chimère [여] 키메라, 망상
chimérique [형] 공상적인, 가공의
chimie [여] 화학
chimiothérapie [여] 화학 요법
chimpanzé [남] 침팬지
chimique [형] 화학의
chimiste [명] 화학자
Chine [여] [지리] 중국
chino [남] 치노바지 un ~ 치노바지 한벌
chinois(e) [형] 중국의 [명] (C~) 중국 사람
chirurgical(ale {복} aux) 외과의
chirurgie [여] 외과, 외과의
chlore [남] [화학] 염소
chlorofluorocarbone [남]플루오르화 탄화수소
chloroforme [남] [화학] 클로로포름
chloroformer [타] 클로로포름으로 마취시키다
chlorophylle [여] 엽록소
chlorure [남] 염화화합물
chocolat [남] 초콜릿 ~ chaud 핫 초콜릿
choeur [남] 성가대
choisir [타] 선택하다
choix [남] 선택 faire un ~ 선택하다
choléra [남] [의학] 콜레라
cholestérol [남] 콜레스테롤

choquant(e) [형] 충격적인
choquer [타] 충격을 주다
choral [형] (**ale**, [복] **als**) 합창의, 합창대의 composition ~ale 합창곡 [남] (합창곡의) 성가 [여] 합창대
chorégraphe [명] 안무가
chorégraphie [여] 안무
chorégraphier [타] 안무하다
choriste [명] 성가대원
chose [여] 사물, 물건
chou ([복] ~**x**) [남] [식물] 양배추
chouchou(te) [명]([남][복] ~**x**) (구어) 마음에 드는 것 (=favori) ~ des sondages 여론조사에서 인기인 사람
chouette [여] [동물] 올빼미 [형] 근사한
chou-fleur [남] [식물] 꽃양배추
chrétien(ne) [형] 기독교의 [명] 기독교신자 se faire ~ 기독교 신자가 되다
christianisme [남] 기독교
chrome [남] [화학] 크롬
chromosome [남] 염색체
chronique [형] 만성적인 [여] 연대기
chronologique [형] 연대순의
chronologiquement [부] 연대순으로
chronologie [여] 연대기, 연표
chrysalide [여] 번데기, 과도기
chrysanthème [남] 국화
chuchotement [남] 속삭이다; 속삭이는 소리; 밀담 ~ du vent (문어) 바람의 속삭임
chuchoter [자] 속삭이다 [타] (을) 속삭이다 ~ quelques mots à l'oreille de qn …의 귀에 대고 속삭이다
chute [여] ① 떨어짐, 추락 ② 폭포 les ~s du Niagara 나이애가라 폭포 ③ 몰락, 와해
Chypre [여] [지리] 키프로스 섬
ciel [남] ([복] **cieux**) 하늘; 대기; 천국
cierge [남] 큰 양초
cidre [남] 사과술

cigale [여] 매미
cigare [남] 여송연, 시가
cigarette [여] 담배
ciment [남] 시멘트
cimetière [남] 묘지
cinéma [남] ① 영화 ② 영화관 aller au ~ 영화관에 가다
cinématographie [여] 영화술
cinématographique [형] 영화의
cinq [형] 다섯의 [남] 다섯
cinquantaine [여] 약 오십
cinquante [형] 오십의 [남] 오십
cinquantenaire [남] 오십년제
cinquantième [형] 오십 번째의, 오십분의 일의 [명] 오십번 째 [남] 오십분의 일
cinquième [형] 다섯째의 [명] 다섯째 [남] 5분의 1
cinquièmement [부] 다섯째로
circoncire [타] 할례를 하다
circoncision [여] 할례
circonférence [여] 원주, 주변
circonflexe [형] 곡절 악센트가 붙은
circonlocution [여] 완곡한 표현
circonscription [여] 한계, 경계
circonscrire [타] 제한하다
circonspect(e) [형] 신중한
circonstance [여] 상황, 환경 dans ces ~s 그 상황에서
circonstancié(e) [형] 자세한, 상세한
circonvenir [타] 우회하다
circuit [남] 순회, 회로
circulaire [형] ① 원을 그리는 ② 원형의 ③ 순환하는; 주기적인 [여] 회람장, 공문
circulation [여] 순환
circulatoire [형] 순환상의
circuler [자] 순환하다
cire [여] 밀납
cirque [남] 서커스

cirrhose [여] 간경변
ciseau [남] (〔복〕 ~x) ① 끌, 정 ② [복] 가위
citadelle [여] 성, 요새
citadin(e) [형] 도시의, 도시에 살고 있는 [명] 도시인
citation [여] 인용(문)
cité [여] 시, 도시
citer [타] 인용하다
citerne [여] 저수지
citoyen(ne) [명] 시민
citrique [형] 구연성의
citrus [남] 감귤류
civil(e) [형] 시민의; 민간의
civilisation [여] 문명
civilisé(e) [형] 문명화된
civiliser [타] 문명화하다
civilité [여] 예의바름, 교양
civique [형] 시민의
clair(e) [형] ① 밝은, 환한 ② (날씨가) 맑은, 화창한
clairière [여] 숲 속의 빈 터
clair-obscur [남] 명암의 배합
clamer [타] 외치다, 부르짖다; 주장하다
clameur [여] 소란
clan [남] 당파, 파
clandestin(e) [형] 비밀의
claque [여] 손바닥으로 치기; 돈 받고 극장에서 박수갈채하는 사람
claquer [자] 철썩거리다
clarification [여] ① 정화 ② (비유) 해명
clarifier [타] 정화하다
clarinette [여] [음악] 클라리넷
clarinettiste [명] 클라리넷 연주자
clarté [여] ① 빛 ~ laiteuse 우유빛 ② 맑음, 투명함; 광택 ③ 명료성, 명확성 parler avec ~ 분명하게 말하다
classe [여] 등급 une place de première ~ 1등석

classement [남] 분류
classer [타] 분류하다
classification [여] 분류
classifié(e) [형] 분류된
classifier [타] 분류하다, 등급 별로 나누다
classique [형] 고전적인, 고전주의의 [남] 고전
clause [여] 절, 조항
claustrophobie [여] 밀실공포증
clavicorde [남] [음악] 클라비코드 (피아노의 전신)
clavicule [여] [해부] 쇄골
clavier [남] [음악] 피아노 건반 [정보] 컴퓨터의 키보드
clé, clef [여] 열쇠
clémence [여] 온화, 관용
clément(e) [형] ① 관대한 ② (비유) (기후 따위가) 온화한
clerc [남] ① 서기 ~ de notaire 공증인 사무소의 서기 ② 성직자
clergé [남] (집합적) (한 교회, 도시의) 성직자
clérical(ale, [복] aux) [형] 성직자와 관련된, 성직자의 vie ~ale 성직자 생활
cliché [남] 진부한 표현
client(e) [명] 의뢰인
clientèle [여] (집합적) 의뢰인, 손님, 고객, 단골
climat [남] 기후
climatique [형] 기후의
clin [남] 눈 깜작할 사이, 순식간 en un ~ d'oeil 순식간에, 눈 깜작할 사이에
clinique [형] 임상의 [여] 개인병원, 진료소
clipper [남] 쾌속 범선
cliquable [형] 클릭할 수 있는
clique [여] 도당, 파벌
cliquetis [남] (금속 물체들이) 부딪히는 소리
clivage [남] 분열
cloche [여] 종
cloîtrer [타] ① (을) 수도원에 넣다 ② (비유) 가두다, 격리하다

clonage [남] [생물] 클론화, 클로닝
clone [남] [생물] 클론 (단일 개체에서 무성생식으로 생긴 개체 또는 개체군)
cloner [타] [생물] (개체세포 유전자 DNA조각을) 무성생식으로 복제하다
clore [타] 닫다; 마감하다 [자] 닫히다; 끝나다
clôture [여] ① 울타리, 담장 ② (수도원의) 출입금지지역 ③ 종결, 마감; 휴업 séance de ~ 최종회기; 폐회
clou [남] 못; 장식못; 제일의 인기거리
clouer [타] ① (에) 못질을 하다; 못을 박아 고정시키다 ② (날카로운 것으로) 움직이지 못하게 하다; (비유) 꼼짝 못하게 하다
clown [남] 어릿광대
club [남] 클럽 ~ de tennis 테니스 클럽
coaguler [타] 응고시키다 [자] 굳어지다
coalition [여] (국가, 정당 따위의) 동맹, 연합, 연립, 제휴
coaxial(ale, [복] aux) [형] 같은 축의
cob [남] 땅딸막한 잡종 말
cocaïne [여] [약학] 코카인
cocarde [여] 꽃 모양의 모장
coccyx [남] [해부] 꽁무니뼈, 미저골
cochon(nne) [남] 돼지
cocker [남] 작은 사냥개
cocktail [남] 칵테일 ~ à base de gin 진 칵테일
cockpit [남] 조종실
coco [남] 야자열매
cocon [남] 고치
code [남] 코드, 법전, 규칙 ~ de conduite 행동 규칙
codéine [여] [화학] 코데인
codifier [타] 부호화하다
coefficient [남] [수학] 계수
coeur [남] ① 심장 ② 트럼프의 하트 ③ 중심
coexister [자] 공존하다
coffre [남] ① (뚜껑 달린) 궤, 함, 상자 ② 금고

③ (자동차의) 트렁크
cognac [남] 코냑
cognitif(ve) [형] 인식의
cohabitation [여] ① 동거 ~ des époux 부부의 동거 ~ avec qn ...와의 동거 ② [정치] 보혁 공존, 좌우동거 gouvernement de ~ 좌우동거 정부 (대통령과 내각의 정파가 다른 정부)
cohabiter [자] ① 함께 살다, 동거하다 ② [정치] 좌우파가 동거하다
cohérence [여] 일관성
cohérent(e) [형] 일관성 있는
cohésif(ve) [형] 결합력 있는
cohésion [여] 결합
cohorte [여] 일대, 일단
coiffer [타] 머리를 치장하다
coiffeur(se) [남] 이발사
coiffure [여] 이발
coin [남] ① 모퉁이, 구석 ② 조각
coïncidence [여] 일치, 동시 발생
coïncider [자] 일치하다
coke [남] 코크스
colère [여] 분노, 노여움 metre qn en ~ ...을 화나게 만들다
coléreux(se) [형] 화를 잘 내는
colique [여] (흔히 복수) 복통; (특히) 결장 산통
collaborateur(trice) [명] ① 협력자; 공저자; 공동편찬자 ② (제 2차 세계대전시) 독일에 협력한 자
collaboration [여] ① 공동작업, 협력 ② (제 2차 대전 시 비쉬 정부의) 대독 협력 정책; 대독 협력
collaborer [자간] ① ...에 협력하다, 참여하다 ~ à un projet 공동으로 프로젝트를 하다 ② (보어 없이) (독일에) 협력하다
collage [남] 콜라주
collation [여] ① 대조 ② 간단한 식사, 간식
collationner [타] 대조하다
collecter [타] 수집하다 ~ de l'argent 돈을 모

으다
collectif(ve) [형] 공동의, 단체의, 집단의 biens ~s 공유재산
collectivement [형] 집단적으로, 공동으로, 함께
collectivisme [남] 집단주의
collectivité [여] 단체, 집단
collection [여] 수집; 수집품 ~ de tableaux 그림수집
collectionneur(se) [명] 수집가
collège [남] 중학교
collégien(ne) [명] 중학생
collègue [명] 동료
coller [타] (풀칠하여) 붙이다
collier [남] 목걸이
collision [여] 충돌
colloque [남] 세미나, 토론회
Colombie [여] [지리] 콜롬비아
côlon [남] [해부] 결장
colonel [남] 대령
colonial(ale, [복] aux) [형] 식민지의 [명] 식민지 주민
colon [남] 식민지 개척자
colonie [여] 식민지
colonisation [여] 식민지화
coloniser [타] 식민지로 만들다
colonialiste [명] 식민주의자
colonne [여] 기둥
colossal(ale, [복] aux) [형] 거대한
coma [남] [의학] 혼수상태
comateux(se) [형] 혼수상태의
combat [남] 전투
combatif(ve) [형] 투쟁적인
combattant(e) [명] 투사.
combattre [타] (와) 싸우다
combinaison [여] 결합
combiné(e) [형] 결합된
combiner [타] 결합하다
combler [타] 가득 채우다; 메꾸다

combustible [형] 가연성의
combustion [여] 연소 moteur à ~ interne 내부 연소 모터
comédie [여] 희극
comète [여] 혜성
comique [형] 희극의, 우스운
confort [남] 편안함
confortable [형] 편안한
confortablement [부] 편안하게
comique [형] 희극의 [명] 희극 작가
comité [남] 위원회
commandant [남].사령관, 지휘관
commander [타] 명령하다; 주문하다
commandement [남] 명령, 지령
commando [남] 의용군
comme [부] ① ...처럼, ...과 마찬가지로 ② ...과 같은 ③ 얼마나, 어떻게 C~ il est bon ! 얼마나 친절한 사람인가!
commémoratif(ve) [형] 기념의
commémorer [타] 기념하다
commencer [타] 시작하다
commentaire [남] ① 주석, 주해, 설명 ② 논평, 해설
commentateur(trice) [명] 논평자
comment [부] 어떻게 C~ faire ? 어떻게 할까 C~ dire ? 어떻게 말하지?
commenter [타] 논평하다
commerce [남] 상업, 통상
commercial(ale, [복] **aux)** [형] 상업상의
commercialisation [여] 상업화
commercialiser [타] 상업화하다
commercialement [부] 상업적으로
commettre [타] ① (범죄, 과실 따위를) 저지르다, 범하다 ~ un adultère 간통을 저지르다 ② 맡기다, 위임하다 ~ des enfants au soin de qn 아이들을 ...에게 맡기다
commissaire [남] 위원
commission [여] ① 위임 ② 중개료, 수수료

toucher une ~ de 5% 5%의 수수료를 받다 ③ 위원회 ~ administrative 관리[운영]위원회
commode [형] 편리한; 형편에 맞는; 편안한; 유쾌한
commotion [여] 진동; 충동, 충격
commuer [타] 감형하다
commun(e) [형] 공동의
communautarisme [남] 공동체주의, 집단주의
communauté [여] 공동체 la ~ internationale 국제사회
commun(e) [형] 공통의, 일반적인
commune [여] 시, 읍, 면 (프랑스의 최소 행정구)
communément [부] 일반적으로
communiant(e) [명] [가톨릭] 성체배령자
communication [여] 의사소통 les voies de ~ 의사소통수단
communion [여] ① 교단, 종파; 단체 ② [가톨릭] 영성체 faire sa première ~ 첫 영성체를 하다 ③ 성찬식
communiqué [남] 공식성명[발표], 공보
communiquer [타] 알리다, 통지하다 ~ ses projets 자신의 계획을 알리다 [자] 연락을 취하다 ~ avec un ami 친구와 연락하다
communisme [남] 공산주의
communiste [형] 공산주의의 [명] 공산주의자 parti ~ 공산당
compact(e) [형] 치밀한, 촘촘한; 밀집한, 꽉 들어찬
compagnon(compagne) [명] 동료, 친구
compagnie [여] ① 교우, 교제 tenir ~ à qn ... 곁에 머물다, 고독을 달래주다 J'ai un chien pour me tenir ~. 나는 내 옆에 두기 위하여 개를 기른다 ② 회사 ~ aérienne 항공사
comparabilité [여] 비교가능성
comparable [형] 비교 가능한
comparaison [여] 비교
comparatif(ve) [형] 비교의, 상대적인

comparer [타] 비교하다
compartiment [남] 구획
compartimenter [타] 구획하다
comparativement [부] 비교적, 상대적으로
comparer [타] 비교하다 ~ qn / qch à ~와 비교하다
compas [남] 컴퍼스
compassion [여] 동정, 연민
compatible [형] 양립 가능한, 호환할 수 있는
compatibilité [여] 양립가능성, 호환성
compatissant [형] 동정심 있는
compatriote [명] 동포, 동료
compensation [여] 보상, 보충
compenser [타] 벌충하다, 보상하다
compétence [여] 경쟁력
compétent(e) [형] 유능한
compétitif(ve) [형] 경쟁적인
cométiteur(trice) [명] 경쟁자 [형] 경쟁하는
compétition [여] 경쟁력
compilation [여] 편집
compiler [타] 편집하다
complément [남] 보어, 보완물
complémentaire [형] 보완적인
complet(ète) [형] 완전한
compléter [타] 완성하다
complètement [부] 완전히 Il est ~ idiot. 그는 완전히 바보다
complexe [형] 복잡한 [남] 콤플렉스 Son poids lui donne un ~. 그는 몸무게에 콤플렉스를 가지고 있다.
complexité [여] 복잡성
complication [여] ① 복잡함 ② (복수) [의학] 합병증
complicité [여] 공모, 연루
compliment [남] 칭찬 faire un ~ à qn ...을 칭찬하다
compliquer [타] 복잡하게 하다 ~ les choses 일을 복잡하게 만들다

composé(e) [형] 구성된, 혼합의 [남] 복합물, 혼합물

composer [타] 구성하다, 작곡하다

composite [형] 합성의 [남] 합성물

compositeur(trice) [명] 작곡가

composition [여] 구성, 작문, 작곡 Cela est ma propre ~. 이것은 내 자신이 한 작문이다

comprendre [타] ① 이해하다 ~ un texte 텍스트를 이해하다 ② 포함시키다 Le recensement a été fait sans ~ les étrangers. 인구조사는 외국인을 포함시키지 않고 이루어졌다

compréhensible [형] 이해할 수 있는

compréhension [여] 이해

compresse [여] 압박붕대

compresseur [남] 압축기

compression [여] 압축

compromettant(e) [형] (평판 따위에) 해로운, 위험한; 해가 될 수 있는

compromettre [타] (의) 평판을 위태롭게 하다 [자] [법] 중재에 의해 타협하다, 중재 계약을 맺다

compromis [남] ① [법] 중재(계약); 가계약 ② 타협, 화해 arriver à un ~ 타협에 이르다

comptable [형] 셀 수 있는

compte [남] 셈, 계산; 계정

compter [타] 계산하다; 중요하다 à ~ de ...부터

comptoir [남] 계산대

compulsion [여] [심리, 정신분석] 강박

compulsif(ve) [형] [심리][정신분석] 강박의, 강박적인

comte [남] 백작

comtesse [여] 백작 부인

concave [형] 오목한

concéder [타] (권리 따위를) 양도[부여]하다; 허가[인가]하다

concentration [여] 집중 camp de ~ 강제 수용소

concentrer [타] 집중시키다
concentrique [형] 집중적인
concept [남] ① [철학] 개념, 관념 ② (상품의) 컨셉트
conception [여] ① 수태, 임신 ② 이해(력) ③ 구상, 발상, 발명
concerné(e) [형] 관계가 있는
concerner [타] ~에 관계하다 en ce qui *concerne* le salaire 급여에 관해서는
concert [남] 콘서트
concerté(e) [형] 협의[합의]에 기초한; 합의에 의해 준비된
concession [여] ① (토지, 권리 따위의) 양도; 양도 계약; (정부에 의한 개발사업 따위의) 인가 ② 양보 ③ [언어] proposition de ~ 양보절
concevable [형] 생각할 수 있는
concevoir [타] 상상하다, 생각하다
conciliant(e) [형] 타협적인, 협조적인; 화해시키는
conciliation [여] 조정, 화해 commission de ~ 조정위원회
conciliatoire [형] 회유적인
concis(e) [형] 간결한
concluant(e) [형] 결정적인
conclure [타] 결론내리다 «Enfin», dit-il pour ~. 그는 결론짓기 위해 "마침내"라고 말했다.
conclusion [여] 결론 en ~ 결론적으로
concocter [타] 날조하다
concombre [남] [식물] 오이
concordance [여] 일치
concorder [자] 일치하다
concours [남] 선발시험
concret(ète) [형] 구체적인
concrètement [부] 구체적인말로
condamnation [여] 비난, 유죄선고
condamner [타] 비난하다, 유죄판결을 내리다
condensation [여] 압축
condenser [타] 응축하다

condenseur [남] 웅축기
condescendance [여] 겸손
condescendant(e) [형] 건방진, 거만한
condescendre [타] 겸손하게 굴다
condition [여] 조건 remplir les ~s 조건에 맞다
conditionnel(le) [형] 조건부의 [남] 조건법
conditionnement [남] 조절
conducteur [남] 지휘자, 도체
conduction [여] 유도
conduire [타] 이끌다
conduit [남] 도관, 수도
conduite [여] 이끎, 인도; 행실, 품행
cône [남] 원뿔
confection [여] 과자
confédération [여] 연합, 동맹
confédéré(e) [형] 연합한
confédérer (se) [대] 동맹하다
conférence [여] 회의, 협의회 ~ internationale 국제회의
conférer [타] 부여하다
confesser [타] 고백하다
confesseur [남] 고백하는 사람
confession [여] 고백
confessionnal [남] 고해소
confetti [남] ([복] ~s) (사육제, 축제 따위 때 던지는) 색종이 조각
confiance [여] 신뢰, 자신 avoir confiance en qn[qch] …을 신뢰하다
confiant(e) [형] ① (을) 신용[신뢰]하는 être ~ dans ses amis 친구들을 믿다 ② (남을) 쉽게 믿는; 낙관적인 ③ 자신이 있는, 자부심이 강한, 거만한
confidence [여] 속내이야기; 비밀
confidentiel(le) [형] 비밀의
confidentialité [여] 기밀성
confidentiel(le) [형] 기밀의
confidentiellement [부] 기밀로

confier [타] ① 맡기다, 부탁하다 ② (비밀 따위를) 털어놓다
confiné(e) [형] 갇힌
confiner [타] 제한하다, 가두다
confirmation [여] 확인하다
confirmer [타] 확인하다
confiscation [여] 몰수, 압수
confiseur(se) [명] 제과점, 과자제조인
confisquer [타] 몰수하다
confiture [여] (흔히 복수) 잼 ~ de fraise 딸기잼
conflit [남] 투쟁, 충돌 entrer en ~
confluence [여] 합류
confluent [남] 합류점
confondre [타] 혼란시키다
conforme [형] 부합하는, 적합한
conformément [부] ...에 맞추어서, ...에 따라서
conformer [타] 따르게 하다 se ~ (대) 걸맞다 afin de se ~ aux objectifs olympiques 올림픽 목표에 걸맞기 위하여
conformiste [형] 체제순응적인 [명] 체제순응자
conformité [여] 부합, 일치
confortable [형] 편안한
confusément [부] 혼란하여
confusion [여] 혼동, 당황 jeter la ~ 혼동을 야기하다
congénital(ale, [복] aux) [형] 선천적인
congénitalement [부] 선천적으로
congestion [여] 혼잡, 정체
congestionné(e) [형] 혼잡한, 정체된
conglomérat [남] 복합 기업
congrégation [여] [가톨릭] 수도회
congrès [남] ① (외교, 학술, 정당 따위의 대규모) 회의, 대회, 학회 ② (미국의) 국회, 의회
conifère [남] [식물] 구과식물, 침엽수; (복수) 침엽수류
conique [형] 원뿔의
conjonction [여] ① 결합, 제휴 ② [문법] 접속사

conjonctivité [여] [의학] 결막염
conjugaison [여] 동사 변화
conjugal(ale, [복] aux) [형] 부부의
conjugaison [여] 동사변화
conjuguer [타] (동사를) 변화시키다
connaisseur(se) [명] 감정가, 권위자
connaître [타] ① 알다; 정통하다; 식별하다; 경험하다; 알아보다
connexion [여] 연결 ~à Internet 인터넷 연결
connivence [여] 묵과, 묵인
connotation [여] 함축, 내포
connoter [타] 내포하다
conquête [여] 정복
consacrer [타] 신성하게 하다
consciemment [부] 의식하여
conscience [여] 의식, 자각, 인식 avoir une ~ écologique 환경문제에 대하여 인식하다
consciencieusement [형] 양심적으로
consciencieux(se) [형] 양심적인, 진지한
conscient(e) [형] 의식을 가진, 자각하는
conscription [여] 징병
consécration [여] 신성화, 정화
consécutif(ve) [형] 연속적인
consécutivement [부] 연속하여
conseil [남] 조언, 충고; 회의, 의회
conseiller [타] 권고하다, 권하다
conseiller(ère) [형] 충고하는 [명] 조언자, 충고자 [남] 고문관; 참사관
consensus [남] (의견의) 일치
consentement [남] 동의
consentir [자] [~à] ...에 동의하다 Les parents ont consenti au mariage. 부모들은 결혼을 승낙했다
conséquence [여] 결과 en ~ de ...의 결과로서; ...에 따라서
conservation [여] 보존
conservatisme [남] 보수주의
conservateur(trice) [형] 보수적인 [명] 보수주

의자

conservatoire [남] 온실, 음악학교
conserver [타] 보존하다
considérable [형] 상당한
considérablement [부] 상당히
considération [여] 고려 prendre qch en ~ ...을 고려하다
considérer [타] 숙고하다
consistance [여] 일관성
conspiration [여] 음모
consolant(e) [형] 다행스러운, 위안이 되는
consolation [여] 위로
consoler [타] 위로하다
consolidation [여] 튼튼히 하기, 보강; (지위, 세력 따위의) 강화
consolider [타] 튼튼히 하다; 강화[보강]하다; 관계[지위] 따위를 공비하다
consommable [형] 소비할 수 있는; 먹을[마실] 수 있는 ~s [명][복] 소모품, 소비재
consommation [여] 소비 la ~ d'électricité 전기 소비
consommer [타] 소비하다
consommateur(trice) [명] 소비자
consonne [여] 자음
conspirateur(trice) [명] 공모자
conspirer [자] 음모를 꾸미다 ~ en vue de + inf. ...하기 위하여 음모를 꾸미다
constamment [부] 일정하게
constance [여] 불변성
constant(e) [형] 불변의, 일정한
constellation [여] 별자리
consternation [여] 대경실색
constipation [여] 변비
constipé(e) [형] 변비에 걸린
constituer [타] 구성하다
constitutif(ve) [형] 구성하는
constitution [여] ① 구조, 성분, 조직 ② (C~) 헌법; 정체

constitutionnel(le) [형] ① 합헌적인; 헌법에 의한, 입헌적인 ② 체질적인, 선천적인
constitutionnellement [부] 합법적으로
construction [여] 건설 en ~ 건설 중인
construire [타] 건설하다
constructif(ve) [형] 건설적인
consul [남] 영사 le ~ de France 프랑스 영사
consulaire [형] 영사(관)의
consulat [남] 영사관
consultant(e) [명] 컨설턴트, 고문
consultatif(ve) [형] 상의의
consultation [여] 상담, 상의
consulter [타] 상담하다
consumérisme [남] 소비자 운동
contact [남] 접촉 prendre ~ 연락하다
contacter [타] 연락하다
contagieux(se) [형] 전염성의
contamination [여] 오염
contaminer [타] 오염시키다
contemplatif(ve) [형] 주시하는, 관조하는
contemplation [여] 심사숙고, 응시
contempler [타] 심사숙고하다
contemporain(e) [형] 현대의 [명] 현대인
conteneur [남] 용기, 컨테이너
contenir [타] 포함하다
content(e) [형] 만족한 être ~ de qch[inf.] ...에 대하여 만족하다
contentement [남] 만족
contenu [남] 기사, 목차
contester [타] 이의를 제기하다
contexte [남] 문맥, 정황 hors ~ 문맥을 벗어나다
continent [남] 대륙
continental(ale, [복] **aux)** [남] 대륙의
continuation [여] 계속됨
continuellement [부] 연속적으로
continuer [타] 계속하다 Il *a continué* de traverser la rue. 그는 계속 길을 건넜다.

continuité [여] 연속성
continuum [남] 연속체
contingence [여] 우연성
contingent(e) [형] 우연한, 우발적인 [남] [군사] 할당병력
continuel(le) [형] 계속적인
continuellement [부] 계속해서
contorsion [여] 비틀기, 왜곡
contour [남] 윤곽
contraceptif(ve) [형] 피임의 [명] 피임약 ~ oral 경구용 피임약
contraception [여] 피임
contracter [타] 수축시키다, 축소하다 se ~ [대] 줄어들다
contraction [여] 수축, 단축
contractuel(le) [형] 계약에 의한 [명] 임시직원, 계약자
contradiction [여] 부정, 모순
contradictoire [형] 모순된
contrat [남] 계약 ~ de travail 고용계약
contraindre [타] 강요하다
contrainte [여] 강제 sous la ~
contraire [형] 반대의 [남] 정반대 au ~ 그와는 반대로
contraste [남] 대조 par ~ avec qch ~와 대조하여
contrasté(e) [형] 명암이 심한
contraster [자] 대조를 이루다
contre [접] ① ... 곁에, ...에 접근하여; ...에 기대어; ...와 맞대어 s'appuyer ~ un arbre 나무에 기대다 ② (대립) ...에 반(대)하여, ...을 거슬러 parler ~ la volonté de qn ...의 의지[의사]에 반대되는 말을 하다
contre-attaque [여] 역습
contre-attaquer [타] 역습하다 [자] 반격에 나서다
contrebalancer [타] ① (와) 균형을 이루다, 평형을 이루다 ② 상쇄하다, 메우다

contrebande [여] 밀수입, 밀수입품
contredire [타] 반대하다, 부인하다
contre-espionnage [남] 대 간첩활동[조직]
contrefaçon [여] 위조, 복제; 위조물, 위조품
contrefaire [타] 위조하다
contrefait(e) [형] 위조된
contre-filet [남] (쇠고기의) 등심(=faux-filet)
contreindication [여] 금기
contre-insurrection [여] 대반란 계획
contre-mesure [여] 대책, 대항조치
contre-offensive [여] [군사] (적의 선재권을 없애기 위한) 대반격, 역습
contrepoint [남] 대위법
contre-productif(ve) [형] 비생산적인
contre-révolution [여] 반혁명
contresigner [타] 부서[연서]하다
contre-terrorisme [남] (같은 방법을 사용하여 이루어지는) 보복[역] 테러
contribuer [타] ① ...에 기여[공헌]하다; 동참하다 Ce succès *a* beaucoup *contribué* à la rendre heureuse. 이번 성공이 그녀를 행복하게 하는데 큰 몫을 했다 ② 분담금을 내다, 출자하다; 납세하다
contribution [여] ① 기여, 공헌, 협력 apporter sa ~ à la science 학문 발전에 기여하다 ② 분담금, 할당액 ③ 세금, 조세
contrit(e) [형] 회개하는
contrôle [남] 통제
contrôlé(e) [형] 통제된
contrôler [타] 통제하다
controverse [여] 논란 soulever de nombreuses ~s 수많은 논란을 일으키다
controversé(e) [형] 논란이 되는
conurbation [여] 도시광역화
convaincant(e) [형] 설득력 있는
convaincre [타] 확신시키다 se ~ ...을 확신하다
convaincu(e) [형] 확신하는, 믿어 의심치 않는 Il

est ~ que vous réussirez. 그는 당신의 성공을 믿어 의심치 않는다

convalescent(e) [형][명] 회복기에 있는 (사람), 회복 중인 (사람), 차도가 있는
convection [여] 전달, 운반
convecteur [남] 대류식 난방기
convention [여] ① [법] 협약, (협약의) 조항 ② (주로 복수) 관습, 규약, 규범, 관례 ③ 임시 의회, 입헌
conventionnel(le) [형] 전통적인
convergence [여] ① (한 점으로의) 집중 ② (비유) (동일한 결과, 목적으로의) 집중; (의견 따위의) 일치; 공조 ~ des efforts 노력의 집중 ③ [정보] 컨버전스 ~ numérique 디지털 컨버전스 converger [자] 모이다, 집중하다 ~ sur qch ...로 집중하다
conversation [여] 회화, 담화 avoir une ~ 대화를 하다
conversion [여] 변환
converti(e) [명] 개종자
convertible [형] 바꿀 수 있는
convertir [타] 바꾸다, 전환하다; 개종시키다
convertisseur [남] 변환기
convexe [형] 볼록한
conviction [여] 확신, 자신 avoir la ~ de qch / que + ind. ...을 확신하고 있다
convocation [여] 소집, 집회
convoi [남] 호송, 호위
convoluté(e) [형] 뒤얽힌 [식물] 잎이 말린, 소용돌이꼴의
convoquer [타] 소집하다
convulser [타] 진동시키다
convulsif(ve) [형] 경련성의
convulsivement [형] 경련을 일으켜
convulsion [여] 경련 entrer en ~s 경련을 일으키다
coopératif(ve) [형] 협력적인 [여] 조합
coopération [여] 협력하다

coopérer [자] 협력하다
coopter [타] 선출하다
coordinateur(trice) [명] 조정자
coordonné(e) [형] ① 조직된; 연계된 ② (색채, 스타일 따위가) 어울리는, 조화로운
coordonnée [여] 대등한 것
coordonner [타] 조화시키다
Copenhague [명] [지리] 코펜하겐
copieux(se) [형] 풍부한
copie [여] 사본 ~ certifiée conforme 증명된 사본
copier [타] 복사하다, 베끼다
copilote [명] 부조종사
copiste [명] ① 서기 ② 모방자
copropriété [여] 공동소유
copuler [자] 교접하다
copyright [남] 저작권 détenir le ~ 저작권을 가지다
coq [남] 수탉
coque [여] (호두 따위의) 껍질 ~ de noix 호두 껍질; (비유) 작은 배
coquet(te) [형] 요염한
coquetterie [여] 교태, 농락
corail ([복] **aux**) [남] 산호
corbeau ([복] ~**x**) [남] [조류] 까마귀
corbeille [여] 바구니
corde [여] 밧줄; 노끈
cordial(ale, [복] **aux)** [형] 마음에서 우러난
cordon [남] 끈
Corée [여] [지리] 한국
coréen(ne) [형] 한국의 [명] (C~) 한국 사람 [남] 한국어
cornée [여] 각막
cornéen(ne) [형] 각막의
cornet [남] 원뿔 모양의 물건 ~ de glace 아이스크림콘
corniche [여] [건축] 코니스 (벽기둥 윗부분에 장식으로 두른 쇠시리 모양의 돌출부)

corollaire [남] ① [논리] 파생명제 ② [수학] (정리의) 계, 따름정리 ③ 당연한 결과, 필연적 귀결

coroner [남] 검시관

corps [남] 몸, 신체; 단체 ~ diplomatique 외교사절단

corpus [남] ① [법, 문학] 자료집; 문집 ② [언어] 자료, 자료체

correct(e) [형] 정확한

correctement [부] 정확히

correctif(ve) [형] 교정하는 [남] 완화제, 중화제

correction [여] 수정

corrélation [여] 상호연관

corréler [타] 서로 관련시키다

correspondance [여] 일치, 통신

correspondant(e) [형] 일치하는 [명] ① 서신교환자, 펜팔상대 ② (신문, 잡지의) 특파원, 통신원

correspondre [자] 일치하다, 부합하다; 해당하다; 관련되다 Cela ne *correspond* à rien. 그것은 아무 것에도 부합하지 않는다

corridor [남] 복도

corriger [타] 고치다, 바로잡다; 수정하다, 정정하다 ~ une erreur de calcul 계산 착오를 시정하다

corroborer [타] 확실하게 하다

corroder (se) [대명] 부식하다

corrompre [타] ① 썩게 하다, 부패시키다 ② 타락시키다

corrompu(e) [형] ① 상한, 썩은 ② (비유) 그릇된, 나쁜; 타락한

corrosif(ve) [형] 부식성의

corrosion [여] 부식

corruption [여] 타락, 부패

corsage [남] 상의, 블라우스

Corse [여] [지리] 코르시카

cosaque [형] 카자흐스탄의 [명] 카자흐스탄 사람

conseiller [타] (에게) 충고하다
conseiller(ère) [명] 상담역, 고문, 조언자, 충고자
cortège [남] 행렬
corvée [여] 강제 노역; 하기 싫은 일, 고역
cosignataire [명] 연서인
cosmétique [형] 화장용의
cosmique [형] 우주의
cosmonaute [명] 우주 비행사
cosmopolite [형] 세계주의의 [명] 세계인
Costa Rica [남] [지리] 코스타리카
costume [남] 복장
cote [여] 인기도, 평판 ~ de popularité dans les sondages 여론조사 지지도
côte [여] 갈비뼈; 언덕; 해안
côté [남] 옆, 옆구리 à ~ de ... 곁에
côtelette [여] 얇게 저민 고기
coton [남] 목화, 면
couchette [여] 침대차의 칸막이방
coucou [남] [조류] 뻐꾸기
coude [남] 팔꿈치
coudre [타][자] 바느질하다
couler [자] 흐르다
couleur [여] 색깔 De quelle ~ est-il ? 그것은 무슨 색깔입니까?
coulisse [여] 무대 뒤
coup [남] 부딪힘, 충격, 타격 ~d'état 쿠데타
coupable [형] 유죄의
coupe [여] 자르기, 베기
couper [타] 자르다, 잘게 썰다 ~ qch en cubes 입방꼴로 자르다
couple [남] 부부, 커플
coupon [남] 쿠폰
cour [여] ① 안마당, 안뜰 ② 궁궐, 궁정, 왕궁 ③ 재판소, 법원, 법정 ~martiale 군사 법원
courage [남] 용기 Il faut du ~. 용기가 필요하다
courageux(se) [형] 용기 있는 C'était ~ de sa

part. 그는 용감했다.
courbe [여] 곡선
courber [타] 구부리다
courir [자] 달리다
couronne [여] 왕관
couronnement [남] 대관식
couronner [타] 왕위에 앉히다
courrier [남] 우편물
cours [남] ① 수업 ② 흐름; (일의) 경과 au ~ de qch ...중에 있는
coursier [남] 안내원, 가이드
court(e) [형] 짧은
courtiser [타] 구애하다
courtois(e) [형] ① (중세의) 궁정풍의 ② 예의바른, 정중한, 상냥한
courtoisement [부] 정중하게
courtoisie [여] 공손, 친절
courant [남] 흐름
cousin(e) [명] 사촌
coussin [남] 쿠션
coût [남] 비용
coûter [타] 비용이 들다 estimer le coût de qch ...의 비용을 견적하다
coûteux(se) [형] 값비싼
coutume [여] 관습 C'est la ~. 그것은 관습이다
coutumier(ère) [형] 습관적인
couvent [남] 수녀원, 수도원
couvert(e) [형] 덮인; 모자를 쓴; 옷을 입은; 책임을 면한; (날씨가) 흐린
couverture [여] 표지
couvre-feu [남] 야간 통행금지
couvrir [타] 덮다 être *couvert* de gloire 영광에 휩싸이다
cowboy [남] 카우보이
crabe [남] 게
cracher [자] 침 뱉다 [타] 뱉다
cracker [남] 크래커
craindre [타] 두려워하다

crainte [여] 두려움
crampe [여] 쥐쐬, 경련
crâne [남] 두개골
craquelure [여] (그림, 도자기에 생기는 니스, 유약의) 금, 균열
craquement [남] 삐걱거림
craquer [자] ① 삐걱덕하는 소리를 내다 ② (비유)갑자기 찢어지다[뜯어지다], ③ (욕망, 욕구에) 굴복하다, 꺾이다
crasse [여] 때; 천한 신분
cratère [남] 분화구
crawl [남] 크롤
crayon [남] 연필
créateur(trice) [명] 창조자
créatif(ve) [형] 창조적인
création [여] ① [종교] 창조, 개벽 ~ de l'univers 우주 창조 la C~ 천지창조 ② (인간에 의한) 창조, 창작, 발명; 창출 ~ d'emplois 일자리 창출
créativité [여] 창조성
créature [여] 피조물
crèche [여] 탁아소 ~ d'entreprise 직장 내 탁아소
crédibilité [여] 신빙성
crédible [형] 신빙성 있는
crédit [남] 신용 vivre de ~s 대출로 살다
crédit-bail [남] 임대차 (당사자의 일방(임대인)이 상대방(임차인)에게 목적물을 사용·수익할 수 있게 하고, 상대방이 그 대가로서 차임을 지급할 것을 약정함으로써 성립하는 계약)
créditer [타] 공을 인정하다 On peut le ~ d'une bonne gestion. 그가 업무를 잘했다고 인정할 수 있다
crédule [형] 속기 쉬운
crédulité [여] 믿기 쉬움
créer [타] ① [종교] 창조하다 Dieu créa le ciel et la terre. 하느님이 천지를 창조하셨다 ② (없던 것을) 만들어내다; 창안[고안, 발명]하다,

창작하다 ~ une théorie 이론을 세우다 ~ un style 스타일을 창안하다
crémation [여] 화장, 소각
crématoire [남] 화장터
crématorium [남] 화장터
crème [여] 크림 ~ solaire 선크림
crémeux(se) [형] 크림의
crêpe [여] 크레이프
crescendo [부] [음악] ① 점점 세게 ② (비유) 점점 더 강하게[많이, 심하게] [남] (불변) ① [음악] 크레센도 (점점 세게 연주하라는 악상 부호 ② 고조, 점증, 증폭 ~ de douleur 고통의 격화
cresson [남] [식물] (잎이 매운 샐러드용의) 물냉이, 양갓냉이, 크레송
crête [여] (닭의) 볏
Crète [여] [지리] 크레타 섬
creuser [타] 파다; 깊이 연구하다
creux(se) [형] 움푹한; 속이 빈
crever [타] 터뜨리다
cri [남] 외침
criant(e) [형] 외치는, 고함치는; (빛깔 따위가) 눈에 기슬리는 요란한
crier [자] 고함치다
crime [남] 범죄 C'est un ~ de gaspiller la nourriture. 음식을 낭비하는 것은 죄다
criminel(le) [형] 범죄의 [명] 범죄자
criminologie [여] 범죄학
crise [여] 위기
cristal [남] 수정
cristalliser [타] 결정시키다
critère [남] 표준, 기준; 조건 ~ de sélection des candidats 후보자 선정 조건
critique [형] 비평의 [여] 비평 Le film a été acclamé par la ~. 그 영화는 비평가들의 극찬을 받았다 [명] 비평가 ~ de culture populaire 대중문화평론가 ~ de théâtre 연극평론가 ~ littéraire 문학평론가

critiquer [타] 비평하다, 비판하다
Croatie [여] [지리] 크로아티아
crochet [남] (작은) 갈고리, 후크
crocodile [남] [동물] 악어 verser des larmes de ~s 거짓 눈물을 흘리다
croire [타] ① 믿다, 생각하다 [자] ...의 존재를 믿다 (+ à), 신앙을 가지다 (+ en)
croiser [타] 교차시키다
croissance [여] 성장 ~ économique 경제성장
croître [자] 자라다; 늘다
croix [여] 십자가
croquer [타] 깨물어 먹다
croquet [남] 크로케
croupier [남] 금전책임자
croûton [남] ① (바게트 따위의) 긴 빵의 양 끝; 굳은 빵 덩어리 ② [복] [요리] 크루통 (작은 빵조각을 버터나 기름에 튀긴 것)
cru(e) [형] 날것의
crucial(ale, [복] aux) [형] 중대한 Il est essentiel que ~는 중대하다
crucifier [타] 십자가에 못박다
crucifix [남] 그리스도 수난상
crucifixion [여] 십자가에 못박음
cruel(le) [형] 잔인한
cruellement [형] 잔인하게
croisade [여] 십자군
croisière [여] 순항
croustillant(e) [형] ① (과자 따위가) 바삭바삭한 ② (비유) (이야기 따위가) 외설스러운, 음탕한
croûte [여] 빵 껍질
crustacé [남] 갑각류
crypte [여] 토굴, 지하실
Cuba [남] [지리] 쿠바
cube [남] 정육면체, 입방체
cubique [형] 입방의
cubisme [남] 입체파
cubiste [형] 입체파의
cueillir [타] 따다; 뜯다

cuire [타] (음식물을) 익히다, 삶다, 굽다 ~ de la viande à feu vif 고기를 강한 불로 익히다 [굽다]

cuisine [여] 부엌; 요리

cuisson [여] (요리를) 익히기, 삶기, 굽기

cuit(e) [형] (음식이) 익힌, 삶은, 구운 viande ~e à point[bien ~e, trop ~e] 적당히[잘, 너무] 익힌 고기

cul-de-sac ([복] ~s-~-~) [남] ① 막다른 길[골목] ② 출구가 없는 장소 ③ [구어] 장래성이 없는 직업[사업], 막다른 처지, 궁지

culinaire [형] 요리의

culte [남] 컬트, 숭배 film-~ 컬트영화

culture [여] 문화 ~ qui vient de la rue 거리 문화

cultiver [타] 재배하다, 양성하다 ~ de bonnes relations 좋은 관계를 만들어나가다

cultivé(e) [형] 세련된

culturel(le) [형] 문화의

culturellement [부] 문화적으로

cumulatif(ve) [형] 누적하는

cumuler [타] 겸하다; 겸임하다

Cupidon [남] [로마신화] 큐피드 (연애의 신)

curieux(se) [형] 호기심 있는

curiosité [여] 호기심 par ~ 호기심에서

curriculum vitae [남] 이력서

curry [남] [요리] 카레 ~ de poulet 치킨 카레

curseur [남] 커서

cyanure [남] [화학] 시안화물, 청화불 ~ de potassium 시안화칼륨, 청산가리

cyberbilletterie [여] [정보] 인터넷 상에서 이루어지는 예약과 매표

cyberboutique [여] 인터넷쇼핑몰

cybercafé [남] 넷카페, PC방

cybercriminalité [여] 사이버범죄

cyberdépendance [여] 인터넷중독

cybernétique [여] 사이버네틱스

cybersécurité [여] 사이버보안

cycle [남] 순환, 주기
cyclique [형] 순환의, 주기적인
cyclisme [남] 사이클링
cyclo-cross [남] 크로스컨트리 자전거 경주
cyclone [남] 사이클론
cylindre [남] 원주
cylindrique [형] 원통의
cymbale [여] 심벌즈
cynique [형] 견유학파의 [명] 견유학자
cynisme [남] 견유주의
cyprès [남] 실편백
cyrillique [형] 키릴 문자의 alphabet ~ 키릴 자모

D

D, d [남] 불어 자모의 넷째 글자

dalle [여] ① 포석, 타일; (대리석 유리 따위의) 판 ~ de ciment 시멘트 포석 ~ de marbre 대리석의 판석 ~ funèbre[funéraire, tumulaire] 무덤의 평석 ② (구어) 목구멍 (=gorge) ③ (생선을 썬) 토막 avoir la ~ (구어) 배고프다 (=avoir faim) avoir la ~ en pente (구어) 술꾼이다 rincer la ~ à qn (구어)...에게 술을 먹이다 se rincer[se mouiller] la ~ (구어) 한잔 마시다 (=boire)

damas [남] 다마스크 천

dame [여] ① 부인, 여성 (femme보다 정중한 표현) manteau de ~ 부인용 외투 coiffeur pour ~s 미용사 Qui est cette vieille ~ ? 저 노부인은 누구신가요? D~s "부인용 (화장실)" ② (구어) 부인, 아내 (=épouse, femme) [법] 부인

damnation [여] 저주, 욕설

damné(e) [형] 저주받은

Danemark [남] [지리] 덴마크

danger [남] ① 위험 (=péril, risque) courir un ~ 위험을 무릅쓰다 éviter[fuir] un ~ 위험을 피하다 signal de ~ 위험신호 Attention, ~ ! 주의하시오, 위험합니다! [~ + 무관사명사] ~ de mort[chute] 죽음[추락]의 위험 ~s de hausse des prix 물가가 오를 위험성 [~ que + sub] Le ~ qu'il se produise un accident est très faible. 사고가 발생할 위험성은 매우 적다 ② (이) 미치는 휘험, 악영향 [~ de qch] ~ de la guerre 전쟁이 미치는 위험 ~ du tabac 담배의 해독 ③ 염려, 우려 année de tous les ~s 모든 면에서 염려스러운 해 ④ (흔히 복수) [해양] (위험한) 표류물, 암초

bouées indiquant les ~s à éviter 피해야 할 암초를 표시하는 부표 ~ public 여러 사람에게 위험한[해를 끼치는] 사람 en ~ 위험한 상태의 être en ~ 위태롭다 mettre qn en ~ ...을 위태롭게 하다 mettre en ~ les intérêts de qn ...의 이익을 해치다 hors de ~ 위험을 벗어난 Il y a du[quelque] ~ à + inf. ...하는 것은 위험하다 Il y a du ~ à passer par là. 그 쪽으로 지나가면 위험하다

dangereux(se) [형] 위험한
dangereusement [부] 위험하게
danois [형] 덴마크의 [명] (D~) 덴마크인
dans [전] ① (장소) ...의 안[속]에(서) être ~ la maison 집 안에 있다 enfouir qch ~ la terre ...을 땅 속에 묻다 habiter ~ la ville 시내에 거주하다 jouer ~ la cour 뜰에서 놀다 voler ~ l'air 공중을 날다 (방향) ...의 (안)으로 ~ tous les sens 사방으로 entrer ~ la chambre 방으로 들어가다 aller ~ un café 카페에 들어가다 sortir ~ la rue 거리로 나가다 (출처) ...에서 lire qch ~ un livre ...을 책에서 읽다 découper un article ~ un journal 신문에서 기사를 오려내다 prendre un bonbon ~ un sac 봉지에서 사탕을 꺼내다 Je l'ai lu ~ (l'œuvre de) Gide. 나는 지드 작품에서 그것을 읽었다 (범위)...의 안쪽에 ~ un rayon de cinq kilomètres 반경 5킬로미터 내에 (경과)...을 지나(면) On arrivera au village ~ quatre kilomètres. 4킬로미터만 더 가면 마을에 도착할 것이다 [~ + 신체부위 명사] mettre une fleur ~ ses cheveux 머리에 꽃을 꽂다 recevoir un coup de pied ~ les fesses 엉덩이를 걷어차이다 serrer qn ~ ses bras ...을 포옹하다 Il y avait de la tristesse ~ son regard. 그의 시선에는 슬픈 기색이 감돌고 있었다 [~ + 교통기관명사] monter ~ une voiture[le train] 승용차[기차]에 올라타다 ② (시간) ...(동안)에 (=au cours

de, lors de) ~ la suite 그 후에 ~ mon enfance 내가 어렸을 때 ...이내에[안으로] ~ l'année[la semaine] 연[주]내로 ~ la matinée 오전 중으로 ~ les cinq jours 닷새 내에 ③ (소속, 포함, 직업) ...에 entrer ~ une famille 가족의 일원이 되다 entrer ~ un complot 음모에 가담하다 jouer ~ un orchestre 관현악단에서 연주하다 être ~ mon pouvoir 내 권한 내에 있다 entrer ~ l'enseignement 교직에 몸을 담다 être ~ le commerce 상업에 종사하다 faire ~ les draps 포목장사를 하다

danse [여] 춤
danser [자] 춤추다
danseur(se) [명] 댄서, 무용가
date [여] ① 날짜, 연월일 ~ d'un contrat 계약(서) 날짜 ~ de naissance 생년월일 lettre qui porte la ~ d'une réunion 모임의 날짜를 정하다 Quelle ~ avons-nous aujourd'hui ?; Quelle ~ est-ce aujourd'hui ? 오늘은 며칠입니까? ② 시기, 연대, 시대 (=époque) être de la même ~ 같은 시기에 속하다 La ~ de cette couche géologique est très ancienne. 이 지층은 아주 오래 전에 형성된 것이다 ③ (중요한) 사건 C'est une ~ importante de l'histoire du pays. 그것은 그 나라 역사상 아주 중요한 사건이다 ④ 시일, 기한 (=terme, échéance) ~ limite de remise de dossiers 서류 제출 기한 ~ de vente (상품의) 판매 기한 ~ de valeur 유효 기한 ~ butoir d'un ultimatum 최후 통첩의 최종 시한 à ~(s) fixe(s) 정해진 날짜에; 규칙적으로 (=régulièrement) à la[en] ~ du ...날짜의 à longue[courte] ~ 장기[단기]의 de ~ fraîche[récente]; de nouvelle ~ 최근의 de longue[vieille] ~ 오래 전부터(의) en ~ de ...에서 부친
dater [타] ① (편지, 문서 따위에) 날짜를 쓰다 ~ une lettre 편지에 날짜를 쓰다 [~ de] ~

un contrat du 4 mai 계약서에 5월 4일의 날짜를 쓰다 ② (사건, 작품 따위의) 연대를 추정[결정]하다 ~ un tableau 그림의 연대를 추정하다 [~de] ~ le crâne de 2 millions d'années 두개골의 연대를 200만 년 전의 것으로 추정하다 [자] ① [~de] (부터) 시작하다, (에) 일어나다, 나타나다; (로) 거슬러 올라가다 (=remonter) ouvrage qui date de 1950[de vingt ans; d'il y a vingt ans] 1950년[20년 전]의 작품 ② [~ dans] 획을 긋다 (=faire date) événement qui *date* dans l'histoire 역사상 획기적인 사건 ③ 시대에 뒤떨어지다, 구식이다 robe qui *date* 유행에 뒤진 옷 à ~ de …부터 (=à partir de) à ~ d'aujourd'hui[de ce jour] 오늘부터 Cela ne date pas d'hier. 그것은 어제오늘의 일이 아니다 ~ de loin 오래 전으로 거슬러 올라간다 se ~ [대] 날짜를 써넣다 Une lettre *se date* toujours. 편지에는 날짜를 써야 한다

datte [여] 대추야자

dauphin [남] [동물] 돌고래

davantage [부] ① (동사를 수식하여) 더 많이, 더 한층 (=plus) Je l'aime ~. 나는 그를 더 좋아한다 Elle a ~ travaillé. 그녀는 더 많이 했다 Il n'en sait pas ~. 그는 그것에 대해 더 이상 모른다 ② 더 오래 (=plus longtemps) Je ne puis rester ~. 더 오래 머무를 수가 없습니다 Il faudra attendre dix ans ou ~. 10년 또는 그 이상을 기다려야 할 것이다

de [전] ① (소유, 소속) …의, …에 속한 les livres ~ Pierre 피에르의 책 le fils ~ Sylvie 실비의 아들 la fenêtre de la maison 집의 창문 ② (출발, 이탈) …부터, …에서 venir ~ l'école 학교에서 오다 descendre ~ la voiture 차에서 내리다 sortir de chez soi 자기 집에서 나가다 l'avion ~ Paris 파리발 비행기 (파리행 비행기의 뜻도 됨) ~ Séoul (jusqu'à) Busan 서울에서 부산까지 D'où est-ce tu viens ? 어디서 오는 길이니? (시간) ...부터 *du* matin au soir 아침부터 저녁까지, 하루종일 *du* 4 jusqu'à 15 de ce mois 이달 4일부터 15일까지 *d*'ici à jeudi 지금부터 목요일까지 ③ (출신, 기원) (출신) ...출신의 un jeune ~ bonne famille 좋은 집안 출신의 젊은이 D'où êtes-vous ? - De Marseille. 당신 어디 출신이오? - 마르세유 출신이오 ④ (원인, 동기) ... 때문에, ...해서 du fait ~ qch ... 때문에 inquiet~ qch ...로 불안해하는 être puni ~ son retard 지각해서 벌을 받다

dé [남] 골무; 주사위

débâcle [여] 붕괴

débarquer [타] 뱃짐을 풀다; 상륙시키다

débarras [남] (잡동사니를 치워 두는) 방, 광, 다락방

débarrasser [타] ...으로부터 거치장스러운 것을 없애다

débat [남] 토론 ~télévisé entre les candidats 후보간 텔레비전 토론

débattre [타] 토론하다 ~ un problème avec qn 어떤 문제에 대하여 ...와 토론하다

débauche [여] 방탕

débilitant(e) [형] 쇠약하게 하는

débit [남] ① 소매; 판매량 ② 말솜씨, 어조 ~ monotone[rapide] 단조로운[빠른] 어조 ③ [회계] 차변

débiter [타] 인출하다

débiteur(trice) [명] 채무자

déboguer [타] 잘못을 찾아 고치다, 해충을 없애다

début [남] ① 시작, 시초, 발단 au ~ de qch ...의 초기에 ② (흔히 복수) 데뷔, 첫 진출 faire ses ~s comme qch ...로 데뷔하다

débordé(e) [형] 넘치는

débordement [남] 넘침; 범람

débouché [남] 출구; 방편; 판로

déboucher [타] 마개를 뽑다, 막힌 것을 뚫다

débris [남] (흔히 복수) ① (깨진, 부서진) 파편, 조각, 잔해 ② 쓰레기; 찌꺼기, 부스러기

décadent(e) [형] ① 쇠퇴하는, 몰락하는 ② 퇴폐적인

décaféiné(e) [형] 카페인을 제거한

décalage [남] 어긋남 ~ horaire 시차

décalitre [남][복] 데카리터

décamètre [남] 데카미터

décanter [타] 옮기다

décapiter [타] (의) 목을 자르다, 참수하다

décathlon [남] 10종 경기

décédé(e) [형] 사망한

décéder [자] 사망하다

décembre [남] 12월

décence [여] 체면, 품위

décennie [여] 10년

décent(e) [형] 단정한

décentraliser [타] 분산시키다

décès [남] 사망, 죽음

décevoir [타] 실망시키다

déchant [남] 논평

décharge [여] 부담을 덜기

décharger [타] 덜어주다

déchet [남] 폐기물 ~ toxique 유독성 폐기물 ~s radioactifs 방사선 폐기물 ~s nucléaires 핵폐기물

déchiffrement [남] 해독, 번역

déchiffrer [타] 해독하다

décibel [남] 데시벨 (음의 강도의 단위 ([약] dB))

décidé(e) [형] 결정된

décider [타] 결정하다 ~ de + inf. ...을 하기로 결심하다

décigramme [남] 데시그램

décilitre [남] 데시리터

décimale [여] 소수 calculer à deux ~s 소수점 2자리까지 계산하다

décimer [타] 많은 사람을 죽이다

décimètre [남] 데시미터
décisif(ve) [형] 결정적인
décision [여] 결정, 판결
déclaration [여] 선언 la D~ d'indépendance des Etats-Unis d'Amérique 미국 독립선언
déclarer [타] 선언하다 ~ la guerre à qch ...에 대해 전쟁을 선포하다
déclin [남] 쇠퇴 être sur le ~ 쇠퇴중이다
déclinaison [여] 굴절, 일탈, 탈선
décliner [타] 거절하다, 기울이다
décodage [남] 디코딩
décoder [타] 풀다, 번역하다
décolleté(e) [형] 옷깃을 넓게 튼; 목, 어깨, 가슴을 드러낸 [남] (옷의) 깃을 파낸 부분; 네크(라인)
décoloration [여] 변색, 얼룩
décomposer (se) [대명] 분해되다
décomposition [여] 분해, 부패
décompression [여] 감압
déconcertant(e) [형] 당황하게 하는
décontamination [여] 오염 제거
décorateur(trice) [명] 실내 장식가
décoratif(ve) [여] 장식적인
décoration [여] 장식 mettre les ~s 장식물을 설치하다
décorer [타] 장식하다
découragement [남] 낙담
décourager [타] 낙담시키다
découverture [여] 발견
découvrir [타] 발견하다
décrépit [형] 노쇠한
décret [남] 법령
décrire [타] 묘사하다
déçu(e) [형] 실망한, 환멸을 느낀 ~ de l'indifférence de qn ...의 무관심에 실망한 Je suis ~ de le voir faire aucun cas de ma demande. 그가 내 요구를 무시하는 것을 보고 실망했다

dédaigner [타] 경멸하다
dédaigneux(se) [형] 경멸적인
dédain [남] 멸시
déductible [형] 공제할 수 있는
déduction [여] 공제, 삭감
déduire [타] ① 공제하다 ② 추론하다
défaite [여] 패배 essuyer une ~ 패배를 겪다
défaitiste [형] 패배주의의 [명] 패배주의자
défaut [남] 결점, 결함
défection [여] 탈당, 탈퇴
défectueux(se) [형] 결점이 있는
défendeur(eresse) [명] [법] (민사 소송의) 피고인
défense [여] 방어 Je dois dire pour ma propre ~. 나는 나 자신을 방어하기 위하여 말해야 한다
défenseur [남] 방어자
défensif(ve) [형] 방어적인, 수비의
déférence [여] 복종, 존경
déférent(e) [형] 공손한
défi [남] 도전 relever le ~ 도전과제를 해결하다
déficient(e) [형] 부족한
déficit [남] 부족, 결손
défier [타] 도전하다; ...하지 못하리라고 생각하다; 두려워하지 않다, 무릅쓰다
défigurer [타] 외관을 손상하다
défilé [남] d [형] ① 분열 행진; 종대 행진 ② (사람, 차량 따위의) 행렬 ~ de mode 패션쇼
définir [타] 정의하다
définitif(ve) [형] 한정적인
définition [여] 정의
définitivement [부] 한정적으로
déflation [여] 수축, 디플레이션
déflationniste [형] 통화 수축의
défléchir [타] 비끼다
déflexion [여] 빗나감
déformer [타] 추하게 하다, 볼품없게 하다

défunt(e) [형] 죽은 (문어) 사망한, 작고한
dégénéré(e) [형] 타락한 [명] 타락자
dégénérer [자] 타락하다
dégénérescence [여] 타락
dégoût [남] 혐오감
dégoûtant(e) [형] ① 몹시 불쾌한, 역겨운 odeur ~e 역겨운 냄새
dégoûter [타] 역겹게 하다
dégradation [여] 좌천, 파면
dégradant(e) [형] 품위를 떨어뜨리는
dégrader [타] 좌천시키다
degré [남] 도 10 ~s de latitude 위도 10도
déguisement [남] 변장
déguiser (se) [대명] 변장하다 se ~ en qn ...로 변장하다
dégustation [여] 시음 ~ du vin 와인 시음
délégation [여] 대표단
délégué(e) [명] 대표, 사절
déléguer [타] 파견하다
délibéré(e) [형] 심사숙고한 후의; 단호한, 결연한, 확고한
délibérément [부] 신중히; 고의로
délibérer [자] 토의하다, 심의하다; 숙고하다
délicat(e) [형] 진미의, 맛있는; 우아스러운; 정묘한; 미묘한; 섬세한; 예민한; 곤란한; 난처한; 가냘픈; 연약한; 민감한
délicatement [형] 미묘하게, 섬세하게; 예민하게; 가냘프게; 연약하게; 살며시; 소중하게
délicatesse [여] 진미; 우아; 미묘; 예민; 섬세; 연약; 곤란함, 난처함; 민감
délicieusement [부] 맛있게
délicieux(se) [형] 맛있는
délinquance [여] 범죄, 비행
délinquant(e) [형] 비행을 저지른 [명] 범죄자
délirant(e) [형] 정신착란의
délire [남] 정신착란
délit [남] 범법행위 ~ informatique 컴퓨터통신 등을 악용하여 사이버 공간에서 행하는 범죄

déloger [타] 쫓아내다
déloyal(ale, [복] **aux)** [형] 불성실한
delta [남] 델타
déluge [남] 홍수, 폭우 La Corée subit actuellement un véritable ~. 한국에는 현재 폭우가 쏟아지고 있다
démanteler [타] 해체하다
démantèlement [남] (시설, 요새 따위의) 붕괴, 파괴 ~ des installations nucléaires 핵시설 폐기
demande [여] 요구 à la ~ 요구에 따라
demander [타] 요구하다
démarcation [여] 경계, 분계 ligne de ~ 군사분계선
démembrer [타] 분할하다
déménagement [남] 이사, 이전
déménager [자] 이사하다
démence [여] 치매
démilitariser [타] (국가, 지역을) 비무장화하다 zone *démilitarisée* 비무장 지대
démobiliser [타] 부대를 해산하다
démocrate [형] ① 민주주의의 ② 민주당의 [명] ① 민주주의자 ② (미국의) 민주당(=parti ~); 민주당원
démocratie [여] 민주주의
démocratique [형] 민주주의의
démocratisation [여] 보급 ~du haut débit 초고속 인터넷 보급
démolir [타] 헐다
démolition [여] 파괴
démon [남] 악마, 귀신
démonstrateur(trice) [명] (상점 따위에서 기구의 사용을 설명하는) 실연 판매원
démonstratif(ve) [형] 논증적인
démonstration [여] 논증 faire une ~ 증명하다
démontrable [형] 명백한
démontrer [타] 논증하다
démoraliser [타] 혼란시키다

dénationaliser [타] 국적을 박탈하다
dénigrement [남] 훼손
dénomination [여] 명명
dénoncer [타] 비난하다 ~ l'absurdité de la thèse 주장의 불합리성을 비난하다
dénonciation [여] 탄핵
dense [형] 밀집한
densité [여] 밀도
dent [여] 이, 치아
dentaire [형] 치과의
dentelle [여] 레이스
dentiste [명] 치과의사
dénucléarisation [여] 비핵화 ~ de la péninsule coréenne 한반도비핵화
déodorant [남] 방취제
départ [남] 출발
département [남] 부문, 부
dépêche [여] 발송하다
dépendance [여] 의지, 의존 ~de la voiture 자동차 의존도 ~ énergétique 에너지 (해외)의존
dépendre [타간] (~ de) 의지하다
dépérissement [남] 쇠약; 시듦, 고사 ~ des forêts 산림 고사 현상
dépeuplement [남] 인구감소
dépilatoire [형] 탈모의 [남] 탈모제
dépistage [남] [의학] 진단
déplacement [남] 이동 ~s ferroviaires 철도이동
déplacer [타] 옮겨놓다
déploiement [남] 전개, 배치
déplorable [형] 슬픈, 비참한
déplorer [타] 비탄하다
déployer [타] 전개하다
déportation [여] 국외추방
déporté(e) [명] 피추방자
déporter [타] 운반하다, 국외로 추방하다
déposant(e) [명] 예금자
déposer [타] 맡기다; 제출하다 ~ un dossier

de préinscription (학교입학) 원서를 제출하다

dépôt [남] ① 놓기, 두기 ② 맡기기, 위탁 ③ 예금

dépravation [여] 타락, 부패

dépraver [타] 나쁘게 만들다

déprécier (se) [대] 가치가 떨어지다

dépressif(ve) [형] 울적한

dépression [여] ① 의기소침; (육체적, 정신적) 쇠약 ② [심리] 우울증 ③ [경제] 불경기, 불황; (가격 따위의) 하락 ~ des années 30 1930년대의 대불황

dépressuriser (se) [대] 기압이 내려가다

député [남] 대리인, 하원의원

déraillement [남] 탈선

déranger [타] 어지럽히다

dérèglement [남] 불규칙; 뒤틀림, 고장; 이상, 불순; 질서에서 벗어나게 함 L'activité humaine engendre ces ~s. 인간의 활동이 이러한 불순을 일으킨다

déréglementation [여] [행정] 규제 완화[철폐] ~ des marchés financiers internationaux 국제 금융시장의 규제 완화

déréglementer [타] [행정] 규제를 완화[철폐]하다

dérégler [타] 규칙을 벗어나게 하다

déréguler [타] 규제를 철폐하다

dérision [여] 조롱

dérisoire [형] 아주 근소한

dérive [여] ① (일, 이야기 따위의) 빗나감, 일탈; (예기치 않은) 변화, 변동 ② (선박, 비행기의) 편류, 표류

dérivé(e) [형] ① 부차적인, 2차적인 ② [언어] 파생한 ③ [수학] 미분된 ④ [화학] 유도된 [남] ① 부산물, 2차 제품 ② [언어] 파생어

dériver [타] (흐르는 물의) 방향을 돌리다, 끌다; 유도하다 [자] (배가) 항로를 벗어나다, 표류하다; 흐르던 방향을 바꾸다; 파생하다, 유래하다

dermatite [여] 피부염
dermatologie [여] [의학] 피부병학
dermatologue [명] [의학] 피부과전문의
dernier(ère) [형] 최후의; 최근의
dérober [타] 훔치다
dérouler [타] (말린 것을) 펴다; 전개하다
derrière [전] 뒤에 se cacher ~ la haie 울타리 뒤에 숨다
dès [전] …부터, …하자마자 ~ ce moment 그때부터 바로 [~ que + ind.] D~ que vous serez à Paris, envoyez-moi un e-mail. 파리에 도착하자마자 내게 이메일을 보내주세요
désagréable [형] 불쾌한
désarmant(e) [형] 상대의 감정을 누그러뜨리는
désarmement [남] 무장해제
désarmer [타] 무장을 해제하다
désastre [남] 재앙
désavantager [타] 불리하게 만들다
descendant(e) [명] 자손
descendre [타] 내리다 [자] 내려가다 ~de qch …에서 내려가다
descente [여] 하강 faire sa ~ 하강하다
descriptif(ve) [형] 묘사적인
description [여] 묘사
désensibiliser [타] 감도를 줄이다
désert(e) [형] 사람이 살지 않는 [남] 사막
déserter [타] 버리다
désertion [여] 유기
désespéré(e) [형] 절망적인
désespérément [부] 필사적으로 avoir ~ besoin de qch …을 필사적으로 필요로 하다
désespoir [남] 절망
déshériter [타] 상속권을 박탈하다
déshonneur [남] 불명예, 망신
déshonorant(e) [형] 불명예스러운
déshydratation [여] 탈수, 건조
déshydraté(e) [형] 수분이 빠진
déshydrater [타] 수분을 빼다

design [남] 디자인
désignation [여] 지명, 명시
désigner [타] 지명하다 ~ qn (comme) qch ... 을 ....로 지명하다
désinfectant [남] 소독제
désinfecter [타] 소독하다
désintégrer (se) [대명] 해체되다
désir [남] 욕망
désirable [형] 바람직한
désirer [타] 열망하다 [~ + inf.] ...하기를 열망하다
désobéir [자] 불복종하다
désobéissant(e) [형] (아이가) 순종하지 않는, 반항적인; 제멋대로 노는
désodoriser [타] 악취를 없애다
désolation [여] 폐허
désolé(e) [형] ① 황량한 ② 침통한, 몹시 가슴 아픈 ③ 미안한
désordonné(e) [형] 무질서한
désordre [남] 무질서
désorganiser [타] ① [의학] (유기체의) 조직을 파괴하다 ② (비유) (에) 혼란을 야기하다, 뒤흔들다
désorienter [타] 갈피를 못 잡게 하다
dessiner [타] 그리다
despote [남] 전제 군주, 독재자
despotisme [남] 전제 정치
dessert [남] 디저트, 후식
dessus [부] 그 위에 au-~ ...위에 au-~ de ...위에, 초월하여
déstabiliser [타] 불안정하게 하다
destin [남] 운명, 숙명
destination [여] 목적지 à ~ de Paris 파리로 향하는
destiné(e) [형] 향하는 [여] 운명
destiner [타] (을) (에) 쓰려고 정하다 Je *destine* cette somme à l'achat d'un costume. 나는 이 돈을 옷 구입비로 정해 둔다

destructeur(trice) [형] 파괴하는 [명] 파괴자
destructif(ve) [형] 파괴성의, 파괴력을 지닌
destruction [여] 파괴
détachable [형] 떼어낼 수 있는
détachement [명] 분리, 이탈
détaché(e) [형] 떼어진
détacher [타] 떼어내다
détacher (se) [대명] 떨어지다
détail [남] 세부 사항 en ~ 자세하게
détenu(e) [명] 구류자
détecter [타] 발견하다
détecteur [남] 탐지기
détection [여] 발견, 탐지
détective [남] 탐정
détente [여] 방아쇠; 긴장완화
détention [여] 구치, 유치
détergent(e) [형] 세척용의 [남] 세(척)제
détérioration [여] 악화
détériorer (se) [자] 악화되다
détermination [여] 결정; [의학] 검출 (형, 성질 따위의), 측정, 결정(어떤 질환이 일정 방향으로 발전하는 성향)
déterminant(e) [형] 결정적인
déterminer [타] 결정하다
détester [타] 증오하다
détonateur [남] 뇌관
détonation [여] 폭발
détour [남] 우회
détourné(e) [형] 외딴; 넌지시하는; 완곡한; 간접적인 chemin ~ 에움길
désintoxiquer [타] 독을 제거하다
détracteur(trice) [명] 비방자
détresse [여] 고민, 걱정 en ~ 고민에 빠진
détritus [남][복] 시체, 배설물
détruire [타] 파괴하다
dette [여] 빚 avoir des ~s 빚을 지다
deuil [남] 초상; (초상으로 인한) 슬픔, 애상, 애도, 애통; 몽상; 상복

diamétralement

dévaluation [여] 평가절하
dévaluer [타] 평가절하하다
dévastateur(trice) [형] 파괴적인
dévastation [여] 파괴
développement [남] 발전, 개발
développer [타] 발전시키다
devenir [자] …이 되다
déviant(e) [형] 벗어나는, 탈선하는
déviation [여] 일탈
dévier [자] 빗나가다
deviner [타] 예측하다
devoir [타] 갚아야하다, 치러야하다; 의무가 있다; 덕을 입다 [남] 의무, 본분; 숙제
dévorer [타] 게걸스레 먹다
dévoué(e) [형] 헌신적인
dévouement [남] 헌신
dextérité [여] 재치, 솜씨 좋음
Dhaka [명] [지리] 다카
diabète [남] 당뇨병
diabétique [형] 당뇨병의 [명] 당뇨병 환자
diabolique [형] 악마적인
diacritique [형] 구별 짓는
diagnose [여] 진단(법)
diagnostic [남] 진단
diagnostique [형] 진단상의
diagnostiquer [타] 진단하다 Les médecins *ont diagonostiqué* un cancer. 의사들은 암을 진단했다.
diagonal(ale, [복] aux) [형] 비스듬한
diagonale [여] 대각선
dialecte [남] 방언
dialectique [여] ① 논법 ② [철학] (플라톤의) 문답법 ③ 변증법
dialogue [남] 대화
dialoguer [자] 대화하다
dialyse [여] 투석, 분해
diamant [남] 다이아몬드
diamétralement [부] ① 직경 방향으로 ② (비유)

완전히, 절대적으로
diamètre [남] 직경, 지름 avoir 2 m de ~ 직경 2m이다
diaphragme [남] 횡격막
diapo [여] (구어)슬라이드
diapositive [여] 슬라이드
diarrhée [여] 설사
diatribe [여] 통렬한 비난의 연설
dichotomie [여] 이분법
dichromatique [형] 두 색을 가진
dictateur [남] 독재자
dictatorial(ale, [복] **aux**) [형] 독재적인, 전제적인; 위압적인
dictature [여] 독재, 독재권력
dictée [여] 받아쓰기
dicter [타] 받아쓰게 하다
diction [여] 어법, 말씨
dictionnaire [남] 사전
didascalie [여] [연극] 지문(바탕글)
diesel [남] 디젤기관
diète [여] 식이요법
diététicien(ne) [명] 영양학자
diététique [형] 음식물의
dieu [남] ([복] ~**x**) 신 Mon D~ 어머나, 저런
diffamation [여] 중상, 명예훼손
diffamatoire [형] 명예를 훼손하는, 중상적인
diffamer [타] 명예를 훼손하다, 중상하다
différemment [부] 다르게 Cela touche les hommes et les femmes ~. 그것은 남자와 여자에게 다르게 영향을 미친다
différence [여] 차이 faire la ~ entre du porc et du mouton 돼지고기와 양고기를 구별하다
différenciation [여] 차별, 구별, 구분
différend [남] 분쟁 ~s territoriaux 영토분쟁
différent(e) [형] 다른 Ils sont ~s à cet égard. 그들은 이러한 점에서 다르다.
différentiel(le) [형] 차이의 [남] 차동기, 차동장치 [여] 미분

différencier [타] 구별짓다

différer [자] 다르다 Ces deux propositions diffèrent en un point. 그 두 제안은 한 가지 점에서 다르다 [타] 연기하다, 미루다 ~ un paiement à une date ultérieure 지불을 후일로 연기하다

difficile [형] 어려운 Il me sera ~ de décider. 내가 결정하는 것은 어려울 것이다.

difficulté [여] 어려움 les ~s de la vie ici 이곳에서 사는 어려움

diffus(e) [형] 흩어진

diffuser [타] 흩트리다, 확산시키다

diffusion [여] ① 전파 ~ de la culture coréenne en France 프랑스 내 한국문화 전파 ~ de l'information 정보의 전파 ② 방송, 중계 ~ des matchs à la télévision 대회의 중계 ~ systématique sur la toile 인터넷을 통한 방송

digest [남] 개요

digeste [형] 소화하기 쉬운

digestif(ve) [형] 소화를 돕는

digestion [여] 소화

digne [형] 위엄 있는

digital(ale, [복] **aux)** [형] ① 손가락의; 손가락 모양의 empreinte ~ale 지문 ② 수의, 숫자에 관한

dignitaire [남] 고위 인사

dignité [여] 존엄성

digression [여] 여담, 탈선

digue [여] 제방

dilater [타] 팽창시키다

dilatoire [형] 느린, 더딘

dilemme [남] 진퇴양난 devant un ~ 진퇴양난에 빠진

diluer [타] 희석하다

dilution [여] 희석

dimanche [남] 일요일

dimension [여] 차원, 규모

diminuer [타] 줄이다
diminutif(ve) [형] [언어] 지소적인 [남] 지소접미사; 지소사
diminution [여] 감소
dîner [남] 저녁식사 [자] 식사하다 ~ à la maison 집에서 식사하다 ~ dehors 외식하다
dîneur(se) [명] 식사하는 사람
dinosaure [남] 공룡
diocésain(e) [형] 교구의 [명] (교구의) 신도
diocèse [남] (카톨릭의) 교구
dioxyde [남] 이산화물 ~ de carbone [남] 이산화탄소
diphtongue [여] 이중 모음
diplomate [명] 외교관
diplomatie [여] 외교
diplomatique [형] 외교상의 120ème anniversaire de l'établissement des relations ~s entre la France et la Corée 한불수교 120주년
diplôme [남] 학위
dire [타] 말하다
direct(e) [형] 직접적인 en contact ~ avec ... 와 직접적으로 연락하다
directement [부] 직접적으로
directeur(se) [명] 감독
direction [여] 방향 dans mauvaise ~ 잘못된 방향으로
directionnel(le) [형] 방향상의
directif(ve) [형] 이끌어주는
directive [여] 지령
diriger [타] (... 쪽으로) 돌리다, 이끌다; 인도하다, 유도하다, 조종하다; 지도하다; 통제하다
discerner [타] 식별하다
disciple [명] 제자
disciplinaire [형] 규율에 관한; 처벌의
discipline [여] ① 학과, 교과목; (운동경기의) 종목 ② 규율; 규율준수
discipliné(e) [형] 훈련받은

discipliner [타] 훈련하다
discordance [여] 부조화; 불일치
discordant(e) [형] 조화하지 않는
discrédit [남] 불신
discréditer [타] 의심하다
discret(ète) [형] 신중한
discrétion [여] 분별, 신중, 결정권 Cette décision est à ma ~. 나는 그 결정에 대하여 결정권을 가지고 있다
discrimination [여] 차별
discussion [여] 토론 soumettre qch à la ~ ...을 토의 주제로 제기하다
disparité [여] 격차 ~ numérique 정보격차
dispenser [타] 베풀다, 시행하다
disperser [타] 분산시키다
dispersion [여] 분산
disposer [타] 배치하다
disposition [여] 배치
disproportioné(e) [형] 불균형의
dispute [여] 말다툼, 언쟁, 논쟁
disputer (se) [대] 논쟁하다 se ~ avec qn ...와 논쟁하다
disqualification [여] 자격 박탈
disqualifier [타] 자격을 박탈하다
disque [남] 음반, 레코드
dissemblable [형] 다른
dissemblance [형] 차이점
dissémination [여] 뿌리기; 살포; 전파
disséminer [타] 뿌리다, 퍼뜨리다; 선전하다, 전파하다
dissension [여] (감정, 이해관계, 신념 따위의) 대립 ~s domestiques[familiales] 가정불화 le parti socialiste agité par de profondes ~s 심각한 내분으로 동요하고 있는 사회당
disséquer [타] 해부하다
dissertation [여] 작문, 논술, 소논문
dissimuler [타] 숨기다
dissiper [타] 없애다

dissensions [여][복] 불일치
dissension [여] (감정, 이해관계, 신념 따위의) 대립
dissident(e) [형] 의견을 달리하는 [명] 반체제자
dissimuler [타] 속이다, 숨기다
dissociation [여] 분리
dissocier [타] 분리하다
dissolu(e) [형] (문어) 문란한, 절도 없는; 방종한, 방탕한
dissonant(e) [형] 귀에 거슬리는
dissoudre [타] 용해하다
dissuader [타] 만류하다
distance [여] 거리 à égale ~ 같은 거리에서
distant(e) [형] 거리가 먼
distendre [타] 넓히다
distillation [여] 증류
distiller [타] 증류하다
distinct(e) [형] 뚜렷한
distinctement [부] 뚜렷하게
distinction [여] 구별
distingué(e) [형] 구별되는
distinguer [타] 구별하다 se ~ de qch ...로부터 구별되다
distorsion [여] 왜곡
distraction [여] 기분전환
distraire [타] 주의를 산만하게 하다 Je ne veux pas *être distrait.* 나는 방해받고 싶지 않다.
distribuer [타] 분배하다
distributeur(trice) [명] ① 분배자; 배급(업)자 ~ de films 영화 배급업자 ② 유통업자
distribution [여] ① 분배 ② 유통
district [남] 지역, 구역
divergence [여] 분산
diverger [자] 갈라지다
divers(e) [형] 다양한
diversification [여] 다변화 ~ des sources d'énergie 에너지원의 다변화
diversion [여] 전환

diversité [여] 다양성 ~ culturelle 문화다양성
dividende [남] 배당금 payer[verser] le ~ 배당금을 지불하다
divin(e) [형] 신성한
divinement [형] 신성하게
divinité [여] 신성
diviser [타] 나누다
divisible [형] 나눌 수 있는
division [여] 나누기, 분할; 나눗셈; 나뉜 부분, 구분
divisionnaire [형] 분할상의
divorce [남] 이혼 demander le ~ 이혼을 요구하다
divorcé(e) [명] 이혼한 사람
divulguer [타] 누설하다, 폭로하다
dix [형] 열의, 열째의 [남] 열; 십일
DJ [남] 디스크자키
docile [형] 유순한
docteur [남] 의사, 박사
doctorat [남] 박사 학위
doctrine [여] 공식 외교정책, 교리
document [남] 문서
documentaire [형] 문서의 [남] 다큐멘터리
documentation [여] 고증
dogmatique [형] 교리에 관한, 독단주의의
dogme [남] 교의, 교리
dollar [남] 달러
domaine [남] 영토; [정보] 도메인 adressage par ~s 도메인 주소
dôme [남] 둥근 천장
domestique [형] 가정의, 국내의
domestiquer [타] 길들이다
domicile [남] 주소, 처소
dominance [여] 권세, 지배, 우세
dominant(e) [형] 지배적인
domination [여] 지배권
dominer [타] 지배하다, 통치하다; (경쟁자를) 누르다, 이기다 ~ see concurrents 경쟁자들을

제압하다
domino [남] 도미노 놀이
don [남] 기부
donateur(trice) [명] 기증자
donner [타] 주다
donneur(se) [명] 수여자
dont [대명] (de +관계대명사)의 구실을 하는 관계대명사 ami ~ la mémoire est remarquable 기억력이 뛰어난 친구
dopage [남] 도핑 (불법약물사용) combattre le ~; lutter contre le ~ 도핑을 퇴치하다
doper [타] 마약을 먹이다
dormir [자] 자다
dortoir [남] 기숙사
dose [여] 복용량
doublure [여] 안감
double [형] 두 배의 [남] 두 배
double-clic [남] 더블 클릭
double-cliquer [자] 더블 클릭하다
doublement [부] 이중으로 [남] 배가
doubler [타] 두 배로 만들다 [자] 두 배로 되다
doucement [남] 부드럽게, 살그머니
douceur [여] 단맛; 다정스러움, 상냥함; 부드러움
douche [여] 샤워
douleur [여] 고통; 통증 ~ profonde 극심한 통증
doute [남] 의심
douter [타간] 의심하다 ~ de qch ...을 의심하다
doux(douce) [형] 단; 부드러운
douzaine [여] 약 12 une ~ de pommes 10여 개의 사과
douzième [형] 열 두번째의
dragon [남] 용
drainage [남] 배수
dramatique [형] 극적인
dramatisation [형] 극화

dramatiser [타] 극화하다
dramaturge [명] 극작가
drame [남] 연극, 희곡
drap [남] 천; 시트
drapeau ([복] ~**x**) [남] 깃발
drastique [형] 과감한
dresser [타] 일으키다; 세우다
drogue [여] 약, 마약
droguer (se) [대] 마약을 복용하다
drôle [형] 우스운, 익살스러운, 재미있는; 이상한, 기묘한 un ~ de garçon 야릇한 소년
dû(ue) [형] ① 지불해야 하는 ② (에) 의한 accident ~ à la maladresse 서툴러서 난 사고 [남] 당연히 받을[갚을] 것; 빚
duc [남] 공작
duchesse [여] 공작 부인
duel [남] 결투
dune [여] 모래 언덕
Dunkerque [명] [지리] 됭케르크
duo [남] 이중주, 2인조
dupe [여] 잘 속는 사람
duper [타] 속이다
duplicité [여] 이중성격
dur(e) [형] 굳은; 무자비한, 인정머리없는; 괴로운, 벅찬, 힘드는; 엄한, 냉혹한; 끈기있는 être ~ au travail 일을 끈기있게 하다
durable [형] 오래 견디는
durablement [부] 영속적[항구적]으로
durant [전] ... 동안에
durcir [타] 굳게 하다
durée [여] 지속; 지속기간; 기간
dynamique [형] 역동적인 [여] 추진력
dynamisme [남] 박력; 성장세 afficher au deuxième trimestre un ~ supérieur à celui des Etats-Unis. 2사분기에 미국보다 높은 성장세를 보이다
dynamite [여] 다이너마이트
dynamo [여] 발전기

dynastie [여] 왕조
dysenterie [여] 이질
dyslexique [형] 독서장애를 가진 [명] 독서장애자

E

E, e [남] 불어 자모의 다섯째 글자
eau [여] ([복] **~x**) ① 물 ~ distillée 증류수 ~bouillante 끓는 물 ~ douce[dure] 연수[경수] ~ gazeuse 탄산수 ~ potable 식수 ~ minérale 광천수 ~ thermale 온천수 ~ souterraine 지하수 ~ lourde 중수 ~ du robinet 수돗물 chute d'~ 폭포 ~ de source 샘물 ~ de pluie 빗물 jet d'~ 분수 moulin à ~ 물레방아 verre à ~ 물컵 un verre d'~ 물 한 컵 château d'~ 저수탑 boire de l'~ 물을 마시다 se laver à l'~ chaude 더운 물로 몸을 씻다 Il est tombé beaucoup d'~. 비가 많이 내렸다 ② (집합적) (하천, 호수, 바다 따위의) 물 cours d'~ 하천 marcher au bord de l'~ 물가를 거닐다 traverser[passer] l'~ 물을 건너다 mettre un navire à l'~ 선박을 진수시키다 ③ (복수) 온천(장), 광천(장) ville d'~x 온천 도시 aller aux ~x 온천에 가다 prendre les ~x 광천수를 마시다 ④ (복수) 해수, 바다 basses[hautes] ~x 간[만]조 ~x territoriales 영해 ~x internationales 공해 ~x d'un navire 배가 지나간 뒤의 물살 ⑤ (복수) 용수 ~x industrielles 공업용수 ~x usées 하수 ~x polluées 오수; 폐수
ébauche [여] ① 초벌, 초안, 밑그림 oeuvre à l'état d'~ 초벌 작업 상태의 작품 ② (비유) 시초, 시작 (=commencement); 희미한 윤곽[형태] (=esquisse) ~ d'un sourire 희미한 미소 ③ 불완전한 것, 미완성의 것 ~s de démocratie 과도기의 민주주의
ébaucher [타] ① (재료를) 대강 다듬다, 초벌 손질을 하다 ~ une poutre 대들보를 대강 잡다 ~ un diamant 다이아몬드를 초벌 가공하다

② (작품의) 초안을 만들다; 윤곽을 잡다 ~ une statue[un tableau] 조상[그림]의 윤곽을 잡다 ③ 대강 구상하다, 준비하다 ~ un plan[projet] 계획을 구상하다 ④ (동작, 행위를) 가볍게 나타내다 (=amorcer, esquisser) ~ un sourire 살짝 미소짓다 s'~ [대] ① 윤곽이 잡히다; 되어가다 oeuvre qui *s'ébauche* lentement 천천히 윤곽이 잡혀가는 작품[일] ② 구상되다, 준비되다 projet qui *s'ébauche* dans son esprit 그가 속으로 구상 중인 계획 ③ (희미하게) 나타나다, 드러나다 La chaîne des Alpes *s'ébauchait* dans le lointain. 멀리 알프스 산맥이 윤곽을 드러내고 있었다

ébaucheur [남] 초벌 작업 직공

ébène [여] ① 흑단 coffret d'~ 흑단 상자 bracelet en ~ 흑단 팔찌 ② 칠흑(빛) noir comme l'~; d'un noir d'~ 칠흑같이 검은 cheveux d'~ 칠흑같이 검은 머리 ③ 단단하고 색이 진한 목재 bois d'~ 흑인 (노예 상인들의 용어) commerce du bois d'~ 노예 매매

éblouir [타] ① (강한 빛으로) 눈부시게 하다 (=aveugler) Ses phares nous éblouissaient. 우리는 그의 전조등 때문에 눈이 부셨다 ② (옛, 비유) 혹하시키다, 눈멀게 하다 (=fasciner) Son succès l'*a ébloui*. 그가 이룬 성공이 그를 눈멀게 했다 ③ 경탄을 불러일으키다, 마음을 사로잡다 (=émerveiller) *être ébloui* par la beauté de... ...의 아름다움에 넋을 잃다 ④ [기계] (수신기 따위의 기능을) 강한 광선을 쬐어 마비시키다

éblouissant(e) [형] ① 눈부신 neige ~e de blancheur 눈부신 백설 ② (옛) 현혹하는 ③ 경탄을 불러일으키는, 놀랄 만한 ~e beauté 눈이 부실 정도의 아름다움 interprétation ~e d'un musicien 음악가의 경탄할만한 연주

éblouissement [남] ① 눈부심; 찬란함 ~ causé par le soleil couchant 낙조로 인한 눈부심 ② 현기증, 아찔함 avoir un ~ [des ~s] 어지럽

다, 현기증을 느끼다 ③ (비유) 경탄, 놀라움; 경탄할 만한 것

éborgnement [남] 애꾸눈으로 만들기; 애꾸눈(의 상태)

éborgner [타] ① 애꾸눈으로 만들다; 눈을 때리다, 눈에 상처를 내다 ② (건물의) 창 따위를 폐쇄하다; 가리다 ~ une maison (건물 따위가 가로막아) 집에 햇빛이 들지 않게 하다 ③ [농업] (과일나무의) 필요 없는 순을 치다 s'~ [대] ① 애꾸가 되다; 한쪽 눈을 다치다 J'ai failli m'~. 하마터면 한쪽 눈을 다칠 뻔했다 ② 서로 눈을 때리다

ébouillanter [타] ① 끓는 물에 담그다, 데치다; 뜨거운 물을 붓다 ~ une théière 찻주전자를 열탕에 담그다 ~ des légumes 채소를 뜨거운 물에 데치다 ② 뜨거운 물에 데게 하다 s'~ [대] 뜨거운 물에 데다 Elle s'est gravement *ébouillantée*. 그 여자는 뜨거운 물에 심하게 데었다

éboulement [남] ① (흙, 바위, 구조물 따위의) 붕괴; 낙반; 사태 mineurs victimes d'un ~ 낙반[붕괴]사고를 당한 광원들 ② 무너진 흙[건축자재] Un ~ bouchait le passage. 무너진 토사더미로 통로가 막혀있었다

ébranlement [남] ① (충격으로 인한) 진동, 흔들림 (=tremblement) ~ des vitres 차창의 떨림[진동] L'~ du train l'a réveillé. 기차가 덜컹하며 떠나는 바람에 그는 잠에서 깼다 ② (정권, 건강 따위의) 위기; 타격 (=déstabilisation) ~ de la monarchie 왕정의 위기 ③ (마음, 의지 따위의) 동요 (=traumatisme) ~ de la conviction 신념의 동요

ébranler [타] ① (충격으로) (뒤)흔들다, 진동시키다 (=agiter, secouer) détonation qui *ébranle* les vitres 차창을 울리는 폭발 La tempête a *ébranlé* cet arbre. 폭풍이 이 나무를 뒤흔들었다 ② (구조물에) 타격을 주다; (정권, 건강 따위를) 위태롭게 하다 ~ le pouvoir d'un régime 정권을 위태롭게 하다 l'accident qui *a ébranlé* sa santé 그의 건강을 악화시킨 사고 ③ (마음, 의지 따위를) 동요하게 하다 Rien n'*a ébranlé* sa volonté. 그 무엇도 그의 의지를 꺾지 못했다 Ce dernier argument *a ébranlé* sa conviction. 이 마지막 논거가 그의 신념을 흔들어 놓았다 [~ qn] Les prières de sa fille ont fini par l'~. 딸의 기도가 그의 마음을 움직이고야 말았다 ④ 자극하다 ~ l'imagination 상상력을 자극하다 s'~ [대] ① 흔들리다, 동요하다 Le mur *s'est ébranlé* par le choc. 충격으로 벽이 흔들렸다 ② 움직이기 [떠나기] 시작하다 (=démarrer) Il regardait le train s'~. 그는 기차가 출발하는 것을 바라보고 있었다 L'administration est longue à s'~. 행정업무는 더디게 시작된다

ébullition [여] 끓음, 비등

écart [남] ① (시간, 공간적) 차이, 간격, 거리, 벌어짐 grand ~ (무용에서) 다리를 180도로 벌리기 ② 편차, 격차 ~ entre les températures du jour et de la nuit 일교차

écarter [타] 사이를 떼어놓다; 벌리다 ~ les doigts 손가락을 벌리다

échange [남] 교환 en ~ de qch ....의 댓가로, ... 대신

échanger [타] 교환하다 Les mariés ont échangé leurs anneaux. 신랑 신부는 반지를 주고 받았다

échapper [타간] ...을 모면하다; 피하다 ~ à un accident[danger] 사고[위험]를 모면하다 s' [대] 도망치다 Elles se sont échappées à toutes jambes. 그 여자들은 있는 힘을 다해 도망쳤다

écharpe [여] 스카프

échelle [여] 등급, 단계, 규모 à grande ~ 대규모로

Echiquier [남] 재무부

écho [남] 메아리

éclater [자] 파열하다, 터지다; 요란스럽게

울리다; 발발하다 ~ de rire 웃음을 터뜨리다
éclipse [여] 식
éclipser [타] 가리다
éco-guerrier(ère) [명] 과격한 환경 활동가
école [여] 학교
écologie [여] 생태학
écologique [형] 생태학의
écologiste [명] 생태학자
économe [형] 검소한
économie [여] 경제학, 경제
économique [형] 경제학의
économiser [자] 절약하다
économiste [명] 경제학자
écouter [타] 듣다
écrire [타] 쓰다
écureuil [남] [동물] 다람쥐
eczéma [남] [의학] 습진
Eden [남] 에덴
édifiant(e) [형] 교훈적인
édifice [남] 건물
Édimbourg [명] [지리] 에든버러 (스코틀랜드 (Écosse)의 수도)
éditer [타] 편집하다
éditeur(trice) [명] 편집자
édition [여] 편집
éditorial [남] 사설
éducateur(trice) [명] 교육자
éducatif(ve) [형] 교육적인
éducation [여] 교육
éduquer [타] 교육시키다
effacer [타] 지우다
efféminé(e) [형] 나약한, 여자 같은
effervescent(e) [형] ① 기포성의, 끓는 ② (비유) 흥분한, 열광한
effet [남] 효과
effectif(ve) [형] 효과적인
effectuer [타] 실행하다
efficace [형] 효과적인

efficacement [부] 효과적으로
efficacité [여] 효과적임
effigie [여] 초상
effluent [남] 폐수, 폐기물
effort [남] 노력 ne pas ménager ses ~s 노력을 아끼지 않다
effronterie [여] 뻔뻔스러움
effusion [여] 유출
égal(ale, [복] **aux)** [형] 평등한
égaliser [타] 동등하게 하다
égalitaire [형] 평등주의의
égalitariste [형] 평등주의의, 평등주의를 지지하는 [명] 평등주의자
égalité [여] 평등
égard [남] 고려; 대하는 태도; 존경; 경의 à l'~ de ...에 대하여, ...에 관하여
égarer [타] 길을 잃게 하다 s'~ [대] 길을 잃다
ego [남] [복수불변] [철학] 자아
égocentrique [형] 자아중심적인
égoisme [남] 이기주의
égoïste [형] 이기주의의 [명] 이기주의자
égotisme [남] 자만
égotiste [명] 이기주의자
Egypte [여] [지리] 이집트
égyptien(ne) [형] 이집트의 [명] 이집트의
éjaculation [여] 분출
éjaculer [자] 내뿜다
éjecter (s') [대명] 축출하다
éjection [여] 축출
élaboration [여] 노작
élaborer [타] 정교하게 만들다
élancer [타] 냅다 던지다
électeur(trice) [명] 유권자
élection [여] 선거 gagner aux ~s 선거에서 승리하다
électoral(ale, [복] **aux)** [형] 선거의
électoralisme [남] 선거운동
électorat [남] ① 선거권 ② (집합적) 유권자, 선

거인
électricien(ne) [명] 전기기사
électrifier [타] 전기를 통하게 하다
électricité [여] 전기
électrique [형] 전기의
électrisant(e) [형] 전기를 통하게 하는; (비유) 짜릿하게 하는
électrocuter [타] 감전사시키다 s'~ 감전사당하다
électrocution [여] 감전사; 전기 사형
électrode [여] 전극
électrolyse [여] 전기 분해
électron [남] 전자
électronique [형] 전자의 [여] 전자 공학
élégance [여] 우아함
élégant(e) [형] 우아한
élégamment [부] 우아하게
élégie [여] 애가, 비가
élément [남] 요소 l'~ clé de son succès 그의 성공에 있어서의 중요한 요소
élémentaire [형] 기본이 되는
éléphant [남] 코끼리
éléphantesque [형] 거대한
élévateur [남] 승강기
élévation [여] 높이
élevé(e) [형] 높은; 고급의
élever [타] 올리다; 일으키다; 들다; 세우다; 키우다, 기르다; 높이다
élimination [여] 제거
éliminer [타] 제거하다
élire [타] 선출하다
élitaire [형] 엘리트의
élite [여] 정예
elliptique [형] 타원형의
élocution [여] 웅변술
éloquence [여] 웅변
éloquent(e) [형] 웅변의
e-mail [남] ([복] ~-~s) [정보] 이메일

émail [남] ([복] **aux**) 에나멜 도료
émailler [타] 에나멜을 칠하다
émancipation [여] 해방
émasculer [타] 거세하다, 무기력하게 하다
emballer [타] 짐을 꾸리다, 포장하다; 트렁크에 넣다; 차에 싣다; 열중케 하다
embargo [남] ① [해양] (선박의) 억류, 출항금지 ② (물품의) 판매[통상, 수출] 금지
embarquement [남] 탑승
embarquer [타] 태우다
embarquer(s') [대] 탑승하다 s'~ dans qch ...에 탑승하다
embarras [남] ① 곤경 ② 걱정거리
embarrassant(e) [형] 당황하게 하는
embarrasser [타] 당황하게 하다
ambassade [여] 대사관
embaumer [타] 미라로 만들다
embellir [타] 장식하다
embolie [여] 색전증
embouteiller [타] 병에 넣다; 막다, 폐색하다; (길 따위를) 혼잡하게 만들어 통행할 수 없게 하다
embrasser [타] 포옹하다; 입 맞추다
embryon [남] 태아
embryonnaire [형] 태아의
émeraude [여] 에메랄드
émeri [남] 금강사
émetteur [남] (주로 온실가스) 배출국 2ème ~ de gaz à effet de serre 2번째 온실가스 배출국
émettre [타] 발산하다
émigration [여] 이민, 이주
émigrant(e) [명] 이주자
émigré(e) [형] 이주한; 망명한 travailleurs ~s 이민노동자 [명] 이주자, 망명자
émigrer [자] 이민가다
éminemment [부] 저명하게
éminence [여] ① 언덕, 고지 ② (É~) 예하 (추기경의 존칭) son É~ le cardinal 추기경 예하,

고위 인사

éminent(e) [형] 높은, 저명한

émirat [남] (이슬람 세계의) 수장의 지위[영토]; 수장국

émissaire [남] 사절, 밀사

émission [여] ① 방송; (방송) 프로그램 ② [물리] 방출, 방사, 복사 ~ électronique 전자 방출

émollient [형] 완화하는

émotion [여] 감정

émotif(ve) [형] 정서의

émotionnel(le) [형] 감정의

émouvant(e) [형] 감동시키는

émouvoir [타] 감동시키다, 마음을 움직이다; 일으키다

empathie [여] 감정이입

empereur [남] 황제

empire [남] 제국

empirique [형] 경험적인

emploi [남] 고용

employeur(se) [명] 고용주

empoisonner [타] 독을 넣다

emporter [타] 가져가다; 앗아가다; 빼앗다; ...의 생명을 빼앗다; 점령하다; 휩쓸다; 흥분시키다; 획득하다 l'~ 이기다, 우세하다 L'amour l'*emporte* souvent sur la raison. 사랑은 흔히 이성보다 강하다

emprunter [타] 빌리다

ému(e) [형] 감격한, 감동된; 흥분된

émuler [타] [정보] (다른 컴퓨터 운영체계의) 작동을 모방하다, 에뮬레이트하다

émulsifier [타] 유상으로 만들다

émulsion [여] 유제

émulsionner [타] 유제를 타다, 유화하다

en [전] ① (장소, 시간을 가리킴) ...에, ...에서 ② (방향을 가리킴) ...에, ...으로 [대명] (=de + 대명사) ① 그것에 관하여 Qu'~ pensez-vous? 그것에 관하여 어떻게 생각합니까? ②

그것으로부터 ③ 그것의 얼마큼(부분[부정]관사 du, de la, de l', des가 포함되어 있는 경우) Avez-vous des cigarettes ? - Non, je n'~ ai pas. 담배 있으십니까? - 아니요. 없습니다

encaisser [타] (대금을) 수령하다
encéphalogramme [남] 뇌수 엑스홀레 사진
encercler [타] 둘러싸다
enchanter [타] 매혹하다
enchanteur(teresse) [명] ① 마법사 ② (비유) 매혹적인 사람 [형] 매혹적인, 황홀케 하는
enclos(e) [형] ① 둘러싸인 champs ~ d'une barrière 울타리로 둘러싸인 밭 [남] (울타리, 담 따위로) 둘러싸인 땅
encoder [타] 부호화하다
encouragement [남] 격려
encourager [타] 격려하다 ~ qn à + inf. ...가 ...하도록 격려하다
encrypter [타] 부호화하다
encyclopédie [여] 백과사전
endémie [여] 풍토병
endémique [형] 풍토성의
endive [여] [식물] 꽃상추
endocrinologie [여] 내분비학
endormir(s') [대] 잠들다
endossement [남] 배서, 보증
endosser [타] 써넣다, 보증하다
endroit [남] 장소
endurance [여] 지구력, 인내
endurer [타] 견디다
énergie [여] 에너지 ~ éolienne 풍력에너지 ~ nucléaire 원자력에너지
énergique [형] 에너지 넘치는
ennemi(e) [명] 적 se faire des ~s 적을 만들다
engagement [남] 약속, 약혼
engager [타] ① 저당잡히다 ② (명예 따위를) 걸다; (약속 따위를) 하다 ③ 고용하다; 징집하다 s'~ [대] ① 저당잡히다 ② 약속하다 s'~ à

qc[inf.] ...을[할 것을] 약속하다
engendrer [타] 발생케 하다
engouement [남] 심취
énigmatique [형] 수수께끼 같은
énigme [여] 수수께끼
enlever [타] 들어올리다, 날아오르게 하다, 올리다; 앗아가다; 걷어치우다; 벗다; 없애버리다; 지워버리다; 납치하다
ennemi(e) [명] 적
ennoblir [타] 고상하게 하다
ennui [남] 권태, 갑갑증, 지루한 생각; 근심; 귀찮은 일; 난처한 일; 슬픔, 고뇌
ennuyer [타] 권태를 느끼게 하다, 갑갑하게 하다, 싫증나게 하다, 지루하게 하다; 싫게 하다, 귀찮게 굴다, 난처하게 하다
énoncer [타] ① (구두 또는 문장으로 명확하게) 진술하다; 서술하다; 표현하다 ② (조항 따위를) 규정하다
énonciation [여] ① 표현, 진술, 서술 ② [논리] 명제 ③ 규정
énorme [형] 거대한
énormément [부] 엄청나게
énormité [여] 악독, 극악무도
enrichir [타] 부유하게 하다
enrôlement [남] 징집; 입대
enrôler [타] 병적에 등록하다; 징집하다; 모집하다 s'~ 입대하다
enseigne [여] 간판
entendre [타] 듣다; 깨닫다, 이해하다; 의미하다; 정통하다; 원하다; 들을 줄 알다 Vous m'*entendez* ? 제 목소리가 들리십니까?
entérite [여] 장염
entêter [타] 머리 아프게[어지럽게] 하다; 열중케 하다; 거만하게 만들다 s'~ [대] 고집을 부리다
enthousiasme [남] 열광
enthousiaste [형] 열광적인
entier(ère) [형] 전체의

entièrement [부] 전적으로 Nous sommes ~ d'accord. 우리는 전적으로 동의한다
entité [여] 존재
entomologie [여] 곤충학
entourage [남] 주위 사람들, 측근; 주위, 부근; 둘레의 장식
entourer [타] 두르다, 둘러치다, 둘러싸다; 베풀다
entrée [여] 들어감, 들어옴, 입장, 입학, 취임; 입구, 현관; 문 faire son ~ 입장하다
entrer [자] 들어가다
entreprenant(e) [형] 활동적인, 적극적인, 대담한
entrepreneur(se) [명] 기업가
entrer [자] 들어가다, 시작하다 ~ en guerre 전쟁을 개시하다
entreprise [여] ① 기도, 기획, 계획 ② 기업, 회사 ~ publique[privée] 공기업[사기업]
entretenir [타] 유지하다, 보존하다
entretien [남] 보존, 유지; 회담, 이야기
entr(')ouvert(e) [형] 방긋이 열린, 갈라진
entr(')ouvrir [타] 방긋이 열다
énumération [여] 열거
énumérer [타] 열거하다
enveloppe [여] 봉투
envelopper [타] 봉하다
envergure [여] 펼친 날개의 폭; 규모; 역량
envers [전] ...에 대하여 [남] 반대(쪽); 안; 이면 à l'~ 반대로, 거꾸로
enviable [형] 샘나는
envie [여] 선망, 부러움; 샘, 질투, 시기심; 욕망 avoir ~ de qch / inf. ...을 가지고 싶다, ...하고 싶다
envier [타] 부러워하다
envieux(se) [형] 시기심이 강한
environnement [남] 환경
envisager [타] 관찰하다
envolée [여] ① 날아오름, 비상 ② 날아오르는 무리
envoler(s') [대] ① (새가) 날아오르다, 날아가다

② 비행기를 타고 출발하다 Le ministre s'est envolé pour la France. 장관은 비행기를 타고 프랑스로 출발했다

envoyer [타] 보내다
enzyme [여] 효소
éolien(ne) [형] ① 바람으로 움직이는, 풍력의 énergie ~ne 풍력에너지
épais(se) [형] 두꺼운; 짙은, 진한; 무성한; 우둔한
épaissir [타] 두껍게 하다; 짙게 하다; 무성하게 하다; 우둔하게 하다
épanouir [타] 꽃을 피게 하다
éparnger [타] 절약하다; 저축하다
épaule [여] 어깨
éphémère [형] 덧없는
épicentre [남] 진원지
épidémie [여] [의학] 유행병
épidémique [형] 유행성의
épiderme [남] [해부] 표피
épigramme [여] ① (고대의) 짧은 시편; 비문 ② 풍자시, 촌철시 ③ 경구, 독설
épilepsie [여] [의학] 간질
épileptique [형] 간질의
épine [여] 가지; 가시나무; 곤란 être sur des ~s 조마조마하다, 매우 걱정스럽다, 바늘방석에 앉은 것 같다
épingle [여] 핀
Épiphanie [여] [가톨릭] 주현절 (1월 6일)
épique [형] 서사시
épisode [남] 일화
épisodique [형] 삽화적인
épitaphe [여] 비명, 비문
épithète [여] 형용어구
épitomé [남] 개요, 발췌
épître [여] 편지
éponyme [형] 이름의, 시조가 된
époque [여] 시대
épreuve [여] [운동] 종목 15 ~s générales pour

84 disciplines 15개 종목 및 84개 세부 종목
équateur [남] 적도
équation [여] 방정식
équatorial(ale, [복] aux) [형] 적도의
équestre [형] ① 기마 모습의 ② 승마의
équilatéral(ale, [복] aux) [형] 등변의
équilibre [남] 균형
équin(e) [남] 말의
équinoxe [남] 춘[추]분
équipage [남] (집합적) (선박, 비행기, 우주선의) 승무원
équipe [여] ① (작업 따위의) 반, 조, 팀 former une ~ 반[팀]을 짜다 ② 그룹, 패거리
équipement [남] 장비, 비품평분시
équiper [타] 갖추어주다
équitable [형] 공정한
équité [여] 공평, 공정
équivalent(e) [형] ① 동등한, 등가의, 상당[대응] 하는 [남] 동등한 것, 상당[대응]하는 것 donner l'~ de ce qu'on a reçu 받은 것 만큼의 물건을 주다
équivoque [형] 분명치 않은
éradication [여] 근절
éradiquer [타] 근설하다
érection [여] ① (문어) (기념물의) 건립, 직립 ② 격상, 승격 ③ [생리] 남녀 성기관의 흥분; 발기
ériger [타] 승격시키다 ~ en qch ...로 승격시키다
ergonomie [여] 인체공학
ergonomique [형] 인체공학적인
éroder [타] 침식하다
érogène [형] 성적으로 민감한
érosion [여] 부식
érotique [형] 성욕을 자극하는
érotisme [남] 에로티시즘
erreur [여] 오류
erroné(e) [형] 잘못된

escalade [여] (사다리로) 기어오르기; (성벽 따위를) 넘어가기
escarpement [남] 절벽
esclavage [남] 노예상태, 노예의 신분; 노예제도; 속박, 예속
esclave [명] 노예
escorte [여] 호위
escorter [타] 호위하다
ésotérique [형] 비밀의
Espagne [여] [지리] 스페인
espagnol(e) [형] 스페인의 [명] (E~) 스페인 사람 [남] 스페인어
espionnage [남] 스파이 활동
esprit [남] 정신
esquimau(aude, [복] aux) [형] 에스키모의 E~ [명] 에스키모인
essai [남] ① (성능 따위의) 시험, 테스트; 실험 faire l'~ d'un produit 제품을 시험하다 ② 시도 ③ 수필, 에세이; 시론, 평론
essayer [타] 시험하다; 해보다
essence [여] 본질, 정수
essentiel(le) [형] 본질적인
essor [남] 비약 prendre son ~ 날아오르다
essuyer [타] 닦다
est [남] 동쪽
estimation [여] 견적
estime [여] (호의적인) 평가, 평판; 존중; 존경, 경의
estomac [남] 위; 윗배 avoir un ~ d'autruche 위가 튼튼하다
Estonie [여] 에스토니아
estuaire [남] 강어귀
établi(e) [형] ① 세워진, 설치된, 설립된, 고정된 ② 확립된, 확고한
établir [타] 설립하다
établissement [남] 설립, 설치, 부설, 건설; 제정; 증명; 확립; 기관
étaler [타] 늘어놓다, 펼쳐놓다; 진열하다; 자랑

삼아 보이다, 과시하다; 보이다; 넘어뜨리다
état [남] 상태; (É~) 국가; 정부 É~ voyou 불량국가
et caetera, et cetera [부] 기타 등등 ([약] etc.)
États-Unis (les) [남][복] [지리] 미국
été [남] 여름
éteindre [타] ① (불을) 끄다 ② 진정시키다 ~ la soif 갈증을 해소시키다
éternel(le) [형] 영원한
éternité [여] 영원
éther [남] 에테르
Éthiopie [여] [지리] 에티오피아
éthique [형] ① [철학] 윤리(학)의, 도덕의 [여] [철학] 윤리; 윤리학
étiquette [여] 에티켓
étouffer [타] 숨막히게 하다, 질식시키다
étourdir [타] 정신 못 차리게 하다
étrange [형] 이상한
étranger(ère) [형] 외국의 [명] 외국인; 이방인
étrangler [타] (목을) 조르다, 교살하다; 졸라매다; 저지하다
être [자] 있다, 존재하다
étrusque [형] 에트루리아의 [명] (É~) 에트루리아인
étude [여] 연구; 공부
étudier [타] ① 공부하다 ~ l'anglais 영어를 공부하다 ② 연구하다 ~ un auteur 어떤 작가를 연구하다
étymologie [여] 어원
eugénisme [남] 우생학
eunuque [남] 거세된 남자
euphémisme [남] 완곡어법
euphémique [형] 완곡어법의
euphorie [여] 다행증
euphorique [형] ① 행복감을 자아내는, 다행증의 ② 흐뭇한, 행복[만족]을 느끼는
eurasiatique [형] 유라시아의 [명] (E ~) 유라

시아 사람
eurasien(ne) [형] 유라시아의 [명] (E~) 유라시아 사람
EURATOM [여] 유럽 원자력 공동체
euro [남] 유로
Eurochèque [남] 유로체크
eurodollar [남] 유로달러
euroland [남] 유로화 사용하는 유럽 국가
Europe [여] [지리] 유럽
européen(ne) [형] 유럽의 [명] (E~) 유럽 사람
eurosceptique [형][명] 통합 유럽의 장래를 의심하는 (사람)
euthanasie [여] 안락사
évacuation [여] ① (몸 밖으로의) 배출, 배설 ② 배수 ③ (어떤 장소로부터의) 철수, 퇴거, 대피
évacué(e) [명] 대피자, 피난민
évacuer [타] 대피시키다
évader(s') [대] 탈주하다, 도망하다
évaluation [여] 평가
évaluer [타] 평가하다
évangélique [형] 복음 전도의
évangélisme [남] 복음주의
évangélisateur(trice) [명] 복음 전도자
évangile [남] 복음서
évanouir(s') [대] 사라지다; 기절하다
évaporer(s') [자] 증발하다
évasif(ve) [형] 회피적인
événement [남] 행사, 사건
éventualité [여] 궁극, 결말
évocateur(trice) [형] 환기시키는
évocation [여] 환기
évoquer [타] 회상시키다; 상기시키다
évoluer [자] 진화하다
évolution [여] 진화
évolutionniste [명] [생물][철학] 진화론자 [형] 진화론의
évoquer [타] 일깨우다
exacerber [타] (고통을) 격화하다, (병세를) 돋

구다; 격노케 하다, 노발대발하게 하다
exact(e) [형] 정확한
exactement [부] 정확하게 C'est ~ le contraire. 그것은 정확히 정반대이다
exiger [타] 강요하다
exagération [여] 과장 On peut dire sans ~ que + ind. ...라고 말하는 것은 과장이 아니다
exagéré(e) [형] 과장된
exagérer [타] 과장하다
exalté(e) [형] 흥분한
examen [남] 시험 ~ de français 불어 시험
examinateur(trice) [명] 시험관
examiner [타] 시험하다
exaspération [여] 격분
exaspérer [타] 성나게 하다
excavateur(trice) [명] ① [토목] 굴착기 ② [의학] 천공기
excavation [여] 동굴
excédent [남] 잉여; 흑자
excédentaire [형] 과잉의, 초과된, 흑자의 production ~ 과잉생산 balance commerciale ~ 흑자무역수지
excéder [타] 초과하다
excellence [여] ① (문어) 우수, 탁월 ② (E~) 각하, 예하 (대사, 장관, 대주교의 존칭) par ~ 전형적인, 대표적인, 특히
excellent(e) [형] 훌륭한
exceller [자] 능가하다
excentricité [여] 기행
excentrique [형] 별난 [명] 별난 사람
exception [여] 예외 à l'~ de …을 제외하고
exceptionnel(le) [형] 예외적인
excès [남] 초과
excessif(ve) [형] 초과의
excise [여] (영국의) 간접세, 물품세, 소비세
excitation [여] 흥분
excité(e) [형] 흥분한
exciter [타] 흥분시키다

exclamation [여] 외침 point d'~ 느낌표
exclamer(s') [대] 외치다
exclure [타] 제외하다
exclusif(ve) [형] 독점적인
exclusion [여] 제외, 배제
exclusivement [부] 독점적으로
exclusivité [여] 독점기사
excrément [남] 배설물
excréter [타] 배설하다
excrétion [여] 배설
excursion [여] 소풍
excuse [여] 변명
excuser [타] 용서하다 *Excusez*-moi! 죄송합니다!
exemple [남] 예 donner l'~ 본보기가 되다
exempt(e) [형] 면제된
exempter [타] 면제하다
exemption [여] 면제
exercer [타] 행사하다, 실행하다
exercice [남] 운동, 연습, 행사, 실행
exhaustif(ve) [형] 철저한, 소모적인
exhibitionniste [명] 노출증 환자
exhumer [타] 발굴하다
exil [남] 추방, 유배 partir en ~ 유배를 떠나다
exilé(e) [형] 추방된 [명] 추방자; 망명자
existant(e) [형] ① 현존하는, 실재하는 ② 현재의, 현행의
existence [여] 존재 Je ne connaissais pas son ~. 나는 그것의 존재도 몰랐다
existentialisme [남] 실존주의
existentiel(le) [형] 실존적인
exister [타] 존재하다
exode [남] 대이동
exorbitant(e) [형] ① 터무니없는, 과도한 ② [법] 한계를 벗어난, 저촉되는
exorciser [타] 내쫓다
exorcisme [남] 귀신 쫓아내기
exorciste [명] 귀신 쫓는 사람

exotique [형] 이국적인
expansionniste [형] 영토 확장주의의; 경제팽창주의의 [명] 영토확장주의자; 경제팽창주의자
expédient [남] 수단, 방편
expédition [여] 원정
expérience [여] 경험적인 ~ de la gestion 경영 경험
expérimental(ale, [복] aux) [형] 실험의
expérimentalement [부] 실험적으로
expérimenter [자] 실험하다
expert [남] 전문가
expertise [여] 전문가의 능력
expier [타] 속죄하다
expiration [여] 만료, 만기
expirer [자] 만료되다
explicite [형] 뚜렷한
expliquer [타] 설명하다
exploit [남] 위업
exploitation [여] 개척, 개발
exploiter [타] 착취하다, 개발하다
explorateur(trice) [명] 탐험가
exploration [여] 탐험
exploratoire [형] 답사의
explorer [타] 탐험하다
exploser [자] 폭발하다
explosible [형] 폭발성의
explosif(ve) [형] ① 폭발의, 폭발에 관한, 폭발성의 ② 충격적인
exposer [타] ① 전시하다 ② 설명하다, 진술하다 ③ 드러내놓다, 노출시키다
explosion [여] 폭발
exponentiel(le) [형] 지수의
exportateur(trice) [명] 수출업자
exportation [여] 수출
exporter [타] 수출하다
exposer [타] 드러내다
exposition [여] 전시회
exprès [부] 일부러, 고의로

expressément [부] ① 명백하게, 단호하게 ② 일부러, 특별히
expressif(ve) [형] 표현적인
expression [여] 표현
expressionnisme [남] 표현주의
expulsion [여] 배제
exquis(e) [형] 세련된, 섬세한
exsangue [형] 빈혈의, 핏기 없는, 창백한
exsuder [자] 스며나오다
extase [여] 황홀경
extatique [형] 황홀한
extension [여] 확장
extérieur(e) [형] 외부의 [남] 외부, 밖
extérioriser [타] [심리] (지각, 감각의) 원인을 외부 세계에서 찾다
extermination [여] 몰살
exterminer [타] 몰살하다
externe [형] 외부의
extincteur [남] 소화기
extinction [여] 멸종
extorsion [여] 강탈; 강요
extracteur [남] 추출자
extraction [여] 뽑아냄
extrader [타] 넘겨주다
extradition [여] 송환
extraire [타] 뽑아내다
extrait [남] 추출물
extra-large [형] 굉장히 큰
extranet [남] [정보] 엑스트라넷
extraordinaire [형] 비범한 Cela n'a rien d'~. 그것에 대해서는 이상할 것이 아무것도 없다
extrapoler [자] [과학] (기지의 수치관계로부터 미지의 수치관계를) 추정하다
extra(-)terrestre [명] 외계인
extravagance [여] 사치
extravagant(e) [형] ① 괴상한, 기상천외의 ② 엄청난, 도를 벗어난
extraverti(e) [형] 외향적인 [명] 외향적인 사람

extrême [형] ① 맨 끝의, 말단의 ② 극도의, 과격한, 극단의
extrêmement [부] 극단적으로
extrémisme [남] 극단론
extrémité [여] 끝, 말단
exubérance [여] 풍부
exubérant(e) [형] ① 풍부한, 무성한, 충만한 ② (행동, 감정 따위가) 왕성한, 발랄한, 개방적인

F, f [여] 불어 자모의 여섯째 글자
fable [여] 우화
fabrication [여] ① 제조, 제작, 생산 ~ à la main 수제 ~ en grande série 대량 생산 ~ maison 자가 제작 objet de ~ française 프랑스 제품 Est-ce une robe de votre ~ ? 이것이 당신이 만든 드레스인가요? ② 제조법 secret de ~ 제조법의 비결 ③ 위조, 모조 ~ d'un faux acte 문서 위조 ④ (비유) 날조 ~ de fausses nouvelles 헛소문의 날조 ⑤ (경멸) (밤벌이, 영리를 위한 소설, 작품 따위의) 양산 ⑥ [정보] ~ assistée par ordinateur 계산기 원용 생산 de sa ~ 자기 손으로 만든
fabrique [여] ① (옛) 제조; 제조법; 만듦새, 품질 objet de ~ étrangère 외국제품 tissu de bonne ~ 품질이 좋은 천 ② 제조소, 공장 (=usine, manufacture) ~ de meubles 가구 제작소 marque de ~ 상표 prix de ~ 공장도 가격 ③ (옛) 교회의 재산; 교회의 재산 관리위원회 (=conseil de ~) ⑤ [미술] (그림 속의) 건축물 être de même ~ (비유) 같은 부류의 사람이다; 난형난제이다 être de sa ~ (옛, 비유) 자기가 만들어낸[고안한] 것이다
fabriqué(e) [형] ① (제품 등이) 제조된 article ~ en Angleterre 잉글랜드에서 제조된 상품 ② 위조된; 날조된 histoire ~e de toutes pièces 완전히 꾸며낸 이야기 ③ (비유) (감정 따위가) 위장된 (=fastice, forcé) amabilité ~e 겉뿐인 친절
fabriquer [타] ① (제품 등을) 만들다, 제조[제작]하다 (=confectionner, manufacturer) ~ un appareil de ses propres mains 자기 손으로 기구를 만들다 ~ un modèle en grande série

하나의 모델을 대량으로 생산하다 ② (구어) 하다 (=faire) Qu'est-ce que tu *fabriques* ? 무얼 하고 있니? ③ 위조[모조]하다 ~ un faux passeport 여권을 위조하다 ④ (비유) 날조하다, 꾸며대다 ~ un alibi 알리바이를 조작하다 ⑤ (주로 경멸) 훈련시켜 만들어 내다 [~ qn] ~ un champion[une vedette] 챔피언[인기 배우]을 만들어내다 ⑥ (소설, 작품 따위를 모방하여) 쓰다, 제작하다 ~ un sonnet à la manière de Ronsard 롱사르를 모방하여 소네트를 쓰다 ⑦ (비유) (감정 따위를) 위장하다 ~ un sourire 억지 웃음을 짓다 ⑧ (아이를) 낳다 (=enfancer); 임신하다 (=convevoir) ⑨ (속어) 훔치다 (=voler); 속이다 (=tromper) se faire ~ son porte=monnaie 지갑을 도난 당하다 se ~ [대] ① 만들어지다, 제조되다 ② 자기를 위해 ...을 만들다; 꾸며대다 se ~ un parapluie 자기가 쓸 우산을 만들다 se ~ un prétexte pour ne pas travailler 일하지 않으려고 구실을 꾸며대다

fabuleusement [부] 놀랄 만큼

fabuleux(se) [형] ① (문어) 전설의, 신화의 (=légendaire, mythique) héros ~ 전설의 영웅 âges[temps] ~ 신화시대 ② (문어) 공상적인, 가공의 (=chimérique, fictif) histoire ~se 가공의 이야기 pays ~ 가공의 나라 ③ 믿기 어려운, 엄청난 (=incroyable, prodigieux) aventure ~se 믿기 어려운 모험 somme ~se 엄청난 금액 ④ (구어) 뛰어난, 특출한 (=exceptionnel) film ~ 아주 우수한 영화 [남] 우화적인 것[일]

fabuliste [남] 우화 작가

fac [여] (약, 구어) 단과대학, 학부 (=faculté) être en ~ de droit 법과대학에 다니다

façade [여] ① (건물의) 정면 (=devant) ~ de marbre 대리석으로 된 정면 trois pièces en ~ 정면 쪽의 세 개의 방 ② (비유) 겉, 외관 (=apparence, extérieur) n'avoir qu'une ~

d'honnêteté 겉보기에만 정식[성실]하다 Il a l'air très libéral, mais ce n'est qu'une ~. 그는 매우 자유분방한 것처럼 보이는데, 겉보기에만 그렇다 ④ (구어) 얼굴 se refaire la ~ 화장하다 se faire ravaler la ~ 안면에 성형수술하다 démolir la ~ à qn ...의 얼굴을 마구 때리다 ⑤ [지리] 연안 지방 ~ atlantique de la France 프랑스 대서양 연안 지방

face [여] ① 얼굴, 낯 (=figure, visage) avoir la ~ large[ronde] 얼굴이 넓다[둥글다] détourner la ~ 얼굴을 돌리다 tomber la ~ contre la terre 넘어져서 얼굴이 땅에 부딪히다 ② (동전 따위의) 앞면; 면, 표면 (=surface) ~ d'une médaille 메달의 앞면 ~ de la terre 지표면 glace à trois ~s 삼면경 papier imprimé sur deux ~s 양면에 인쇄된 종이 ③ (비유) 모습, 면모, 측면, 양상, 국면 (=aspect) ~ d'un village 마을의 모습 examiner une situation sous toutes ses ~s 상황을 모든 측면에서 검토하다 Les choses ont bien changé de ~. 사태의 양상이 많이 달라졌다 ④ (비유) 체면 perdre[sauver] la ~ 체면을 잃다[세우다] à double ~; à deux ~s 이중인격의; 양면성을 가진 homme à double ~ 표리부동한 사람 problème à double ~ 양면성을 지닌 문제 étoffe à double ~ [직물] 안팎이 없는 천 à la ~ de qn/qch ...의 면전에(서), 앞에(서) proclamer son innocence à la ~ de tout le monde[du ciel] 모든 사람[하늘] 앞에(서) 자기의 무죄를 주장하다 en ~ de qch/qn ...의 맞은 편에, 앞에 habiter en ~ de l'église 교회의 맞은 편에 살다 l'un en ~ de l'autre 서로 마주하여 ~ à ...에 직면하여 ~ à une difficulté 어려움에 직면하여 ~ à ~ 마주보고 se regarder ~ à ~ 서로 마주보다 체면이 서다 ~ à ~ [부] 마주보고

facétieux(se) [형] 우스운, 익살맞은

facette [여] ① (다면체의) 면; (보석 따위의) 결

정면 corps à ~s égales 정다면체 tailler qch à ~s ...을 결정면을 따라 자르다 ② (비유) 양상, 모습 diverses ~s de sa personnalité 그의 인격의 여러 측면 ③ [곤충] yeux à ~s, 겹눈, 복안 ④ [해부] (이, 뼈 따위의) 면 ~ articulaire 관절면 être à ~s (비유) 여러 가지 모습[양상]을 지닌 être à ~s 여러 가지 양상을 보이다 personnage à ~s (상황에 따라) 태도[성격]가변하는 인물 style à ~s 현란한 문체

fâché(e) [형] ① 유감스럽게[애석하게] 생각하는 (=désolé, regretté) [~ de qch/inf.] Je suis ~ de votre décision[de ne pas pouvoir vous aider]. 당신의 결정에 대해[당신을 도와 드리지 못하게 되어] 유감스럽게 생각합니다 ② 불만스러운, 불쾌한; 화난 avoir l'air ~ 불만스러워하는[화가 난] 것 같다 [~ de qch/inf.] ~ de ses propos 그의 말에 불쾌해 하다[화를 내다] [~ contre qn] Il est ~ contre moi. 그는 나에 대해 화가 나있다 ③ 사이가 틀어지다 Ils sont ~s. 그들은 사이가 좋지 않다 [~ avec] être ~ avec ses collègues 동료들과 사이가 좋지 않다 ④ (구어) (에 대해) 전혀 모르는, 능력이 없는; (을) 싫어하는 [~ avec qch] être ~ avec les maths 수학을 전혀 못하다[싫어하다]

fâcher [타] ① (옛) 괴롭히다, 슬프게 하다 (=affliger, attrister) ② 화나게 하다, 불쾌하게 하다 (=irriter, mécontenter) ~ qn en le contredisant 말대답하여 ...을 화나게 하다 Une telle attitude ne fait que ~ son père. 그러한 태도는 그의 아버지를 화나게 할 뿐이다 ③ 사이가 틀어지게 하다 Rien ne pourra nous ~. 어떤 일도 우리 사이를 나쁘게 하지 못할 것이다 [~ qn avec qn] incident qui a fini par le ~ avec son ami 그와 그의 친구 사이를 틀어지게 한 사건 ④ (구어) (을) 싫어하게 하다 [~ qn avec qch] L'allergie le *fâche* avec le soleil. 그는 알레르기 때문에 햇볕을

싫어한다 se ~ [대] ① 화내다, 분개하다 (=s'emporter) se ~ contre qn ...에게 화를 내다 Ne le lui dites pas, il va se ~. 그에게 그것을 말하지 마세요. 화를 낼 겁니다 ② 사이 가 틀어지다 Ils se sont fâchés. 그들은 사이가 틀어졌다 [se ~ avec qn] se ~ avec ses voisins 이웃들과 사이가 벌어지다 ③ (구어) (에 대해) 전혀 모르다; (을) 싫어하다 [se ~ avec qc] se ~ avec la chimie 화학을 잘 못하 다[싫어하다] se ~ tout rouge 몹시 화내다

fâcheux(se) [형] ① (명사 앞, 뒤) 유감스러운, 애석한 (=déplorable, regrettable) événement ~ 유감스러운 사건 ~se nouvelle 딱한 소식 ② (명사 앞, 뒤) 좋지 않은, 해로운; 난처한, 거북한; 계제가 나쁜 (=inopportun) influence ~se 악영향 ~se initiative 계제에 맞지 않는 제안 tomber dans une ~se situation 난처한 상황에 처하다 [명] 귀찮은 사람 [남] 난처한 점[일] Le ~, c'est que + ind./sub. 난처한 점은 ...이다

facial(ale, [복] aux) [형] 안면의, 얼굴의

facile [형] ① 쉬운, 용이한 travail ~ 쉬운 일 victoire ~ 낙승 [~ à/pour qn] C'est ~ pour un homme comme lui. 그것은 그와 같은 사람에게는 용이한 일이다 [~ à + inf.] chose ~ à faire 하기 쉬운 일 Cette voiture est ~ à conduire. 이 차는 운전하기가 쉽다 ② 이해하기[풀기] 쉬운 problème ~ 쉬운 문제 ③ (길, 장소 따위가) 통행[접근]하기 쉬운 chemin[parcours] ~ 험하지 않은 길[쉬운 코 스] port d'accès ~ aux paquebots 여객선이 접안하기 쉬운 항구 ④ (생활이) 유복한, 안락한; (상황, 시기 따위가) 편안한 avoir une vie ~ 유복한 생활을 하다 ⑤ (사람이) 사귀기 [다루기] 쉬운 [~ (à+inf.)] homme ~ à vivre 사귀기 쉬운 사람 enfant ~ à élever 양육하기 쉬운 아이 ⑥ (사람, 성격이) 까다롭지 않은, 유 순한, 너그러운

façon [여] 방식, 방법
façonner [타] 가공하다, 세공하다; 만들다; 손질하다, 가꾸다; 훈련[양성]하다
facteur [남] 요소
facture [여] 계산서
faction [여] 당파, 파벌
factuel(le) [형] 사실의, 실제의
faculté [여] ① 능력, 재능 지능 ~ d'attention 주의력 ② 학부, 단과대학 s'inscrire à la ~ des sciences 자연대학에 등록하다
faible [형] 연약한, 허약한
faiblement [부] 약하게, 힘없이, 희미하게
faiblesse [여] 약함, 무력함
faillir [자] (+ inf.) ...할 뻔하다
faim [여] 굶주림, 허기
faire [타] ① 만들다 ② 하다
faisabilité [여] (기술적) 실현[실행] 가능성
faisable [형] 할 수 있는, 타당성 있는
fait [남] ① 일, 사건 ② 사실, 진실, 진상
falaise [여] (해안의) 절벽, 낭떠러지; 급사면
falloir [비] 필요하다; 않으면 안 되다; 틀림없다 Il *faut* travailler. 일해야 한다
familiariser [타] 친하게 하다, 익숙하게 하다 ~ un soldat avec le maniement des armes 병사에게 무기 조작을 익히게 하다
familiarité [여] ① 친교, 친밀; 친숙, 잘 앎, 정통 ② 허물없음, 친숙함
familier(ère) [형] 잘 아는, 친한 son visage m'était ~. 그녀의 얼굴은 나에게 낯이 익었다
famille [여] 가족
famine [여] 기근, 굶주림
fan [명] 팬
fanatique [형] 광신적인, 열광적인 [명] 광신자, 열광자
fanatisme [남] 광신, 열광
fanfare [여] 팡파르, 과시, 허세
fantaisie [여] 상상, 공상, 환상
fantaisiste [형] 근거 없는, 허위의 idée ~ 상상,

공상
fantastique [형] 환상적인
FAQ [여] [약] foire qux questions 자주 묻는 질문
farce [여] 소극, 익살, 광대극
fardeau [남] (무거운) 짐; 중책, 부담
farine [여] 밀가루
fascinant(e) [형] 매혹적인, 황홀한
fascination [여] 매혹, 매료
fasciné(e) [형] 매혹된, 얼을 빼앗긴
fasciner [타] 매혹하게 하다, 반하게 하다
fascisme [남] 파시즘
fasciste [명] 파시스트 당원 [형] 파시즘의
fatal(ale, [복] als) [형] ① 운명의, 숙명적인 ② (문어) 죽음의, 치명적인 ③ (을) 파멸로 이끄는, 불행을 초래하는 C'est une maladresse qui eut vous être ~. 이런 하찮은 실수가 당신을 파멸로 이끌 수도 있다
fataliste [명] 운명론자, 숙명론자 [형] 운명론자의, 숙명론자의
fatigant(e) [형] 힘이 드는, 고생스러운
fatigué(e) [형] 피곤한
faucher [타] 낫으로 베다
faucon [남] 매, 송골매
faune [여] 동물상 (어떤 지역, 환경에 분포하는 동물의 모든 종류)
faussement [부] 거짓으로, 속여서
faux(sse) [형] 그릇된, 거짓의 une *fausse* impression de sécurité 안전에 관한 그릇된 생각
faux-filet [남] ([복] ~s-~s) (소의) 등심살 (요리)
favorable [형] 호의적인, 유리한 L'opinion publique ne lui est pas ~. 여론이 그에게 불리하다
favori(te) [형] 애호하는 [명] 총애 받는 사람
fax [남] 팩스
fécond(e) [형] 번식력 있는, 생식력이 왕성한;

(땅이) 기름진, 비옥한
fécondité [여] 번식력, 생산력; 풍요, 풍부 taux de ~ 출산율
fédéral(ale, [복] **aux**) [형] 연방의 le gouvernement ~ 연방정부
fédéraliste [형] 연방제의 [명] 연방주의자
fédération [여] 연합, 동맹
fédéré(e) [형] 연합의, 연방제조의
fédérer [타] 연방화하다 se ~ ① 연방이 결성되다 ② 연합되다; 연맹이 조직되다
fée [여] 요정, 선녀
féerie [여] 요술; 꿈같은 곳; 휘황찬란한 광경
féerique [형] 선녀의, 요정의; 몽환극의; 신비로운; 휘황찬란한
feinte [여] 가장, 시늉
féodal(ale, [복] **aux**) [형] 영지(봉토)의
femme [여] 여자; 아내
ferme [여] 농장, 농지
fermentation [여] 발효
fermenter [자] (술 따위가) 익다, 발효하다
fermer [타] 닫다
fermeture [여] 닫기; 닫는 시간; 폐쇄; 마감; 닫는[잠그는] 기구, 폐쇄장치
fermier(ère) [명] 농부; 농장주
fer [남] 쇠, 철
féroce [형] 사나운, 흉포한
férocement [부] 사납게, 잔인하게
férocité [여] 사나움, 맹렬
ferreux(se) [형] 철을 함유한
ferroviaire [형] 철도의
ferry [남] 나룻배, 철도 연락선, 페리선
fertile [형] 기름진, 비옥한
fertilisation [여] 비옥화, 다산화
fertiliser [타] 비옥하게 하다, 기름지게 하다
fertilité [여] 비옥, 다산, 풍부
fervent(e) [형] 열렬한, 강렬한
ferveur [여] 열렬, 열정
festival([복] ~**s**) [남] 축제, 축전, 잔치

fête [여] 축제, 성일
fétiche [남] 주물, 물신
fétide [형] 악취가 나는
feu [남] 불, 화염 mettre le ~ à qch ~에 불을 지르다, 흥분시키다, 격분시키다 mettre le ~ aux poudres 격정을 불러일으키다; 분쟁을 일으키다
feuillage [남] ① (집합적) (초목의) 잎, 군엽 ② 잎이 우거진 잔 가지
feuille [여] 나뭇잎; 종잇장; 인쇄물; 신문 ~ de figuier 무화과 잎
février [남] 2월
fiancé(e) [명] 약혼남(녀)
fiasco [남] 큰 실수, 대실패
fibre [여] 섬유, 섬유조직
fiction [여] 소설, 허구
fièvre [여] 열 avoir de la ~ 열이 있다
fiévreux(se) [형] 열이 있는
figue [여] [식물] 무화과
figuier [남] [식물] 무화과나무
figuré(e) [형] ① 형체로 나타낸, 그림으로 표시한 ② (뜻이) 비유적인; (문체가) 비유가 풍부한
figurer [타] 형체로 나타내다; 역할을 맡아하다; 상징하다
figurine [여] 작은 입상
Fidji, les îles [여][복] 피지제도
fil [남] 실
filament [남] 필라멘트, 단섬유
filer [타] (실을) 잣다, 실로 만들다; 실 잣듯이 내보내다
filet [남] ① [요리] 안심 ~ mignon 안심의 끝 부분 ~ de boeuf 필레 살(안심 스테이크) ② (동물, 어류 포획용의) 그물, 망
filière [여] (철사 제조용의) 다이스철관; (나사봇의 도드라진 줄기를 만드는) 다이스형; (거미, 누에의) 방적돌기; 대들보
filigrane [남] ① (금, 은, 유리의) 선조세공; (칼자루에 감는) 금속선 ② (종이의) 투명무늬 en

~ 암암리에, 함축적으로
film [남] 영화
filtre [남] 필터, 여과장치
filtrer [타] ① (액체, 기체 따위를) 거르다, 여과하다; (불순물을) 걸러내다 ② 검열하다, 검문하다 ~ les passants 행인들을 검문하다
fin [형] ① 끝 ② (흔히 복수) 목적, 목표 à des ~s pacifiques 평화적 목적으로
final(e) [형] 끝의, 종말의 [여] 결승전
finalement [부] 최후로, 마지막으로
finaliste [명] 결승전 진출자
finance [여] 재정, 재무
financement [남] 자금조달, 융자
financièrement [부] 재정적으로, 재정상
finement [부] 훌륭하게, 아름답게
finesse [여] 기교, 솜씨
finir [자] 끝내다, 끝마치다 le produit *fini* 완제품
finlandais(e) [형] 핀란드의 [명] (F~) 핀란드사람
Finlande [여] [지리] 핀란드
finnois(e) [형] 핀란드의 [명] 핀란드사람 [남] 핀란드 말
fiscal(ale, [복] aux) [형] 국고의, 세무의
fixation [여] 정착, 고정
fixe [형] 고정된
fixer [타] 고착(고정)시키다
flagellation [여] 채찍질, 태형
flageolet [남] 플래절렛
flanc [남] 옆구리, 옆구리살
flanelle [여] 플란넬
flatter [타] 아첨하다
flatterie [여] 아첨, 듣기 좋은 칭찬
flatteur(se) [형] 아첨하는, 알랑거리는 [명] 아첨꾼
flèche [여] 화살; 화살표
fleur [여] 꽃, 화초
fleuriste [명] 꽃장수, 화초재배가[연구가]

flexible [형] 유연한
flexibilité [여] 유연성
floraison [여] 개화
flore [여] 식물상, 식물지
florentin(e) [형] 피렌체의 [명] (F~) 피렌체 사람
florissant(e) [형] 무성한, 번영하는, 융성한
flotte [여] 함대
flotter [자] 물 위에 뜨다
fluctuer [자] 변동하다, 오르내리다
fluide [남] 유동성의
fluorescent(e) [형] 형광성의
fluor [남] 불소
fluorure [남] 불화물
flûte [여] 플루트
flûtiste [명] 플루트주자
focal(ale, [복] aux) [형] 초점의
foetus [남] 태아
foi [여] 믿음, 신앙
foire [여] ① 시장, 장 ② 품평회, 박람회 ~ du livre 도서전시회, 도서전
folie [여] ① 광기, 정신착란 Ils s'aiment à la ~. 그들은 서로 열렬히 사랑하고 있다 ② 어리석음
fonction [여] 기능, 작용 remplir une ~ 기능을 다하다
fonction(le) [형] 기능의, 기능성의
fonctionnaire [복] 직원, 공무원
fond [남] 밑, 밑바닥
fondamental(ale, [복] aux) [형] ① 기본적인, 중요한 ② 근본적인, 철저한
fondamentalement [부] 근본[기본]적으로
fondamentaliste [명] 근본주의자
fondateur(trice) [명] 창설자, 설립자
fondation [여] ① (혼히 복수) 기초공사; (비유) 기초, 기반 ② (제도, 건물 따위의) 창설, 설립 ③ [법] (증여, 기부 따위에 의한) 설립; 기금; 재단 établir une ~ 기금을 조성하다

fonder [타] 설립하다, 창건하다
fonderie [여] 주조[업], 주물
fondre [타] 녹이다
fondu(e) [형] 녹은 [여] [요리] 퐁듀 (치즈를 녹여 만든 요리)
fonds [남] 기금, 자금
fontaine [여] 분수, 분수지, 샘
football [남] 축구
force [여] 힘, 영향력
forcé(e) [형] 강요된, 무리한
forcer [타] 강제하다, 강요하다
forge [여] 단조공장
forger [타] ① (금속을) 벼리다, 단련하다 ② (비유) (공들여) 만들다, 만들어내다
formaliser [타] 정식화하다
formalité [여] 형식에 구애됨, 딱딱함
format [남] 판형, 체제 ~ folio 포맷판
formation [여] 연수, 교육
forme [여] 모습, 형, 방식 sous ~ de qch ...의 형태로, ~의 방식으로
formel(le) [형] 형식적인
former [타] 형성하다
formulation [여] 공식화, 정식화
formule [여] ① 관례적인 문구[표현] ② [수학][물리][화학] 공식, 식
fornication [여] ① [종교] 간음죄 ② (구어) 육체관계, 성교 ③ (비유) [성서] 우상숭배, 배교
fort(e) [형] 힘센, 강한, 튼튼한 [부] 매우; 강하게, 세차게 [남] 요새, 성채, 보루
fortification [여] 요새화
fortune [여] 부, 재산 faire ~ 부자가 되다
forum [남] 포럼, 공공광장, 공개토론(장)
fossile [남] 화석 énergie ~ 화석에너지
fossilisé(e) [형] 화석화된
foudre [여] 벼락 coup de ~ 낙뢰; 대타격, 불의의 타격, 청천벽력; 돌발적이며 급격한 사랑
foudroyer [타] 벼락으로 치다; (화력으로) 분쇄하다, 무찌르다; 사살하다, 쏘아 죽이다; 꼼짝 못

하게 하다, 혼비백산케 하다
fouet [남] 채찍
fouetter [타] 채찍으로 때리다, 매질하다; 두드리다; (크림 따위를) 휘젓다; 자극하다
fouiller [타] 뒤지다
fourchette [여] 포크; 포크처럼 생긴 기계부품; 새의 흉골
fournir [타] ① (에게) (을) 공급하다 ~ qn en légumes ...에게 채소를 공급하다 ② (에게) (을) 제공하다 ~ le vivre et le couvert à des réfugiés 피난민에게 식량과 모포를 지급하다
fourrure [여] 모피
fracasser [타] 요란스럽게 깨뜨리다
fraction [여] ① [종교] ~ du pain 성체의 분할 ② [수학] 분수 ③ 부분 ④ (당파, 조직 조직 따위의) 계파, 분파
fracture [여] 골절, 부러짐
fragile [형] 부서지기[깨지기] 쉬운
fragilité [여] 부서지기 쉬움, 여림
fragment [남] 파편
fragmentaire [형] 파편의, 단편적인
fraîchement [부] 새로이, 새롭게
fraîcheur [여] 신선미, 새로움
frais(fraîche) [형] 신선한 avoir l'air ~ 신선해 보이다 [남] 경비; 비용
franc [남] 프랑화
franc(franche) [형] 솔직한
franchement [부] 솔직하게
français [형] 프랑스의 [명] (F~) 프랑스사람 [남] 불어
France [여] [지리] 프랑스
franchement [부] 솔직히, 숨김없이, 터놓고
franchise [여] 솔직, 터놓음
franciser [타] 프랑스식으로하다
francophile [형] 친불의 [명] 친불파
francophobe [형] 반불적인 [명] 반불파
francophone [형] 불어를 말하는 [명] 불어를 말

하는 사람
frange [여] 술, 술장식
fraternel(le) [형] 형제의, 형제 같은
fraterniser [자] 형제처럼 친하게 사귀다, 화목하다
fraternité [여] 우애, 우대감; 동포애 Liberté, Égalité, F~ 자유, 평등, 박애 (프랑스공화국의 이념)
fraude [여] 사기, 기만
fraudeur(se) [명] 사기꾼
frauduleux(se) [형] 사기의, 부정의
free-lance [형] (불변) 자유계약의, 프리랜서의 [명] 자유계약자, 프리랜서
frégate [여] 프리깃 범선, 프리깃함
frémir [자] 부들부들 떨다, 몸서리치다, 전율하다; 흔들리다, 진동하다; 살랑거리다
frénétique [형] 열광적인
fréquemment [부] 자주, 종종, 빈번히
fréquence [여] (de) 자주 일어남, 빈번
fréquent(e) [형] 빈번한
fréquenter [타] 자주 드나들다, 자주 다니다, 출입하다; 자주 만나다, 교제하다
frère [남] 형제
fresque [여] 프레스코 화법, 프레스코 벽화
frette [여] 초조
freudien(ne) [형] 프로이트의 [명] 프로이트 학파의 사람
friction [여] 마찰 être cause de ~ 마찰을 일으키다
frigide [형] 몹시 추운, 추위가 지독한
frigidité [여] 한랭, 냉담, 쌀쌀함
frire [타] 기름에 튀기다
frise [여] 프리즈, 소벽
friser [타] (머리카락 따위를) 곱슬곱슬하게 하다
frit(e) [형] 튀긴 poisson ~ 생선튀김 [여] (흔히 복수) 감자튀김
frivole [형] 천박한, 경박한
frivolité [여] 천박, 경박

froid(e) [형] 추운, 차가운
fromage [남] 치즈
fronde [여] ① (F~) [프랑스사] 프롱드의 난; 반란의 무리 ② (비유) 반항, 폭동
front [남] ① (사람의) 이마; (동물의) 앞머리 ② 전선 F~ national 국민전선
frontière [여] 국경 la ~ franco-espagnole 프랑스와 스페인 사이의 국경
frotter [타] 마찰하다, 문지르다, 비비다
fructifier [자] 열매를 맺다, 비옥하게 되다
fructueux(se) [형] 열매를 많이 맺는, 다산의
fruit [남] 과일, 과실, 열매
fruité(e) [형] 과일 같은, 과일 맛[향]이 나는
frustrant(e) [형] 기대에 어긋나는, 실망시키는
frustration [여] 좌절, 실패
frustré(e) [형] 실망한, 좌절한
fugitif(ve) [형] 달아나는, 도망치는 [명] 도망자
fuir [자] 달아나다, 도망치다 [타] (회)피하다, 멀리하다
fulminer [자] 격노하다
fumée [여] 연기; 김; 헛된 일, 허사, 덧없는 것 [복] 취기; 흥분
fumer [자] 연기가 나다
fumeur(se) [명] 흡연자
funèbre [형] 장례의 cérémonie ~ 장례식
funérailles [여][복] 장례식
funéraire [형] 장례의 drap ~ 관에 덮는 천
funiculaire [남] 케이블 철도; 케이블카
furet [남] [동물] 흰족제비
fureur [여] 격노, 분노 être en ~ 격노한 상태이다, 탐정
furieusement [부] 미친듯이, 노하여, 맹렬히
furieux(se) [형] 격노한, 맹렬한 Cela l'a rendu ~ 그것이 그를 분노하게 만들었다
furtif(ve) [형] 몰래 하는, 은밀한
furtivement [부] 몰래, 살그머니, 슬쩍
fuselage [남] 동체, 기체
fuser [자] 녹다; (빛이 녹아서) 퍼지다; (광선이)

새어들다; (소금이 불 위에서) 바작바작 타다; (신관이) 폭발하지 않고 타다
fusible [남] 퓨즈 faire sauter un ~ 퓨즈를 터지게 하다, 몹시 화내다
fusil [남] 소총
fusillade [여] 일제사격, 연속사격
fusion [여] 용해, 융해, 융합
fusionner [자] 녹다
futile [형] 헛된, 효과 없는
futur(e) [형] 미래의, 장래의 [남] 미래, 장래 dans le ~ 장래에

G

G, g [남] 불어 자모의 일곱째 글자

gabarit [남] ① [조선, 기술] 실물 크기의 모형; 형판; (옷의) 본 (=patron) ~ de traçage 형판 tour à ~ 틀 만드는 선반 ② 표준 게이지, 측정기 ③ (정해진) 크기, 규격, 형 (=dimension) ~ églementaire 규정 규격 canal à grand ~ 대형 운하 charger un camion conformément au ~ 트럭에 적재 한계를 준수하여 싣다 ④ (체격, 성격, 능력 따위의) 크기, 정도 (=taille, stature); 종류 (=acabit, genre) grand[petit] ~ 키가 큰[작은] 사람 Son intelligence ne dépasse pas le ~ commun. 그의 두뇌가 보통 사람보다 뛰어난 것은 아니다 Ils sont du même ~. 그들은 같은 부류의 사람이다 ⑤ [철학] ~ de chargement 적재 한계 ~ de voie 궤간의 표준 계기 être passé au ~ (은어) (도박에서) 남은 돈을 전부 잃다

gabegie [여] 혼란, 난맥; 낭비

gâcher [타] ① (모르타르 따위를) 이기다, 반죽하다 ~ du plâtre 회반죽을 이기다 / (보어 없이) ~ serré[lâche] 되게[묽게] 이기다 ② (비유) 날림으로 하다 (=bâcler, saboter) ~ un travail 일을 대충 해치우다 ③ (비유) 낭비[허비]하다 (=gaspiller); (기회 따위를) 놓치다 (=manquer, rater); 망치다, 망가뜨리다 (=abîmer, gâter) ~ son temps 시간을 낭비하다 ~ le plaisir de qn ....의 흥을 깨다 ~ son avenir 장래를 망치다

gâchis [남] ① (모르타르, 회 따위의) 반죽 ② 진창 ③ 뒤죽박죽, 엉망진창 Tu as fait un beau ~. 엉망진창으로 만들어 놓았구나 ④ (비유) 혼란, 난맥 (=désordre, gabegie) ~ économique 경제적인 혼란 être en plein ~ 큰 혼란에 빠

져있다 ⑤ 낭비 (=gaspillage) ~ de paroles (비유) 쓸데없이 말이 많음

gadget [영] [남] ① (실용성이 없는) 신기한[기발한] 제품[기구, 장치] ② (비유) (유효성이 의심스러운) 묘안, 묘책 Ce projet est intéressant, mais sans argent, ce n'est qu'un ~. 그 계획은 흥미롭기는 한데 자금이 없으면 하나의 안에 불과하다 ③ (합성어를 형성하여) appareil-~ 신기한 기구 idée-~ 기발한 생각

gaffe [여] ① (구어) 실수, 실언 faire[commettre] une lourde ~ 큰 실수를 하다 c'est une ~ de + inf. ...하는 것은 잘못이다 ② (다음의 숙어로 사용됨) faire ~ à qch/qn; faire ~ à[de] + inf; faire ~ que + sub. ...에[하도록] 주의[조심]하다

gage [남] ① 저당, 담보 contrat de ~ 담보 계약 constitution de ~ 질권 설정 prendre[laisser, mettre] qch en ~ ...을 저당 잡다[잡히다] ② 저당[전당, 담보]물 emprunter[prêter] sur ~s 담보물을 잡히고 [잡고] 돈을 빌리다[빌려주다] prêteur sur ~s 전당포 ③ 보증; 보증금 Il a refusé de traiter sans ~s suffisants. 그는 충분한 보증 없이는 교섭할 수 없다고 거절했다 mettre des ~s entre les mains de qn 보증금을 ...의 손에 맡기다 ④ (내기에서) 거는 돈[물건] jouer aux ~s 내기를 하다 ⑤ (비유) 증거, 표시 (=preuve) donner à qn un ~ de fidélité ...에게 충성의 증거를 보이다 offrir une bague à qn en ~ de son amour ...에게 사랑의 표시로 반지를 주다 ⑥ (복수) (옛) (하인에게 주는) 급료, 보수

gagant(e) [형] 이기는, 승리하는; 당첨의 équipe ~e 승리한 팀 numéro ~ 당첨 번호 Tout le monde donne ce cheval ~. 모두가 그 말이 우승하리라고 예상하고 있다 partir[jouer] ~ 승리를 확신하고 일을 시작하다 [명] 승리자; 당첨자; 승마

gagne-pain [남] (복수불변) ① 생계수단, 벌이도구 Ces leçons de piano étaient son ~. 그는 그렇게 피아노 교습을 해서 먹고 살았다 ② (집안의) 밥벌이하는 사람

gagner [타] ① (돈 따위를) 벌다 ~ 2 000 euros par mois 한 달에 2천 유로를 벌다 ~ sa vie[son pain, de quoi vivre, (구어) sa croûte, son bifteck] 생활비를 벌다 [~ qch à qch/inf.] ~ sa vie au jeu[à chanter] 도박을 해서[노래를 불러서] 생활비를 벌다 ② (도박, 복권에서) 따다, 당첨되다 ~ beaucoup d'argent aux courses 경마에서 많은 돈을 따다 ~ le gros lot à la loterie 복권에서 특상에 당첨되다 ③ (이득 따위를) 얻다, 획득하다 Vous ne *gagnerez* rien dans cette affaire. 그 일에서 아무 이득도 얻지 못할 거요 [~ qch à inf.] Qu'est-ce que vous *gagnez* à vous obstiner ainsi ? 이렇게 고집부려서 얻는게 뭐요? ④ (명성, 신뢰, 지지 따위를) 얻다, 받다 ~ une certaine réputation 상당한 명성을 얻다 ~ le coeur des peuples 민심을 얻다 ~ la confiance de qn …의 신뢰를 받다 ~ les suffrages[voix] 표를 얻다 ⑤ (상 따위를) 받다, 획득하다 ~ le prix 상을 받다 ~ une médaille d'argent 은메달을 따다 ~ un titre 타이틀을 따다 ⑥ (시간, 공간을) 벌다, 절약하다 ~ un quart d'heure en prenant un raccourci 지름길을 택하여 15분을 벌다 ~ de la place[l'espace] (물건 따위를 잘 배치하여) 공간의 여유를 얻다 ⑦ (싸움, 경기, 소송 따위에서) 이기다, 승리하다 ~ la bataille[course] 싸움[경주]에서 이기다 ~ les élections 선거에서 승리하다 ~ un procès 승소하다 ⑧ (체중, 키 따위가) 늘다, 커지다 ~ deux kilos 체중이 2 킬로그램 늘다 Il a gagné dix centimètres 그는 10 센티미터 더 컸다

gagneur(se) [형][명] ① 승리한 (사람) ~ de batailles 싸움에서 이긴 사람 ~ de prix 수상

자 ② 돈벌이하는 (사람) ~ d'argent 돈을 버는 사람

gai(e) [형] ① 즐거운, 명랑한, 쾌활한 (=jovial, joyeux) garçon[caractère] ~ 명랑한 소년[성격] chanson[conversation] ~e 즐거운 노래[대화] ~ luron 명랑한 사람, 낙천가 ~ et dispos 몹시 즐거운 ② (표정, 색채, 소리 따위가) 밝은, 명랑한; (날씨가) 청명한 visage ~ 명랑한 얼굴 tapisserie aux couleurs ~es 밝은 색깔의 벽지 voix ~e 명랑한 목소리 temps ~ 청명한 날씨 ③ (작품 따위가) 즐거움을 주는 film ~ 오락영화 auteur ~ 유머 작가

gaiement, gaîment [부] ① 즐겁게, 쾌활하게 (=joyeusement) chanter ~ 즐겁게 노래하다 ② 활기[원기]있게

gaieté, gaîté [여] 즐거움, 쾌활함 perdre [retrouver] la ~ 쾌활함을 잃다[되찾다] mettre qn en ~ ...을 즐겁게 하다 mettre de la ~ dans une réunion 모임을 유쾌하게 하다 ② (표정, 색채, 소리 따위의) 밝음, 명랑함; (날씨가) 청명함 ~ du ciel 청명한 하늘 ③ (작품 따위의) 흥미를 주는 것, 유머, 재치 (=humour, sel) comédie pleine de ~ 유머로 가득 찬 희극 ④ 얼근함, 거나함 se mettre en ~ 얼근해지다

gaillard(e) [형] ① 건장한, 활기찬 ② (이야기, 노래 따위가) 천한, 외설적인 [남] ① 쾌활한 남자; 건장한 남자 ② (구어) 소년, 젊은이; 녀석, 놈

gaillardement [부] 원기왕성하게; 쾌활하게

gain [남] ① 이익, 이득, 이윤 amour[soif] du ~ 이욕 ~ illicite 부당 이득 ~ d'un chef d'entreprise 기업주의 이윤 faire[réaliser] de gros ~s à la Bourse 증권 거래를 통해 큰 이득을 보다 ② (정신적인) 이득, 이점, 성과; 절약

gaine [여] ① 칼집; (권총, 카메라 따위의) 케이스, 포장, 커버 ② (비유, 문어) 굴레, 속박 ③ [의복] (부인용) 거들 ④ (조각품 따위의) 받침,

대

gainé(e) [형] ① (집, 커버 따위에) 넣어진, 싸인 ② (옷 따위가) 꼭 맞는[끼는]

gainer [타] ① (집, 커버 따위에) 넣다, 싸다 ② (옷 따위가) 꼭 맞다[끼다]

gala [남] (공적인 또는 사교계의) 축제, 의식, 리셉션; 특별공연

galant(e) [형] (여자에게) 정중한, 친절한; (여자의) 환심을 사려 드는 homme ~ 여자에게 친절한[환심을 사려 드는] 사람 se montrer ~ avec[envers, pour] une femme 여자에게 정중하게 대하다

galanterie [여] ① (여자에 대한) 정중함, 친절; (여자의) 환심을 사려는 태도

galerie [여] 화랑

galoper [자] (구보로) 달리다, 질주하다

galvaniser [타] …에 갈바니 전기를 작용시키다, (비유) 활기를 주다

Gambie [명] [지리] 감비아

gamin(e) [명] 어린애

gang [남] 갱

Gange [남] 갠지즈강

gangrène [여] 회저, 탈저

gangreneux(se) [형] 괴저성의

gangster [남] 갱단의 일원

gant [남] 장갑

garage [남] 차고

garantie [여] 보증

garde [여] 감시, 망, 보초

garder [타] 보존하다, 간직하다

gardien(ne) [명] 수호자 ① (사람, 동물, 장소 따위를) 지키는 사람; 간수; 수위, 관리인 ② (질서, 전통 따위의) 보호자, 수호자 ③ [운동] 골키퍼(=~ de but)

garer [타] 주차하다

gargouillement [남] (이무기 돌 따위에서) 물 빠지는 소리

gargouiller [자] (이무기 돌 따위에서 물이 내려

가며) 꾸르륵 소리를 내다
garnir [타] 갖추다, 설비하다; 장식하다; 튼튼히 하다; (장소를) 채우다, 막다; (부속품, 장식품을) 붙이다
gastrique [형] 위의
gastrite [여] 위염
gastronomie [여] 식도락, 미식법; 요리법
gastronomique [형] 식도락의, 미식법의
gâter [타] 망치다, 잡치다, 못쓰게 만들다, 망그러 뜨리다; (흥을) 깨뜨리다; 상하게 하다; (속어) (어린애를) 너무 애지중지 키우다
gaz [남] 가스 cuisiner au ~ 가스로요리하다 s'engager à réduire les émissions de ~ à effet de serre 온실가스를 감축하기로 하다
gazette [여] (옛, 지방어) 신문, 잡지; (비유) 소문을 퍼뜨리기, 이야기
gazeux(se) [형] 가스의
gazon [남] 잔디(밭)
géant(e) [명] 거인
gel [남] 결빙
gélatine [여] 젤라틴
gémeau(elle) (G~x) [남][복] [천문] 쌍둥이자리
gémir [자] 신음하다; 탄식하다
gendre [남] 사위
gène [남] 유전자
généalogie [여] 가계. 혈통
généalogiste [명] 계보학자
gêner [타] 거북하게 하다; 난처하게 하다
général(ale, [복] **aux)** [형] 일반적인 parler en termes *généraux* 일반적으로 말하다
généralisation [여] 일반화
généraliser [타] 일반화(보편화)하다
généralité [여] 일반적임
généralement [부] 일반적으로
générateur(trice) [형] ① 생식[번식]하는 ② (비유) 발생시키는, 야기하는' 기원이 되는 acte ~ de désordre 혼란을 야기하는 행위 [남] [기

계] 발전기
génération [여] 세대
généreusement [부] 관대하게
généreux(se) [형] 관대한
générique [형] 속(屬)의 médicament ~ 동종의 값싼 의약품
génériquement [부] (드물게) 속(屬)에 관하여
générosité [여] 관대
genèse [여] 기원, 유래 la G~ (성경) 창세기
généticien(ne) [명] 유전학자
génétique [형] 발생(론)적인 [여] 유전학
génétiquement [부] 발생(진화, 유전)학적으로 ~ modifié 유전자 조작의
Genève [명] [지리] 제네바
génial [형] (ale, [복] aux) ① 천재적인 ~ale invention 천재적인 발명 ② 뛰어난, 훌륭한 film ~ 훌륭한 영화 C'est ~ ! 멋지다, 대단하다
génie [남] 천재성, 천재 un mathématicien de ~ 수학 천재
génital(ale, [복] aux) [형] 생식의
génitif [남] (언어) (격변화하는 언어의) 제 2격, 속격
genou [남] ([복] ~x) 무릎; se mettre à ~x 무릎을 꿇다
gens [남][복] 사람들
génocide [남] 민족말살
génotype [남] 유전자형
genre [남] 종류, 성별
gentil(le) [형] 친절한
géographe [남] 지리학자
géographie [여] 지리학
géographique [형] 지리학(상)의
géographiquement [부] 지리(학)적으로
géologie [여] 지질학
géologique [형] 지질학(상)의
géologue [명] 지질학자
géométrie [여] 기하학

géométrique [형] 기하학(상)의
géopolitique [형] 지정학(상)의
Géorgie [여] [지리] 그루지아
géorgien(ne) [형] 그루지아의 [명] (G~) 그루지아 사람
gerbille [여] [동물] (사바나 지역 사막에 사는) 설치류
gériatre [명] 노인병 전문의
gériatrie [여] 노인병학
germe [남] 세균
gestation [여] [생리] 임신, 잉태
geste [남] ① 손짓, 몸짓 ② 행위, 행동
gesticuler [자] 몸짓을 많이 하다
ghetto [남] 유태인 거류지, 유태인 거리, (소수민족의) 거주지
gigantesque [형] 거대한
gigaoctet [남] [정보] 기가바이트
gin [남] 진
gingembre [남] 생강 ~ frais 신선한 생강
girafe [여] [동물] 기린
glace [여] ① 얼음 ② 아이스크림 ③ 거울
glacer [타] 얼게 하다; 냉장하다; 얼음에 채우다, 몸을 얼리다; (열정 따위를) 식게 하다; 소름 끼치게 하다; 설탕을 씌우다; 윤나게 하다, 윤기를 먹이다
glaciaire [형] 어는 추위의; 얼음의; 얼음덩이의, 빙하의
glacial(ale, [복] ~s, aux) [형] 얼음 같은, 차디찬; 냉담한, 쌀쌀한
glacier [남] 빙하
glande [여] [해부] 선
glaner [타] (추수 후) 밭에 떨어진 이삭을 줍다
glaucome [남] [의학] 녹내장
glissement [남] 미끄러지기
glisser [자] 미끄러지다; 미끄럼 타다; 미끄러지듯 가다, 슬며시 내닫다; 스치다; 슬쩍 지나치다; 빠져 나가다
global(ale, [복] aux) [형] 전체의, 전체적인, 총

괄적인, 포괄적인
globe [남] 지구
gloire [여] 영광
glorieux(se) [형] 영광스러운
glorifier [타] 찬미하다
glossaire [남] 어휘사전
glucose [남] 포도당
glycérine [여] 글리세린
goéland [남] [동물] 갈매기
golf [남] [운동] 골프
golfe [남] 만
gonfler [타] 부풀게 하다, 팽창시키다
gong [남] [음악] 징
gorge [여] 목구멍, 인후
gorille [남] [동물] 고릴라
gothique [남] 고딕 양식
goulag [남] ① (G~) (옛 소련의) 강제노동수용소 ② (독재체제하에서의) 격리, 분리 ③ 강제노동수용소
gourde [여] 호리병, 바보, 멍청이 (특히 여성에 대해서)
gourmand(e) [형] 식도락[미식을 즐기는; 미식(법)의
gourou [남] (브라만교의) 영적 지도자, 도사, (정신적) 지도자, 스승
goût [남] 미각, 맛, 입맛, 취미, 기호; 풍취; 감식력 prendre ~ à qch ...에 취미를 갖게 되다
goûter [타] 맛보다; 찬성하다; 애호하다; 즐기다
goutte [여] (물)방울; 극소량; 술 한잔 boire la ~ 한 잔 마시다; 사업에 실패하다 boire une ~ 한 잔 마시다
gouttière [여] 홈통
gouvernant(e) [명] (복수) 통치자, 지배자, 행정권, 정부
gouvernement [남] 정부
gouvernemental(ale, [복] aux) [형] 정부의
gouverner [타] 지배하다, 통치하다
gouverneur [남] 은행장, 총재, (특히) 프랑스 은

행 총재, (미국의) 주지사
- **goyave** [여] [식물] 번석류의 열매
- **goyavier** [남] [식물] 번석류나무
- **grâce** [여] 은혜, 친절, 호의 ~ à vous 당신 덕분에
- **gracieusement** [부] 우아하게, 상냥하게
- **gracieux(se)** [형] 상냥한, 귀여운, 무료의, 무보수의
- **gradation** [여] 점진, 단계
- **graffiti** [남] 스프레이로 한 낙서
- **grain** [남] 낟알, 곡식 알; (모래 따위의) 알, 부스러기; 극소량
- **graisse** [여] 지방
- **gramaticalement** [부] 문법적으로
- **grammaire** [여] 문법
- **grammairien(ne)** [명] 문법학자
- **grammatical(ale, [복] aux)** [형] 문법의
- **gramme** [남] 그램
- **grand(e)** [형] 큰
- **grand-chose** [여] (불변) (보통 pas 또는 sans과 함께 쓰임) 대단한 일, 대로우운 것 Cela ne fait pas ~. 대수롭지 않다
- **Grande-Bretagne** [여] [지리] 대영제국
- **grandiose** [형] 뽐내는
- **grandir** [자] 성장하다
- **granit(e)** [남] 화강암
- **granuleux(se)** [형] 낟알의
- **graphique** [형] 선[도표, 그래프]으로 표시된 [남] 도표, 그래프
- **graphite** [남] 흑연
- **graphologie** [여] 필적학
- **graphologue** [명] 필적학자
- **gras(se)** [형] 지방성의; 기름기 많은, 기름진; 비대한; 기름 묻은; 추잡한
- **gratuit(e)** [형] 무상의
- **gravé(e)** [형] 새겨진, 조각된
- **grave** [형] 중대한; 위독한
- **gravement** [부] 근엄하게, 엄숙하게, 중대하게,

심각하게

gravier [남] 자갈, 조약돌

grec(que) [형] 그리스의 [명] (G~) 그리스 사람

Grèce [여] [지리] 그리스

greffe [여] [의학] 이식 ~ de la peau 피부 이식

grenade [여] ① [식물] 석류 ② [군사] 수류탄

grenadier [남] [식물] 석류나무

grièvement [부] (병 따위가) 중하게 être ~ blessé 중상을 입다

griffe [여] (맹수, 맹금의) 발톱

grille [여] ① 창살, 격자 ② 일람표 ~ de programmes de télévision 텔레비전 프로 일람표

griller [타] 석쇠에 굽다; (광석을) 구워서 정련하다; 태우다; (커피 따위를) 볶다

grimace [여] ① 찌푸린 얼굴 ② (갖가지) 얼굴표정 faire la ~ à qn[qch] (비유) …을 냉대하다

grimper [자] 기어오르다

grincement [남] 삐걱거리기, 삐걱 거리는 소리 ~ de dents 이 갈기, (비유) 고난, 슬픔

grincer [자] (이빨을) 갈다, (사물이) 삐걱거리다

gris(e) [형] 회색의 [남] 회색

grizzli [남] [동물] (로키 산맥에 사는) 회색곰

Groenland [남] [지리] 그린란드

groenlandais(e) [형] 그린란드의 [명] (G~) 그린란드 사람

groggy [형] (불변) (권투) (얻어맞아서) 비틀거리는

grondement [남] (짐승의) 으르렁거리는 소리, (대포, 천둥, 파도 따위의) 요란하게 울리는 소리

gronder [자] 중얼거리다; (곰 따위가) 으르렁거리다, 포효하다; (천둥 따위가) 울리다

gros(se) [형] 굵은, 두꺼운, 뚱뚱한

grossesse [여] 임신

grossièrement [부] 거칠게, 조잡하게

grossir [자] 커지다, 굵어지다, 살찌다, 뚱뚱해지

다

grotesque [형] 기괴한
grotte [여] 동굴
groupe [남] 그룹
grouper [타] 한 무리로 모으다, 집합[집결]시키다
Guatemala [남] [지리] 과테말라
guatémaltèque [형] 과테말라의 [명] (G~) 과테말라 사람
guérilla [여] 게릴라전, 유격전
guérillero [남] 게릴라병, 유격병
guérir [타] (병, 환자를)고치다, 치료하다
guerre [여] 전쟁
guerrier(ère) [형] 전쟁의 [남] 전사
guetter [타]노리다; 매복하여 지키다
gueule [여] ① (짐승의) 입, 아가리 ② [구어] (사람의) 입 Ta ~ ! 입 닥쳐!
guide [남] 안내인, 가이드
guignol [남] 꼭두각시
guilde [여] (중세의) 길드, 동업 조합 (20 C) (회원에게 특별 가격으로 물품을 구입, 공급해 주는) 공동 조합
guillotine [여] 단두대
Guinée [여] [지리] 기니
guitare [여] [음악] 기타 jouer de la ~ 기타를 연주하다
guitariste [명] 기타 연주자
guttural(ale, [복] aux) [형] 목구멍의
gymnase [남] 체육관
gymnaste [명] 체조 선수
gymnastique [여] 체조
gynécologie [여] [의학] 부인과학
gynécologiste [명] [의학] 부인과 전문의
gynécologique [형] [의학] 부인과의

H

*: h aspiré (유성 h)

H, h [남] 불어 자모의 여덟째 글자
habile [형] ① 솜씨 좋은, 재주 있는, 능숙한 couturier ~ 솜씨 좋은 재단사 [~ à qch/inf.] homme ~ aux échecs 체스에 능한 사람 être ~ à faire qch ...하는데 능하다 [~ de] être ~ de ses mains[doigts] 손재주가 좋다 [~ dans/en] être ~ dans les relations sociales 사교에 능하다 ② 약삭빠른, 교활한 intrigant ~ 교활한 책략가 ③ 능숙하게 행해진, 교묘한 raisonnement très ~ 매우 정교한 추론
habilement [부] 솜씨 좋게, 능란하게, 교묘하게
habileté [여] ① 좋은 솜씨, 능숙함, 교묘함 artisan d'une grande ~ 솜씨가 매우 좋은 장인 avec ~ 능숙하게, 교묘하게 ② (흔히 복수) (예술, 직업 상의) 기교, 기법, 요령
habiliter [타] ① [법] 자격[권한]을 주다 ~ un incapable à passer un acte juridique 무능력자에게 법률행위를 할 수 있는 자격을 주다
habillage [남] ① 옷 입히기[입기], 옷치장 cabine[salle] d'~ 탈의실 ② (상품, 기계 따위의) 포장, 외장 (작업)
habillé(e) [형] ① 옷을 입은; 정장한 bien ~ 멋진 옷차림을 한 ~ de[en] blanc 흰 옷을 입은
habillement [남] ① 옷을 입히기(입기) ② 의복 지급[구입]
habiller [타] ① 옷을 입히다 [~ qn (de/en)] ~ un enfant de[en] blanc 아이에게 흰 옷을 입히다 ~ qn en cow-boy ...에게 카우보이처럼 옷을 입히다 ② 옷을 사주다[지급하다] s'~ ① 옷을 입다; 옷차림을 하다 s'~ court[jeune, légèrement] 옷을 짧게[젊게, 가볍게] 입다 s'

~ à la dernière mode 최신 유행의 복장을 하다

habit [남] ① 옷; (복수) 의복, 의상 ~ de velours 벨벳 옷 ② (직업, 활동에 특유한) 옷, 복장 ~ militaire 군복 ~ de chasse 사냥복 ~ de gala 예복, 야회복

habitabilié [여] ① 거주 가능[적합]성 ② 자동차, 승강기 따위의) 수용능력

habitable [형] 거주할 수 있는, 거주하기에 적당한

habitant(e) [명] (여성형은 드물게 쓰임) ① 주민, 거주자 ~s de la ville 도시의 주민 recensement des ~s 인구조사 ② (집합적) 그 지역의 주민 loger chez l'~ 민박하다 ③ (건물의) 거주자, 입주자

habitat [남] 서식지, 거주지

habitation [여] 거주(권), 거주지

habiter [자] ① 살다, 거주하다 à la campagne[en banlieue, au premier étage, à Paris] 시골[교외, 2층, 파리]에서 살다 ~ chez son ami 친구 집에 기거하다 ~ avec qn …와 같이 살다 [타] ① (에서) 살다 ~ une ville[ville, chambre d'hôtel] 별장[도시, 호텔 방]에서 살다 ② (동식물이) 서식하다 lieux que l'ours *habite* 곰이 서식하는 지역

habitude [여] ① 습관, 습성, 버릇 mauvaises ~s 악습 changer d'~ 습관을 바꾸다 acquérir[contracter] une bonne ~ 좋은 습관이 생기다 [~ de qch/inf.] ~ du tabac[de fumer] 흡연 습관 avoir l'~[avoir pour ~] de se lever tôt le matin 아침에 일찍 일어나는 습관이 있다

habitué(e) [명] ① 단골, 자주 드나드는 사람 ~ d'un café 카페의 단골 ② 상용하는 사람 ~ du cigare 시가 애용자 [형] ① 습관이 된, 익숙해진 [~ à qch/inf.] ~ au climat[à vivre seul] 기후에[혼자 사는데] 익숙해진 [~ à ce que +

hallucination

sub.] Elle est ~e à ce qu'on ne lui résiste pas. 그녀는 남이 자기에게 반항하지 않는 것에만 익숙하다

habituel(le) [형] 습관적인, 관례적인, 통상적인 geste ~ 습관적인 몸짓 état ~ 정상적인 상태 au sens ~ du terme 용어의 통상적인 의미로

habituellement [부] 습관적으로; 관례적으로, 통상, 보통 Les classes se terminent ~ en juillet. 학기가 통상 7월에 종료된다

habituer [타] 익숙하게 하다, 길들이다 ~ un enfant au froid 아이가 추위에 익숙해지게 하다

* **hache** [여] 도끼
* **haché(e)** [형] ① 잘게 벤, 썬, 다진 ② (문장이) 짤막짤막한
* **hacher** [타] ① 잘게 베다[썰다, 다지다] ~ des oignons 양파를 잘게 썰다[다지다] ② 아무렇게나[서툴게] 자르다 ③ 손상시키다 ④ (비유) (말, 문장 따위를) 중단시키다, 짧게 끊다 Le public *hachait* son discours d'applaudissements. 청중의 박수갈채로 연설이 중단되곤 했다
* **hachette** [여] 손도끼, 자귀

haïku [남] 하이쿠 (일본의 전통적인 단시)

* **haie** [여] 울타리, 생울타리 (= ~ vive) ~ morte[sèche] 마른 나뭇가지 울타리
* **haillon** [남] 넝마; (복수) 누더기옷
* **haillonneux(se)** [형] 누더기를 걸친 [명] 누더기를 걸친 사람, 거지
* **haine** [여] 증오, 미움 regard de ~ 증오의 눈초리 s'attirer la ~ de qn ...의 미움을 사다 allumer[exciter] les ~s publiques 사람들의 반감을 불러일으키다, 사람들이 반감을 가지게 하다 avoir[prendre] qn/qch en ~ ...을 증오하다
* **haïr** [타] 증오하다, 미워하다, 싫어하다

Haïti [남] [지리] 아이티, 아이티 섬

* **haïtien(ne)** [형] 아이티의 [명] (H~) 아이티 사람

haleine [여] 숨, 숨결

hallucination [여] 환각, 환상

hallucinogène [형] 환각유발(성)의
* **halogène** [남] 할로겐
* **halte** [여] 정지, 휴식
* **hamac** [남] 해먹
hamburger [남] 햄버거
hamster [남] 햄스터
* **hanche** [여] 허리
handball [남] 핸드볼
* **handicap** [남] 핸디캡, 불리한 조건, 약점
handicapé(e) [형] 신체적[정신적]장애가 있는 des enfants ~s mentaux[physiques] 정신적[신체적] 장애가 있는 아이들
* **handicaper** [타] 불리하게 하다
* **hanté(e)** [형] 귀신이 출몰하는, 불안한, 피로운
* **hanter** [타] 자주가다, ~에 출몰하다
* **hangar** [남] 헛간. 광; 격납고
* **harangue** [여] (의회, 왕 따위의 앞에서 하는) 엄숙한 연설, 지루한 연설[훈시, 설교]
* **haranguer** [타] (에게) 연설하다, (비유) 장광설[설교]을 늘어놓다
* **harcèlement** [남] 괴롭힘, 애먹음 ~ sexuel 성희롱
* **harceler** [타] 피롭히다, 귀찮게 굴다
* **harde** [여] 떼, 무리
* **haricot** [남] 강낭콩
harmonica [남] [음악] 하모니카
harmonie [여] 조화, 일치, 화합
harmonieux(se) [형] 조화된, 화목한
harmoniser [타] 조화[화합]시키다
* **harnais** [남] 마구, 장치
* **harpe** [여] [음악] 하프
* **harpiste** [명] 하프 연주자
* **harpon** [남] 고래작살
* **harponner** [타] (고래) 작살로 쏘아 맞히다[찍다] (비유, 구어) (도둑 따위를) 잡다, 체포하다
* **hasard** [남] 운수, 요행; 우연한 일 par ~ 우연히
* **hâte** [여] 급함, 서두름

H

*: h aspiré (유성 h)

H, h [남] 불어 자모의 여덟째 글자
habile [형] ① 솜씨 좋은, 재주 있는, 능숙한 couturier ~ 솜씨 좋은 재단사 [~ à qch/inf.] homme ~ aux échecs 체스에 능한 사람 être ~ à faire qch …하는데 능하다 [~ de] être ~ de ses mains[doigts] 손재주가 좋다 [~ dans/en] être ~ dans les relations sociales 사교에 능하다 ② 약삭빠른, 교활한 intrigant ~ 교활한 책략가 ③ 능숙하게 행해진, 교묘한 raisonnement très ~ 매우 정교한 추론
habilement [부] 솜씨 좋게, 능란하게, 교묘하게
habileté [여] ① 좋은 솜씨, 능숙함, 교묘함 artisan d'une grande ~ 솜씨가 매우 좋은 장인 avec ~ 능숙하게, 교묘하게 ② (흔히 복수) (예술, 직업 상의) 기교, 기법, 요령
habiliter [타] ① [법] 자격[권한]을 주다 ~ un incapable à passer un acte juridique 무능력자에게 법률행위를 할 수 있는 자격을 주다
habillage [남] ① 옷 입히기[입기], 옷차장 cabine[salle] d'~ 탈의실 ② (상품, 기계 따위의) 포장, 외장 (작업)
habillé(e) [형] ① 옷을 입은; 정장한 bien ~ 멋진 옷차림을 한 ~ de[en] blanc 흰 옷을 입은
habillement [남] ① 옷을 입히기[입기] ② 의복 지급[구입]
habiller [타] ① 옷을 입히다 [~ qn (de/en)] ~ un enfant de[en] blanc 아이에게 흰 옷을 입히다 ~ qn en cow-boy …에게 카우보이처럼 옷을 입히다 ② 옷을 사주다[지급하다] s'~ ① 옷을 입다; 옷차림을 하다 s'~ court[jeune, légèrement] 옷을 짧게[젊게, 가볍게] 입다 s'

~ à la dernière mode 최신 유행의 복장을 하다

habit [남] ① 옷; (복수) 의복, 의상 ~ de velours 벨벳 옷 ② (직업, 활동에 특유한) 옷, 복장 ~ militaire 군복 ~ de chasse 사냥복 ~ de gala 예복, 야회복

habitabilié [여] ① 거주 가능[적합]성 ② 자동차, 승강기 따위의) 수용능력

habitable [형] 거주할 수 있는, 거주하기에 적당한

habitant(e) [명] (여성형은 드물게 쓰임) ① 주민, 거주자 ~s de la ville 도시의 주민 recensement des ~s 인구조사 ② (집합적) 그 지역의 주민 loger chez l'~ 민박하다 ③ (건물의) 거주자, 입주자

habitat [남] 서식지, 거주지

habitation [여] 거주(권), 거주지

habiter [자] ① 살다, 거주하다 à la campagne[en banlieue, au premier étage, à Paris] 시골[교외, 2층, 파리]에서 살다 ~ chez son ami 친구 집에 기거하다 ~ avec qn …와 같이 살다 [타] ① (…에서) 살다 ~ une ville[ville, chambre d'hôtel] 별장[도시, 호텔 방]에서 살다 ② (동식물이) 서식하다 lieux que l'ours *habite* 곰이 서식하는 지역

habitude [여] ① 습관, 습성, 버릇 mauvaises ~s 악습 changer d'~ 습관을 바꾸다 acquérir[contracter] une bonne ~ 좋은 습관이 생기다 [~ de qch/inf.] ~ du tabac[de fumer] 흡연 습관 avoir l'~[avoir pour ~] de se lever tôt le matin 아침에 일찍 일어나는 습관이 있다

habitué(e) [명] ① 단골, 자주 드나드는 사람 ~ d'un café 카페의 단골 ② 상용하는 사람 ~ du cigare 시가 애용자 [형] ① 습관이 된, 익숙해진 [~ à qch/inf.] ~ au climat[à vivre seul] 기후에[혼자 사는데] 익숙해진 [~ à ce que +

sub.] Elle est ~e à ce qu'on ne lui résiste pas. 그녀는 남이 자기에게 반항하지 않는 것에만 익숙하다

habituel(le) [형] 습관적인, 관례적인, 통상적인 geste ~ 습관적인 몸짓 état ~ 정상적인 상태 au sens ~ du terme 용어의 통상적인 의미로

habituellement [부] 습관적으로; 관례적으로, 통상, 보통 Les classes se terminent ~ en juillet. 학기가 통상 7월에 종료된다

habituer [타] 익숙하게 하다, 길들이다 ~ un enfant au froid 아이가 추위에 익숙해지게 하다

* **hache** [여] 도끼
* **haché(e)** [형] ① 잘게 벤, 썬, 다진 ② (문장이) 짤막짤막한
* **hacher** [타] ① 잘게 베다[썰다, 다지다] ~ des oignons 양파를 잘게 썰다[다지다] ② 아무렇게나[서툴게] 자르다 ③ 손상시키다 ④ (비유) (말, 문장 따위를) 중단시키다, 짧게 끊다 Le public *hachait* son discours d'applaudissements. 청중의 박수갈채로 연설이 중단되곤 했다
* **hachette** [여] 손도끼, 자귀

haïku [남] 하이쿠 (일본의 전통적인 단시)

* **haie** [여] 울타리, 생울타리 (= ~ vive) ~ morte[sèche] 마른 나뭇가지 울타리
* **haillon** [남] 넝마; 누더기옷
* **haillonneux(se)** [형] 누더기를 걸친 [명] 누더기를 걸친 사람, 거지
* **haine** [여] 증오, 미움 regard de ~ 증오의 눈초리 s'attirer la ~ de qn …의 미움을 사다 allumer[exciter] les ~s publiques 사람들의 반감을 불러일으키다, 사람들이 반감을 가지게 하다 avoir[prendre] qn/qch en ~ …을 증오하다
* **haïr** [타] 증오하다, 미워하다, 싫어하다

Haïti [남] [지리] 아이티, 아이티 섬

* **haïtien(ne)** [형] 아이티의 [명] (H~) 아이티 사람

haleine [여] 숨, 숨결

hallucination [여] 환각, 환상

hallucinogène [형] 환각유발(성)의
* **halogène** [남] 할로겐
* **halte** [여] 정지, 휴식
* **hamac** [남] 해먹
hamburger [남] 햄버거
hamster [남] 햄스터
* **hanche** [여] 허리
handball [남] 핸드볼
* **handicap** [남] 핸디캡, 불리한 조건, 약점
handicapé(e) [형] 신체적[정신적]장애가 있는 des enfants ~s mentaux[physiques] 정신적[신체적] 장애가 있는 아이들
* **handicaper** [타] 불리하게 하다
* **hanté(e)** [형] 귀신이 출몰하는, 불안한, 피로운
* **hanter** [타] 자주가다, ~에 출몰하다
* **hangar** [남] 헛간. 광; 격납고
* **harangue** [여] (의회, 왕 따위의 앞에서 하는) 엄숙한 연설, 지루한 연설[훈시, 설교]
* **haranguer** [타] (에게) 연설하다, (비유) 장광설[설교]을 늘어놓다
* **harcèlement** [남] 괴롭힘, 애먹음 ~ sexuel 성희롱
* **harceler** [타] 피롭히다, 귀찮게 굴다
* **harde** [여] 떼, 무리
* **haricot** [남] 강낭콩
harmonica [남] [음악] 하모니카
harmonie [여] 조화, 일치, 화합
harmonieux(se) [형] 조화된, 화목한
harmoniser [타] 조화[화합]시키다
* **harnais** [남] 마구, 장치
* **harpe** [여] [음악] 하프
* **harpiste** [명] 하프 연주자
* **harpon** [남] 고래작살
* **harponner** [타] (고래) 작살로 쏘아 맞히다[찍다] (비유, 구어) (도둑 따위를) 잡다, 체포하다
* **hasard** [남] 운수, 요행; 우연한 일 par ~ 우연히
* **hâte** [여] 급함, 서두름

* **hâter (se)** [대] 서두르다
* **hausse** [여] 오름 être à la ~ 상승세에 있다
* **hautain(e)** [형] 오만한, 거만한
* **haut(e)** [형] 높은
* **hauteur** [여] 수준 à la ~ de... 수준의
* **Havane (la)** [여] 하바나 (쿠바의 수도) (h~) [남] 하바나산의 담배, 하바나 여송연, 옅은 밤색 (h~) [형] (불변) 옅은 밤색의

Hawaï [남] [지리] 하와이
hawaïen(ne) [형] 하와이의 [명] (H~) 하와이 사람

* **Haye** [여] [지리] (la ~) 헤이그

héberger [타] 유숙시키다
hébreu([복] ~x) [형] 히브리의 [남] 히브리어 (H~) 히브리 사람
hectare [남] 헥타르
hédonisme [남] [철학] 쾌락주의
hédoniste [명] 쾌락주의자 [형] 쾌락주의(자)의
hédonistique [형] =hédoniste
hélas [감] 아! 슬프도다!
hélice [여] 프로펠러
hélicoptère [남] 헬리콥터
héliport [남] 헬리콥터 발착장, 헬리포트
héliporter [타] 헬리콥터로 수송하다
hélium [남] 헬륨
hellénique [형] (고대) 그리스의
hellénisme [남] 그리스어법; 그리스 문화, 정신; 헬레니즘
helvétique [형] 스위스의
hématome [남] 혈종
hémisphère [남] 반구, 반구체
hémoglobine [여] 헤모글로빈
hémophilie [여] 혈우병
hémorragie [여] 출혈, 자산손실
hémorroïdes [여][복] 치질, 치핵

* **henné** [남] 해나 염료 (머리털 따위의 염색에 쓰이는 염료)

hépatite [여] 간염

héraldique [형] 문장(紋章)의 [여] 문장학
* **héraut** [남] 왕의 사자, 포고자
herbe [여] 풀, 초본
herboriste [명] 식물학자
hercule [남] 힘센 사람, 장수
héréditaire [형] 유전성의, 세습의
hérédité [여] 유전, 상습, 세습
hérésie [여] 이교, 이단
hérétique [형] 이교의, 이단의 [명] 이교도, 이단자
héritage [남] ① 상속; 유산, 법적상속동산, 조상 대대의 가재[가보] ② (시대, 사회 따위의) 유산
héritier(ère) [명] 상속인
hermétique [형] 밀봉한, 기밀의
hermétiquement [부] 밀봉[밀폐]하여
* **hernie** [여] [의학] 헤르니아, 탈장
héroïne [여] ① 여걸, 여장부, 여주인공, 탁월한 여성 Jeanne d'Arc, ~ nationale française 프랑스의 국가적 영웅인 잔다르크 ② (작품의) 여주인공 ~ d'un film 영화의 여주인공 ③ [화학] 헤로인(마취진통제)
héroïnomane [형] 헤로인 마약 중독의 [명] 헤로인 마약 중독자
héroïque [형] 영웅의, 용사의
héroïquement [부] 영웅답게, 용맹스럽게
héroïsme [남] 영웅적 자질, 영웅적 행위
* **héron** [남] [조류] 왜가리
* **héros** [남] 영웅, 용사, (남자) 주인공
herpès [남] [의학] (수)포진
hésitant(e) [형] 주저하는, 머뭇거리는
hésitation [여] 주저, 망설임 accepter qch sans ~ ...을 주저 없이 받아들이다[수락하다]
hésiter [자] 주저하다. à ~ on n'obtient rien 망설이다가는 아무것도 얻지 못한다.
hétérogène [형] 이종의, 혼성의
hétérosexuel(le) [형] 이성애의 [명] 이성애자
heure [여] 시간 il y a une ~ 한 시간 전에 le train part à trois ~s. 기차가 세시에 출발 한

다
hexagone [남] ① 육각형 ② (l'H~) 프랑스 본토 [본국]
hibernation [여] 동면
hiberner [자] 동면하다, 칩거하다
* **hibou** [남] 올빼미; 말을 안 하는 사람, 사교를 싫어하는 사람
* **hideux(se)** [형] 끔찍한, 불쾌한
hier [부] 어제
* **hiérarchie** [여] 계급제도, 위계, 조직, 단계
* **hiérarchique** [형] 계급의, 계급제도의
hiéroglyphe [남] (고대 이집트의) 상형문자
* **hi-fi (haute-fidélité)** [여] 하이파이
hilarité [여] 폭소, 크게 웃음
Himalaya [남] (l'~) [지리] 히말라야 산맥
hindi [남] 힌디어
hindou(e) [형] 인도의, 힌두교의 [명] (H~) 힌두교도
hindouisme [남] 힌두교
hippie [형] 히피족의, 히피풍의 [명] 히피(족)
Hippocrate [형] 히포크라테스 serment d'~ 히포크라테스 선서
hippopotame [남] 하마, 덩치가 큰 사람
hippy [형] 히피족의, 히피풍의 [명] 히피(족)
hispanique [형] 스페인의
* **hisser** [타] 끌어올리다, 게양하다 ~ les couleurs 국기를 게양하다
histoire [여] ① 역사; 역사학 ~ de la France 프랑스 역사 ② 연혁; 내력, 경력; 전기 ③ 이야기 ~ drôle 우스운 이야기, 농담
historien(ne) [명] 역사가, 역사학자
historique [형] 역사적인, 역사의,
historiquement [부] 역사적으로, 정확하게
* **hit-parade** [남] 히트곡 순위표, 영화, 연극의 인기 순위
hiver [남] 겨울
* **hocher** [타] 흔들다, (머리를) 끄덕거리다
* **hockey** [남] 하키 crosse de ~ 하키 채

* **hold-up** [남] 무장강도(의 습격) commettre un ~ 강도질을 하다
* **Hollande** [여] [지리] 네덜란드
  holocauste [남] ① (유태교의) 전번제 (통째로 구운 짐승을 제물로 바침); 종교적 희생 ② 희생; 제물 ③ 대량학살
  hologramme [남] 홀로그램
* **homard** [남] 바다 가재
  homélie [여] 통속 종교교육, 설교
  homéopathe [형] 유사요법주의의
  homéopathie [여] 유사요법
  homéopathique [형] 유사요법주의의
  homicide [형] 살인자의, 살인의 [남] 살인, 살인죄 ~ justifiable 정당방위 살인
  hommage [남] 경의, 존경, 칭찬, 헌정 rendre ~ à qn ....을 찬양하다
  homme [남] 남자; 어른; 사람
  homogène [형] 동질의, 균질의, 동일한
  homogénéiser [타] 등질화하다, 균질화하다
  homogénéité [여] 등질성, 일치
  homographe [남] 동형이의어
  homonyme [남] 동음이의어
  homosexualité [여] 동성연애
  homosexuel(le) [형] 동성애의 [명] 동성연애자
  Hong Kong [남] [지리] 홍콩
* **Hongrie** [여] [지리] 헝가리
* **hongrois(e)** [형] 헝가리의 [명] (H~) 헝가리사람 [남] 헝가리어
  honnête [형] 정직한, 정숙한, 적당한 être ~ au sujet de qch ...에 대해 정직하다, 성실하다
  honnêtement [부] 정직하게, 청렴하게, 적절하게
  honnêteté [여] 정직, 성실, 정숙 L'~ est toujours récompensée. 정직은 항상 보상을 받는다
  honneur [남] 명예, 체면, 경의, 존경
  honorable [형] 명예로운, 명망 높은, 고귀한,
  honorablement [부] 명예롭게, 정중히
  honoraire [형] 명예직의

honorer [타] 존경하다, 공경하다
honorifique [형] 명예상의, 존댓말의
* **honte** [여] 치욕, 수치, 부끄러움
* **honteusement** [부] 수치스럽게, 부끄럽게도
* **honteux(se)** [형] 부끄러운; 부끄럼 타는, 수줍은; 수치스러운 action ~se 수치스러운 행동
hôpital([복] **aux**) [남] 병원 à l'~ 병원에서
* **hoquet** [남] 딸꾹질 avoir le ~ 딸꾹질이 나오다
* **hoqueter** [자] 딸꾹질하다
horaire [형] 시간의, 한 시간의
* **horde** [여] 유목민, 무리
horizon [남] 지평선, 수평선, 미래, 영역 élargir ses ~s 영역을 넓히다
horizontal(ale, [복] **aux**) [형] 수평의, 수평 방향의
hormonal(ale, [복] **aux**) [형] 호르몬의, 호르몬에 의한
* **hormis** [전] ...을 제외하고, ... 이외에
hormone [여] 호르몬
horoscope [남] 점성
horreur [여] 공포, 무서움, 혐오 avoir ~ de qch[+ inf.] ...을[하기를] 무척 싫어하다
horrible [형] 무시무시한, 소름끼치는
horriblement [부] 무시무시하게
horrifiant(e) [형] 소름끼치게 하는
horrifié(e) [형] 소름끼치는
* **hors** [전] ...밖에; ...을 제외하고
* **hors-d'oeuvre** (불변) [남] 전채요리
hortensia [남] [식물] 수국
horticole [형] 원예의
horticulteur(trice) [명] 원예가
horticulture [여] 원예
hospitalier(ère) [형] 환대하는, 병원의
hospitaliser [타] 입원시키다, 양육원에 수용하다
hospitalité [여] 환대, 후대, 극진한 대접
hostile [형] 적대하는, 적대적인
hostilité [여] 적의, 반감

hot-dog [남] 핫도그
hôte(hôtesse) [명] 주인 [여] 스튜어디스(=~sse de l'air)
hôtel [남] 호텔, 여관, 관저, 웅장한 저택
hôtelier(ère) [명] 여관 주인, 호텔 경영자
* **houe** [여] 괭이
huile [여] 기름
* **huit** [형] 여덟의 [남] 여덟
* **huitième** [형] 여덟째의 [명] 여덟째 [남] 팔분의 일
* **huitièmement** [부] 여덟째로
huître [여] 굴
humain(e) [형] 인간의, 인간 고유의
humainement [부] 사람으로서, 사람의 힘으로
humaniser [타] 인간답게 만들다, 인간성을 부여하다
humanisme [남] 인문주의, 인본주의
humaniste [남] 고전학자, 인간[인본]주의자 [형] 인문주의의, 고전 연구의, 인간[인본]주의의
humanitaire [형] 인도주의적인
humanité [여] 인류, 인간, 인간미, 인정
humble [형] 겸손한; 겸허한; 검소한, 수수한; 보잘것없는
humblement [부] 겸손하게, 자기를 낮추어
humide [형] 습한, 물기가 많은
humidificateur [남] 가습기
humidité [여] 습기, 습도
humiliant(e) [형] 창피스러운, 굴욕[치욕]적인; 모욕적인
humiliation [여] 치욕, 모욕, 굴욕
humilier [타] 모욕하다, 창피를 주다
humilité [여] 겸손, 겸허, 공손
humoriste [명] 유머 작가, 해학가, 익살꾼
humoristique [형] 해학적인, 익살스러운
humour [남] 해학, 익살, 유머 avoir le sens de l'~ 유머감각이 있다
humus [남] 부식토, 부식질
* **hurlement** [남] (개, 이리 따위의) 짖는 소리,

hypermarché

(사람의) 울부짖음, 아우성 un ~ de douleur 고통의 울부짖음
* **hurler** [자] (개, 이리 따위가) 짖다, (주어는 사람) 절규하다, 울부짖다, 고함[아우성]을 치다 ~ de rage 고함을 지르며 노발대발하다
* **hussard** [남] [군사] 경기병
hybride [형] 잡종의, 혼합의, 절충의 [남] (동식물의) 잡종, 혼종어
hydrate [남] 수화물
hydrater [타] 수화시키다 (피부 조직에) 수분을 주다
hydraulique [형] 수력의 [여] 수력학, 수리학
hydravion [남] 수상 비행기
hydre [여] [그리스신화] ① 히드라 (헤라클레스가 죽였다는 머리가 7 또는 9개인 뱀, 머리 하나를 자르면 두 개가 생김) ② (비유) 근절하기 어려운 악[화근] ③ [동물] 히드라
hydrique [형] 물의 adopter des modes d'irrigation moins gourmands en ressources ~s 수자원을 덜 소비하는 관개법을 도입하다
hydro(-)électricité [여] 수력 전기
hydro(-)électrique [형] 수력 전기[발전]의 centrale ~ 수력 발전소
hydrogène [남] 수소
hydrolyse [여] [화학] 가수분해
hydrophobie [여] [의학] 공수병, 광견병
hydrothérapie [여] (목욕, 습포 따위에 의한) 물 치료법
* **hyène** [여] [동물] 하이에나
hygiène [여] 위생 ~ alimentaire 식품 위생
hygiénique [형] 위생상의, 건강에 좋은
hygiéniste [명] 위생학자, 위생기사
hymne [남] 찬가, 송가
hyperactif(ve) [형] 과도하게 활동적인
hyperactivité [여] 과도한 활동
hyperbole [여] 과장법, 쌍곡선
hyperlien [남] [정보] 하이퍼링크
hypermarché [남] 대형슈퍼마켓

hypersensible [형] 감성이 지나치게 민감한, 과민한
hypertension [여] 고혈압
hypnose [여] 최면 상태, 황홀
hypnothérapie [여] 최면 치료
hypnotique [형] 최면(술)의 [남] 수면제, 최면제
hypnotiser [타] 최면술로 잠자게 하다, 정신을 빼앗다
hypnotiseur(se) [형][명] 최면술을 거는 (사람)
hypnotisme [남] 최면상태, 최면술
hypoallergique [형] 저자극성인
hypocondrie [여] 히포콘드리, 심기증
hypocrite [형] 위선적인, 거짓의 [명] 위선자
hypocritement [부] 위선적으로
hypoderme [남] [해부] 피하조직
hypodermique [형] 피하의
hypoténuse [여] [수학] 빗변
hypothermie [여] [의학] 저체온증
hypothèse [여] 가정, 가설
hypothétique [형] 가정의, 가설적인
hystérectomie [여] [의학] 자궁적출술
hystérie [여] 히스테리, 극도의 홍분
hystérique [형] 히스테리의, 히스테리 증세의, 극도로 홍분된

I

I, i [남] 불어 자모의 아홉째 글자
Icare [남] 이카로스 (그리스 신화에서 초로 붙인 날개로 하늘을 날다가 태양열에 초가 녹아서 추락한 인물)
ici [부] ① 여기에서 Viens ~. 이리 와 M. Martin, ~ présent 여기 계신 마르탱 씨 Il fait plus faris ~ qu'à Paris. 이곳은 파리보다 선선하다 Veuillez signer ~. 여기에 서명해 주세요 I~ repose[gît] X. 여기에 X씨가 잠들다 (묘비명) I~ encore, l'auteur évoque sa jeunesse. 여기서 다시 작가는 자신의 유년을 떠올린다 d'~ (장소) 여기서; 이곳의, 현지의 Sortez d'~. 여기서 나가시오! près d'~ 이 근처에 C'est à un kilomètre[à cinq minutes] d'~. 여기서 1킬로미터[5분] 거리이다 (시간) 지금부터 ...까지 [d'~ (à) + 시간명사] d'~ (à) demain 내일까지
icone [남] [정보] 아이콘 (컴퓨터의 각종 기능이나 메시지를 표시한 그림 문자)
icône [여] (목판에 그린 그리스 정교의) 성화상, 성상
iconoclaste [명] 성상 파괴론자, 우상 파괴자, 미술품 파괴자 (비유, 경멸) 전통 파괴자, 문화 파괴자 [형] 성상 파괴론[주의]의, 우상 파괴의
iconographie [여] 도상학, 초상학
idéal(ale, [복] **aux)** [형] 이상적인 [남] 이상
idéaliser [타] 이상화하다, 미화하다
idéalisme [남] 관념론, 이상주의
idéaliste [형] 관념론적인, 이상주의적인
idéaliste [명] 관념론자, 이상주의자
idée [여] ① 생각, 사고, 상념 expression des ~s par le langage 언어를 통한 사고의 표현 ~ claire[nette] 명확한 생각 association d'~ s 관

념연함, 연상 se faire des ~s superficielles sur qch ...에 대해 피상적으로 생각하다 perdre le fil de ses ~s 생각의 실마리를 놓치다 rassembler ses ~s 생각을 정리하다 chasser une ~ de son esprit 어떤 생각을 의식에서 떨쳐버리다 ~ fixe 고정관념 [~ de qch/inf.] L'~ de la mort le tourmentait sans cesse. 죽음에 대한 생각이 끊임없이 그를 괴롭혔다 L'~ de la revoir me ravit. 그 여자를 다시 만난다는 생각에 너무나 기쁘다 [~ que + ind./sub.] L'~ que j'étais désormais seul m'était insupportable. 이제 혼자라는 생각을 하니 견디기 어려웠다 ② 착상, 아이디어, 구상 ③ 견해; 소신 ~ reçue 사회통념 changer d'~ comme de chemise 자주[쉽게] 생각을 바꾸다 J'ai mon ~[ma petite ~] sur la question. 그 문제에 대한 내 나름대로의 소견이 있다 ④ 개괄적인 이해 (=aperçu) 어림짐작 donner[se faire] une ~ de la complexité des problèmes 문제의 복잡성을 대충 이해하게 해주다[이해하다] As-tu une ~ du prix ? 값이 얼마 정도일까? Je n'en ai aucune[pas la moindre] ~. 전혀 짐작이 가지 않는다 ⑥ 상상, 공상; (갑작스러운) 엉뚱한 생각(=fantaisie) En voilà, une ~ ! 그거야 그저 공연한 상상일 뿐이야! ⑦ 염두, 의식 se mettre bien dans l'~ de + inf.[que + ind.] ...을 명심하다 C'est une chose qui ne me vient même pas à l'~. 나로서는 생각도 할 수 없는 일이다 ⑧ [철학] 이념, 이데아 ⑨ [심리, 논리] 개념, 관념

identifiable [형] 식별이 가능한, 확인할 수 있는
identification [여] 동일화, 신원확인
identifier [타] ① 동일시하다; 동일인임을 확인하다 [~ qch[qn]] avec/à/et qch[qn]] ~ le parfait avec l'absolu 완벽과 절대를 동일시하다 ② 알아보다 (=reconnaître); (의) 신원을 확인하다 Je le connais, mais je n'arrive pas à l'~. 아는 사람이긴 한데, 그가 누군지 모르겠다

~ un cadavre[des empreintes digitales] 사체의 신원[지문]을 확인하다 ③ 식별하다; 판별하다; 감정하다 bruit étrange qu'on n'arrive pas à ~ 정체를 알 수 없는 이상한 소리 objet volant non *identifié* 미확인 비행물체 ([약] ovni) ~ des plantes 식물들을 판별하다 ~ des échantillons de pierres 보석 견본을 감정하다 s'~ [대] ① (와) 동화되다, 일체가 되다 [s'~ avec/à qn[qch] acteur qui *s'identifie* avec son personnage 작중 인물과 일체가 되는 배우 ② (와) 자신을 동일시하다 [s'~ à qn] Il s'identifie à son père. 그는 자신을 자기 아버지와 동일시한다

identique [형] 동일한
identité [여] 동일성, 정체성, 신원, 신분 Avez-vous une pièce d'~ ? 신분증 있으십니까?
idéogramme [남] 표의
idéologie [여] 관념론
idéologique [형] 관념론적인
idiomatique [형] 관용어의, 특유어법의
idiome [남] 관용어, 방언
idiot(e) [명] 백치, 바보
idiotie [여] 백치, 바보짓
idolâtre [형] 우상을 숭배하는; 열렬히 사랑하는 (~ de) [명] 우상숭배자; 열애하는 이, 숭배자; 심취자
idolâtrie [여] 우상숭배
idole [여] 우상, 숭배 대상
idorâtrer [타] 우상처럼 숭배하다
idylle [여] 목가, 전원시
ignare [형] 배우지 못한, 무지한 [명] 무지한 사람
ignominieux(se) [형] (문어) 치욕[수치]스러운, 비열한
ignorance [여] 무지, 무식, 무학
ignorant(e) [형] 무식한, 무지한
ignorer [타] 모르다, 모르고 있다

illégal(ale, [복] aux) [형] 위법의, 불법의
illégalement [부] 불법(적)으로
illégalité [여] 위법(성), 불법행위, 비합법(활동)
illégimité [여] 위법, 비합법, 부조리, 사생
illégitime [형] 불법의, 비합법적인
illicite [형] 불법의, 부적한, 불륜의
illisible [형] 읽기 어려운, 읽을 수 없는, 읽을 가치가 없는
illogique [형] 비논리적인, 부조리한, 불합리한
illogiquement [부] 비논리적으로, 부조리하게
illogisme [남] 모순, 모순된 것
illumination [여] 조명, 일루미네이션
illuminer [타] (빛을) 비추다, 조명하다
illusion [여] 착각, 환각
illusoire [형] 허망한, 허위의
illustrateur(trice) [명] 삽화가
illustration [여] 삽화를 넣기, 삽화
illustre [형] 저명한, 이름 높은
illustrer [타] (에) 삽화를 넣다, 예증하다
image [여] 상, 영상, 모습, 사진
imagerie [여] 판화 제작[판매] (집합적) 판화
imaginable [형] 상상할 수 있는
imaginaire [형] 상상의, 가상의, 가공의
imaginatif(ve) [형] 상상의, 상상력이 풍부한
imagination [여] 상상력, 상상 작용
imaginer [타] 상상하다, 마음속에 그리다
imbécile [형] 멍청한, 어리석은 [명] 바보, 얼간이
imitateur(trice) [명] 모방자
imitation [여] 모방, 흉내 L'~ est la plus sincère des flatteries. 모방은 가장 솔직한 아첨이다.
imiter [타] 모방하다, 흉내내다
immatériel(le) [형] 무형의
immature [형] 미(성)숙한
immaturité [여] 미숙, 미발달, 미완성
immédiat(e) [형] 직접의, 가까운; 즉시의
immédiatement [형] 직접적으로, 바로 가까이

immédiateté [여] 긴박, 직접, 즉시, 직접성
immémorial(ale, [복] **aux)** [형] 기억에 없는, 아득한 옛날의
immense [형] 무한한, 광대한, 광막한, 거대한
immensité [여] 광대, 무한한 공간
immergé(e) [형] (물에) 잠긴
immersion [여] 물에 잠그기, 침수, 잠수
immeuble [남] 건물
immigrant(e) [명] (타국으로부터의) 이주민, 이민자
immigration [여] (타국으로부터의) 이주
immigré(e) [명] (타국으로부터의) 이주자
immigrer [자] (타국으로부터) 이주하다, 이민오다
imminence [여] 절박, 촉박
imminent(e) [형] 절박한, 촉박한, 초미의
immobile [형] 부동의, 고정된
immobilier(ère) [형] 부동산을 다루는 agence ~ère 부동산 중개업소
immobiliser [타] 움직이지 못하게 하다, 정지시키다
immobilité [여] 부동, 부동 상태, 고정
immodéré(e) [형] 과도한, 무절제한
immoral(ale, [복] **aux)** [형] 부도덕한, 패덕한; 외설적인
immoralité [여] 패덕, 부도덕, 외설
immortaliser [타] 불멸하게 만들다, 영원히 전하다
immortalité [여] 불사, 불멸
immortel(le) [형] 불사의, 불멸의, 영원한
immuable [형] 불변의, 불역의
immunilogie [여] 면역학
immunisation [여] 면역화
immunisé [형] 면역된
immuniser [타] 면역시키다, 보호하다
immunitaire [형] [의학] 면역(성)의 système ~ 면역체계
immunité [여] 면제, 불가침권, 면역(성)

impact [남] 탄착, 충격, 영향
impalpable [형] 만져서 느껴지지 않는, 미세한
imparfait(e) [형] ① 불완전한, 미완성의 ② 결함이 있는, 조잡한 [남] [언어] 반과거
impartial(ale, [복] aux) [형] 공평한, 공정한, 편파성 없는
impartialité [여] 공평, 공정
impassible [형] 무감동의, 동하지 않는, 태연한, 냉정한
impatiemment [부] 참을 수 없이, 안달 나서, 초조하게
imperceptible [형] 지각되지 않는, 대수롭지 않은, 감지할 수 없을 만큼, 조금씩
imperfection [여] 불완전, 결함
impérial(ale, [복] aux) [형] 황제의, 황실의
impérialisme [남] 제국주의, 영토확장주의 ~ culturel 문화적 제국주의
impérialiste [명] 제국주의자
impérieux(se) [형] 명령적인, 강압적인, 절대적인, 긴급한
imperméable [형] 스며들지 않는, 방수성의 [남] 비옷, 레인코트
impersonnalité [여] 비인격성, 몰개성, 보편성
impersonnel(le) [형] 비인격적인, 비개인적인
impertinence [여] 건방짐, 무례
impertinent(e) [형] 버릇없는, 무례한, 건방진
imperturbable [형] 태연한, 차분한, 침착한, 냉정한
impétueux(se) [형] 맹렬한, 격렬한, 혈기왕성한
impétuosité [여] 맹렬함, 세참
impie [형] 불경건한, 신앙심 없는
impiété [여] (문어) 무신앙, 불경건, 신[종교]의 모독, 신을 모독하는[불경한] 언행
implacable [형] (문어) 누그러뜨릴[달랠] 수 없는, 집요한, 무정한 냉혹한, 무자비한
implacablement [부] 누그러뜨릴 수 없게, 집요하게, 냉혹하게, 가차 없이
implant [남] 이식용 조직편

implantation [여] ① (이민 따위에 의한) 이주, 정착 ~ des Arabes en Europe 아랍인들의 유럽이주 ② (공장, 산업 시설 따위의) 설치, 진출 ~ d'une usine dans une région 지방에 공장을 설립하기

implanter [타] 도입하다, 설치하다 ~ des industries dans un pays 국가에 새로운 산업을 도입하다

implémentation [여] [정보] 구현 (시뮬레이션 과정을 거친 프로그램을 실제의 장치로 구체화하는 것)

implémenter [타] [정보] 구현하다

implication [여] ① (일, 사건과의) 관련, 연루 ~ dans un scandale 추문에 연루되기 ② (흔히 복수) 논리적 귀결, 결과, 영향 ~s financières d'une politique 정책의 재정적인 영향 ③ [법] 범죄와의 연루, 연좌 ④ [논리] 내포, 함축

implicite [형] 암암리의, 무언중의, 함축적인

implicitement [부] 암암리에, 은연중에

impliquer [타] ① (사건 따위에) 끌어들이다, 연루시키다 ~ qn dans une affaire criminelle …을 범죄사건에 연루시키다 ② 내포하다, 함축하다; 전제로 하다; 결과로 초래하다 Cela implique que vous *avez menti*. 그것은 당신이 거짓말을 하였음을 의미하는 것입니다

implorant(e) [형] (문어) 탄원하는, 간청[애원]하는

implosion [여] 탄원, 간청

impoli(e) [형] 버릇없는, 무례한, 불손한

impolitesse [여] 버릇없음, 무례, 실례

importance [여] 중대성, 중요성 de peu d'~ 거의 중요하지 않은 C'est une question de la plus haute ~ 이것이 가장 중요한 문제다

important(e) [형] 중대한, 중요한, 긴요한

importateur(trice) [명] 수입업자 [형] 수입하는 pays ~ de pétrole 석유 수입국

importation [여] 수입, (흔히 복수) 수입품

importer [타] 수입하다, 도입하다.

import-export ([복] ~s-~s) [남] 수출입
importun [형] 귀찮은, 성가신, 번거로운
importuner [타] 귀찮게 굴다, 폐를 끼치다, 괴롭히다
imposer [타] ① 위에 놓다; 과세하다; 부과하다, 강요하다 ② 위압하다; 속이다 (~ à)
imposition [여] 부과, 강제, 과세
impossibilité [여] 불가능성, 불가능한 일
impossible [형] 불가능한, 있을 수 없는
imposteur [남] 사기꾼, 야바위꾼
imposture [여] 사기, 협잡, 속임수
impraticable [형] ① 실현 불가능한 ② 통행 불가능한
imprécis(e) [형] 불명확한, 애매한, 막연한
imprécision [여] 불명료, 막연, 애매
imprégner [타] 배어들게 하다, 스며들게 하다
imprenable [형] 스며들게 할 수 있는
imprésario, impresario ([복] ~s, impresarii) [남] (연예인의) 매니저, (공연의) 기획자
impression [여] 인상, 느낌, 감상
impressionnant(e) [형] 깊은 감명을 주는, 인상적인
impressionner [타] 인상을 주다, 감명을 주다
impressionniste [형] 인상주의의 [명] 인상파 화가, 작가, 작곡가
imprévoyant(e) [형] 선견지명이 없는, 용의주도하지 못한, 부주의한
imprimante [여] [정보] 프린터 ~ à jet d'encre 잉크젯 프린터 ~ (à) laser 레이저 프린터
imprimer [타] 활자화하다, 인쇄하다
imprimerie [여] ① 인쇄(술) ② 인쇄소; 인쇄기, 인쇄 설비
improbabilité [여] 있음직하지 않음, 일어날 수 없는 일
improbable [형] 있음직하지 않은
impropre [형] 적당하지 않은, 어울리지 않는
improprement [부] 부적당하게
improvisation [여] 즉흥, 즉음

improviser [타] 즉석에서 만들어내다
imprudence [여] ① 경솔, 무모, 무분별 ② 경솔한[무분별한] 언행
imprudent(e) [형] 신중하지 못한, 경솔한, 무분별한
impudent(e) [형] 파렴치한, 뻔뻔스러운
impuissance [여] 무력, 무능
impuissant(e) [형] 무력한, 무능한, 무익한
impulsif(ve) [형] 충동적인
impulsion [여] 충격, 추진력, 자극
impulsivement [부] 충동적으로
inamical(ale, [복] aux) [형] 우정 없는, 매정한, 불친절한, 냉정한; 적대적인
inanimé(e) [형] 생명이 없는, 의식을 잃은
inapplicable [형] 적용할 수 없는
inarticulé(e) [형] 발음이 분명치 않은, 불분명한
inattention [여] 부주의, 무관심
inaudible [형] 들리지 않는, 차마 들을 수 없는
inaugural(ale, [복] aux) [형] 개회식의
inauguration [여] 제막식
inaugurer [타] 제막식을 거행하다
incalculable [형] 헤아릴 수 없는, 무수한, 막대한
incandescence [여] 백열
incandescent(e) [형] 백열하는
incapable [형] 능력이 없는, 무능한, 쓸모없는
incapacité [여] 능력 없음, 할 수 없음, 무력
incarcérer [타] 투옥하다, 감금하다, 구치하다
incarnation [여] 화신, 육체화, 구현
incarné(e) [형] 육체화된, 화신한
incarner [타] 육체화하다, 구체화하다
incendiaire [형] 방화하는, 불을 지르는 [명] 방화범
incessant(e) [형] 끊임없는, 부단한
inceste [남] 근친상간
incestueux(se) [형] 근친상간의 [명] 근친상간자
incident [남] 사소한 사건, (뜻밖의) 지장
incinération [여] 소각, 화장

incinérer [타] 소각하다, 재로 만들다, 화장하다
incisif(ve) [형] 날카로운, 신랄한 [여] 앞니, 문치
incision [여] 홈을 새김, 절개
incitation [여] 격려, 고무, 선동 ~ au travail 작업 독려
inciter [타] 격려하다, 자극하다, 교사하다 ~ qn à la méfiance ...의 경계심을 자극하다
inclément [형] 혹심한
inclination [여] 머리를 숙이기, 경향, 성향
incliner [타] 기울이다, 마음을 기울게 하다
inclu(e) [형] 동봉한, 포함된
inclure [타] 동봉하다, 포함시키다
inclusif(ve) [형] [~ de] 포함하고 있는; 포괄적인
inclusion [여] ① 집어넣기, 포함 ② 내포물; (결정 속의) 이물질, 함유물
incognito [부] 익명으로, 남몰래, 비밀리에 [남] 익명, 암행
incohérence [여] 부조화, 불일치
incohérent(e) [형] ① 일관성이 없는, 앞뒤가 맞지 않는 ② (문어) 기이한, 기괴한
incohésion [여] 응집력 결핍
incomber [형] 돌아오다, 과해지다, 떠맡겨지다
incommensurable [형] 무제한의, 막대한
incompatible [형] 양립불능의
incompétence [여] 권한 부재, 무자격, 부적임, 무능력
incompétent(e) [형] 관할이 틀리는, 권한 없는, 능력 없는
incomplet(ète) [형] 불완전한, 불충분한
incomplètement [부] 불완전하게
incompréhensible [형] 알 수 없는, 난해한
incompréhension [여] 이해력의 결핍, 이해의 거부
inconcevable [형] 생각도 할 수 없는, 엉뚱한
inconciliable [형] 융화할 수 없는
incongruité [여] 몰상식, 버릇없음
inconsistant(e) [형] 절개 없는, 불안정한

inconsolable [형] 위로할 길 없는
inconstance [여] 절개 없음, 변심, 변덕, 불안정
inconstant(e) [형] 절개 없는, 불안정한
incontinence [여] 무절제, 방탕
incontinent(e) [형] 무절제한, 방탕한
incorporation [여] 합체, 혼합, 편입
incorporer [타] 합체하다, 삽입하다
incorrect(e) [형] 부정확한, 버릇없는
incorrectement [부] 부정확하게, 버릇없이
incorrigible [형] 교정할 수 없는, 다루기 힘이 드는
incorruptible [형] 썩지 않는, 변하지 않는
incrédule [형] 쉽게 믿지 않는, 의심 많은
incriminer [타] 비난하다, 의심하다, 고소하다
incrustation [여] 상감, 물때, 버캐
incubateur(trice) [남] 인공 부화기 [여] (미숙아용) 인큐베이터
incubation [여] 부화
inculquer [타] 차근차근 설명하다, 가르치다, 주입시키다
incurable [형] 불치의, 고칠 수 없는
incursion [여] 침입, 급습
indécence [여] 추잡함, 노골적임, 외설
indécent(e) [형] 천한, 단정치 못한, 추잡한
indéchiffrable [형] ① 해독[판독]할 수 없는 ② 읽기 어려운, 알아볼 수 없는 manuscrit ~ 읽기 어려운 원고 ③ (비유) 이해하기 어려운, 불가해한; 수수께끼의 pensées ~s 난해한 사상 personnage ~ 수수께끼의 인물
indécis(e) [형] 결단성이 없는, 우유부단한, 확정되지 않은
indécision [여] 결단성 없음, 우유부단
indéfendable [형] 방어할 수 없는
indéfini(e) [형] 정의 되지 않은, 한계 없는, 부정확한 l'article ~ 부정관사
indéfiniment [부] 무한정으로
indéfinissable [형] 정의할 수 없는, 막연한
indélébile [형] 지워지지 않는, 사라지지 않는

indélicat(e) [형] 부정직한, 상스러운, 무례한
indélicatesse [여] 부정직, 상스러움, 무례
indemniser [타] 배상(변상, 보상)하다
indemnité [여] 배상(보상)금, 수당
indépendance [여] 독립(성), 자립(성), 자주성
indépendant(e) [형] 예속되어 있지 않는, 독립의, 자주적인 [여] 독립절
indescribable [형] 형언할 수 없는, 말로 표현할 수 없는
indestructible [형] 파괴할 수 없는, 불멸의
indéterminé(e) [형] 불확정의, 불명확한, 어렴풋한, 흐릿한
indexation [여] 지수화 방식에 의한 가치 수정
indicateur(trice) [명] 고발자, 밀고자; 스파이 [남] ① 안내서, 정보지 ② 지시기, 표시계 [형] 표시[지시]하는 panneau ~ (도로) 표지판
indicatif(ve) [형] 지시하는 [남] 직설법
indication [여] 지시, 정보, 표
indice [남] 징후; 표지, (지)표; 지수
indifféremment [형] 무관심한, 냉담한
indifférence [여] 무관심, 무신앙, 냉담
indifférent(e) [형] 아무래도 좋은; 무관심한; 냉담한
indigène [형] 토착의, 토산의, 현지인의
indigeste [형] 소화되지 않는, 잘 이해되지 않는
indigestion [여] 소화불량, 포만
indignation [여] 분개
indigne [형] 받을 자격 없는, 마땅치 않은
indignité [여] 무자격, 무가치, 무능, 비굴
indiquer [타] 알려주다, 정하다, 가리키다
indirect(e) [형] 간접의, 간접적인
indirectement [부] 간접적으로
indiscret(ète) [형] ① 조심성 없는 ② 실없는 ③ 무례한 une question ~ète 무례한 질문
indistinct(e) [형] 분명치 않은, 몽롱한
indistinctement [부] 무차별하게, 구별 없이, 불명료하게, 희미하게

individu [남] 개인
individualisme [남] 개인주의, 개체주의
individualiste [형] 개인주의의 [명] 개인주의자
individuellement [부] 개인적으로, 개별적으로
indivisible [형] 분할할 수 없는, 공유의
indolence [여] 귀찮아함, 게으름, 무기력
indolent(e) [형] 게으른, 정성을 다하지 않는, 무기력한
Indonésie [여] [지리] 인도네시아
indonésien(ne) [형] 인도의 [명] (I~) 인도네시아 사람
indubitable [형] 의심할 여지가 없는, 확실한
induction [여] 귀납법, 추론, 결론
induire [타] ① 이끌다 ~ en erreur 오류로 이끌다 ② 추론하다, 귀납하다 ③ 감응작용을 일으키다
indulgence [여] 관용, 관대, 면죄
indulgent(e) [형] 관대한, 너그러운
industrialiser [타] 산업화하다, 공업화하다
industrie [여] 산업, 공업 1~ du petrole 석유공업
industriel(le) [형] 산업(공업)의 zone ~le 공업지대 [명] 실업가
inédit(e) [형] 미간의, 발표되지 않은; 알려지지 않은
inefficace [형] 효력이 없는, 쓸 데 없는, 무능한
inefficacité [여] 효력(효험)없음, 무효, 무능
ineptie [여] 어리석음, 어이없음, 어리석은[어이없는] 행위[말, 일]
inerte [형] 생기가 없는, 꼼짝하지 않는, 불활성의
inévitable [형] 피할 수 없는, 필연적인
inévitablement [부] 불가피하게, 반드시, 필연적으로
inexact(e) [형] 부정확한, 틀린, 꼼꼼하지 못한
inexactement [부] 부정확하게, 틀리게
inexcusable [형] 용서할 수 없는
inexorable [형] 준엄한, 냉혹한

inexorablement [부] 엄하게, 가혹하게, 사정없이
inexpérience [여] 무경험, 미숙
inexpérimenté(e) [형] 무경험의, 미숙한
inexplicable [형] 설명할 수 없는, 풀 수 없는
inexplicablement [부] 설명할 수 없게
inexpressif(ve) [형] 표현력이 빈약한, 무표정한
inexprimable [형] 말로 표현할 수 없는
inextricable [형] 해결할 수 없는, 뒤얽힌
inextricablement [부] 빠져나오지 못하게
infaillibilité [여] 과오를 범하지 않음
infaillible [형] 과오를 범하지 않는
infailliblement [부] 빠져나오지 못하게
infanterie [여] 보병대
infanticide [남] 영아살해
infantile [형] 유아의, 영아의
infecter [타] 오염시키다
infectieux(se) [형] 감염된, 오염된
infection [여] 감염, 전염
inférence [여] 추리, 추론
inférer [타] 결론을 이끌어 내다, 추리하다
inférieur(e) [형] 아래의, 낮은
infériorité [여] 열등, 열세
infernal(ale, [복] aux) [형] 지옥의, 악마 같은, 끔찍한
infertile [형] 불모의, 열매 맺지 않는
infertilité [여] (문어) 메마름, 불모 (비유) (재능, 창의력 따위의) 빈약함, 불임(증)
infestation [여] 침략, 만연, 체내 침입
infester [타] 횡행하다, 들끓다
infidèle [형] ① 충실하지 못한 ② (약속, 의무 따위를) 지키지 않는, 신의가 없는, 불성실한; 부정한 femme ~ 부정한 아내
infidélité [여] ① 신의의 배반; 불충실, 불성실; (부부간의) 부정 ② 부정확(한 점)
infiltration [여] 스며들기, 침투, 잠입
infiltrer(s') [대] 스며들다, 침투하다
infini(e) [형] 끝없는, 한없는 [남] 무한, 무한대
infiniment [부] 한없이, 아주, 몹시

infinitif(ve) [형] 부정법의 [남] 부정법 [여] 부정법절
infirme [형] 몸이 성하지 못한, 불구인
infirmerie [여] 의무실
infirmité [여] 불구, 신체장애, 약점
inflammable [형] 인화성의, 불붙기 쉬운
inflammation [여] 염증
inflammatoire [형] 염증성의
inflation [여] 인플레이션, 통화팽창
inflationniste [형] 인플레이션과 관련된
inflexibilité [여] 엄격함, 완고함
inflexible [형] 끄떡도 않는, 고집 센
inflexion [여] 굽힘, 숙임, 구부러짐
infliger [타] 과하다, 입히다, 가하다
influence [여] 영향, 작용 avoir une ~ 영향력을 미치다 subir l'~ de qqn …의 영향을 받다
influent(e) [형] 영향 있는, 유력한
informateur(trice) [명] 보도원, 정보 제공자
informaticien(ne) [명] 정보처리 기술자
information [여] 정보, 지식; 정보조사, 정보수집 âge des technologies de l'~ 정보통신시대
informatique [여] 정보과학, 정보처리기술 [형] 정보과학의, 정보처리의 système ~ 정보체계
informe [형] 형태가 정해지지 않은, 미완성의
informer [타] 알려주다, 통지하다
infrarouge [형] 적외선의
inftastructure [여] 기초 공사, 하부구조
infuser [타] 달이다, (더운 물에) 우려내다, 주입하다, (비유) (활력 따위를) 불어넣다
infusion [여] 우려내기 우려낸 것
ingénieusement [부] 교묘하게, 재간있게
ingénieux(se) [형] 창의력 있는, 영리한, 교묘한
ingéniosité [여] 재간, 능란한 솜씨, 정교함
ingénu(e) [형] (문어) 천진한, 순박한, 솔직한 [명] 솔직한 사람, 순진한 사람, 순박한 사람
ingénument [부] 솔직하게, 순진하게, 꾸밈없이
ingérer [타] 입에 넣다, 먹다
ingratitude [여] 배은망덕

inhabitable [형] 살 수 없는
inhalateur [남] 흡입기
inhalation [여] 흡입, 흡수 작용
inhaler [타] 들이마시다, 흡입하다
inhibe [형] 억압된, 억제된
inhiber [타] 억제(저해)하다, 억압하다
inhibiteur(trice) [형] [생리][심리] 억제하는 [남] [의학][화학] 억제제
inhibition [여] 제지, 억제
inhospitalier(ère) [형] 푸대접하는, 불친절한
inhumain(e) [형] 비인간적인, 인정 없는, 지독한
inhumanité [여] 비인간성, 몰인정, 잔인
inhumation [여] 매장
inhumer [타] 매장하다
inimitable [형] 흉내 낼 수 없는, 모방할 수 없는
inique [형] 부당한, 부정한, 불공평한
iniquité [여] 부정, 불공정, 불공평, 부패
initial(ale, [복] aux) [형] 원래의, 첫 번째의, 초기의 [여] 머리글자
initialiser [타] 초기화 하다
initiative [여] ① 발의, 제창 ② [정치] 발의, 발의권 ③ 솔선행위, 주도, 자주적 행동 prendre l'~ de qch[inf.] 솔선하여 …을 하다
initié(e) [명] 심오한 교리를 전수받은 사람, 입문자. 전문가 ~ qqn à …의 입문 지도를 하다
initier [타] (종교 따위에 있어서) 비전을 전수하다; 입당시키다; 초보를 가르치다, 깨우쳐주다 s'~ [대] (의) 기초를 배우다 [s'~ à] s'~ à un métier 어떤 직업의 기초를 배우다
injecter [타] 주사하다, 주입하다, 투입하다
injection [여] 주입, 주사, 주사액 faire une ~ 주사를 놓다
injonction [여] 명령, 법정명령
injustice [여] 부정, 불공평, 부정한 행위
inné(e) [형] 타고난, 선천적인, 천부의
innocemment [부] 천진난만하게, 악의 없이
innocence [여] 무죄, 무고, 천진난만함, 순수함
innocent(e) [명] 죄 없는 사람, 청순한 사람, 아

이, 유아
innombrable [형] 무수한, 헤아릴 수 없는
innovateur(trice) [형] 개혁하는, 혁신적인
innovation [여] 혁신, 개혁, 혁신적인 것
innover [타] 개혁하다, 쇄신하다
inoculation [여] 체내침입, 세균감염, 접종
inoculer [타] 접종하다 ~ qch à qqn …에게 …의 예방 주사를 놓다
inoffensif(ve) [형] 해를 끼치지 않는
inopérant(e) [형] 효력 없는
inopportun(e) [형] 시의적절하지 않은
inopportunement [부] (문어) 안 좋은 시기에
inquiét(ète) [형] 불안한, 안절부절 못하는
inquiétant(e) [형] 불안한, 근심스러운
inquiéter [타] 불안하게 하다; 근심하게 하다 s'~ 걱정하다
inquisition [여] 엄한 취조, 종교 재판소
insaisissable [형] 포착할 수 없는; 감각으로 알 수 없는; 이해할 수 없는
insatiable [형] 탐욕스러운, 게걸스러운 d'une curiosité ~ 끝없는 호기심을 가진
inscription [여] 기입, 기재, 등기, 등록, 게시(문)
inscrire [타] 적어두다, 등록시키다
insecte [남] 곤충, 벌레 같은 것
insecticide [남] 살충제
insécurité [여] 불안정, 불안
insémination [여] 수정, 매정
insensibilité [여] 무감각, 마비, 무관심
insensible [형] 무감각한, 마비된, 무관심한
inséparable [형] 뗄 수 없는, 불가분의
insertion [여] 삽입, 게재, 동화, 가입
insidieux(se) [형] 엉큼한, 음흉한, 교활한
insigne [형] 주목할 만한, 탁월한, 특별한 [남] ① 표상, 표지, 상징 ② 배지, 마크, 휘장
insignifiance [여] 하찮은 것, 무의미
insignifiant(e) [형] 하찮은, 중요하지 않은
insinuation [여] 암시, 넌지시 가리킴
insinuer [타] 암시하다, 완곡하게 나타내다

insistant(e) [형] 집요한, 고집하는
insistence [여] 주장, 강조, 강요, 간청 faire qch devant l'~ de qn ...의 강요로 ...을 하다
insister [자] 역점을 두다, 강조하다
insolence [여] 건방짐, 무례함, 불손한 언행
insolent(e) [형] 건방진, 불손한, 비상한
insoluble [형] 불용해성의, 해결될 수 없는
insolvabilité [여] 지불(판상)불능
insolvable [형] 지붕(판상)능력이 없는
insomniaque [명] 불면증에 걸린 사람
insomnie [여] [의학] 불면(증)
insouciance [여] 태평무심
insouciant(e) [형] 태평무심한
insoutenable [형] 지지[주장]할 수 없는
inspecteur(trice) [명] 검사관, 감독관, 사복형사
inspection [여] 검사, 감독, 시찰, 검열
inspirateur(trice) [명] 영감(암시)을 주는 사람(것)
inspiration [여] 영감, 착상, 계시, 암시
inspiré(e) [형] 영감을 받은, 착상을 얻은
inspirer [타] 불러일으키다, 품게 하다, 영감을 불어넣다
instabilité [여] 불안정, 무상, 변덕
installation [여] 입주, 설치, 수여
installer [타] 설치하다, 정착시키다
instant [남] 순간, 순식간 à l'~ même 금방, 곧, 당장
instantané(e) [형] 순식간의
instar de (à l') [전] ....처럼, ...을 본따서
instauration [여] (문어) 창설, 창시, 설립
instaurer [타] 세우다, 설립하다
instigateur(trice) [명] 선동자, 주모자, (비유)원동력
instigation [여] (드물게) 선동, 교사 à l'~ de qn ...의 사주를 받아, ...의 권유에 따라
instinct [남] 본능, 천성, 충동 l'~ qui pousse à faire qch 본능적으로 ...을 하다
instinctif(ve) [형] 본능적인, 무의식적인 직관적

인
instituer [타] 세우다, 설립하다
institut [남] 학회, 협회, 학사원, 연구소
institution [여] 제도, 기관
institutionnaliser [타] 법제화하다, 제도화하다
institutionnel(le) [형] 제도(상)의
instructif(ve) [형] 교훈이 되는, 유익한
instruction [여] 교육, 지도, 교화
instrument [남] 도구, 기구, 수단, 악기
instrumental(ale, [복] aux) [남] 도구의, 기구의; 악기의
instrumentiste [명] 기악연주자, 도구주의자
insubordination [여] 불복종, 반항, 항거
insuffisant(e) [형] 부족한, 불충분한
insuline [여] 인슐린
insultant(e) [형] 모욕적인, 경멸 투의
insulte [여] 모욕
insulter [타] 모욕하다, 욕하다
insurgé(e) [형] 폭동[반란]을 일으킨 [명] 폭도, 반란자
insurmontable [형] 극복할 수 없는, 물리칠 수 없는
insurrection [여] 폭동, 반란, 반발, 저항
intact(e) [형] 손대지 않은, 있는 그대로의 rester ~ 손대지 않은 채로 있다
intégral(ale, [복] aux) [형] 전체의, 완전한 [여] 전집
intégration [여] 적분, 적분법, 통합
intègre [형] 청렴한, 공명정대한, 공정한
intégrer [타] 통합하다, 동화하다 s' [대] 합류하다, 동화되다, 통합되다
intégrité [여] 완벽함, 전체, 완전, 청렴
intellecrualiser [타] 지성을 갖추게 하다, 지적으로 만들다
intellectuel(le) [형] 지적인, 지능의, 이지적인, 총명한
intellectuellement [부] 지적으로, 이지적으로, 정신적으로

intelligemment [부] 지적으로, 이지적으로, 정신적으로

intelligence [여] 지성, 지능

intelligent(e) [형] 지성을 갖춘, 지적인, 총명한

intempérie [여] 기후불순, 악천후

intense [형] 강렬한, 심한, 막대한, 강도 높은

intensif(ve) [형] ① 집중적인, 집약적인 ② [언어] 의미를 강화하는

intensifier [타] 강하게 하다, 강렬하게 하다,

intention [여] 의향, 의도, 고의 nous avons l'~ de + inf. 우리는 …을 할 작정이다

intentionnellement [부] 고의로, 계획적으로, 의식적으로

intercéder [자] 중재하다, 개입하다

interception [여] 차단, 중지, 가로채기

intercpter [타] 중간에서 가로채다, 엿듣다

intercession [여] 중재, 조정

interdépendance [여] 상호의존

interdépendant(e) [형] 상호 의존하는, 상호의존 관계에 있는

interdire [타] 금지하다 Il est *interdit* de fumer dans ce restaurant. 이 레스토랑에서는 담배피우는 것이 금지되어 있다

interdisiciplinaire [형] 학제간의, (동시에) 여러 학문에 관련된

interessé(e) [형] 이해관계가 있는, 관련된, 관심을 가진

intéresser [타] 관심을 끌다, 관심을 불러일으키다 Ce film nous a beaucoup intéressés. 그 영화는 우리의 관심을 상당히 끌었다 s' [대] 관심을 갖다 s'~ à un sport 운동에 흥미를 갖다

intérêt [남] 이익, 이기심, 관심, 재미

interface [여] 경계면, 대화, 의사소통

interférence [여] 간섭, 저촉, 충돌, 중복,

interférer [타] 간섭하다, 겹치다, 충돌하다

intérieur(e) [남] 안의, 내부의, 내적인

interjection [여] [언어] 감탄사, 간투사

interlock [남] 연동 장치, 동시 장치; (올리

풀리지 않는) 면직
interlocuteur(trice) [명] 대화자, 이야기 상대자
interlude [남] 간주곡, 막간 프로
intermariage [남] 다른 인종간의 결혼
intermédiaire [형] 중간의, 중개의, 매개의 [남] 중개, 중매, 중개물 [명] 중개인, 중개자, 중간상인, 유통업자
interminable [형] 끝없는
interminablement [부] 끝없이
intermittent(e) [형] 간헐적인, 단속적인
international(ale, [복] aux) [형] 국제적인, 국제간의 sur le plan ~ 국제적인 측면에서 볼 때
internationalisation [여] 국제화
internationaliser [타] 국제화하다
interne [형] 안의, 내부의, 내적인 내면의 [명] 기숙사생, 인턴
interné(e) [형] 감금된, 억류된, 수용된 [명] 수용자, 감금된 사람
internet [남] 인터넷 accès à I~[l'~] 인터넷 접속 naviguer sur I~ 인터넷 서핑하다
interniste [명] 내과 전문의
interpeller [타] 말을 걸다; 질문하다
interphone [남] 인터폰
interprétariat [남] 통역사의 직
interprétation [여] 해석, 설명, 역할, 연기, 통역
interprète [명] 통역사, 대변자, 연기자, 연주가
interpréter [타] 해석하다, 해설하다, 연기하다, 연주하다
interrogateur(trice) [형] 질문하는, 의문을 품은 듯한 [명] 질문자, (구두시험의) 시험관
interrogatif(ve) [형] 질문하는 듯한, 의아하다는 듯한 [남] 의문사 [여] 의문문
interrogatoire [남] 심문, 신문; 심문조서
interroger [타] 묻다, 질문하다; 심문하다, 신문하다 ~ un prévenu sur son emploi du temps 피의자에게 시간을 어떻게 보냈는지 심문하다
interruption [여] 중단, 중지, 차단, 방해

intersection [여] 가로지름, 교차
intervalle [남] 사이, 간격, 거리 à 100 mètres d'~ 100미터 거리를 두고
intervenir [자] 개입하다, 개재하다
intervention [여] ① 간섭, 개입 ② 중재 ③ 작용 ④ 외과수술
interview [여] 회견, 회담, 인터뷰 dans une ~ accordée au quotidien *le Monde* <르몽드>지와의 인터뷰에서
interviewer [타] 회견하다, 인터뷰하다
intervieweur(se) [명] 취재 방문기자
intestat [형] (불변) 유언을 남기지 않은 Elle est morte ~. 그녀는 유언을 남기지 않고 죽었다
intestin [남] 장, 창자
intestinal(ale) [복] **aux** [형] 장의, 장내의, 장에 있는
intime [형] 내적인, 내부의, 긴밀한, 사적인 [명] 친구, 측근 être ~ avec qn …와 친밀하게 지내다.
intimement [부] 친밀하게, 친절하게
intimidant(e) [형] 위협적인, 위압적인, 무시무시한
intimider [타] 으르다, 위협하다, 겁을 먹게 하다
intimité [여] 친밀, 친교, 사생활, 내부, 본성
intolérable [형] 용서(허용)할 수 없는
intolérance [여] 너그럽지 못함, 불관용, 편협
intolérant(e) [형] 도량이 좁은, 너그럽지 못한
intoxiquer [타] 중독 시키다, 마비시키다
intranet [남] [정보] 인트라넷
intransigeance [여] 비타협성, 고집
intransigeant(e) [형] 양보하지 않는, 비타협적인, 완강한
intransitif(ve) [형] 자동사적인 [남] 자동사
intraveineux(se) [형] 정맥 내의
intrigue [여] 음모, 간계, 간책, 줄거리
intriguer [타] 궁금하게 하다, 의아심을 품게 하다
intrinsèque [형] 내재적인, 본질적인

introduction [여] 안내, 소개, 도입, 머리말
introduire [타] 들어오게 하다, 안내하다, 소개하다
introspectif(ve) [형] 내성적인
introverti(e) [형] 내향적인 [명] 내향적인 사람
intrus(e) [형] 틈입한, 침입한 [명] 침입자, 틈입자
intrusion [여] 억지로 끼어듦, 난입, 간섭, 주거침입
invasif(ve) [형] 침입하는, 침해의
invasion [여] 침략, 침범, 침공, 침입
inventaire [남] 목록, 재산목록, 면밀한 점검
inventer [타] 발명하다, 고안하다
inventeur(trice) [명] 발명자
inventif(ve) [형] 발명의 재주가 있는, 창의성이 풍부한
invention [여] 발명, 발명품, 창의력, 창작
inverse [형] 반대의, 순서가 바뀐, 전도된 [남] 반대, 역 à l'~ 정반대로
inversion [여] 도치, 역전, 역전, 역류
invertébré(e) [형] 무척추의 [남][복] 무척추동물
investir [타] 임명하다, 권한을 부여하다, 투자하다
investissement [남] 투자
investisseur [남] 투자자 [형] 투자의 organisme ~ 투자기관
invétéré(e) [형] (악습 따위가) 고질적인, 뿌리깊은, 상습적인, 만성적인
invincible [형] 물리칠 수 없는, 이길 수 없는, 극복할 수 없는
inviolable [형] 불가침의, 신성한
invisible [형] 보이지 않는, 눈에 띄지 않는, 만나볼 수 없는
invisiblement [부] 보이지 않게, 눈에 띄지 않게
invitation [여] 초대, 초빙, 초대장, 권유
inviter [타] 초대하다, 초청하다, 이끌다, 권유하다 ~ qn à prendre un verre ...에게 잔을 들

것을 청하다

involontaire [형] 무의지적인, 고의가 아닌, 본의 아닌

invoquer [타] 구원을 빌다, 가호를 빌다, 기원하다, 내세우다

iode [남] 요오드, 옥소

iota [남] 극소, 점 하나

Iran [남] [지리] 이란

iranien(ne) [형] 이란(Iran)의 [명] (I~) 이란 사람 [남] (페르시아어 따위의) 이란 어족의 언어

Iraq [남] [지리] 이라크

iraquien(ne) [형] 이라크의 [명] (I~) 이라크 사람

Irlande [여] [지리] 아일랜드 la République d'~ 아일랜드 공화국

irlandais(e) [형] 아일랜드(Irlande)의 [명] (I~) 아일랜드 사람 [남] 아일랜드어

ironie [여] 아이러니, 빈정거림, 비꼬기, 반어법

irradiation [여] 발관, 분산

irradier [타] 방사선을 쬐다, 빛 따위를 발하다

irraisonnable [형] 이성이 없는, 분별없는

irraisonnablement [부] 이성을 몰각하고, 무분별하게

irrationnel(le) [형] 불합리한, 비이성적인

irrationnellement [부] 비이성적으로, 비합리적으로

irréalisable [형] 실현할 수 없는

irréconciliable [형] 화해할 수 없는, 양립할 수 없는

irréfutable [형] 부인할 수 없는, 반박할 수 없는

irréfutablement [부] 반박할 수 없게, 부인할 수 없게

irrégularité [여] 불규칙, 불순, 반칙

irregulier(ère) [형] 불규칙적인

irrégulièrement [부] 불규칙하게, 불순하게

irrémédiable [형] 치료할 수 없는, 불치의, 돌이킬 수 없는

irremplacable [형] 다른 것과 바꿀 수 없는, 유

일한
irréparable [형] 회복할 수 없는, 수리할 수 없는
irrépressible [형] 억누를 수 없는, 억제할 수 없는
irréprochable [형] 비난할 데 없는, 나무랄 데 없는
irrésistible [형] 저항할 수 없는, 억제할 수 없는
irrésolu(e) [형] 주저하는, 우유부단한, 미해결의
irresponsabilité [여] 무책임
irresponsable [형] 책임 없는, 책임지지 않는, 분별 없는, 경솔한
irréversiblement [부] 철회할 수 없게, 변경할 수 없게, 결정적으로
irrévocable [형] 철회할 수 없는, 변경할 수 없는, 결정적인
irrévocablement [부] 철회할 수 없게, 취소할 수 없게, 결정적으로
irrigable [형] 관개할 수 있는
irrigation [여] ① 관개 ② [의학] (환부의) 관류, 세척 ③ [생리] (액체, 체액, 생리용액의) 관류
irriguer [타] ① 관개하다 ~ des terres 토지를 관개하다 ② (동맥 따위가 조직에) 혈액을 보내다
irritabilité [여] 흥분하기 [화를 내기] 쉬움
irritable [형] 성마른, 신경질적인, 자극에 민감한
irritant(e) [형] 성나게 하는, 자극하는
irriter [타] 성나게 하다, 역정나게 하다, 자극하다
islam [남] ① 이슬람교, 회교 ② (I~) 이슬람 세계[문화]
islamique [형] 이슬람교의, 이슬람의
isobare [형] 동중의, 등압의 [남] 동중핵 (질량수가 같고 원자번호가 다른 원자핵) [여] 등압선
isocèle [형] 2등변의
isolation [여] 격리; 절연
isolement [남] 고립, 고독
isolément [부] 따로따로, 개별적으로

isoler [타] 고립시키다, 격리시키다, 절연하다
Israël [남] [지리] 이스라엘
issu(e) [형] 나온 (~ de); 태어난; 생겨난 [여] 출구; 결과, 결말, 해결방법 à l'~e de ...이 끝났을 때, 끝나자
israélien(ne) [형] 이스라엘의 [명] (I~) 이스라엘 사람
Italie [여] [지리] 이탈리아
italien(ne) [형] 이탈리아의 [명] (I~) 이탈리아 사람 [남] 이탈리아어
italique [형] 이탤릭체의 [남] 이탤릭체 mettre un mot en ~ 어떤 단어를 이탤릭체로 하다
itinéraire [남] 여정, 도정
itinérant(e) [형] 순회를 하는, 이동을 하는 ambassadeur ~ 순회대사 exposition ~ 순회전람회 bibliothèque ~e 이동 도서관
ivoire [남] 상아 [형] (불변) 상아색의, 상아처럼 흰 tour d'~ 상아탑
ivre [형] 취한
ivresse [여] 취기
ivrogne [형] 술을 많이 마시는 술꾼[술주정뱅이]의 [남] (상습적인) 술꾼

J

J [남] 불어 자모의 열째 글자
jacasser [자] 종알거리다, 수다스럽게 지껄이다
jade [남] 경옥, 비취
jadis [부] 옛날, 옛적에
jaillir [자] ① (물, 액체 따위가) 솟다, 분출하다 L'eau *jaillit* du tuyau crevé. 구멍 뚫린 파이프에서 물이 솟는다 Le pétrole *jaillit* d'un puits. 석유가 유정에서 뿜어져 나온다 ② (비유) (빛, 불꽃 따위가) 발하다; (소리 따위가) 터져나오다 faire ~ des étincelles 불꽃을 튀게 하다 Des rires *jaillissaient*. 웃음소리가 터져 나왔다 ③ 돌연 나타나다, 돌출하다 (=surgir) Une idée *jaillit* en lui. 불현듯 그의 머리에 무슨 생각이 떠올랐다 / (비인칭) Il *jaillit* des flots de spectateurs par toutes les portes du stade. 경기장 문마다 관람객들이 쏟아져 나온다 ④ 솟아있다 (눈에) 두드러지다 Quelques gratte-ciel jaillissent au-dessus de la cité. 몇몇 마천루가 도심의 하늘을 찌르고 있다
jaillissant(e) [형] 솟아나오는, 솟아오르는, 분출하는
jaillissement [남] 용솟음, 분출
jalon [남] ① (측량용) 푯말, 표주; 표지 planter[aligner] des ~s 푯말을 세우다 ② (흔히 복수) (비유) 기준, 지표 (=marque, repère) poser[planter] des ~s 준비작업[정지작업]을 하다
jalonner [타] ① (측량용) 푯말[표지]을 세우다; (의) 경계[테두리]를 표시하다 ~ un chemin 길을 낼 자리에 푯말을 세우다 ~ qch de qch ~ une piste de balises 트랙에 측량주를 꽂다 buissons qui *jalonnent* (les limites d')un champ 밭의 경계를 이루는 덤불숲 ②

jalouser

(을 따라) 늘어서다 Des monuments historiques *jalonnent* cette avenue. 이 길을 따라 역사적 기념물들이 늘어서있다 ③ (비유) 점철하다 succès qui *jalonnent* sa carrière 생애를 수놓고 있는 여러 가지 성공사례 vie *jalonnée* d'événements 사건들로 점철된 생애 ④ [군사] 표병을 배치하다; 목표물의 위치를 산정하다 [자] 푯말[표주]로서 지적하다

jalouser [타] 질투하다, 시기하다 (=envier) ~ la réussite de qn ...의 성공을 시샘하다 se ~ [대] 서로 질투[시기]하다

jalousie [여] ① 질투, 시기 ~ entre frères et soeurs 남매 사이의 질투심 ~ de métier 동업자간의 경쟁의식 ~ de son mari 그 여자의 남편의 질투심[의처중] accès[crise] de ~ 질투심의 폭발 éprouver de la ~ 질투심을 느끼다 exciter la ~ 질투심을 불러일으키다 Il est d'une ~ maladive. 그의 질투심은 병적이다 ② (창문의) 미늘덧문, 블라인드 baisser[lever] une ~ 블라인드를 내리다[올리다]

jaloux(se) [형] ① 질투[시기]하는, 시샘하는 caractère ~ 질투심이 강한 성격 mari ~ 질투하는[의처증이 있는] 남편 être ~ de qn/qch ...을 질투하다, 시샘하다

Jamaïque [여] [지리] 자메이카

jamais [부] ① 결코[단연코] ...않다, 한번도 ...않다 (ne와 함께) Il ne ment ~. 그는 절대 거짓말하지 않는다 Il ne l'a ~ vue. 그는 그 여자를 한번도 본 적이 없다 N'avouez ~. 절대 털어놓지 마세요. On ne sait ~ (ce qui peut arriver) 무슨 일이 일어날지 아무도 모른다; 예기치 않은 일이 닥칠 수도 있다 (단독으로) amour ~ satisfait 결코 충족된 적이 없었던 사랑 Plus ~ ça !; J~ de la vie ! 결코! 두번 다시는! ② 언젠가, 그 어느 때; 이전에, 일찍이 aujourd'hui, plus que ~ 그 어느 때 보다도 오늘(날)은 [si ~] Si ~ je l'attrape, gare à lui ! 그가 언젠가 잡히기만 하면 조심해야 할

걸!
jambe [여] ① (사람의) 다리 ~s minces 가느다란 다리 ② (짐승, 새의) 다리
jambon [남] [요리] 햄 une tranche de ~ 햄한 조각
janvier [남] 1월
Japon [남] [지리] 일본
japonais [형] 일본의 [명] (J~) 일본 사람 [남] 일본어
jaquette [여] 모닝코트, 웃옷, 재킷
jardin [남] 정원
jardinier(ère) [명] 정원사
jargon [남] 특수용어, 은어
jasmin [남] [식물] 자스민 (꽃)
jaune [형] 노란, [남] 노란색; 노란색 물감; 조합에 들지 않은 노동자; 파업에 협력하지 않는 노동자 ~ d'oeuf 달걀 노른자
jaunisse [여] 황달
javelot [남] 투창
jazz [남] [음악] 재즈
jazzy [형] (불변) 재즈의
je [대명] 나, 저 J~ suis coréen. 나는 한국인이다
jersey [남] 저지 스웨터
Jérusalem [명] [지리] 예루살렘
jésuite [남] 예수회 수도사 [형] 예수회의
jet [남] 던짐, 투사
jetée [여] 선창, 부두, 방파제
jeter [타] 던지다
jet-ski [남] 제트 스키
jeu ([복] ~x) [남] ① 놀이, 유희, 장난 ② 경기, 시합, 게임 ③ 도박, 놀음
jeudi [남] 목요일
jeune [형] 젊은, 어린
jeûner [자] 단식하다
jeunesse [여] 젊은, 청춘
jockey [남] 경마기수, 마차꾼, 마부, 조마용 안장
jodhpur [남] 아랫도리에 착 달라붙는 승마용 바

지
joggeur(se) [명] 조깅을 하는 사람
jogging [남] 조깅
joie [여] 기쁨, 즐거움
joindre [타] 모으다, 합치다
joint [남] 마디, 관절, 접합부, 틈바구니
jojoba [남] [식물] 호호바 (북아메리카산 회양목과의 소관목)
joli(e) [형] 예쁜
jongler [자] 곡예를 하다, 손재주를 부리다
jongleur(se) [명] 요술쟁이, 곡예사, 광대
Jordanie [여] [지리] 요르단
jouer [자] ① 놀다, 장난하다 ② (놀이, 게임, 경기를) 하다; 도박을 하다 ③ (악기를) 연주하다
jour [남] 날; 낮
journal [남] ([복] aux) 일기, 신문
journalier(ère) [형] 매일의, 나날의, 일상의 [남] (하루씩 삯을 받는) 품팔이꾼
journalisme [남] 저널리즘, 신문, 잡지계
journaliste [명] 신문, 잡지, 방송기자, 언론인
journée [여] 하루 Bonne ~ ! 좋은 하루 되세요!
jovial [형] (ale, [복] als, aux) 쾌활한, 명랑한, 유쾌한
joyeuseté [여] 농담; 우스운 짓
joyeux(se) [형] 즐거운, 기쁜
jubilation [여] 환희
jubilatoire [형] 몹시 기뻐하는
jubilé [남] 50년 기념식, 금혼식
judaïque [형] 유태인의 유태교의
judaïsme [남] 유태교
judiciaire [형] 사법의, 재판의, 법정의
judicieux(se) [형] 판단이 정확한, 분별 있는
judo [남] 유도
juge [남] 판사
juger [타] 재판하다, 판결을 내리다; 판단하다; 심판하다; 생각하다
jugement [남] 재판, 판결, 판단
jugulaire [형] 목구멍의, 목의 [여] 경정맥

juif(ve) [형] 유태인의, 유태교의 [명] (J~) 유태인
juillet [남] 7월
juin [남] 6월
juke-box [남] 주크박스 (동전을 넣어서 희망하는 곡을 듣는 레코드플레이어)
jumeau(elle) [형] ([복] ~**x**) 쌍둥이의 [명] 쌍둥이
jumelage [남] 접합
jumeler [타] 접합하다; 짝짓다
jungle [여] 정글, 밀림, 약육강식의 사회
junior [형] 나이가 어린, 후배의
junte [여] 의회, 평의회, 혁명정권
jupe [여] 치마, 스커트
juridiction [여] 사법권, 재판권
juridique [형] 법률상의
jurisprudence [여] 판례, 법해석, 법원리
juriste [명] 법학자, 법률관계의 저술가
jury [남] 배심(단), 심사위원(회)
jus [남] 즙, 액, 주스
juste [형] 올바른, 공평한, 정확한
justesse [여] 올바름, 정확함 de ~ 가까스로; 겨우 시간에 맞추어
justice [여] 바름, 사법, 재판, 법정 rendre ~ à qn[qch] ...을 정당하게 평가하다, ...의 정당함[가치, 공적]을 인정하다, 보상하다
justifiable [형] 정당함을 증명할 수 있는, 변명할 수 있는
justification [여] 무죄의 증명, 변명, 변호
justifié(e) [형] 정당화된, 근거[이유]가 있는
justifier [타] 정당화하다, 정당함[타당성]을 증명하다
jute [남] 황마, 황마 섬유
juteux(se) [형] 즙이 많은
juvénile [형] 청년의; 연소한, 젊은
juxtaposer [타] 나란히 놓다, 병치하다
juxtaposition [여] 나란히 놓기, 병렬, 병렬상태

K

K, k [남] 불어 자모의 열한째 글자
Kaboul [명] [지리] 카불
kaki [형] (불변) 카키색의 [남] 카키빛
kaléidoscope [남] 만화경
kamikaze [남] 자살폭탄테러범
kangourou [남] [동물] 캥거루
kaolin [남] 고령토, 자토
képi [남] 군모 (프랑스 장교의 정모); 군모 모양의 학생모
kapok [남] 케이폭, 판야
kaput [형] 두들겨 맞은, 결판난
karaoke [남] 가라오케
karaté [남] 가라데
kart [남] 고카트
kayak [남] 작은 어선
kebab [남] [요리] 케밥 (터키식 꼬치구이)
Kenya [남] [지리] 케냐
kérosène [남] 등류, 석유
ketchup [남] 케첩
kg [남] 킬로그램
khaki [남][형] (불변) 카키색(의)
khôl, kohl [남] 아이섀도
kibboutz [남] 키부츠(이스라엘의 집단 농장)
kichenette [여] 작은 부엌
kick [남] (오토바이의) 킥스타터
kilo [남] 킬로그램
kilogramme [남] 킬로그램
kilomètre [남] 킬로미터 100 ~ par heure 시속 100 킬로미터
kilowatt [남] 킬로와트
kilt [남] 킬트 (스코틀랜드 고유의상인 스커트 모양의 남자 옷)
kimono [남] 기모노

kiosque [남] 가두 매점, 정자, 야외음악당
kipper [남] 산란기 후의 연어, 송어 수컷, 훈제 청어
Kirghizstan [남] [지리] 키르키즈스탄
kitsch [남] 저속한 예술품, 시시한 물건 [형] 저속한 예술의
kiwi [남] ① [조류] 키위새 ② [식물] 키위 열매
klaxon [남] (자동차의) 경적
klaxonner [자] 경적을 울리다
knickers [남][복] (등산복 따위의 무릎 아래서 졸라매는) 낙낙한 반바지, 니커보커즈
knock-out [남] 녹아웃
koala [남] [동물] 코알라
kosovar(e) [형] 코소보의 [명] (K~) 코소보 사람
kumquat [남] 금귤
kurde [형] 쿠르드의 [명] (K~) 쿠르드 사람
kuweitien(ne) [형] 쿠웨이트의 [명] (K~) 쿠웨이트 사람
kW [약] kilowatt [전기] 킬로와트

L

L, l [여][남] 불어 자모의 열두째 글자
la [관] le의 여성형 [남] 음계의 제육음보
là [부] ① 저기, 저기에(서); 거기, 거기에(서) Ne restez pas ici, allez ~. 여기 있지 말고 저기로 가세요 ② (ici의 대용으로) 여기(에) Que fais-tu ~ ? 여기서 뭘 하니? C'est ~ qu'il fut tué. 그가 살해된 곳은 바로 여기다 Oh ~ ~ ! (고통, 경멸, 놀라움) 아야; 저런, 아이구 Oh ~ ~, quel désordre ! 아이구, 엉망이군
labeur [남] 수고, 노고
label [남] ① 상표, 라벨 ② (원산지, 품질을 표시하는) 인증표 ~ de qualité 품질보증표 ~ d'exportation 수출 인증표 ③ (사람, 단체의) 직인 se présenter aux élections sous le ~ socialiste 사회당 후보로 선거에 출마하다 ④ [정보] 라벨 (자료식별에 쓰이는 문자열)
labo [남] 실험실, 시험소
laborantin(e) [명] 실험실(연구소)보조(조교)
laboratoire [남] ① 실험실; 시험소; 연수실[소] ~ de chimie 화학실험실 animaux de ~ 실험용 동물 appareils de ~ 실험기구 ~ d'essai 시험소 produit de ~ 시제품 chef[assistant] de ~ 연구실장[조수] ferme(-)~ 실험농장 théâtre(-)~ 실험소극장 ~ de langues 어학실습실 ~ de la police 경찰 감식과 ② 현상소 ~ (de) photo 사진현상소 ((구어) labo photo) ~ obscur 암실 ③ (비유) 작업준비실 ④ (약품 따위의) 제조실
laborieusement [부] 애써서, 근면하게, 힘들여, 노고하여
laborieux(se) [형] ① (문어) (일이) 힘이 드는, (일이) 벅찬, 곤란한; ~se entreprise 벅찬 계획 accouchement ~ 난산 mets d'une digestion

~se 소화가 잘 안 되는 요리 ② (경멸) 힘쓴 듯한, 고심한 듯한 récit[style] ~ 고심한 흔적이 있는 이야기[문체] Il n'a pas encore terminé ? C'est ~ ! (구어) 아직 끝내지 않았습니까? 너무 오래 하는군요 ③ (사람이) 근면한, 부지런한; 노동으로 사는 élève ~ 근면한 학생 vie ~se 노동자 생활 les masses[classes] ~ses 노동자 계급[근로대중] [명] 근면한 사람, 일꾼

labour [남] ① 밭갈이, 경작 ~ à la charrue 쟁기질 ~ au tracteur 트랙터로 갈기 ~s profonds[superficiels, légers] (밭을) 깊게[얕게] 갈기 ~ d'automne 가을 갈이 boeuf[cheval] de ~ 경작용 소[말] ② 경작지

labourer [타] ① (땅을) 갈다, 경작하다 ~ un champ 밭을 갈다 / (보어 없이) ~ au tracteur 트랙터로 밭을 갈다 ② (밭고랑처럼) 파다, 이랑지게 하다 piste *labourée* par le galop des chevaux 말발굽에 파헤쳐진 경주로 ③ 주름지게 하다; 자국[상처]를 내다 Des rides *labourent* son visage. 그의 얼굴에는 깊은 주름이 나 있다 ~ les joues de[à] qn ...의 뺨에 상처를 내다

Labrador [남] (le ~) [지리] 래브라도

labyrinthe [남] ① 미로, 미궁 ② 복잡하게 얽힌 도로망 ~ de ruelles 미로같은 골목길 ③ (비유) 복잡하게 뒤얽힘 ~ de ses pensées 복잡하게 얽힌 그의 생각 Je me suis trouvé dans un ~ d'embarras. 나는 난마처럼 얽힌 곤경에 처해 버렸다 ④ (건축) (교회의) 미로 같은 포장 길 (신자가 무릎으로 기어감 chemin de Jérusalem이라고도 함)

lac [남] 호수

lacer [타] (끈으로) 졸라매다

lacération [여] 찢음, 고뇌, 찢어진 상처

lacérer [타] 찢다, 괴롭히다

lacet [남] ① (코르셋, 구두 따위의) 끈; (특히) 가죽끈 ~ de cuir[coton, soie] 가죽[면, 명주]

끈 nouer[rattacher] ses ~s 구두끈을 매다 [고쳐매다] Son ~ s'est défait[dénoué]. 그 사람 구두끈이 풀어졌다 ② (보조 돛을 주돛에 묶는) 동아줄 ③ (길 따위의) 구불구불함 route en ~(s) 구불구불한 길
lâche [형] 느슨한; 비겁한, 비열한
lâchement [부] 느슨하게; 비겁하게
lâcher [타] 늦추다; 놓아버리다
lâcheté [여] 비겁; 비겁한 짓
laconique [형] 간결한, 간명한, 말수가 적은
lacrymal [형] (**ale**, [복] **aux**) 눈물의
lacrymogène [형] 눈물나게 하는, 최루의 gaz ~ 최루가스
lactate [남] 유산염
lactation [여] 수유
lactique [형] 젖의, 유즙의 acide ~ 젖산, 유산
lactose [남] 락토오스, 유당
lagune [여] 석호, 초호
laïcisme [남] 비종교성
laïcité [여] 비종교성
laid(e) [형] 미운, 보기 흉한; 추악한
laïque [형] 비종교의
laisser [타] 남기다; 두고 가다[오다]; 맡기다; 양도하다; 잃다; ...하게 하다, ...하는대로 버려두다 Cela ne *laisse* pas de m'inquiéter. 그래도 그건 걱정이다
laisser-aller (불변) [남] 되는대로 내버려두기, 태만, 무관심
laisser-faire [남] 무간섭, 자유방임
laisser-passer (불변) [남] 통과증, 통행권
lait [남] 젖; 우유
laiteux(se) [형] 젖의, 유질의; 젖빛의
laitier(ère) [형] 젖이 나는; 우유를 파는
lama [남] 라마승; [동물] 라마, 아메리카 낙타
lambin(e) [형] 동작이 느린 [명] 느림보
lambiner [자] 늦장부리다, 꾸물거리다; 시간을 낭비하다
lame [여] 칼날

lamentable [형] 애처로운; 비통한
lamentation [여] 비탄, 애도
lamenter [자] 슬퍼하다, 한탄하다
laminé [형] 얇은 판 모양의, 얇은 판으로 된 [남] 압연강
laminer [타] (금속을) 압연하다, 얇게 늘여 펴다
laminerie [여] 압연공장
lampadaire [남] 가로등
lampe [여] 램프, 등불
lance [여] 창
lancement [남] 던지기; 발사
lancer [타] 던지다; (활, 총 따위를) 쏘다[발사하다]; (폭탄 따위를) 투하하다 ~ un ballon[le disque] 공[원반]을 던지다
lanceur [남] 발사통, 함재기 발사기
langage [남] (인간에게 고유한) 언어; 언어기능 [언어] 언어활동
langue [여] ① 혀; 혀 모양의 것 claquer la ~ 혀를 차다 ② (한 나라, 집단의) 언어, 말, 국어 ~ maternelle 모국어
langueur [여] 나른함, 권태
languir [자] 기운(생기)가 없어지다
languissant(e) [형] 나른한, 기운이 없는, 따분한, 활기 없는; 침체한
lanoline [여] 라놀린
lanterne [여] 랜턴, 각등
lapin(e) [명] [동물] 집토끼
laque [여] 옻, 래커, 헤어스프레이
Laponie [여] 라플란드
lard [남] 비계
large [형] 폭넓은; 넓은; 너그러운
larme [여] 눈물
larve [여] 애벌레, 유충, 유생
laryngite [여] 후두염
larynx [남] 후두
lascif(ve) [형] 음란한, 도발적인
laser [남] 레이저
lasso [남] 던지는 올가미, 올가미 밧줄

latent [형] 숨어있는, 잠복기(성)의
latéral [형] (ale, [복] aux) 측면의, 옆의
latéralement [부] 측면으로
latex [남] 유액
latin(e) [형] 라틴 사람의, 라틴어의 [명] (L~) 라틴 사람 [남] 라틴어
latino-américain(e) [형] 라틴 아메리카의 [명] (L~-A~) 라틴 아메리카 사람
latitude [여] 위도
latrines [여][복] 변소
latte [여] (얇고 긴) 판자
lauréat(e) [형] (경연 대회 따위에서) 상을 탄, 입상한 [명] 수상자 ~ du prix Nobel 노벨상 수상자
laurier [남] 월계수, 월계관
lavabo [남] 세면대
lavande [여] [식물] 라벤더 [형] 라벤더 색의, 엷은 자색의
lave [여] 용암
laver [타] 씻다 se ~ [대] 몸을 씻다
laxatif(ve) [형] 완하의 [남] 완하제
laxisme [남] 포용주의, 방임주의, 관용주의
laxiste [형] 방임주의의, 관용론의
le [관] 그, 이, 저
leader [남] 지도자, 선도자
lécher [타] 핥다 Le chat se *léchait* les pattes. 고양이는 자기 발을 핥고 있었다
leçon [여] 학과, 수업 ~ de conduite 운전교습
lecteur(trice) [명] 독자
lecture [여] 읽기, 독서
lécher [타] 핥다; 가볍게 스치다; 지나치게 공들이다
leçon [여] 수업; 외우기; 일과; 숙제; 학과; 교훈; 징계
lecteur(trice) [명] 독자
lecture [여] 읽기, 독서; 낭독
légal(ale, [복] aux) [형] 법률(상)의, 법률에 관한

légalement [부] 법률적[합법적]으로
légalisation [여] (문서 따위의) 공적 증명, 인증, 합법화
légaliser [타] 법률상 정당하다고 인정하다. 공인하다
légalité [여] 적법, 합법
légat [남] 교황특사, 공식사절
légendaire [형] 전설(상)의, 믿기 어려운
légende [여] 전설, 전설문학 selon la ~ 전설에 따르면 passer dans la ~ de son vivant 생애의 전설이 되다
léger(ère) [형] 가벼운; 소화하기 쉬운
légèrement [부] 가볍게; 경쾌하게; 경솔하게
légion [여] 군대, 군단 L~ d'honneur 레지웅도뇌르 훈장 (1802년 나폴레옹 1세가 제정한 여러 등급의 국가 훈장)
légionnaire [남] ① [고대로마] 군단의 병사 ② 외인부대의 병사 ③ [역사] (프랑수아 1세 시대의) 임시징병 보병연대의 병사
législateur(trice) [명] 입법자, 입법부 의원
législatif(ve) [형] 입법상의, 법률을 제정하는
législation [여] 법률제정, 입법행위
législature [여] 입법부
légitimation [여] 인정, 공인
légitime [형] 합법적인, 기존의 규칙에 맞는
légitimement [부] 합법적으로
légitimer [타] 정당한[합법적인] 것으로 인정하다; 공인하다
légitimité [여] 합법성, 적법성
legs [남] 유산, 유증(재산)
légume [남] 채소
lemming [여] [동물] 나그네쥐
lendemain [남] 이튿날
lent(e) [형] 느린; 우둔한
lentille [여] ① 렌즈 ② [식물] 렌즈콩
léopard [남] [동물] 표범
lèpre [여] [의학] 나병, 문둥병
lépreux(se) [형] 나병에 걸린 [명] 나병환자

lequel [대명] ([여] **laquelle**; [남][복] **lesquels** [여][복] **lesquelles**) 어느 사람; 어느 것
lesbienne [여] 레즈비언
lésion [여] 장애, 손상, 정신적 상해
lessive [여] (세탁용) 가루[액체] 비누; (식기 세척용) 세제
léthargie [여] 기면, 혼수상태, 무기력
léthargique [형] 기면성의, 혼수상태의
Lettonie [여] [지리] 라트비아
lettre [여] ① 글자, 문자 double ~ 이중문자 ② [인쇄] 활자 ③ 편지, 서한 informer qn par ~ 편지로 통지하다
leucémie [여] [의학] 백혈병 être atteint de ~ 백혈병에 걸리다
leurre [남] 미끼새, 속임수, 올가미
lever [타] 쳐들다, 올리다; 없애다; 치우다; 소집하다, 징집하다; 징수하다; 떼어내다, 털어내다 se ~ [대] 일어나다, 기상하다
levier [남] 지레
léviter [자] (물체가) 부양하다, 지면에서 뜨다
levraut [남] [동물] 새끼(어린) 토끼
lèvre [여] [해부] 입술
lexical(**ale,** [복] **aux**) [형] 어휘의
lexicographe [명] 사전편찬자
lexicographie [여] 사전편찬(법)
lexique [남] 어휘(집)
lézard [남] [동물] 도마뱀
liaison [여] 결합, 연결, 연속; 연락, 접촉; 교제 se mettre en ~ avec qn ...와 연락을 취하다
libéral [형] (**ale,** [복] **aux**) 자유주의의, 관대한
libéralement [부] 자유로이, 활수하게
libéraliser [타] ~의 제약을 풀다, 자유화하다
libéralisme [남] 자유주의, 진보주의
libéralité [여] 관대함
libérateur(**trice**) [명] 해방자
libération [여] 해방, 석방
libérer [타] 해방하다; 석방하다
Libéria [남] [지리] 라이베리아

liberté [여] 자유, 해방 être en ~ 자유롭다
libido [여] 성욕, 리비도, 성적 충동
libraire [명] 서적상인
librairie [여] 서점
libre [형] 자유로운
libre-échange [남] 자유무역 accord de ~ 자유무역협정 (FTA)
librement [부] 자유롭게; 자발적으로
Libye [여] [지리] 리비아
licence [여] 학사, 학사자격, 학사학위, 허가, 인가, 면허, 특허, 라이센스
licencier [타] 해산하다; 해고하다
licencieux(se) [형] 방탕한, 음탕한
lichen [남] 지의, 이끼
Liechtenstein [남] [지리] 리히텐슈타인
lier [타] 매다, 묶다, 연결하다
lieu ([복] ~**x**) [남] 곳, 장소
lieutenant [남] 육군 중위; 부관, 보좌관
lièvre [남] [동물] 산토끼
lignage [남] 가계, 혈통
ligne [여] 선, 줄, 경계선, 윤곽 une ~ droite/courbe 직선/곡선
ligue [여] 연맹, 동맹
lilas [남] [식물] 라일락
limaçon [남] 달팽이
limerick [남] 리머릭 (예전에 아일랜드에서 유행된 5행 희시(戲詩))
limité(e) [형] 제한된, 한정된, 여유가 없는
limite [여] 경계, 한계, 한도 La voilence ne connaîtra pas de ~s 폭력은 한계를 모른다. 한정, 제한 connaître ses propres ~s 적정한 한계를 알다
limiter [타] 경계를 정하다; 제한하다
limonade [여] 레모네이드
limousine [여] 리무진
limpide [형] 맑은, 투명한, 명쾌한
limpidité [여] 청명, 투명; 청초; 명쾌
lin [남] 아마, 아마포, 린네르

linéaire [형] 선의, 직선의, 단조로운
lingerie [여] 리넨 제품, 내의류, 여자용 내의류
linguiste [남] 언어학자
linguistique [형] 언어의, 언어학의
linguistique [여] 언어학
lino(linotype) [남] 리놀륨
lion(ne) [남] [동물] 사자 (L~) 사자자리 l'antre du ~ 사자 우리 [명] 용맹스러운 사람 [여] 암사자
lionceau [남] [동물] 새끼 사자
liposuccion [여] [의학] 피하지방의 흡인 채취
liquéfier [타] (기체를)액화[용해]시키다
liqueur [여] 리큐어, 리쾨르 술, 주류
liquidateur(trice) [명] 청산인, 결산자
liquidation [여] 청산, 정리, 해소, 제거,
liquide [형] 액체의 [남] 액체
liquider [타] 청산하다, 결산하다, 제거하다,
liquidité [여] 유동성
lire [타] 읽다 ~ une lettre 편지를 읽다
lis [남] 백합
Lisbonne [명] [지리] 리스본 (포르투갈 (Portugal)의 수도)
lisibilité [여] (문자의) 읽기 쉬움
lisible [형] 읽기 쉬운, 읽기 쉽게 나타난
liste [여] 표, 목록, 명부, 명단 arriver en tête de ~ 명단의 맨 앞에 있다.
lit [남] ① 침대 ② 층, (암석 따위의) 상 ③ 하상, 물길
litchi [남] [식물] 여주 (아시아 남부의 과실수), 여주 열매
lithium [남] [화학] 리튬
lithographe [명] 석판(인쇄)공
lithographie [여] 석판술, 석판화, 석판 인쇄소
lithographier [타] 석판술로 인쇄하다
litige [남] ① [법] 소송, 계쟁 ② 논쟁; 분쟁 régler le ~ par voie de négociations 협상을 통해 분쟁을 해결하다
littéraire [형] 문학의, 문학상의, 문학적인

littéral [형] (ale, [복] aux) 문자에 의한, 글자대로의, 자의상의, 문어의
littéralement [부] 글자대로, 자의대로, 완전히
littérature [여] 문학, 문예, 문헌, 서지, 작품, 곡, 허구, 꾸민 일
Lituanie [여] [지리] 리투아니아
livre [남] 책, 서적
livrer [타] 내어주다; 넘겨주다, 인도하다
livret [남] ① 카탈로그, 팜플렛, 안내서 ② 수첩, 장부, 통장
lob [남] [운동] (테니스, 탁구의) 로빙 (높이 쳐올리기)
lobby ([복] ~ies) [남] [정치] 압력단체, 로비
lobbyiste [명] 로비스트
lobélie [여] 로벨리아, 숫잔대
local(ale, [복] **aux**) [형] 지방의, 국부의
localisation [여] ① 위치결정[측정]; (시간 속에 서의) 위치 결정[확정] ② 국한; 국지화
localisé(e) [형] 국한된, 국지적인
localiser [타] 탐지하다, 위치시키다, 국한하다
localité [여] 고장, 지방; 장소
locataire [명] 세든 사람, 하숙인
locateur(trice) [명] 임대인, 집주인
location [여] 임대차
locomoteur(trice) [형] 이동의, 운동의
locomotif(ve) [형] 이동성의, 자동적인
locomotion [여] 이동, 운동
locomotive [여] 기관차
locuste [여] [곤충] 메뚜기, 방아깨비
locution [여] 어법; 숙어
loft [남] 상업용 건물을 개조하여 만든 주거시설.
logarithme [남] 대수
loge [여] 수위실, 우리, 회의실, 프리메이슨, 박스 좌석, 의상실 ~ du concierge 수위실
logement [남] 거주, 주택, 집, 거처방, 숙소
loger [타] 숙박시키다, 묵게 하다, (가구 따위를) 갖다 놓다 se ~ [대] 살다, 거주하다
logique [형] 논리학의, 논리적인, 당연한 [여]

논리학, 논리학서. 논리, 논법
logiquement [부] 논리적으로, 이론적으로는
logis [남] 숙소, 집
logistique [여] ① 기호논리학 ② [군사] 병참술 ③ [경영] 로지스틱스, 물자보급, 지원체제 [형] ① 병참(술)의 ② 로지스틱스의, 물자보급의, 지원체제의
logo [남] 로고, (상품, 회사 따위의) 상징물
loi [여] 법
loin [부] 멀리
lointain(e) [형] 멀리 떨어진, 먼
loisir(s) [남][복] 자유시간, 틈, 여가
lombaire [형] 요부의
londonien(ne) [형] 런던의 [명] (L~) 런던사람
Londres [명] [자리] 런던
long(ue) [형] 긴
longévité [여] 장수
long(ue) [형] 긴; 오랜; 시간 걸리는, 지체하는
longueur [여] 길이, 거리 ~ d'un lit 침대의 길이
lors [부] 그 때, 당시 ~ de ... 때에
loterie [여] 복권
lotion [여] 세척, 세척제, 물약, 화장수, 로션
lotir [타] 몫으로 나누다, 분할하다; 배당하다
loto [남] 복권
lotus [남] [식물] 백련
louable [형] 칭찬할 만한, 훌륭한
louange [여] 찬양; 찬사
louer [타] 찬양하다; 세주다; 세내다
loup [남] [동물] 늑대
lourd(e) [형] 무거운
loyal(ale, [복] **aux)** [형] 충성스러운, 충실한, 성실한, 공정한
loyaliste [형][명] 충성스러운 (사람)
loyauté [여] 성실, 정직, 충성, 충절
lubricité [여] 음란, 음탕
lubrifiant(e) [남] 미끄럽게 하는
lubrificateur(trice) [형] 매끄럽게 하는

lubrification [여] 매끄럽게 하기, 기름 치기
lubrifier [타] 기름 쳐서 미끄럽게 하다
lubrique [형] 음란한, 음탕스러운, 외설스러운
lubriquement [부] 음란[음탕]하게, 외설스럽게
lucarne [여] 천창
lucide [형] 명석한, 명쾌한, 정신이 맑은
lucidité [여] 명철, 명민, 각성
lucratif(ve) [형] 이득이 있는, 벌이가 되는
luge [여] 썰매
lugubre [형] 초상의; 서글픈, 비통한
lugubrement [부] 서글프게, 우울하게
lui [대명] 그, 그것
luire [자] 빛나다; 반사하다
luisance [여] 광택, 윤
luisant(e) [형] 빛나는
lumière [여] 빛 à la ~ de... …에 비추어 볼 때
lumineux(se) [형] 빛을 내는, 빛나는
lunaire [형] 달의, 둥그란, 황량한, 어슴푸레한
lundi [남] 월요일
lune [여] 달
lunette [여][복] 안경
lustre [남] 윤, 광택
lutrin [남] 보면대; 성가대
lutte [여] 씨름; 싸움; 레슬링
lutter [자] 씨름하다; 레슬링하다; 싸우다
luxe [남] 사치, 호사, 호화, 최고급
luxueusement [부] 사치스럽게, 호사스럽게
luxueur(se) [형] 사치스러운, 호사스러운
Luxembourg [남] [지리] 룩셈부르크
luxuesement [부] 호화롭게, 사치스럽게
luxueux(se) [형] 호화스러운, 사치스러운
lycée [남] 고등학교
lycéen(ne) [명] 고등학생
lymphe [여] 림프(액)
lyncher [타] 약식처형하다, 사형을 가하다; (군중이) 집단폭행을 가하다
lyncheur(se) [명] 사형[집단폭행] 가담자
Lyon [명] [지리] 리옹

lyonnais(e) [형] 리옹(Lyon)의 L~ [명] 리옹 사람
lyre [여] 옛 그리스의 칠현금, 리라
lyrique [형] 서정(시)의, 서정적인, 정열적인, 노래의
lyrisme [남] 서정, 서정성, 서정적 영감, 정열, 감흥

M

M, m [남] 불어 자모의 열세째 글자
ma [형][여] 나의 (mon의 여성)
macabre [형] ① 죽음의, 죽음을 연상시키는 (=funèbre) faire une découverte ~ 시체를 발견하다 danse ~ 죽음의 무도 ② 으스스한, 음산한, 불길한 scène ~ 음산한 장면 plaisanterie ~ 기분 나쁜 농담 [남] 음산함, 기괴함
macaron [남] 마카롱 과자
macaronis [남][복] 마카로니
Macédoine [여] [지리] 마케도니아
macération [여] ① 담그기 침용 ~ des fruits dans l'alcool 과일을 술에 담그기 ② 침출액 ~ de quinquina 액체 키니네 ③ [의학] 액체 속에서의 피부, 조직의 변화 ④ [종교] 고행 (=mortification)
macéré(e) [형] ① (액체에) 담근 ② (고행으로) 쇠약해진
macérer [타] ① (액체 속에) 담그다 ~ de la racine de gentiane dans de l'eau 용담 뿌리를 물에 담그다 ② [종교] (고행으로 육체를) 괴롭히다, 시달리게 하다 (=mortifier) ~ sa chair 자기의 육체를 괴롭히다 [자] ① (액체에 오랫동안) 잠기다, 담기다 (=tremper) laisser ~ la viande dans une marinade 고기를 소스에 담가놓다 ② (비유) (어떤 상태에 오랫동안) 머물다 laisser ~ qn dans l'ignorance ...을 무지 속에 방치하다 se ~ [대] ① (액체에) 잠기다, 담기다 ② [종교] 고행하다
mâcher [타] ① 씹다, 저작하다 ~ de la viande 고기를 씹다 ~ du chewing=gum[tabac] 껌[담배]을 씹다 / (보어없이) muscles qui servent à ~ 저작근 ② (비유) (일을) 하기 쉽게 해주다;

알기 쉽게 해주다 [~ qch à qn] ~ un travail à qn ...에게 일을 쉽게 할 수 있도록 준비해주다 ~ sa leçon à un enfant 아이에게 수업내용을 차근차근 쉽게 설명해 주다 ③ (비유) (생각 따위를) 되씹다, 반추하다 (=remâcher) ④ 불분명하게 발음하다 ~ des mots I nintelligibles 이해할 수 없는 말을 중얼거리다 ⑤ (칼날 따위가) 이로 깨문 듯이 베다 ciseaux mal aiguisés qui *mâchent* l'étoffe 무뎌져 천이 우툴두툴하게 잘리는 가위 ne pas ~ ses mots[son opinion, la vérité] 할 말[의견, 사실]을 노골적으로[기탄없이] 말하다

machette [여] [음악] 마체테 (포르투갈의 소형 현악기)

machinal [형] (ale, [복] aux) 기계의, 무의식적인

machination [여] 음모, 흉계

machine [여] ① 기계, 기구; 기계장치 ~ de bureau 사무기기 ~ d'imprimerie 인쇄기기 ~ agricole 농기계 [~ à] ~ à calculer 계산기 ~ à coudre 재봉틀 ~ à laver 세탁기 ~ à café 커피 자판기 ~ à sous 슬롯 머신 ② 타자기 (= ~ à écrire) taper qch à la ~ ...을 타자기로 치다 ③ 기관; (특히) 선박의 기관; 기관차 (=locomotive) ~ à vapeur 증기기관(차) ~ Diesel 디젤기관(차) salle[chambre] des ~s 기관실 faire ~ (en) arrière ④ 탈것 (자동차, 자전거, 오토바이 따위) ~ volante 비행기 homme installé au volant de sa ~ 운전하고 있는 사람 cycliste sur sa ~ 자전거를 타고 있는 사람 ⑤ (비유) 생체, 인간 ~ humaine 인간의 몸 machiner [타] ① (음모 따위를) 꾸미다, 꾀하다 (=conspirer, intriguer) ~ une trahison 반역을 꾀하다 ② (작품의 줄거리 따위를) 꾸미다, 구상하다

machiner [타] ① 꾸미다, 획책하다 ~ une conspiration 음모를 꾸미다 ② (연극의) 도구를 설치하다, 무대장치를 하다

machinerie [여] ① 기계설비, 기계류 ② 기계실; (선박의) 기관실 ③ [연극] (무대의) 장치류
machinisme [남] ① 기계의 사용; 기계화 ② [철학] (데카르트의) 동물기계론
machiniste [명] [연극, 영화] 무대장치가; 촬영기사
machisme [남] 남자다움, 남자의 자부심, 남자의 과시욕
machiste [형] 남성우위론의 [남] 남성우위론자
macho [형] 남성적인, 남자다움을 과시하는
macis [남] 육두구 껍질 (향료)
maçon [남] 석공, 석수
maçonnerie [여] 석공술, 벽돌 쌓기
maçonnique [형] 프리메이슨 단의
macrocosme [남] 대우주
Madagascar [남] [지리] 마다가스카르
madame [여] (기혼여자에 대한 경칭) 부인 M~ la Présidente (여성) 의장님
Madère [명] [지리] 마데이라 제도
maf(f)ia [여] (M~) 마피아당
magazine [남] 잡지 ~ de mode 패션잡지
mage [남] 옛 페르시아의 승려; 동방박사 (예수 탄생 때에 베들레헴에 왔던 사람들)
magicien(ne) [명] 마법사, 마술사
magie [여] ① 마법, 마술, 주술 formules de ~ 주문 ② 신기한[불가해한] 일
magique [형] 마법의, 마술의, 신기한
magistral(ale, [복] **aux)** [형] 위엄있는, 당당한, 훌륭한
magistrat [남] 행정관, 사법관
magnanime [형] 도량이 큰, 관대한
magnanimité [여] 관대함, 아량
magnat [남] (경멸) (실업계의) 거물
magnésie [여] 마그네시아, 산화마그네슘
magnésium [남] 마그네슘
magnétisme [남] 자기, 자성, 자기학
magnifique [형] 찬란한, 화려한, 현란한, 훌륭한
magnifiquement [부] 화려하게, 멋지게

magnitude [여] 광도, 등급
magnolia [남] [식물] 목련
mai [남] 5월
maigre [형] 메마른, 빈약한
maigreur [여] 여윈 모습, 수척함
maillet [남] 망치, (폴로 경기용의) 타구봉
maillon [남] (그물의) 코; 쇠사슬의 고리
maillot [남] (무용수, 곡예사 따위의) 몸에 꼭 끼는 옷, 타이츠; (운동 선수의) 셔츠, ~ de bain 수영복
main [여] 손
maintenir [타] 꽉 붙들다, 고정시키다, 유지하다
maintien [남] 유지, 태도, 몸가짐
maire [남] 시장
mairie [여] 시청, 읍[면]사무소
mais [접] 그러나
maïs [남] 옥수수
maison [여] 집
maître [남] 주인 le ~ de maison 집주인
maîtresse [여] 여주인; 여선생; 정부, 첩
maîtrise [여] 지배(력), 숙달
majesté [여] 위엄, 존엄, 당당함
majestueusement [부] 위엄 있게; 장엄하게, 당당하게
majestueux(se) [형] 위엄 있는, 위풍당당한
majeur(e) [형] 큰, 많은; 중대한; 성년의
majorer [타] 실제 가격 이상으로 매기다; (가격, 세금, 급여 따위를) 인상하다
majoritaire [형] 다수당의; 다수결에 의한
majorité [여] 대다수, 과반수 la grande ~ 최다수
majuscule [형] 큰, 대문자의 [여] 대문자
Majorque [여] [지리] 마조르카섬
mal [남] ([복] **maux**) 악; 해 [부] 나쁘게, 불완전하게, 서투르게
malaise [남] 거북스러움; 불유쾌; 불안, 걱정
malaisé(e) [형] 어려운, 곤란한; 군색한
Malaisie [여] [지리] 말레이시아

malaisien(ne) [형] 말레이시아의 [명] (M~) 말레이시아 사람
Malawi [남] [지리] 말라위
mâle [형] 남자의, 수컷의; 남자다운, 씩씩한
malfaire [자] 나쁜 짓을 하다; 해롭다
malfaisance [여] 악심, 악의; 불법행위
malfaisant(e) [형] 유해한; 건강에 해로운; 악의 있는; 나쁜 짓을 좋아하는
malfait(e) [형] 됨됨이가 좋지 못한; 단정치 못한
malfaiteur(trice) [명] 악인
malformé(e) [형] 기형의
malformation [여] 기형
malgache [형] 마다가스카르의 [명] (M~) 마다가스카르 사람 [남] 마다가스카르어
malgré [전] …에도 불구하고
Mali [남] [지리] 말리
malignité [여] 악의, 악의에 찬 언행
malléable [형] 유순한, 유연한
malheur [남] 불행, 불운
malheureusement [부] 불행히, 공교롭게
malheureux(se) [형] 불행한, 불운한
malhonnête [형][명] 부정직한 (사람), 불성실한 (사람)
malhonnêtement [부] 부정직하게, 불성실하게
malhonnêteté [여] 부정직, 불성실
malice [여] 악의, 앙심
malicieusement [부] 심술궂게
malicieux(se) [형] 악의 있는 심술궂은, 짓궂은
malignement [부] 심술궂게, 짓궂게
malignité [여] 심술궂음, 악의
malin(igne) [형] 심술궂은; 깜찍스러운
malnutrition [남] 영양부족
malt [남] (양조용의) 맥아, 엿기름
maltais(e) [형] 몰타 섬의 [명] (M~) 몰타 사람 [남] 몰타어
Malte [여] [지리] 몰타 섬
maltraiter [타] 학대하다, 구박하다
malveillance [여] 악의, 적의

malveillant(e) [형] 악의[적의]를 가진
mamelle [여] 젖, 유방
mamelon [남] 젖꼭지, 유두
mammaire [형] 유방의
mammifère [남] 포유동물 [복] 포유류
mammographie [여] 유방 X선 촬영법
mammouth [남] 매머드
manche [여] 소매
mandarine [여] 밀감
mandchou(e) [형] 만주의 [명] (M~) 만주 사람 [남] 만주어
Mandchourie [여] [지리] 만주
mandoline [여] ① [음악] 만돌린 ② [요리] 강판의 일종
mangeoire [여] 구유, 사료통, 모이통
manger [타] 먹다
mangue [여] 망고 열매
maniable [형] 다루기[조종하기, 가공하기] 쉬운
maniaque [형] 편집공의, 괴벽 있는 [명] 편집광, 기인
manie [여] 편집증, 편집, 열중 avoir la ~ de faire qch ...하는데 열중하다
manier [타] 만져보다; 다루다, 조종하다; 세공[가공]하다; 사용하다; 지휘하다; 관리하다, 처리하다
manière [여] 방법, 방식 de cette ~ 이러한 방식으로 [복] 거동, 태도, 예의범절
manifestant(e) [명] 시위 참가자
manifestation [여] 표시, 나타냄, 시위, 운동, 행사 ~ sportive 스포츠행사
manifeste [남] 선언(문), 성명(서)
manipulateur(trice) [형] 취급자, 조작기사
manipulation [여] 취급, 다루기, 조작
manipuler [타] 취급하다, 다루다, 운전하다
manne [여] 만나
mannequin [남] 인체[동물] 모형; 마네킹
mannois [형] 만 섬의 [명] (M~) 만 섬 사람
manoeuvre [여] 조종, 조작, 다루기

manoeuvrer [타] 조종하다, 운전하다, 움직이다
manoir [남] 영주의 저택
manquant(e) [형] 부족되는; 결석하고 있는 [명] 결원; 부족되는 부분 [남] 부족액
manque [남] 결핍, 부족 ne ~ de rien 부족함이 없다
manquement [남] 과실; 결핍, 부족; 결함
manquer [자] 부족하다
mante [여] [곤충] 사마귀
manteau [남] ([복] ~**x**) 코트
manuel(le) [형] 손의, 손으로 하는, 육체노동의 [남] 교과서; 개론서, 입문서
manufacture [여] 공장; 제조
manufacturer [타] 제조[제작]하다
manufacturier(ère) [형] 제조의; 공장의; 공장이 많은
manuscrit [남] 수사본, 원고 sous forme de ~ 원고 형태로
maquereau [남] [어류] 고등어
maquette [여] 초벌 그림; (조각, 건축의) 모형
maquillage [남] 화장
maquiller (se) [대] 화장하다
marbre [남] 대리석
marchand(e) [명] 상인, 판매업자
marchandise [여] 상품
marche [여] 걷기, 보행 une ~ de 40 km 40km 의 진군행렬; 계단의 발판
marché [남] 장, 시장, 시황, 시세 le ~ du travail 직업시장
marcher [자] 걷다; 가다; (기계 따위가) 움직이다, 돌아가다; 잘 되어가다 Ça *marche*. 이거 작동이 되고 있어.
marcheur(se) [명] 걷는 사람, 도보자, 도보행진 참가자
mardi [남] 화요일
marécage [남] 늪, 소지
maréchal [남] ([복] **aux**) 육군 원수; 제철공
mardi [남] 화요일

marée [여] 조수
margarine [여] 마가린
marge [여] 여백, 여유, 이윤
marginal(ale, [복] **aux)** [형] 변두리의, 한계의
marginaliser [타] 사회적으로 무시하다
mari [남] 남편
mariage [남] 결혼
marié(e) [형] 결혼한, 기혼의 [명] 신랑; 신부
marier [타] 결혼시키다 se ~ 결혼하다
marijuana [여] 마리화나
marin(e) [형] 바다의 [남] 선원
marinade [여] [요리] (고기, 생선 따위를 절이는) 소스; 소금에 절인 음식, 자반
maritime [형] 바다(위)의
marjolaine [여] [식물] 꽃박하
marketing [남] 매매, 마케팅
marmelade [여] 마멀레이드(잼 종류)
marmotte [여] 마멋, 모르모트
marqué(e) [형] 두드러진, 자국이 있는
marque [여] 표, 흔적, 자국; 상표, 브랜드
marquer [타] 표적을 하다; 흔적[자국]을 남기다; 가리키다; 표시하다; 정하다, 지정하다; 기입하다, 적다; 뛰어나게[드러나게] 하다 ~ le pas 제자리걸음 하다
marqueterie [여] 상감, 상감 세공
marqueur [남] 표를 하는 사람, 득점 기록원
marquis [남] 후작
marquise [여] 후작 부인
marre [여] en avoir ~ 지긋지긋하다, 싫증이 나다
marron [남] 굵은 밤; 밤색 [형] (불변) 밤색의
marronnier [남] 밤나무; 마로니에 (상수리나무의 일종)
mars [남] 3월
marteau [남] ([복] ~**x**) 망치
martial [형] (ale, [복] **aux**) 씩씩한, 무사다운, 용사 같은
martre [여] 담비(의 모피)

martyr(e) [명] ① (그리스도교의) 순교자; (신앙, 신념을 위한) 순교자 ② 희생자; 학대[고통]받는 자 [형] ① 순교의 ② 학대받는; 수난의, 고통받는

martyriser [타] 순교하다
marxisme [남] 마르크스 사회주의
marxiste [형] 마르크스 사회주의의 [명] 마르크스 사회주의자
mascarade [여] 가면(가장) 무도회
mascotte [여] 마스코트
masculin(e) [형] 남성의, 남자의
masculinité [여] 남자다움, 남성적인 성격
masif(ve) [형] 크고 무거운, 큰 덩어리의
masochiste [형] 피학대 음란증의, 피학 취향의 [명] 피학대 음란증 환자
masque [남] 복면, 가면, 탈, 위장
masquer [타] 가면을 쓰다, 위장하다
massacre [남] 대량 학살
massacrer [타] 학살하다, 짓밟다
massage [남] 마사지, 안마
masse [여] 큰 덩어리, 모임, 다수
masser [타] 마사지하다
mastiquer [타] 씹다, (틈, 구멍을 시멘트로) 메우다, (충치를) 메우다
mat(e) [형] 광택 없는, 흐릿한, 뿌연, 불투명한
mât [남] 마스트, 돛대
match([복] ~(e)s) [남] (스포츠 따위의) 경기, 시합
matelas [남] 매트리스
matérialisme [남] 유물론; 물질주의
matérialiste [명] 유물론자, 물질주의자 [형] 유물론의, 물질주의(자)의
matétriaux [남][복] 건축재료; 연구자료
matériel(le) [형] 유형의, 물질적인
materiellement [부] 물질적으로, 금전적으로
maternel(le) [형] 어머니의 [여] 유아원
maternité [여] ① 어머니임, 모성 ② 출산(기능) ③ 산과병원, 조산원 ④ (드물게) 모성애 ⑤ [미

술] 모자상
mathématicien(ne) [명] 수학자
mathématique [형] 수학(상)의, 수리적인 [여][복] 수학
maths [여][복] 수학
matière [여] 물질; 물체
matin [남] 아침; 오전
matinal [형] (**ale,** [복] **aux**) 아침의; 일찍 일어나는
matinée [여] 낮 흥행, 낮 시간
matriarcal(ale, [복] **aux)** [형] 모권제[모계제]의
matrice [여] (야금, 조각, 화폐 제작 따위에서의) 주형, 원형
maturation [여] 화농, 성숙, 성숙 분열
maturité [여] 성숙(기), 원숙(기)
maudit(e) [형] 저주받은; 고약한; 흉악한
maul [남] [운동] (럭비의) 몰
mausolée [남] (호화롭고 장대한) 능, 영묘
mauvais(e) [형] 나쁜; 서투른
mauve [여] [식물] 접시꽃 [형] 접시꽃 빛깔의, 엷은 보라색의 [남] 접시꽃 빛깔, 엷은 보라색
maximalisation [여] 극한
maxime [여] 격언, 금언
maximiser [타] 극한까지 증가하다, 극대화하다
maximum [남] 최대한
mécanicien(ne) [명] 수리공, 정비사, 기계공
mécanique [형] 기계(상)의
mécanique [여] 역학, 기계학
mécanisation [여] 기계화, 자동화
mécanisme [남] 기계 장치, 메커니즘
méchanceté [여] 악의, 심술궂음
mèche [여] (램프, 초 따위의) 심지 découvrir [éventer] la ~ 음모를 간파하다
méconnaissable [형] 알아보기 힘든[어려운]; (알아볼 수 없을 만큼) 많이 변한
méconnaissance [여] 인정하지 않기, 무시
méconnaître [타] 인정하지 않다
méconnu(e) [형] 인정되지 않은, 알려지지 않은

mécontent(e) [형] 불만을 품은
mécontentement [남] 불평, 불만
médire [자] 비방하다, 욕하다, 험구하다
Mecque [여] 메카
médaille [여] 메달 ~ d'or[d'argent/de bronze] 금/은/동 메달
médaillé(e) [명] 메달리스트, 메달 수령자 ~ d'or/d'argent/de bronze 금/은/동 메달리스트
médaillon [남] 대형 메달
médecine [여] 약, 의학 etudier la ~ 의학을 공부하다
média [남] (흔히 복수) 매체, 미디어 nouveau ~ 새로운 매체
médian(e) [형] 중앙의, 가운데의
médiateur(trice) [명] 중재인, 조정자
médiatique [형] ① 미디어[정보매체]의, 미디어를 통한 campagne ~ 미디어를 통한 캠페인 ② 미디어[TV]에 강한 politicien ~ 미디어[TV]에 강한 정치가
médiatiser [타] 미디어[매체]로 전파하다
médical(ale, [복] **aux)** [형] 의학의, 의료의
médicament [남] 약(품), 약제 prendre des ~s 약을 복용하다
médication [여] 투약치료
médicinal(ale, [복] **aux)** [형] 약용의, 약효가 있는
médiéval(ale, [복] **aux)** [형] 중세의
médiocre [형] 보통의, 범용한
médiocrité [여] 평범, 보통, 범용
médire [자] 비방하다, 욕하다
méditatif(ve) [형] 명상적인, 명상에 잠기는
méditation [여] 명상; 계획
méditer [타] 심사숙고하다, 깊이 생각하다 [자] 명상하다, 생각에 잠기다; [종교] 묵상하다
méditerranéen(ne) [형] 지중해의 [명] 지중해 연안 지방의 사람
médium [남] ① (심령술의) 영매, 무당, ② [음악] 중음, 중성 ③ [논리] (삼단논법의) 매개념

méfaire [자] 나쁜 짓을 하다
méfait [남] 나쁜 짓; 범죄피해
méfiance [여] 불신용, 경계; 의혹
méfiant(e) [형] 의심 많은; 신용 안하는; 의심하는; 경계하는 [명] 의심 많은 사람
méfier (se) [대] 의심하다, 믿지 않다 (~ de); 경계하다 (~ de)
mégalithe [남] (선사시대의) 거석 유적
mégalomane [형] 과대망상의 [명] 과대망상증환자
megaoctet [남] 메가바이트 (100만 바이트)
mégatonne [여] 메가톤 (중량 단위)
meilleur(e) [형] 더 좋은, 더 나은 de ~e heure 더 일찍이 [남] 가장 좋은 일[것] du ~ de mon coeur 진심으로
mélancolie [여] 우울, 침울
mélancolique [형] 우울한, 침울한
Mélanésie [여] [지리] 멜라네시아
mêler [타] 섞다
mélodie [여] 멜로디, 선율
mélodieusement [부] 음악적으로; 듣기 좋게
melodieux(se) [형] 선율의, 곡조가 아름다운
mélodique [형] 멜로디에 관한; 선율적인; 음악적인
mélodramatique [형] 멜로드라마식의, 신파조의
mélodrame [남] 멜로드라마
melon [남] [식물] 멜론
melting-pot [남] ① (19세기 미국의) 잡다한 인종과 문화의 혼합 ② (다양한 사람, 사상의) 혼합, 용광로
membrane [여] 막, 막 조직
membre [남] ① 사지, 팔다리 ~ supérieur 상지, 팔 ~ inférieur 하지, 다리 ② 구성원, 회원 être ~ d'une association 어떤 협회의 회원이다
même [형] ① 같은 Ils sont nés le ~ jour. 그들은 같은 날 태어났다 ② ...조차, 마저 Tous, ses parents ~s l'ont abandonné. 모두가, 그의 친부모마저 그를 버렸다

mémoire [여] 기억, 기억력 avoir bonne ~ 기억력이 좋다 à la ~ de qn ...을 기리며
mémorable [형] 기억할만한, 인상적인
mémorandum [남] 비망록, 메모
mémorial [남] 기념물, 기념관
menace [여] 협박, 위협 par des ~s 협박하여
ménage [남] 가정, 가사
ménager [타] 마련하다; 꾸미다; 절약하다 ne ~ aucun effort 노력을 아끼지 않다
ménager(ère) [형] 가사의, 가사에 관한
mendiant(e) [명] 거지
mener [자] 인도하다, 이끌다
méningite [여] 뇌막염, 수막염
ménopause [여] 폐경기
menotte [여] 손; (어린애의) 귀여운 손 [복] 수갑
menotter [타] 수갑을 채우다
mensonge [남] 거짓말
mensonger(ère) [형] 거짓의; 헛된, 허망한
menstruation [여] [생리] 월경
menstruel(le) [형] 월경의
mensualité [여] 매월 일회; 월간
mensuel(le) [형] 매월의; 월간의
mensuellement [부] 매월, 한달에 한번
mental(ale, [복] aux) [형] 마음의, 지능의, 정신병의
mentalement [부] 마음으로, 정신적으로
mentalité [여] ① 정신상태, 정신구조; 사고방식 ② [사회] 심성
menteur(se) [형] 거짓말하는 [명] 거짓말쟁이
mention [여] 언급 ne pas faire mention de qch ...을 언급하지 않다
mentir [자] 거짓말하다
menton [남] 턱
menu [남] ① 메뉴, 식단 ② (코스가 한 묶음으로 된 레스토랑의) 정식, 세트
mer [여] 바다
mercantile [형] 상업의, 상인의, 무역의

mercenaire [형] 돈으로 좌우되는
merci [남] 감사, 사례; 감사의 말 Je vous dois un grand ~. 당신에게 진심으로 감사를 드려야겠습니다 [감] 감사합니다 M~ beaucoup. 대단히 감사합니다
mercredi [남] 수요일
mercure [남] ① 수은 ② (M~) 수성
merde [감] 빌어먹을!
mère [여] 어머니
méridien(ne) [형] 자오선의 [남] 자오선
méridional(ale, 복 aux) [형] 남쪽의
mérite [남] 미덕, 공덕, 공적, 공로, 재능, 장점 juger qqn selon son ~ 재능에 따라 평가하다
mériter [타] …을 받을 만하다, …할[될] 가치가 있다
méritoire [형] 가치있는, 칭찬 할 만한, 기특한
merveille [여] 경의, 불가사의함 faire des ~s 놀라운 일
merveilleusement [부] 놀랍게도, 믿기 어렵게,
merveilleux(se) [형] 놀라운, 믿기 어려운
message [남] 통신, 메시지, 전갈
messager(ère) [명] 사자, 심부름꾼
messagerie [여] 여객화물수송, 운송; 수송회사, 운송점; 수송국; 역마차 [정보] ~ électronique 전자우편, 이메일 (= courrier électronique)
messe [여] [종교] 미사
Messie [남] 구세주, 메시아
mesurable [형] 측정할 수 있는
mesure [여] 측정, 계량 être en ~ de … 할 수 있다
mesuré(e) [형] 절도 있는; 조심성 있는; 정규의
mesurer [타] 측정하다, (길이를) 재다, (무게를) 달다
métabolisme [남] 물질 대사, 신진 대사
métal (복 **aux**) [남] 금속, 금속 원소, 합금
métallique [형] 금속의
métallurgie [여] 야금, 야금술, 야금학
métallurgiste [남] 야금가, 야금학자

métamorphose [여] 변형, 변질, 변태
métamorphoser [타] 변형시키다
métaphore [여] 은유
métaphorique [형] 은유의, 비유적인
métaphoriquement [부] 은유로, 비유적으로
métaphoriser [타] 은유법으로 표현하다; 은유를 사용하여 말하다[쓰다]
métaphysique [형] 형이상학의, 추상적인, 난해한
météo [여] (구어) 기상학; 일기예보
météore [남] 유성, 별똥별
météorique [형] 유성의, 유성 같은
météorite [남] 운석
météorologie [여] 기상학, 기상
météorologique [형] 기상의,
météorologue [명] 기상학자
méthane [남] 메탄
méthode [여] ① (사고)방법; 방법론 ② (일을 하기 위한 체계적인) 방법, 방식; 순서, 체계
méthodique [형] 조직적 방식의, 질서정연한
méthodiste [명] 감리교도
méthodologie [여] 방법론
méthyle [남] 메틸
méticuleux(se) [형] 꼼꼼한, 세심한, 정확한
métier [남] 직업, 생업
métis(se) [형] 혼혈의; 잡종의 [명] 혼혈아; 잡종
métissage [남] 혼혈; 이종교배
mètre [남] 미터
métrique [형] 미터의, 계량
métro [남][약] chemin de fer métropolitain (지하철; 지하철역)
métrologie [여] 도량형학
métronome [남] 메트로놈
métropole [여] 주요 도시, 대도시
métropolitain(e) [형] 모국의; 수도의
mets [남] (접시에 담은) 요리, 음식
mettre [타] 놓다, 두다
meuble [형] 이동할 수 있는; 경작할 수 있는 [남] 가구

meubler [타] 가구를 갖추다; 장식하다; 풍부하게 하다
meurtrier(ère) [형] 많은 사람을 살해하는 [명] 살인자
mexicain(e) [형] 멕시코의 [명] (M~) 멕시코 사람
Mexico [명] [지리] 멕시코시티 (멕시코(Mexique)의 수도)
Mexique [남] [지리] 멕시코
mezzanine [여] 중2층(1층과 2층사이)
mi [남] (복수불변) [음악] 미 (8단계의 제3음)
miaou [남] (고양이의)야옹 소리
miasme [남] ① 장기, 장독 (파스퇴르(Pasteur)의 세균 발견 이전에는 전염병의 원인으로 간주되었음) ② (부패물에서 발생하는) 가스, 악취
mi-clos(e) [형] 반쯤 닫힌[감긴]
microbe [남] 미생물
microchirurgie [여] 현미수술
microcosme [남] 소우주, 소세계
microfibre [여] 마이크로 파이버
microfilm [남] 마이크로필름
micro-onde [여] 극초단파, 마이크로파
microphone [남] 마이크
microphysique [여] 미시 물리학
microscope [남] 현미경
microscopique [형] 현미경에 의한, 현미경으로만 볼 수 있는
midi [남] 정오, 한낮
miel [남] 꿀
mielleux(se) [형] 꿀 같은, 달콤한
mien(ne) [형] 나의 것
miette [여] 빵부스러기; 부스러기, 조각; 조금
mieux [부] (bien의 비교급) 더 잘; 더 많이
mignon(ne) [형] 귀여운
migraine [여] 편두통
migrateur(trice) [형] 이주성의, 이주하는
migration [여] 이주; 이동
migratoire [형] 이주의; 이동의

milieu [남] ([복 ~**x**) 한가운데 au milieu de qch …의 한가운데
militaire [형] 군사적인
militant(e) [형] 싸우는, 투쟁하는 [남] 투사, 전사
militariser [타] 군대적으로 조직하다
militarisme [남] 군국주의
militariste [형] 군국주의의 [명] 군국주의자
mille [형] 천의; 수많은
millénaire [형] 천을 포함하는, 천 가량의
milliard [남] 10억
milliardaire [명] 억만장자
millier [남] 천; 천 가량
mince [형] 얇은; 가느다란, 날씬한
mine [여] ① 얼굴; 외모 ② 광산
miner [타] 파다; 갱도를 파다; 서서히 파다; 서서히 쇠약하게 하다
minerai [남] 광석, 귀금속
minéral [형] (**ale**, [복] **aux**) 광물의
minéraliser [타] (금속을) 광석화하다
minerve [여] ① 두뇌; 지식 ② M~ (지식, 예술, 기술의 여신) 미네르바
mineur(e) [형] 소형의; 미성년의 [명] 미성년자 [남] 광부
miniature [여] 축도; 세밀한 세공품
minier(ère) [형] 광산의
minime [형] 사소한
minimiser [타] 최소로 만들다, 극도로 줄이다
minimum [남] 최소한, 최저
ministère [남] 내각; 성, 부
ministériel(le) [형] 내각의, 대신[장관]의; 성의, 부의
ministre [남] 대신, 장관
ministresse [여] 대신[장관, 공사, 목사] 부인
minoritaire [형] 미성년의; 소수자의
minorité [여] 미성년; 미성년기; 소수; 소수당[파]
Minorque [여] [지리] 미노르카 섬

minuit [남] 한밤중, 자정
minute [여] 분
minutieusement [부] 세심히; 면밀하게
minutieux(se) [형] 세심한, 면밀한, 상세한
miracle [남] 기적
mire [여] 겨냥, 조준 ligne de ~ 조준선
mirer [타] 겨누다
miroir [남] 거울
miroiter [자] 번쩍거리다; 어른거리다
misanthrope [형] 인간을 싫어하는, 비사교적인, 염세적인
misanthropie [여] 인간을 싫어하는 성질
misanthropique [형] 비사교적인
mise [여] 놓기, 두기, 회부
miser [타] (노름에서 돈 따위를) 걸다; (경매에) 입찰하다
misérable [형] 불쌍한, 비참한; 빈궁한, 빈곤한
miérablement [부] 불쌍하게, 비참하게; 빈궁하게; 비루하게
misère [여] 곤궁, 빈곤; 비참함
miséricorde [여] 연민; 관용, 자비
misogyne [형][명] 여자를 싫어하는 (사람)
mission [여] 사명, 임무; 전도, 포교
missionnaire [남] 선교사
mi-temps [여] 파트타임 travailler à ~ 파트타임으로 일하다
mitiger [타] 완화하다, 경감하다
mi-voix (à) [부] 작은[가느다란] 목소리로
mixage [남] (여러가지 음향의) 동시 녹음
mixte [형] 혼합의, 혼성의, 합병의
mixture [여] 조합한 물약; (접종용의) 혼합 종자; 혼합물
mobile [형] 움직이는, 이동성의 téléphone ~ 휴대폰
mobilier(ère) [형] 동산의
mobilisation [여] 동원; 동산화
mobiliser [타] 동원하다; 부동산을 동산으로 간주하다

mobilité [여] 이동성; 변하기 쉬움
mocassin [남] (북미 인디언의) 가죽신
moche [형] (구어) (외모, 모양이) 못생긴, 보기 흉한
modal [형] (ale [복] aux) 형태상의
modalité [여] 양식, 형식, 양상
mode [여] 유행 [남] 양태; 양식; 방법
modèle [남] 본; 모형, 표본; 모범, 귀감
modeler [타] (흙, 초 따위를 빚어서) 형상을 만들다; 모형을 만들다
modérateur(trice) [형] 알맞게 조절하는
modération [여] 중용, 절제
moderato [부] [음악] 알맞은 속도로, 너무 빠르지 않게
modéré(e) [형] 절제있는; 온건한
modérément [부] 절제하여; 온건하게
modérer [타] 절제하다; 조절하다; 감축하다; 완화하다; 억제하다
moderne [형] 현대의, 근대의
modernisation [여] 현대화, 근대화
moderniser [타] 현대[근대]화하다
modernisme [남] 근대[현대] 취미; 현대[근대]주의[사상]
moderniste [남] 현대[근대]주의자
modernité [여] 현대[근대]적임; 현대[근대]성
modeste [형] 겸손한; 온건한
modestement [부] 겸손하게; 온건[온당]하게; 조심성 있게
modestie [여] 겸손, 겸양
modifiable [형] 변경될 수 있는
modificateur(trice) [형][명] 변경하는 (사람) [남] 변속장치
modificatif(ve) [형] 수식하는 [남] 수식어
modification [여] 변경, 수정
modifier [타] 변경하다, 수정하다
module [남] 표준, 단위
moduler [타] 억양을 붙이다
moelle [여] 골수, 정수

moelleusement [부] 부드럽게, 포근하게
moelleux(se) [형] 골수가 많은; 포근한, 부드러운
moeurs [여][복] 품성, 소행, 성행; 관습, 풍습, 풍속
moi [대명] 나
moi-même [대명] 나 자신
moindre [형] (petit의 비교급) 보다 작은, 보다 적은
moindrement [부] 조금, 적게
moine [남] 수도사
moineau [남] ([복] ~**x**) [조류] 참새
moinerie [여] 수도사, 중 (집합적); 수도원
moinesse [여] 수녀, 비구니
moins [부] (peu의 비교급) 보다 적게
mois [남] 달, 월
moisir [타] 곰팡 피게 하다 [자] 곰팡 피다
moisissure [여] 곰팡이
moisson [여] 수확
moissonner [타] 거두다, 수확하다
moitié [여] 절반
moléculaire [형] 분자의, 분자로 된
molécule [여] 분자
mollement [부] 부드럽게; 무기력하게
mollesse [여] 부드러움, 유약, 나약, 무기력
mollir [자] 부드러워지다; 가라앉다
moment [남] 순간, 시기 au ~ de qch ...에 즈음하여, ...을 당하여, ... 때에
momentané(e) [형] 일시적인; 순식간의, 덧없는
momentanément [부] 일시적으로; 잠시, 덧없이
momie [여] 미라; 검고 마른 사람
momification [여] 미이라로 만들기
momifier [타] 미이라로 만들다
mon [형] ([여] **ma** [복] **mes**) 나의
monarchie [여] 군주정치, 군주제
monarchique [형] 군주정치의, 군주제의
monarchiquement [부] 군주로서, 군주국으로서
monarchisme [남] 군주정치주의, 왕정주의

monarchiste [형] 군주정치주의의, 왕정주의의 [명] 군주정치주의자, 왕정주의자
monarque [남] 군주
monastère [남] 수도원
monastique [형] 수도자의, 수도자 같은
mondain(e) [형] 세속된; 속된
monde [남] 세계; 천지, 우주, 만물; 지구, 지상; 대륙; 천체; 사회; 사람들; 세간, 세상; 사교계 tout le ~ 모든 사람들, 누구나
mondial [형] (ale [복] aux) 세계적인
mongol(e) [형] 몽고의 [명] (M~) 몽고사람
monnaie [여] 화폐, 통화; 거스름돈, 잔돈
monocamér(al)isme [남] [정치] 단원제
monochromatique [형] 단색의
monochrome [형] 단색의
monogame [형] 일부일처제의
monogamie [여] 일부일처제
monogamique [형] 일부일처제의
monologue [남] 독백; 혼잣말
monologuer [자] 독백하다; 혼잣말하다
monosyllabe [남] 단절어
monosyllabique [형] 단음절의
monothéique [형] 일신교의
monothéisme [남] 일신교
monothéiste [형] 일신교의 [명] 일신론자
monotone [형] 단조로운, 변화없는
monotonie [여] 단조, 천편일률
monotype [형] 단종류의
monseigneur [남] ([복] messeigneurs, nosseigneurs) 각하; 예하; 전하
monsieur [남] ([복] messieurs) 귀하, 씨, 군
monstre [남] 기형; 괴물
monstrueusement [부] 기괴하게; 굉장하게, 엄청나게
monstrueux(se) [형] 기형의, 기괴한
monstruosité [여] 기형; 기괴
mont [남] 산
montage [남] 올리기; 오르기

montagnard(e) [형] 산악지방에 사는; 산의
montagne [여] 산
montagneux(se) [형] 산이 많은
mont-de-piété [남] (복 ~s-~-~) 공영 전당포
monte [여] ① (가축의) 교배; 교미 saison de ~ 교배기 ② 승마; 기마술
monté(e) [형] 갖추어진, 구비된; 말탄; (빛이) 짙은; 격분한, 성난 coup ~ 꾸민 일, 음모
montée [여] 오름, 상승; 언덕길, 비탈
monter [자] 오르다; 높아지다 [타] 오르다, 거슬러 오르다; 올라타다
montre [여] 회중시계
montrer [타] 보이다; 가리키다
monument [남] 기념 건조물
monumental [형] (ale [복] aux) 기념의, 기념 건물의; 굉장한; 놀라운
moquer (se) [대] 놀리다, 비웃다, 빈정거리다, 우롱하다 (~ de)
moquerie [여] 우롱, 냉소, 조소
moral [형] (ale, [복] aux) 도덕적인, 도덕에 관한
morale [여] 도덕; 윤리; 교훈
moralement [부] 도리상; 도덕적으로
moralisation [여] 교화, 선도; 정신 수양
moraliser [타] 도덕으로 이끌다, 교화하다
moralisme [남] 도덕지상주의
moraliste [명] 도덕[윤리]학자
moralité [여] 도덕성, 윤리성
moratoire [형] 연체의; 지불유예의
moratorium [남] ([복] ~a) 지불유예[정지]령
morbidité [여] 병적임; 발병률
morceau [남] ([복] ~x) 조각
morceler [타] 분할[세분]하다
morcellement [남] 분할, 세분
mordant(e) [형] 물어뜯는; 쏘아버리는; 날카로운; 신랄한, 빈정대는, 쏘아붙이는, 독설적인; 부식성의
mordre [타] 깨물다, 물어뜯다; 물다; 쏘다, 썰다,

깎다; 부식시키다 ~ la poussière 전사하다
morphine [여] [화학] 모르핀
morphinisme [남] 모르핀 중독
morphinomane [형] 모르핀 상용[중독]의 [명] 모르핀 중독자
morphinomanie [여] 모르핀 광; 마취약 상용
morsure [여] 물어뜯기; 물어뜯은 상처
mort [여] 죽음
mort(e) [형] 죽은; 활기 없는
mortalité [여] 죽어야 할 운명[성질]; 사망률[수]
mortel(le) [형] 죽음을 면할 수 없는; 인간의
mortellement [부] 치명적으로; 죽을 지경으로; 극도로
mortier [남] 모르타르, 회반죽
mortifier [타] (고기를) 저장하여 연하게 하다; (고행을 목적으로) 육체를 괴롭히다
mosaïque [여] 모자이크
mot [남] 말; 단어
motet [남] 모텟, 성가
moteur(trice) [형] 움직이는, 발동의, 원동력이 되는
motif(ve) [형] 동기의, 이유의
motiver [타] 동기[이유]를 설명하다
motocycle [남] 모터사이클
motocyclisme [남] 오토바이 타기
motocycliste [명] 오토바이 타는 사람
motoriser [타] 모터를 붙이다; 기계화하다
mou [형] (모음 혹은 무음 h로 시작하는 남성명사와 et, ou 앞에서는 **mol** [여] **molle**) 무른, 물렁물렁한; 부드러운
mouche [여] 파리; 얼룩, 반점
moucher [타] 코풀어 주다 se ~ 코를 풀다
mouchoir [남] 손수건
moudre [타] 찧다, 빻다, 가루로 만들다
mouette [여] [동물] 갈매기
mouffette [여] [동물] 스컹크
moufle [남] 벙어리장갑
mouillé(e) [형] 젖은, 축축한

mouiller [타] 적시다; 물을 타다
mouler [타] 주조하다, 틀에 붓다; 모양을 짓다; 틀을 만들다; 꼭 맞다 vêtement qui *moule* le corps 몸에 꼭 맞는 옷
moulin [남] 제분기, 방아; 제분소
moulu(e) [형] 가루로 된
mourant(e) [형] 죽어가는, 죽을 듯한
mourir [자] 죽다
mousquet [남] 구식 보병총
mousse [여] ① 이끼 ② 거품
mousser [자] 거품이 일다
mousseux(se) [형] 이끼 낀
mousson [여] 열대 계절풍
moustache [여] 콧수염
moutarde [여] 겨자
mouton [남] [동물] 양; 양고기
mouture [여] 찧기
mouvant(e) [형] 움직이는, 흔들리는
mouvement [남] 움직임, 운동
mouvementé(e) [형] 변동이 심한; 기복이 있는
mouvementer [타] 활기를 주다; 변동을 일으키다; 억양을 붙이다
mouvoir [타] 움직이다; 야기하다; 행동시키다
moyen(ne) [형] 보통의; 평균의 [남] 수단, 방법 [여] 평균 au-dessus de la ~ 평균 이상의
Moyen-Orient [남] [지리] 중동
muet(te) [형] 벙어리의, 말을 못하는
mugir [자] (소가) 울다; 으르렁거리다
mugissement [남] (소의) 울음소리
multicolore [형] 다색의
multiple [형] 여러 가지의, 다수의; 다양한
multipliable [형] 배가할 수 있는
multiplicateur(trice) [남] 승수 [형] 곱하는, 승하는; 증가시키는
multiplicatif(ve) [형] 배가하는; 증가하는
multiplication [여] 증가; 곱하기
multiplicité [여] 다수, 다양; 중복
multiplier [타] 승하다, 곱하다

mystère

multipolaire [형] 다극의
municipalité [여] 도시, 시, 읍, 면; 시[읍, 면] 직원단; 시청, 읍사무소, 면사무소
munir [타] 갖춰주다, 마련해 주다
mur [남] (건물의) 벽, 담벼락
mûr(e) [형] 익은; 성숙한
murage [남] 벽을 둘러치기, 벽으로 막기; 둘러친 벽
muraille [여] 두꺼운[높은] 벽; 성벽
murailler [타] 벽으로 버티다[막다]
mural [형] (**ale**, [복] **aux**) 벽의, 담장의, 성벽의
mûre [여] 뽕나무 열매, 오디
murer [타] 벽을 둘러치다, 벽으로 막다
mûrir [타] 익히다; 성숙케 하다
mûrissant(e) [형] 익어가는
murmure [남] 속삭임; 중얼거림
murmurer [자] 속삭이다; 중얼거리다
muscle [남] 근육
musclé(e) [형] 근육질의
muscler [타] 근육을 발달시키다
musculaire [형] 근육의
musculeux(se) [형] 근육이 많은; 근육이 두드러진
Muse [여] (~s) 고대그리스의 여신 뮤즈 (문예, 미술을 주관하던 아홉 여신)
musée [남] 박물관; 미술관
musical [형] (**ale** [복] **aux**) 음악의, 음악적인
musicalement [부] 음악적으로
musicien(ne) [명] 음악가
musique [여] 음악
musulman(e) [형] 이슬람교의 [명] 이슬람교도
mutilation [여] (손발 따위의) 절단; 훼손; 삭제
mutilé(e) [형] 손발이 절단된; 훼손된
mutiler [타] (손발을) 절단하다; 훼손하다
myope [형] 근시의 [명] 근시안의 사람
myopie [여] 근시
myrrhe [여] 몰약
mystère [남] 신비, 불가사의한 일

mystérieusement [부] 신비적으로
mystérieux(se) [형] 신비로운
mysticité [여] 신비성
mystifiable [형] 남에게 속아 넘어가는
mystification [여] (장난으로) 속여 넘기기
mystifier [타] 속여 넘기다
mystique [형] 신비적인, 불가사의한
mystiquement [부] 비유적으로
mythe [남] 신화
mythique [형] 신화[전설]의; 사실무근의, 지어낸
mythologie [여] 신화; 신화학
mythologique [형] 신화의
mythologiste, mythologue [명] 신화학자

N

N, n [남] 불어 자모의 열 넷째 글자
nage [여] ① 헤엄, 수영; 수영법 (=natation) ~ libre 자유영 ~ sur le dos 배영 ~ indienne (팔을 번갈아 뻗어서 끌어당기는) 오버헤드영법 ② 노젓기; 노젓는 법 donner la ~ 정조하다 ③ (집합적) [운동] (보트경기의) 노젓는 사람 chef de ~ 정조수 ④ [생물] 유영 à la ~ 헤엄쳐서; 헤엄치려고 gagner la côte à la ~ 헤엄쳐서 해안에 도달하다 se jeter à la ~ 수영하려고 물에 뛰어들다
nager [자] ① 헤엄치다, 수용하다 ~ sous l'eau 잠수하다 ~ comme un poisson 헤엄을 잘 치다 ② (물, 액체에) 떠 있다 (=flotter); 잠겨있다 (=baigner) corps qui *nage* à la surface d'un liquide 액체 표면에 떠 있는 물체 ~ dans le sang (문어) 피투성이가 되어있다 ③ (비유) (어떤 감정, 상태에) 빠져있다 ~ dans la confusion 혼란에 빠져있다 ~ dans la prospérité 번영을 누리다 ④ (구어) (옷 따위가) 헐렁하다 ~ dans son pantalon 바지가 너무 커서 헐렁하다 ⑤ (구어) 당황하다, 쩔쩔매다 Il n'y a aucun ordre dans ce dossier, je *nage* complètement. 서류가 뒤죽박죽이어서 도무지 어찌할 바를 모르겠다 ⑥ 노를 젓다 (=ramer) ~ à culer 후진하다
nageur(se) [명] ① 수영하는 사람; 수영선수 ~ de brasse 평영선수 maître(-)~ 수영교사 / (동격) maillot ~ 비키니 수영복 ② 노젓는 사람, 조수 ③ (비유) 처세술에 능한 사람 [남] ① 비키니 수영복 ② [복][동물] 유영아목 [형] (동물이) 유영하는 oiseaux ~s 유금류
naguère [부] 조금 전에, 최근
naïf(ve) [형] ① 순진한, 천진난만한 (=candide,

ingénu) garçon ~ 순진한 소년 air ~ 천진난만한 태도 ② 고지식한, 속기 잘하는, 어리석은 (=crédule, niais) réponse ~ve 고지식한 대답 Il n'est pas assez ~ pour y croire. 그는 그것을 믿을 만큼 어리석지 않다 ③ 자연스러운, 꾸밈없는, 소박한 (=naturel, spontané) beauté ~ve 꾸밈없는 아름다움 art ~ (민간의) 소박한 미술 [명] ① 순진한 사람; 잘 속는 사람, 바보

nain(e) [명] ① 난쟁이; 소인증 환자 Blanche-Neige et les sept ~s 백설공주와 일곱 난쟁이 [형] 난쟁이의; 소인증의 ② (동식물이) 왜소한 palmier ~ 키가 작은 종려나무 arbre ~ japonais 분재 ③ [축산] oeuf ~ 노른자위가 없는 달걀 [여] [천문] 혜성

naissance [여] ① 출생, 탄생; 출산 jour[anniversaire] de la ~ 생일 date et lieu de ~ 생년월일과 출생지 acte de ~ 출생증명서 déclaration de ~ 출생신고 ~ difficile 난산 ~ prématurée[avant terme] 조산 ~ double 쌍둥이 출산 ~ légitime[illégitime] 적출[서출] contrôle[limitation] des ~s 산아제한 nombre de ~s 신생아수 ② 출신, 가문 de haute [bonne] ~ 명문 출신의 homme de basse [sans] ~ 천한 집안에서 태생한 사람 avoir de la ~ 귀족 출신이다 ③ (비유) 시초, 시작, 출현 (=éclosion, apparition) ~ du jour 새벽 ~ de l'amour 사랑의 싹틈 ④ (비유) 기점, 근원; 뿌리, 밑동 ~ d'un fleuve 강의 근원 ~ du cou 목의 아래 부분 ~ d'une colonne 기둥의 밑부분

naissant(e) [형] ① (문어) 태어나기[나타나기] 시작하는; 싹트기 시작하는 à l'aube ~e 새벽에 lune ~e 떠오르기 시작하는 달 barbe ~e 나기 시작하는 수염 amour ~ 싹트는 사랑

naître [자] ① 태어나다, 출생하다 ~ à terme [avant term, à sept mois] 예정일에[달을 못 채우고, 일곱 달 만에] 태어나다 [~ de] ~

d'un père anglais et d'une mère française 영국인 아버지와 프랑스인 어머니 사이에서 태어나다 ~ d'une famille illustrée 명문 태생이다 ② (식물이) 싹트다, 돋아나다, 꽃피다 Les fleurs *naissent* au printemps. 꽃은 봄에 핀다 ③ (비유) 생기다, 발생하다; 시작되다; (강이) 발원하다 Un sourire *naît* sur son visage. 그의 얼굴에 미소가 떠오른다 Le jour *naît*. 날이 밝는다

naïvement [부] 순진하게, 천진난만하게
naïveté [여] 순진, 천진난만
natir [타] 담보하다, 저당에 넣다; 공급하다
nantissement [남] 담보, 저당; 담보물, 저당품
nappe [여] 테이블보
napperon [남] 냅킨
Narcisse [남] [그리스 신화] 나르시스 (n~) [남] (문어) 자기 모습에 도취하는 사람; 미남자 [식물] 수선화
narcissique [형] 자기도취의 [명] 자기 도취자
narcissisme [남] 자기도취
narguer [타] 경멸하다, 비웃다
narine [여] 콧구멍, 콧방울
narrateur(trice) [명] 이야기하는 사람, 나레이터
narratif(ve) [형] 이야기체의, 서술적이는
narration [여] 이야기하기, 서술; 나레이션
narrativité [여] 이야기적인 성격, 서술성
narratologie [여] 서사학
narrer [타] (문어) 이야기하다, 서술하다
nasal(e) [형] 코의; 비음의 [여] 콧소리, 비음
nasillard(e) [형] 콧소리의, 코의
natal(ale, [복] **als)** [형] 출생지의, 타고난, 그 지방 고유의
natation [여] 헤엄, 수영
nation [여] 국민, 국가
national(ale, [복] **aux)** [형] 국가의, 국민의, 국립의
nationalisation [여] 국민화, 국유화, 국영화, 귀화

nationaliser [타] 국유(국영)화하다, 귀화시키다
nationalisme [남] 민족주의, 국가주의, 국수주의
nationalité [여] 국적, 국민성
nativité [여] 출생, 탄생(특히 그리스도 탄생의 그림-조각, 성모 마리아의 탄생
naturalisation [여] 귀화, 자연화, 이입
naturaliser [타] 귀화시키다, 이식하다, 순화되다
naturalisme [남] [철학] 자연주의, 자연론 [문학, 미술] 자연주의
naturaliste [명] 자연주의자, 박물학자
naturalité [여] 토착성; 귀화인임
nature [여] 자연, 천지 만물, 성질, 본성 laissez faire la ~ 자연의 섭리에 맡기다
naturel(le) [형] 자연의, 천연의, 타고난 C'est tout à fait ~. 이건 그냥 자연스러운 거야.
naturellement [부] 자연히, 당연히, 본래, 타고나기를
naturiste [명] 자연(회귀)주의자, 나체주의자
naufrage [남] 파선; 실패; 파산
naufragé(e) [형] 파선한 [명] 파산당한 사람
naufrager [자] 파선하다
nausée [여] 메스꺼움, 혐오
nautique [형] 항해(술)의, 선박의, 선원의
naval [형] (ale, [복] als) 해군의; 배의, 군함의
navigable [형] 항행할 수 있는, 배가 지나갈 수 있는
navigateur(trice) [명] 항공사, 항해사, 항법사,
navigation [여] 항행, 항해, 항공
naviguer [자] 항해[항행]하다 ~ sur le web 웹서핑을 하다
navire [남] 배, 선박
nazi(e) [명] (독일의) 국가사회당원, 나치당원 [형] 나치(당)의
nazisme [남] (독일의) 국가사회주의, 나치즘
ne [부] 아니다, 안하다 (보통 pas, point, ni, guère, jamais, plus, aucun, nul, personne, rien 등과 함께 쓰임)
néanmoins [부] 그렇지만, 그럼에도 불구하고

néant [남] 무, 허무
nécessaire [형] 필요한, 필연의, 없어서는 안 될
nécessairement [부] 반드시, 물론, 필연적인 결과로써
nécessité [여] 필수품, 필요성, 불가결한 것 par ~ 필요해서
nécessiter [타] 필요로 하다,...의 결과를 필연적으로 동반하다
nectar [남] 화밀, 달콤한 음료, 넥타, 신주
nectarine [여] 넥타린
nef [여] (교회당의 신자석이 있는) 중앙 홀
néfaste [형] 불길한, 상서롭지 않은; 흉한, 불행한
négatif(ve) [형] 부정(부인)의, 소극적인, 거부적인
négation [여] 부정, 부인, 무, 결여
négativement [부] 부정적으로, 소극적으로
négligeable [형] 무시해도 좋은, 대수롭지 않은, 하찮은
négligence [여] 태만, 소홀, 무시
négligent(e) [형] 태만한, 소홀한
négliger [타] 무시하다, 게을리 하다, négliger de inf. ···하지 않다, ···하는 것을 잊다.
négoce [남] 도매업; 거래, 흥정
négociable [형] 교섭(협정)할 수 있는, 유통성 있는
négociant(e) [명] 도매상인, 무역상인; 큰 부자
négociateur(trice) [명] 교섭자, 협상자, 양도인
négociation [여] 교섭, 협상 être en cours de ~s 교섭 중이다
négocier [자] 협상(교섭)하다, 협정하다 ~ avec qn sur[au sujet de] qch ...와 ...에 대해 교섭하다
nègre(négresse) [명] (옛, 경멸) 흑인, 검둥이, [역사] 흑인 노예
neige [여] 눈
neiger [비] 눈이 오다 Il *neige*. 눈이 온다
neigeux(se) [형] 눈으로 덮인

néologie [여] 신어

néologisme [남] 신어, 신조어, 신어의 사용, 신학설, 신학

néon [남] 네온, 네온 등, 네온사인

néo-zélandais(e) [형] 뉴질랜드의 [명] (N~-Z ~) 뉴질랜드 사람

néphrite [여] 신장염

nerf [남] 신경, 용기, 기력 faire une crise de ~ 히스테리의 발작이 일어나다 guerre des ~s 신경전

nerveusement [부] 신경질적으로, 초조하게

nerveux(se) [형] 신경의, 신경질적인

nervosité [여] 신경과민, 겁, 소심성

net(te) [형] 깨끗한, 청결한; 맑은; 선명한, 또렷한; 명석한; 명확한, 명료한; 순수한, 순전한; 흠 없는, 티없는

nettement [부] 깨끗이; 명확히, 선명하게; 분명히, 딱 잘라서

netiquette [여] [정보] 네티즌들이 온라인상에서 지켜야 할 에티켓

nettement [부] 깨끗이; 명확히, 선명하게; 분명히, 딱 잘라서

netteté [여] 깨끗함, 청결; 명확, 명료

nettoiement [남] 청소

nettoyage [남] 청소

nettoyer [타] 청소하다

neuf(ve) [형] ① 아홉의; 제9의 ② 새로운, 아직 사용하지 않은 [남] 아홉; 9일; 트럼프의 9

neurologie [여] 신경학

neurologiste [명] 신경학자, 신경과 의사

neuropathologie [여] 신경병리학

neutralisation [여] 국외 중립선언; 중립화; [화학] 중화

neutraliser [타] 중립화하다, 무력화(무효화)하다

neutraliste [형] 중립을 제창하는 [명] 중립론자

neutralité [여] 중립(상태), 국외 중립, 중립 정책

neutre [형] 중립의, 중간적인, 중성의

neutron [남] 중성자

neuvième [형] 아홉 째의 [명] 아홉째
neuvièmement [부] 아홉 째로
neveu ([복] ~x) [남] 조카
névrologue [명] 신경과 의사
névrose [여] 신경병, 신경증
névrosé(e) [형] 신경쇠약의 [명] 신경쇠약환자
nez [남] 코, 후각 parler du ~ 콧소리로 말하다
ni [접] ...도 않다[아니다]
niais(e) [형] 어리석은, 미련한 [명] 바보
niaiser [자] 어리석은 일을 하며 놀다
niaiserie [여] 어리석음; 어리석음[미련한] 짓[말], 하찮은 일
Nicaragua [남] [지리] 니카라과
niche [여] 벽감, 적소분야, 영역
nicher [자] (새가) 집을 짓다; 살다, 자리 잡다
nickel [남] 니켈
nid [남] 보금자리, 둥우리, 떼, 일당
nièce [여] 조카딸
nier [타] 부정하다, 부인하다
Nigeria [남] [지리] 나이지리아
nighilisme [남] 허무주의
nihiliste [형] 허무설의; 허무주의의
Nil [남] [지리] 나일강
nitrate [남] 질산염, 질산칼륨
nitrique [형] 질소의, 질소를 함유한
niveau [남] ([복] ~x) 수준기; 수준, 수평; 수면
niveler [타] 높낮이를 고르게 하다
nivellement [남] 평준화
noble [형] 귀족의 [명] 귀족
noblement [부] 고귀하게, 훌륭하게
noblesse [여] 귀족(계급), 고결함
noce [여][복] ① 결혼식, 혼례 ② 결혼식에 참석한 사람들
nocif(ve) [형] 유해한, 불건전한
nocturne [형] 밤의, 야간의
Noël [남] 크리스마스
noeud [남] 매듭
noir(e) [형] 검은

noircir [타] 검게 하다
noircissement [남] 검게 하기; 중상
noisette [여] [식물] 헤이즐넛
noix [여] [식물] 호두(열매)
nom [남] ① 이름 ② [문법] 명사
nomade [형] ① 유목의, 유랑의 ② (비유) 방랑하는 [명] ① (흔히 복수) 유목민 ② [법] 방랑생활자
nombre [남] ① 수 ~ pair[impair] 짝수[홀수] ② 수효 ~ d'habitants 인구수
nombreux(se) [형] 다수의, 수많은
nombril [남] 배꼽
nomenclature [여] 술어집; (사전의) 수집어, 어휘
nominal(ale, [복] **aux)** [형] 이름의, 명목상의, 이름뿐인
nominalement [부] 명목상으로
nominatif(ve) [남][형] 주격[명격](의)
nomination [여] 임명, 지명
nommer [타] 임명하다, 지명하다 ~ qn président ~를 의장으로 임명하다
non [부] 아니(오); 비, 불, ...않는 ~ plus (부정의 뜻으로) 또한, 역시
nonchalant(e) [형] 아랑곳 하지 않는, 무관심한, 태연한
nonnain [여] 수녀
nord [남] 북, 북쪽
nord-est [남] 북동, 북동부
nordique [형] 북유럽의
nord-ouest [남] [지리] 북서, 북서부
normal(ale, [복] **aux)** [형] 정상의, 보통의, 표준의
normalement [부] 정상적으로, 보통은
normalité [여] 정상
norme [여] 표준, 규범, 전형
Norvège [여] [지리] 노르웨이
norvégien(ne) [형] 노르웨이의 [명] (N~) 노르웨이 사람 [남] 노르웨이 말

nos [형] notre의 복수
nostalgie [여] 향수
nostalgique [형] 고향(옛날)을 그리는
notable [형] 현저한, 두드러진
notaire [남] 공증인
notamment [부] 특히
notation [여] 표시법, 기수법
note [여] ① (본문에 대한) 주, 주석; 주해 ~ marginale 방주 ② 평가; 점수, 성적 avoir[obtenir] une bonne ~ 좋은 점수를 받다
noter [타] ① (밑줄, 십자표로) 표를 하다 ② 적어놓다, 메모하다 ③ 주의하다, 유의하다
notice [여] 소지, 약술; 주의서
notificatif(ve) [형] 통지하는
notification [여] 통지, 통고
notifier [타] 통지하다, 통보하다
notion [여] 관념, 생각, 개념 quelques ~s de ~ ...에 관한 관념, 생각
notoire [형] 악명 높은, 유명한
notoirement [부] 악명높게
notoriété [여] 저명, 주지, 소문이 자자함
notre [형] 우리의
nôtre [대명] (정관사가 앞에 놓임: le[la] nôtre, les nôtres) 우리들의 것
Notre-Dame [여] (복수 없음) (관사없이) [가톨릭] 성모 마리아; 성모당 ~ de Paris 파리의 노트르담 대성당
nouer [타] 매다; 묶다
nouilles [여][복] 국수, 면류
nourrice [여] 유모
nourrir [타] 젖먹이다, 음식[먹이]을 먹이다[제공하다], 부양하다, 먹여 살리다 se ~ 영양을 취하다, 먹다
nourrissant(e) [형] 영양이 되는, 영양가 있는, 영양이 풍부한
nourrisson(ne) [명] 젖먹이, 유아, 영아
nourriture [여] 자양물, 음식
nous [대명] 우리

nouveau(nouvelle) [형] 새로운 J'ai acheté un *nouvel* ordinateur 나는 새 컴퓨터를 샀다 [여] 뉴스

nouveau-né(e) [형] ([복] ~-~s) 갓난 enfant ~ 신생아 [명] 갓난아이, (28일 미만의)신생아, (동물의) 막 태어난 새끼

nouveauté [여] 새로움, 참신한, 신제품

Nouvelle-Calédonie [여] [지리] 뉴 칼레도니아

Nouvelle-Guinée [여] [지리] 뉴기니

Nouvelle-Zélande [여] [지리] 뉴질랜드

novateur(trice) [명] 개혁자, 혁신자 [형] 개혁[혁신]하는

novembre [남] 11월

novice [명] 풋내기, 무경험자

noyau [남] 핵, 핵심, 세포핵

noyer [타] 익사시키다; 침수시키다 se ~ [대] 익사하다; 물에 빠지다

nu(e) [형] 벌거벗은, 나체의

nuage [남] 구름

nuageux(se) [형] 구름 낀, 흐린

nuance [여] 뉘앙스

nuancer [타] ① (색깔에) 명암[농담]을 띠게 하다 ② (에) 미묘한 변화를 주다; 미묘한 차이를 고려하여 표현하다

nucléaire [형] 핵의, 원자핵의

nudisme [남] 나체주의

nudiste [형] 나체주의의 [명] 나체주의자

nudité [여] 벌거숭이, 나체, 노출

nue [여] (옛, 문어) 구름

nuée [여] (문어) 큰 구름

nuit [여] 밤, 야간 toute la ~ 밤새도록 Bonne ~ ! 안녕히 주무십시오, 잘 자

nul(le) [형] 어떠한, 아무러한 [대명] 아무도

nullement [부] 조금도, 추호도 (ne와 함께 쓰임)

nullification [여] 무효로 하기

nullifier [타] 무효로 하다, 폐기하다

nullité [여] 무효

numéraire [형] 셀 수 있는

numéral [형] (**ale**, [복] **aux**) 수를 나타내는, 수의

numérique [형] 수의, 숫자로 나타낸, 디지털의 alphabétisation ~ 컴맹퇴치

numérisation [여] [정보] (아날로그 신호의) 디지털화

numéro [남] 번호 ~ un 제 1호, 제 1인자, 중심인물

numérotage [남] 번호매기기

numéroter [타] 번호[번지]를 붙이다

nuptial [형] (**ale**, [복] **aux**) 혼인의, 혼례의

nuptialité [여] 혼인율

nuque [여] 목덜미

nutriment [남] 영양물, 양식

nutritif(ve) [형] 영양상의

nutrition [여] 영양물, 영양물섭취

nylon [남] 나일론

nymphe [여] 님프, 요정

nymphéa [남] [식물] 수련

nymphomane [명] 색정 과다(증)의 여자 [형] 색정 과다의

O

O, o [남] 불어 자모의 열 다섯째 글자
oasis [여] 오아시스
obéir [자] ① [~ à qn/qch] ...에(게) 복종하다, ...을 따르다 enfant qui *obéit* à ses parents 부모에게 순종하는 아이 ~ aux lois 법을 준수하다 ~ à sa conscience[son instinct] 양심 [본능]에 따르다 / (보어 없이) enfant qui n'*obéit* jamais 언제나 말을 안 듣는 아이 se faire ~ des autres 다른 이들이 자신을 따르도록 하다
obéissance [여] ① 복종, 순종 (=soumission) ~ des soldats à leurs chefs militaires 지휘관에 대한 병사의 복종 prêter[jurer] ~ à qn ...에게 복종을 맹세하다 refus d'~ 불복종 ② (법규 따위의) 준수 (=observation) ~ aux règles[à la loi] 규칙[법]의 준수
obéissant(e) [형] ① 순종하는 (=docile, soumis); 온순한 (=doux, sage) ~ envers son père 아버지의 말을 잘 따르는 ~ à la règle 규칙을 잘 지키는 chien ~ 말을 잘 듣는 개 ② (기계 따위가) 뜻대로 잘 움직이는
obélisque [남] 오벨리스크, 방첨탑
obèse [형][명] 비만한 (사람)
obésité [여] 비만, 비대
objecter [타] ① (을 이유로) 반대하다, 반증으로 제시하다 ~ de bonnes raisons à[contre] un argument 어떤 논서를 반박하는 합당한 이유들을 제시하다 ~ la pollution de l'air à[contre] la construction d'une usine 대기오염을 이유로 공장건설에 반대하다 On lui *a objecté* son jeune âge. 사람들은 나이가 어리다는 이유를 들어 그에게 반대했다 [~ à qn que + ind.] On m'*a objecté* que mon projet était trop

coûteux. 사람들은 비용이 너무 많이 든다고 내 계획에 반대했다 ② 구실[핑계]로 대다 (=prétendre) [~qch à qn]] ~ la fatigue pour ne pas sortir 피로하다는 구실로 외출을 하지 않다

objectif(ve) [형] ① 객관적인, 명백한 preuve ~ve de la culpabilité 유죄의 명백한 증거 ② 공정한, 중립적인; 편견 없는 (=détaché, impartial) information ~ve 편견 없는[공평한] 비평 historien ~ 편견 없는 역사가 Il a su rester ~. 그는 중립을 지킬 줄을 알았다 ③ 객관적 사실에 기초한; 실증적인 méthode ~ve 실증적 방법 appréciation ~ve 객관적인 평가 ④ [철학] 객관적인, 대상적인; 표상적인 réalité ~ve 객관적 실재

objectif [남] ① [군대] 목표물, 표적 (=cible) Les missiles ont atteint leur ~. 미사일들이 목표물을 맞추었다 ② (비유) 목표, 목적, 의도 (=dessein, visée) atteindre un ~ 목표를 달성하다 avoir pour ~ qch; avoir pour ~ de inf. ...을 목적으로 하다 ③ [광학] 대물 렌즈 ④ [사진] 렌즈 ~ d'une caméra 방송카메라의 렌즈 ~ à grand angle 광학렌즈

objection [여] ① 반론, 반박 논거 (=réfutation, réplique) faire[formuler] ~ à une théorie 어떤 이론에 대해 반론을 제기하다 réfuter une ~ 반론을 재반박하다 ② 이의, 반대의사 (=contestation, opposition) Cette proposition n'a soulevé aucune ~. 이 제안에 대해서는 아무런 반대도 제기되지 않았다 si vous n'y voyez aucune ~ 이에 대해 아무런 이의도 없으시다면 O~ ! 이의 있습니다 ③ ~ de conscience (신앙, 양심상의 이유에 의한) 양심적 병역 거부

objectivement [부] 객관적으로

objectivité [여] 객관성

objet [남] ① 물체, 사물 perception des ~s 사물의 지각 ~ volant non identifié 미확인 비행

물체, UFO ([약] O.V.N.I.) ② 물품, 물건; 용품 ~s usuels 일용품 ~s de toilette 세면[화장]용품 ③ (감정, 행위의) 대상 ~ d'amour[de haine] 사랑[증오]의 대상 Ce malade est l'~ d'une surveillance constante. 이 환자는 항시 관찰대상이다 ④ (사고, 연구 따위의) 주제, 테마 ~ de la pensée 사고의 주제 ~ d'un discours 연설의 주제 ⑤ 목적, 의도 (=but, fin) Quel est l'~ de votre visite ? 무슨 일로 방문하셨나요?

obligation [여] 의무 ~ scolaire 취학 의무 ~ civique 시민으로서의 의무

obligatoire [형] 의무적인; 필수적인 instruction (gratuite et) ~ 의무교육

obligé(e) [형] 의무가 있는; 어쩔 수 없는, 불가피한 Vous n'êtes pas ~ de répondre. 억지로 대답하실 필요는 없습니다

obliger [타] 의무를 지우다, 강제[구속]하다 Le contrat oblige les deux parties. 그 계약은 쌍방 모두를 구속한다

oblique [형] 비스듬한, 기울어진

obliquement [부] 비스듬히

oblitération [여] 지우기, 말소; 소인을 찍기

oblitérer [타] 지우다, 말소하다; 소인을 찍다

oblong(ue) [형] 헤포라 가로보다 긴

obscène [형] 외설스러운, 추잡한

obscénité [여] 외설, 추잡함; 외설스러운[추잡한] 언행[그림]

obscur(e) [형] 분명치 않은

obscurcir [타] 가리다, 흐리게 하다

obscurité [여] 어둠, 암흑, 난해함, 모호함

obséder [타] (생각, 문제 따위가) 끊임없이 괴롭히다; 머리에서 떠나지 않다

obsèques [여][복] 장례식

obséquieux(se) [형] 아첨하는

observable [형] 식별 가능한

observance [여] 준수

observateur(trice) [명] 관찰자

observation [여] 관찰 être en ~ 감시받고 있다
observatoire [남] 관측소
observer [타] ① (규칙 따위를) 준수하다 ② 관찰하다
obsession [여] 강박관념
obsessionnel(le) [형] 망상의
obsolescence [여] (신제품, 신기술의 출현으로 인한) 구식화, 낙후성, 무가치성
obsolète [형] 사용 안 되는, 폐지된
obstacle [남] 장애물 faire ~ à qch …에 방해가 되다
obstétrical(ale, [복] **aux)** [형] 산과(학)의
obstétricien(ne) [명] 산과 의사
obstétrique [형] 산과의 [여] 산과(학)
obstination [여] 고집, 완고; 완강
obstiné(e) [형] 완고한, 고집센
obstiner(s') [대] 고집 부리다
obstruction [여] 방해물
obstructionniste [형] [명] [정치] 의사를 방해하는 (사람)
obstruer [타] 막다
obtus(e) [형] 무딘, 뭉툭한, 둔한 angle ~ 둔각
occasion [여] 경우, 때 à cette ~ 그 경우를 계기로
occasionnel(le) [형] 기회가 되는, 유발하는
occasionner [타] 일으키다, 야기하다, 초래하다
occident [남] 서쪽; 서양, 서구
occidental(ale, [복] **aux)** [형] 서양의, 서구의
occlure [타] 봉합하다, 폐색하다
occulte [형] 불가사의한, 신비스러운
occupant(e) [형] ① 점유하는, 차지하는 ② (영토를) 점령하는 [명] ① 거주자 ② [법] 점유자
occupation [여] 일, 업무, 직업; 몰두, 골몰, 전념; 점유 ~ d'une maison par une seule personne 혼자서 집을 차지함
occupé(e) [형] 바쁜
occuper [타] 차지하다; 살다; [법] 선점하다; 점령하다; (시간을) 쓰다, 바치다; (일을) 맡다

occurrence [여] 경우, 상황
océan [남] 대양
océanique [형] 대양의
ocre [여] 황토 [남] 황갈색 [형] (불변) 황갈색의
octane [남] 옥탄
octave [여] 옥타브
octet [남] 8중주
octobre [남] 10월
octogénaire [형][명] (나이가) 80대의 (사람)
octogone [남] 8각형
octroi [남] 양여, 수여
octroyer [타] 양여하다, 수여하다
ode [여] 서정단지; 시가
odeur [여] 냄새, 향기
odieux(se) [형] 가증[밉살]스러운
odomètre [남] 주행 기록계
odorant(e) [형] 향기 있는
odorer [타] 냄새를 맡다 [자] 냄새를 풍기다
Odyssée [여] 오디세이아 (o~) [여] 모험담, 모험여행, 파란만장한 인생
oecuménicité [여] [종교] (교회의) 세계적 통합상태; 세계성
oecuménique [형] [종교] 세계교회운동의; 전세계의, 전기독교[교회]의
oecuménisme [남] [종교] 세계교회운동, 세계기독교 통합운동
oedème [남] 부종
oedipe [남] 수수께끼 푸는 사람 OE~ (그리스 신화의) 오이디푸스
oeil [남] ([복] **yeux**) 눈
oenologie [여] 포도주 양조법
oenologique [형] 포도주 양조법의
oenologiste [남] 포도주 양조에 관한 저술가
oesophage [남] 식도
oestrogène [남] 에스트로겐
oeuf [남] ([복] ~s) ① (조류의)알; (특히) 달걀, 계란 jaune[blanc] d'~ 달걀의 노른자[흰자]

~ cru[dur] 날계란[삶은 계란] ~ mollet[à la coque] 반숙계란

oeuvre [여] 일, 작업; 작품
offensant(e) [형] 무례한, 모욕적인, 불경한
offense [여] 모욕, 무례, 위배, 침해
offenser [타] 성나게 하다
offensif(ve) [형] 공격(용)의, 공격적인 [여] 공격, 공세 prendre l'~ve 공세를 취하다
offertoire [남] (미사 때의 빵과 포도주의) 봉헌, 봉헌문, 봉헌곡
office [남] 직무, 직책
officiel(le) [형] 공식의
officier [남] 장교
officieux(se) [형] 비공식의
offre [여] ① 제의, 제안; 제시가격 rubrique des ~s d'emploi (신문의) 구인란 ② 제공(물) ③ [경제] 공급(량) ~ de monnaie 통화 공급
offrir [타] ① 주다, 제공하다 ~ un bouquet de fleurs à qn ...에게 꽃다발을 주다 ② 제의[제안]하다 ~ son aide 도와주겠다고 제의하다
oignon [남] 양파
oindre [타] 기름을 바르다
oiseau [남] ([복] ~**x**) 새
olive [여] 올리브
olivier [남] 올리브 나무
olympiade [여] (흔히 복수) (근대) 올림픽 경기 (대회)
olympique [형] 올림픽 경기의 Jeux ~s d'hiver 동계올림픽
ombre [여] 그림자
omelette [여] 오믈렛
omettre [타] 빠뜨리다, 누락하다
omission [여] 빠뜨리기, 누락
omnipotent(e) [형] 전능한
omniprésent(e) [형] 어디에나 있는, 편재하는
omniscient(e) [형] 전지의; 박식한
once [여] 온스
onde [여] 물결

onduler [자] 파동하다, 물결치다
onéreux(se) [형] 비용이 많이 드는
ongle [남] 손톱; 발톱; 발굽; 갈고리
onze [형] 열 하나의; [남] 열 하나
onzième [형] 열한 번째의 [명] 열한 번째의 것 [남] 11분의 1
opale [여] 오팔
opaque [형] 불투명한
opéra [남] 오페라
opération [여] ① 작용 ~s de la digestion 소화 작용 ② 작업, 조작, 활동 ~s d'une fabrication 제조작업 ③ (외과) 수술 subir une ~ 수술을 받다
opérationnel(le) [형] 실용 가능한, 작업 가능한
opérer [타] 하다, 행하다; 실험하다; 수술하다
ophtalmique [형] 눈의
ophtalmologie [여] 안과학
ophtalmologue [명] 안과전문의
opiacé(e) [형] 아편의, 아편이 든
opinion [여] 의견 une divergence d'~s 의견의 차이
opium [남] 아편
opportun(e) [형] 시의적절한
opportuniste [명] 기회주의자
opposant(e) [형] 반대의, 대립하는 [명] 반대자
opposer [타] 마주 대하게 하다; 대치시키다 s'~ 반대하다, 저항하다
opposition [여] 반대 faire ~ à …에 반대하다
oppresseur [남] 압제자
oppressif(ve) [형] 압제적인
oppression [여] 압박
opter [자] (문어) (법) 선택하다, 고르다 ~ pour la nationalité française 프랑스 국적을 택하다
opticien(ne) [명] 안경사
optim(al)iser [타] 최적화하다, 가장 효과적으로 활용하다
optimisme [남] 낙관주의
optimiste [형] 낙관적인 [명] 낙관주의자

optimum([복] ~s, **optima**) [남] 최적상태, 최상
option [여] 선택
optique [형] 눈의, 광학의
opulence [여] 부유, 호사; 풍만
opulent(e) [형] 부유한
opus [남] 작품(번호)
or [남] 황금; 금화; 금전 [접] 그런데
oracle [남] 신탁
orage [남] 뇌우
orageux(se) [형] 뇌우가 쏟아지는
oral(ale, [복] **aux)** [형] 구두의, 구술의 [남] 구술시험
oralement [부] 구두로
orange [여] 오렌지 [형] (불변) 오렌지색의 [남] 오렌지색
oratoire [남] 웅변
orbite [여] 궤도
orbiter [자] 선회하다
orchestral(ale, [복] **aux)** [형] 오케스트라의
orchestre [남] 오케스트라 ~ de chambre 실내 관현악단
orchidée [여] 난초과 식물(의 꽃)
ordinaire [형] 보통의, 통상적인, 여느
ordinal(ale, [복] **aux)** [형] 순서를 나타내는, 서열의
ordinateur [남] 컴퓨터
ordination [여] (가톨릭의) 서품(식), (개신교의) 안수(식)
ordonnance [여] 정돈; 질서; 순서
ordonné(e) [형] 정연한, 질서 있는 [여] [수학] 세로좌표
ordonner [타] 정돈하다, 질서를 세우다
ordre [남] ① 순서 remettre de l'~ dans sa vie 삶을 정리하다 ② 명령
ordure [여] 오물, 쓰레기; 대변, 똥; 외설스러운 서적[언행]; 더러운 놈
oreille [여] 귀; 청각, 소리를 알아듣는 힘 avoir la puce à l'~ 걱정하다, 근심하다

oreiller [남] 베개
orfèvre [남] 금은 세공[세공품 상인]
organe [남] 오르간, 장기 don d'~ 장기이식
organique [형] 유기체의
organisateur(trice) [명] 조직자, 주최자
organisation [여] 조직(화)
organiser [타] ① 조직하다 C'est elle qui a tout *organisé*. ② (행사 따위를) 준비하다, 개최하다 ~ un événement 행사를 개최하다
organiste [명] 오르간 연주자
orgasme [남] 오르가즘
orge [여] [식물] 보리
orgie [여] 요란한 연회
orgueil [남] 거만, 오만, 교만심; 자존심
orgueilleux(se) [형][명] 거만한 (사람)
orient [남] 동쪽, 동방
oriental(ale, [복] aux) [형] 동(쪽)의, 동양(풍)의
orientation [여] 방향결정, 위치파악능력, 진로지도, 오리엔테이션, 진로
orienter [타] (어떤 방향으로) 향하게 하다, 돌리다 s'~ [대] (일정한 방향으로) 향하다; 나아가다; (자신의) 위치를 알다[정하다]
origan [남] [식물] 마요라나; 마요라나 향유
originaire [형] (에서) 태어난, (을) 원산지로 하는 Je suis ~ de France. 저는 프랑스 출신입니다.
original(ale, [복] aux) [형] 독창적인 lire qch dans le texte ~ 원문으로 …을 읽다.
originalité [여] 독창성
originel(le) [형] 처음부터의, 선천적인, 유전적인, 전통적인
origine [여] 기원, 원산지
ornement [남] 장식
ornemental(ale, [복] aux) [형] 장식의, 장식용의 plante ~ale 관상식물
orner [타] 장식하다, 미화하다
ornithologie [여] 조류학
ornithologiste, ornithologue [남] 조류학자

orphelin(e) [명] 고아
orphelinat [남] 고아원
orthodontiste [명] [의학] 치열교정 전문의
orthodoxe [형] (종교적) 교리에 충실한[합치되는], 정통(파)의 église ~ grecque 그리스 정교회
orthographe [여] 철자법
orthopédie [여] [의학] 정형외과학
orthopédique [형] [의학] 정형외과(학)의
os [남] 뼈
osciller [자] 흔들리다, 진동하다, 동요하다
osmose [여] 삼투
osseux(se) [형] 뼈가 두드러진[드러난]
ostensible [형] 보일 수 있는, 보여도 좋은; 표면에 나타나는, 자랑삼아 보이는
ostentation [여] 드러내 보이기, 과시, 뽐내기, 허영
ostéopathe [명] [의학] 정골의사
ostéopathie [여] [의학] 골병증, 정골의학, 정골요법
ostéoporose [여] [의학] 골다공증
ostraciser [타] 추방하다
ostracisme [남] 추방, 배척
otage [남] 인질, 볼모 retenir qn comme ~ ...을 인질로 잡아두다
ôter [타] 떼다, 덜다, 치우다, 제거하다, 없애다
ou [접] 또는, 혹은
où [부] 어디; 어디로 O~ est votre frère ? 당신 형[남동생]은 어디에 있습니까?
oubli [남] ① 망각, 건망증, 잊음 ② 누락, 불이행 ③ 무관심, 무시
oublier [타] 잊다, 망각하다
ouest [남] 서쪽
oui [부] 네, 예
ours [남] [동물] 곰
oursin [남] [동물] 성게
outil [남] 연장, 도구
outrage [남] 능욕 (아주 심한) 모욕, 능욕

outrager [타] 모욕하다, 능욕하다
outre [전] …이외에; …위에
outré(e) [형] 과장된; 과도의; 분개한
outre-mer [부] 바다 저편에, 해외에 s'établir ~ 해외에 정착하다 départements d'~ (프랑스의) 해외 도 ([약] D.O.M.) territoires d'~ (프랑스의) 해외 영토 ([약] T.O.M.)
outrer [타] 도를 지나치다 s'~ 과로하다
outre-tombe [부] 사후에
ouvert(e) [형] 열린, 개방된
ouvertement [부] 공공연하게, 솔직하게, 숨김없이
ouverture [여] 열기, 개봉, 개시, 시작
ouvrage [남] 일, 사업; 저술, 작품
ouvre-boîte [남] (불변) 깡통 따개
ouvrier(ère) [명] 노동자, 직공, 일꾼
ouvrir [타] 열다; (눈을) 뜨다; 개척하다; 개시하다
ovaire [남] ① 난소 ② [식물] 씨방
ovale [형] 타원형의 [남] 타원형
ovation [여] 갈채, 환호
ovationner [타] (…에게) 박수갈채를 보내다 se lever pour ~ qqn 기립박수를 보내다
ovulation [여] 배란
ovulaire [형] 난자의
ovule [남] 난자
oxydant(e) [형] 산화작용을 일으키는
oxydation [여] 산화
oxyder [타] 산화시키다
ozone [남] 오존
ozonisation [여] 산소의 오존화
ozoniser [타] (산소를) 오존화하다

P

P, p [남] 불어 자모의 열 여섯째 글자

pacifiant(e) [형] (문어) (마음을) 진정시키는, 가라앉히는

pacificateur(trice) [형] ① 평화롭게 하는; 유화적인, 화해적인; 중재하는 mesures ~trices 화해적인 조치 ② (마음을) 진정시키는, 가라앉히는 [명] 평화롭게 하는 사람, 평정자; 중재자, 조정자

pacification [여] ① 평화 회복, 평정; 화해, 강화; 중재, 조정 ② (마음의) 진정

pacifier [타] ① 평화를 회복시키다, 평화롭게 하다; 평정하다 ② (비유) (마음을) 진정시키다, 가라앉히다 (=apaiser, calmer) se ~ [대] ① 평화가 회복되다, 평화롭게 되다 ② (비유) (마음이) 진정되다, 가라앉다

pacifique [형] ① 평화를 사랑하는; 온화한, 유순한 pays ~ 평화를 애호하는 국가 coeur ~ 온화한 마음 ② 평화적인; 평화로운, 평온한 ~ de l'énergie nucléaire 핵에너지의 평화적 이용 coexistence ~ 평화공존 ③ 태평양의 [명] 평화를 사랑하는 사람; 온화한 사람 P~ [남] 태평양 (=océan P~)

pacifiquement [부] 평화적으로; 평화롭게, 평온하게

pacifisme [남] 평화주의, 평화론

paficiste [형] 평화주의의, 평화론의 mouvement ~ 평화주의 운동 [명] 평화주의자, 평화론자

pack [영] [남] ① [해양] (북극, 남극해의) 부빙군 ② (집합적) [운동] (럭비의) 전위 ③ (판매용으로 일정량을 채워 넣은) 한 갑, 한 상자

package [남] ① [정보] 패키지 (다양한 응용 분야에서 데이터나 특수한 문제들에 대해 도움을 주기 위한 공용 프로그램) ② [광고] (보통

총액을 정하고 광고주, 방송망에 팔리는) 패키지 프로 ③ 패키지 여행

pacte [남] ① 계약(서); 협정[협약](서) faire [conclure] un ~ avec qn ...와 계약[협정]을 맺다 rompre[violer] un ~ 계약을 파기[위반]하다 ② (국가간의) 협정(서), 조약[문서](=accord, traité) ~ d'alliance[de non-agression] 동맹[불가침]조약 P~ atlantique 북대서양 조약 signer un ~ 협정에 서명하다 ③ [법] 약관, 조항 ~ commissoire 계약 해제 약관 ~ de préférence 우선 조항

page [여] ① 페이지, 면, 쪽 à la[en] première ~ du journal 신문의 1면에 en bas de ~ 페이지 하단에 ~ blanche[vierge] 아무것도 씌어지지 않은 페이지 numérotation des ~s 페이지 번호를 매기기 Ouvrez votre livre à la ~ 10. 책의 10 페이지를 펴시오 Cet article se trouve à la[en] ~ 4. 그 기사는 4면에 실려 있다 ② (책 따위의) 한 장 (=feuillet) corner la ~ d'un livre 책장의 귀를 접다 feuilleter[tourner] les ~s 책장을 넘기다 Il manque une ~. 한 장이 빠져있다 ③ (문학, 음악작품 따위의) 부분, 대목 les plus belles ~s d'un écrivain 작가 작품 중의 가장 좋은 부분 ④ (비유) (인생, 역사상의) 시기, 시대; 사건 ~s heureuses de la vie 인생의 행복한 시기 ~ glorieuse de l'histoire d'un pays 한 나라 역사의 영광스러운 시대 [사건] [남] (옛) (왕, 영주의) 시동

pagination [여] 페이징 (페이지를 매기기, 매긴 페이지 번호)

paginer [타] (책 따위에) 페이지를 매기다

pagode [여] (동양 사원의) 탑, 파고다

paiement [남] ① 지불; 채무의 상환; 지불금 ~ d'un impôt 세금의 납부 ~ comptant[en liquide] 현금 지불 ~ d'avance 예납 délai de ~ 지불기일 balance des ~s 국제수지 ② (비유) 보수, 급료, 보답 ~ de l'hospitalité 환대에

대한 보답
païen(ne) [형] ① 이교(도)의 ② 신앙심이 없는, 무신앙의 [명] ① 이교도 ② 신앙심이 없는 사람
paille [여] 짚, 밀짚
pain [남] 빵
pair(e) [형] 짝수의 [남] ① 짝수 ② (흔히 복수) (사회적, 신분적으로) 동등한 사람, 동료, 동배 [여] (물건 따위의) 켤레, 쌍, 짝 une ~ de chaussettes 양말 한 켤레
paisible [형] 평온한, 조용한, 평화스러운
paisiblement [부] 평온하게, 조용하게, 평화스럽게
paître [타] 풀 먹이다, 목양하다; (풀을) 뜯어먹다 [자] 풀을 먹다
paix [여] 평화 être en ~ 평화롭다
pakistanais(e) [형] 파키스탄의 [명] (P~) 파키스탄 사람
palais [남] 궁전
palette [여] 팔레트
pâle [형] 창백한; 빛이 희미한
paléontologie [여] 고생물학, 화석학
paléontologique [형] 고생물학의, 화석학의
paléontologue, paléontologiste [명] 고생물학자, 화석학자
pâleur [여] 창백함
palier [남] (계단 중간에 있는) 층계참
palissade [여] 말뚝[판자] 울타리
palme [여] 종려가지, 종려
palmier [남] [식물] 종려나무
palpable [형] 손으로 만질 수 있는
palpitant(e) [형] 고동하는; 파닥거리는, 꿈틀거리는; 감동시키는, 흥미진진한 roman ~ 흥미진진한 소설
palpiter [자] 심장이 뛰다
pampas [여][복] 남아메리카의 대초원
pamphlet [남] 시사문제를 비평하는 소책자
pan [남] 늘어진 옷자락, (휘장 따위의) 늘어진

부분; (담벼락 따위의) 일부분의 면; 면
panacée [여] 만병통치약
panache [남] (투구, 군모 따위에 다는) 깃털 장식, (비유) 화려함, 위엄, 용기
panacher [타] (투구 따위를) 깃털로 장식하다
panachure [여] 얼룩, 무늬, 반점
panier [남] 바구니, 광주리
panne [여] (자동차, 자전거 따위의) 고장
panique [형] 이유 없는, 근거 없는, 과도의, 공황적인 [여] 공황; 당황
pantalon [남] 바지
panthéon [남] ① (P~) [고대그리스, 로마] 판테온, 만신전 ② (집합적) (어떤 신화에 속하는) 모든 신, 제신 ③ (집합적) 위인들 ~ littéraire 문학계의 거장들
panthère [여] [동물] 표범
papa [남] 아빠
papal(ale, [복] **aux)** [형] 교황의
pape [남] 교황
papeterie [여] 제지술; 제지공장; 문구 판매업; 문구점
papetier(ère) [명] 제지업자; 문구점 상인
papier [남] 종이
papillon [남] [곤충] 나비
Papouasie-Nouvelle-Guinée [여] [지리] 파푸아뉴기니
pâque [여] 유월절 (이스라엘 사람들의 이집트 탈출 기념제)
paquebot [남] 상선, 우선
pâques [남][복] 부활절
paquet [남] 꾸러미, 짐; 소포
par [전] ...을 거쳐서, ...을 통하여
parabole [여] 우화
parachute [남] 낙하산
parade [여] 행렬
paradis [남] 천국
paradoxal(ale, [복] **aux)** [형] 역설적인
paradoxe [남] 역설

paragraphe [여] 문단
paraître [자] 나타나다, 보이다; ...듯하다, ...처럼 보이다; (책이) 나오다, 출판되다
parallèle [형] 평행한, 평행의
paralyser [타] 마비시키다
paralysie [여] 마비
paralytique [형] 마비성의
paramètre [남] [수학] 매개변수
paramilitaire [형] 준 군대식의
paranoïaque [형] 파라노이아의, 편집광적인, 망상증의
paranoïde [형] 편집증 비슷한, 편집 병류의 편집증환자. 편집증의
parapet [남] ① 난간 ② [축성] (능보의) 흉벽; (참호 앞부분에 쌓은) 흉토
paraphrase [여] 설명적 환언
paraphraser [타] 환언하다
paraplégique [형] 대마비의, 하지가 모두 마비된
parasite [남] 기생충
parc [남] 공원
parcelle [여] 조각, 작은 부분; 작은 농지; 소량
parce que [접] 왜냐하면 Pourquoi ne venez-vous pas plus souvent ? - P~ je n'ai pas le temps. 왜 좀 더 자주 안 오세요? - 시간이 없어서요
parchemin [남] ① 양피, 양피지 écrire sur du ~ 양피지에 글을 쓰다 ② (양피지에 쓰여진) 기록; 문헌
parcimonieux(se) [형] 극도로 아끼는
parcourir [타] 끝에서 끝까지 가다
parcours [남] 통항거리; 통로, 행로
pardessus [남] 외투
par-dessus [전] ...의 위를[에], ...을 넘어서
pardon [남] 용서
pardonnable [형] 용서할 수 있는[할 만한]
pardonner [타] 용서하다
pare-feu [남] ([복] ~-~(**x**)) 소화기
pareil(le) [형] 같은, 동일한; 비슷한, 유사한

parent(e) [명] (복수) 부모, 양친 relation ~s enfants 친자관계
parental(ale, [복] **aux)** [형] 어버이의
parenthèse [여] 괄호 mettre entre ~s 괄호 안에 넣다
parer [타] 꾸미다, 장식하다
paresse [여] 게으름, 태만
paresseux(se) [형] 게으른, 태만한
parfait(e) [형] 완벽한
parfaitement [부] 완전히, 훌륭히, 확실히, 철저히
perfectionner [타] 완벽, 완벽한, 완성하다
parfum [남] 향기, 방향
parfumer[타] 향수를 뿌리다
Paris [명] [지리] 파리
parisien(ne) [형] 파리(Paris)의 (P~) [명] 파리사람
parité [여] ① (문어) 동일; 유사; (임금 따위의) 평등 ~ de deux situations 두 상황의 유사함 ② [경제] (두 국가의 화폐 교환 가치의) 등가, 평가
parlementaire [형] 의회의
parler [타] 말하다 ~ en français 불어로 말하다
parodie [여] 풍자
parodier[타] 비꼬아 개작하다
paroisse [여] 소교구
paroissial(ale, [복] **aux)** [형] 교구의
parole [여] 말, 언어; 말투, 말씨 prendre la ~ 연설을 하다
parquet [남] 검사국, 검사실, 마루판
parqueter [타] (방 따위에) 마루판을 깔다
part [여] 부분; 몫 à ~ 제외하고; 별도로, 따로; [연극] 방백으로
partage [남] 분배; 몫
partager [타] 분할하다, 분배하다, 같이 갖다, 공유하다
partenaire [명] 파트너
partenariat [남] 공동, 협력, 파트너십

parterre [남] 꽃밭, 화단
parti [남] 당, 당파; 정당
partialité [여] 편파성, 불공평
participant(e) [명] 참가자
participation [여] 참가
participe [남] 분사 ~ présent 현재분사 ~ passé 과거분사
participer [자] 참가하다 ~ à un complot 음모에 가담하다
particularité [여] 특색
particule [여] 극소량
particulier(ère) [형] 특별한
particulièrement [부] 특히
partie [여] 부분 faire ~ de ~의 부분[일원]이 되다
partiel(le) [형] 부분적인
partiellement [부] 부분적으로
partir [자] 떠나다, 출발하다 ~ de son pays 고국을 떠나다 ~ pour Paris 파리를 향해 떠나다
partisan [남] 당원, 동지, 지지자, 신봉자
partitif(ve) [형] (활동에) 적극적으로 참가하는
partition [여] ① (국가, 영토의) 분할 ② (음악) 악보
pas [남] 걸음; 보조; 걸음걸이 [부] 보통 ne와 함께 쓰여 부정의 뜻을 나타냄 Je ne veux ~. 나는 원하지 않습니다.
passable [형] ① 웬만한, 그만하면 괜찮은 vin ~ 그저 마실 만한 술 ② (시험, 평가가) 보통의 mention ~ 보통 평점
passage [남] 일절, 구절; 통행
passager(ère) [명] 승객
passe [여] ① (철새 따위의) 통과, 도래; (사냥감의) 통과 ② 협로; (좁은) être en ~ de + inf. ...할 만한 상황에 있다; ...하려고 하다 être en ~ de réussir 성공할 가능성이 있다
passé [남] 과거
passeport [남] 여권
passer [자] 지나가다, 통과하다

passif(ve) [형] 수동적인
passion [여] ① 열정 ② (P~) [종교] (그리스도의) 수난 (=~ du Christ)
passionnant(e) [형] 감격시키는; 열중시키는, 썩 재미있는
passionné(e) [형] 열정적인
passionnément [부] 열정적으로
passivement [부] 수동적으로
passoire [여] 거르는[받치는] 기구[체, 그물], 여과기
pastel [남] 대청
pasteur [남] 사제, 목사
pasteuriser [타] 저온살균법을 행하다
pastoral(ale, [복] aux) [형] 목가, 양치기의
pâte [여] ① 밀가루 반죽 ② (복수) 면류, 국수
pâté [남] 파이 (고기 또는 생선 요리의 일종)
paternel(le) [형] 아버지의
paternité [여] 부성
pathétique [형] 감상적인
pathétiquement [부] 감상적으로
pathologie [여] 병리학
pathologiste [명] 병리학자
patience [여] 참을성, 인내, 끈기
patient(e) [형] 인내심 있는 [명] 환자
pâtisserie [여] ① 과자 제조(법) ② (밀가루로 만든) 과자, 케이크 ③ 과자제조[판매]업; 제과점
pâtissier(ère) [명] 과자제조[판매]인
patriarche [남] 가장
patriote [명] 애국자
patriotique [형] 애국의
patriotisme [남] 애국심
patron(ne) [명] 보호자; 고용주, 사업주
patronage [남] 보호
patronner [타] 보호하다, 후원하다
patrouille [여] 순찰
patrouiller [자] 순찰하다
patte [여] (동물의) 다리

pâture [여] (가축의) 먹이, 사료, 꼴
pâturer [자] 풀을 뜯어 먹다 [타] 풀 먹이다; ...의 풀을 먹다
paume [여] 손바닥
pause [여] 잠깐 멈춤, 중단
pauvre [형] ① (명사 뒤) 가난한, 빈곤한 famille ~ 가난한 집안 ② (명사 앞) 가련한, 불쌍한 ~ sourire (애써 지어보이는) 처량한 미소
pauvreté [여] 빈곤
pavé [남] 포석; 포도
paver [타] ① (안뜰, 도로 따위에) 포석을 깔다, 포장하다 ② (비유) (을) 뒤덮다
pavillon [남] 분관; 전시관
payable [형] 지불 가능한
payer [타] 지불하다
paysan(ne) [명] 농부
peau [여] ([복] ~x) 피부; (동물의) 가죽
pêche [여] ① 복숭아 ② 낚시질, 고기잡이
péché [남] 죄
pécher [자] 죄짓다
pêcher [타] 낚시질하다
pécheur(eresse) [명] 죄인
pêcheur(se) [명] 어부, 낚시꾼
pectoral(ale, [복] aux) [형] 흉부의
pécuniaire [형] 금전상의
pédagogie [여] 아동교육법; 교육학
pédagogique [형] 교육학의
pédagogue [남] 아동교육자; 교육학자
pédale [여] 페달
pédantisme [남] 현학 취미
pédestal [남] 받침대
pédiatre [명] 소아과의사
pédiatrie [여] 소아과
peigne [남] 빗
peigner [타] (머리를) 빗다
peindre [타] 그리다; 칠하다
peine [여] ① 벌, 징벌 ② 형벌 ③ (마음의) 고통, 아픔, 비애 avoir de la ~ 괴로워하다, 마음 아

파하다 ④ 거의 ...않은; 가까스로 rôti à ~ cuit 거의 익지 않은 불고기 ⑤ ...하자마자 À ~ suis-je dans la rue, voilà un violent orage qui éclate. 내가 길에 나서자마자 억수같이 소나기가 쏟아진다

peiner [타] 걱정시키다, 마음을 괴롭히다
peinture [여] 그림 그리기; 그림, 회화
péjoratif(ve) [형] 더욱 나쁘게 만드는, 악화시키는; 비방적인; (문어) 경멸의 뜻을 나타내는
Pékin [명] [지리] 베이징
pékinois [형] 베이징의 [명] (P~) 베이징 사람
peler [타] 털을 뽑다; 껍질을 벗기다 [자] 털이 빠지다; 가죽이[피부가] 벗겨지다
pélican [남] [조류] 펠리컨
pelle [여] 삽
pellicule [여] 비듬; 필름
peloton [남] ① 작은 실꾸리 ② 둥근 덩어리 ~ de glace 얼음 덩어리 ③ [군사] 소대, 반
pelvis [남] 골반
pénal(ale, [복] **aux)** [형] 형벌의
pénaliser [타] 벌주다
penchant(e) [형] 기울은, 경사진; 경향이 있는 (~ à) [남] 비탈, 사면; 경향, 버릇
pencher [타] 기울이다 [자] 기울어지다, 기울다
pendant(e) [형] 늘어져 있는, 걸려 있는, 매달려 있는; 미결의 [전] ...동안에
pendentif [남] 펜던트
pendre [타] 걸다, 매달다; 교살하다, 교수형에 처하다
pendule [남] 진자
pénétrant(e) [형] 꿰뚫는
pénétration [여] 관통
pénétrer [타] 꿰뚫다, 통과하다
pénible [형] 괴로운, 힘드는; 고심한 흔적이 보이는
pénicilline [여] 페니실린
péninsule [여] 반도
pénis [남] 남근

pénitence [여] 회개
pénitent(e) [형] 회개하는
penny [남] 페니
pensée [여] 생각; 사고력; 마음; 관념
penser [자] [~ à] 생각하다; 숙고하다; ...을 생각하다, 잊지 않다
penseur(se) [명] 사상가, 사색가
pensif(ve) [형] 생각에 잠긴
pension [여] 연금
pentagone [남] ① 5각형 ② (P~) 미국 국방성
Pentecôte [여] (기독교의) 성신강림축일 (부활절로부터 7번째 일요일)
perceptible [형] 지각할 수 있는
perceptif(ve) [형] 지각하는
perception [여] 지각; 사고
percer [타] 뚫다; 파다; 찌르다; 가슴을 찌르다; (길 따위를) 내다; 알아내다, 간파하다 ~ un secret 비밀을 알아내다
percevoir [타] ① 알다, 이해하다, [지각으로] 식별하다 ② [철학, 심리] 지각하다; 인지하다
percussionniste [명] 타악기 연주자
percussions [여][복] 진동
perdre [타] ① 잃다 ~ sa fortune 재산을 잃다 ② (우위 따위를) 잃다; 지다, 패하다 ~ la guerre 전쟁에 지다
père [남] 아버지, 부친
péremptorie [형] 절대적인
perfection [여] 완벽, 완전 désir de la ~ 완벽하고자 하는 욕망
perfectionner [타] 완전히 하다, 완성하다
perfectionniste [명][형] 완벽주의자(의)
perfide [형] 불성실한
perfomances [여][복] 실행
perforer [타] 구멍을 내다
périgée [남] [천문] (천체 행성의 궤도 따위의) 근지점
péril [남] 위험
périlleux(se) [형] 위험한

périmètre [남] 주변의 길이
périnée [남] [해부] 회음부
période [여] 기간
périodique [형] 주기적인 [남] 정기간행물
périodiquement [부] 주기적으로
périphérie [여] 주위
périphérique [형] 피상적으로
périr [자] (문어) 죽다
périscope [남] 잠망경
périssable [형] 썩기 쉬운
péritonite [여] 복막염
perle [여] 진주
permanence [여] 영속성, 항구성, 지속성; 영구불변; 확고부동 ~ de la nature 자연의 영구불변함
permanent(e) [형] 지속적인; 영속적인 [여] 퍼머넌트
permettre [타] 허락[허용, 허가]하다, 승인하다 Son patron lui *a permis* de ne pas venir travailler ce matin. 사장이 그에게 오늘 아침은 출근하지 않아도 된다고 했다
permis(e) [형] 허가[허용]된 [남] ① 허가증, 면허증 ~ de construire 건축 허가증
permissif(ve) [형] 허용하는
permission [여] 허가
permutation [여] 순열
pernicieux(se) [형] 유해한
Pérou [남] [지리] 페루
peroxyde [남] 과산화물
perpétrer [타] 범하다
perpétuel(le) [형] 영속하는
perpétuellement [부] 영구히
perpétuer [타] 영존시키다
perpétuité [여] 영속
perplexe [형] 난처한
perroquet [남] [동물] 앵무새
persécuter [타] 박해하다
persécution [여] 박해

persévérance [여] 인내
persévérer [자] 인내하다
persistance [여] ① 고집; 집요함; 완강함; 끈질김 ② 계속, 지속
persistant(e) [형] 오래 지속[계속]하는; 잘 사라지지[떨어지지] 않는; 완강한, 집요한, 끈질긴
persister [자] ① 고집하다; 끈질기게[완강하게] ...하다; 끝내 굽히지 않다, 고수하다 ② (주어는 사물) 지속하다
personnage [남] ① (중요한) 인물, 인사; 저명인사 ② (작품 속에 묘사된) 인물 principal ~ d'un tableau 그림 속의 주인공[중요 인물]
personnaliser [타] 개인화하다
personnalité [여] 개성
personne [여] 사람 grande ~ 어른, 성인 ~ de connaissance 아는 사람, 지인 ~s âgées 노인들
personnel(le) [형] 사적인; 개인의, 개인적인 conversation ~le 사적인 대화 [남] (집합적) (조직체의) 종업원, 직원, 사원; 인사
personnel(le) [형] 개인의
personnellement [부] 개인적으로
personnification [여] 인격화
personnifier [타] 인격을 부여하다, 의인화하다
perspectif(ve) [형] 배경화법의, 원근법에 의한 [여] 배경화, 배경화법; 배경, 원경; 전망; 예측
persuader [타] 설득하다 ~ qn de inf. ~가 ~하기를 설득하다
persuasif(ve) [형] 설득력 있는
persuasion [여] 설득
perte [여] 상실; 죽음; 패망; 멸망
pertinent(e) [형] 적절한, 적합한; 타당한; 정당한; 올바른 réflexion ~e 적절한 고찰
perturbation [여] ① 혼란; 교란 ② (사회적) 동요; 위기; 혼란; 충격 ③ [기상] 저기압성의 폭풍
perturber [타] ① 혼란케 하다; 어지럽히다; 교란하다 ② 불안하게 하다; (의) 마음을 어지럽히다
pervers(e) [형] 괴팍한

perversion [여] 곡해
pesant(e) [형] 무거운; 무게가 있는; 느린; 둔한; 서투른 [남] 무게, 중량
pesanteur [여] 인력; 무게, 중량
pesée [여] 무게를 달기, 중량측정
peser [타] (무게를) 달다; 숙고하다
pessimisme [남] 비관
pessimiste [형] 비관적인 [명] 비관주의자
peste [여] 페스트, 흑사병
pesticide [남] 살충제 lutter contre la pollution des eaux par les~s 살충제로 인한 수질오염을 퇴치하다
pestilentiel(le) [형] 해로운
pétale [남] 꽃잎
pêle-mêle [부] 난잡하게
petit(e) [형] 작은; 어린
petit-neveu [남] ([복] ~s-~x) (의) 증손
pétition [여] 청원
pétrodallar [남] 오일달러
pétrole [남] 석유
pétrolier(ère) [형] 석유의; 석유 탐사 전문의 choc ~ 오일 쇼크, 유가 파동 compagnie ~ère 석유회사
peu [부] 적게, 조금 à ~ près 거의, 약 un ~ 약간, 조금
peuple [남] 민족; 민족적 집단[공동체] ~ primatif 원시적인 민족
peuplement [남] ① 인주 증가; 이주, 식민 ~ des terres vierges 처녀지로의 이주 ② (동식물의) 이식, 증식; 식림
peupler [타] (어떤 지역에) 사람[동물]을 살게하다[정착시키다]; 번식시키다, 이식하다 ~ une île déserte en y envoyant des colons 이주민들을 보내 무인도에 살게 하다
peur [여] 무서움, 두려움, 겁, 공포 avoir ~ de qch/inf. ...을 겁내다, 걱정하다
phallus [남] ① [생리] 발기한 남근[음경] ② [고대사] 남근상, 양물상

pharaon [남] 파라오 (고대 이집트 왕의 칭호)
phare [남] 등대; 등불; 빛; (자동차의) 헤드라이트; 선도, 길잡이가[모범이] 되는 사람[것] secteur ~ de l'industrie 산업의 선도 부문
pharisien [남] 바리새사람; 위선가; 형식주의자
pharmaceutique [형] 조제의
pharmacie [여] 약국
pharmacien(ne) [명] 제약사
phascolome [남] [동물] 주머니곰 (오스트레일리아산의 유대 동물)
phase [여] 단계
phénix [남] ① [신화] 불사조 ② 독보적 존재, 제1인자
phénomène [남] 현상
philanthrope [명] 박애주의자
philanthropie [여] 박애
philanthropique [형] 박애의
philanthropisme [남] 박애주의
philatéliste [명] 우표 수집가
philharmonie [여] 음악애호
philharmonique [형] 음악애호의
philologie [여] 문헌학
philosophe [명] 철학자
philosopher [자] 철학하다
philosophie [여] 철학
philosophique [형] 철학의
philosophiquement [부] 철학적으로
phlébite [여] [의학] 정맥염
phobie [여] 공포증
phobique [형] 공포증의
phonème [남] [언어] 음소
phonétique [형] 음성의 [여] 음성학
phonographe [남] 축음기, 유성기
phonographie [여] 어음 표기(법); 축음기 사용법
phonologie [여] 음운론
phosphate [남] 인산염
phosphorescent(e) [형] 인광성의
photo [여] 사진 prendre une ~ 사진을 찍다

photocopie [여] 복사
photocopier [타] 복사하다
photocopieuse [여] 복사기
photo-finish [여] [영] ([복] ~s-~) (경마 따위에서의) 선착 사진기록(기)
photogénique [형] ① 선명한 상을 주는, 사진이 잘 나오게 하는 ② 사진이 잘 나오는, 촬영효과가 좋은 acteur ~ 사진이 잘 받는 배우
photographe [명] 사진사, 사진기사, 사진작가
photographie [여] 사진; 사진술
photographier [타] 사진촬영하다
photographique [형] 사진의, 사진술의
photogravure [여] 사진 제판
photo-journaliste [명] 사진보도 위주의 신문
photosensible [형] 감광성의
photosynthèse [여] 광합성
phrase [여] 문장
phylogénie [여] 계통 발생론
physicien(ne) [명] 물리학자
physiologie [여] 생리학
physiologique [형] 생리학의
physiologiste [명] 생리학자
physionomie [여] 용모, 얼굴, 모습, 인상; 특징
physionomique [형] 용모[얼굴, 모습, 인상]의
physique [여] 물리학 [남] 체격
physiquement [부] 물리학적으로
pianiste [명] 피아노 연주자
piano [남] 피아노
pic [남] 곡괭이; [동물] 딱따구리
pickle [남] 절인 것
pictogramme [남] 그림문자, 그림기호
pidgin [남] 혼성어
pie [여] [동물] 까치; 수다스러운 사람
pièce [여] 조각
pied [남] 발; (책상, 의자 등의) 다리
piège [남] 함정, 올가미, 덫
piéger [타] 올가미로[덫, 함정으로] 잡다
pierre [여] 돌

piété [여] 신앙심, 경건한 마음; 경애심, 효성
pieux(se) [형] 신심 깊은, 경건한; 효성 있는
pigeon [남] [동물] 비둘기
pigment [남] 안료
pigmentation [여] 염색
pilchard [남] 정어리의 일종
pile [여] 건전지
pilier [남] 기둥
pillage [남] 약탈
piller [타] 약탈하다, 휩쓸다
pilotage [남] 수로 인도[안내]; (비행기, 자동차의) 조종
pilote [남] 수로 안내인; (배, 비행기 등의) 조종사
piloter [타] 수로를 안내하다, 인도하다; (배, 비행기를) 조종하다
pimenter [타] 고추를 넣다, 고추로 양념하다
pin [남] [식물] 소나무
pinacle [남] 작은 뾰족탑
pince [여] (핀셋으로) 집기; 집게; 지렛대; (게 따위의) 집게발
pinceau [남] ([복] ~x) 붓, 화필; 필치
pincer [타] (손가락이나 집게 따위로) 집다; 꼬집다
pincette [여] 핀셋; 부젓가락
pingouin [남] 펭귄
ping-pong [남] 탁구
pinte [여] ① 파인트 (옛날의 부피 단위로 0.93리터에 해당) ② 1파인트 용량의 용기; 1파인트의 액체
pin-up [여] 핀업 사진
pionnier [남] 개척자
pipe [여] 담뱃대, 파이프; 관
piquant(e) [형] 찌르는; 찌르는 듯한, 짜릿한; 자극적인; (음식이) 매운
pique [여] 창, 곡괭이
pique-nique [남] 소풍
piquer [타] 찌르다; 꿰매다, 누비다

piquet [남] 말뚝; 푯말 planter un ~ 말뚝을 박다
piqûre [여] 찔린 자국; (마음의) 상처
piratage [남] 해적행위 ~ des disques[logiciels] 음반[소프트웨어]의 불법복제
pirate [남] 해적
pirater [자] 해적질하다
piraterie [여] 해적질
pire [형] 더 나쁜 [남] 가장 나쁜 것[일] Le ~ de tout est d'adorer l'opportunisme. 모든 것 중 가장 나쁜 것은 기회주의를 좋아하는 것이다
pis [부] 더 나쁘게 tant ~ 낭패로군; 할 수 없지; 딱한 일이다
pisser [자] 오줌 누다, 소변 보다
pistache [여] [식물] 피스타치오 열매 [형] (불변) (피스타치오 열매처럼) 연초록색의
piste [여] 발자취; 경기장의 트랙; 길, 도로 couleur[vert] ~ 연초록색
pistolet [남] 권총
piston [남] 피스톤
pitié [여] 측은히 여기는 마음, 동정, 연민; 딱한 일 avoir ~ de qn ...을 불쌍히 여기다
pitoyable [형] 불쌍한
pittoresque [형] 그림 같은
pituitaire [형] 뇌하수체의
pivot [남] 추축
pizza [여] 피자
placard [남] 벽장
place [여] 광장
placement [남] 취직시키기; 배치; 투자; 입금, 예금; 판매, 매각
placer [타] 놓다, 세우다; 석차를 결정하다; 취직시키다
placide [형] 평온한
plafond [남] 천장
plagiat [남] 표절
plagier [타] 표절하다
plaider [자] ① 소송을 제기하다 ~ contre qn ...

에 대해서 소송을 제기하다 ② (법정에서) 변호하다, 변론하다 ~ pour son client 의뢰인을 위해서 변론하다

plaie [여] 상처; 슬픔, 괴로움

plain(e) [형] 평탄한, 평평한

plaindre [타] 불쌍히 여기다, 동정하다 se ~ [대] ① (고통, 괴로움으로) 눈물을 흘리다, 신음하다 ② 불평하다, 투덜대다; 항의하다 [se ~ de qn/qch] se ~ de son sort 자신의 운명을 한탄하다

plaine [여] 평지

plainte [여] 탄식, 탄성, 비명; 하소연, 불평, 원망

plaintif(ve) [형] 구슬픈, 애처로운; 투덜거리는, 불평하는, 하소연하는

plaire [자] 마음에 들다 s'il vous *plaît* ([약] S.V.P.); s'il te *plaît* 부디, 미안하지만 (간청, 질문, 경고, 주의 따위의 표현과 함께) Passe-moi le sel, s'il te *plaît*. 미안하지만 소금 좀 건네줘

plaisance [여] 즐거움

plaisant(e) [형] 유쾌한, 기분좋은, 즐거운; 재미있는

plaisanter [자] 농담하다

plaisanterie [여] 익살

plaisir [남] 기쁨

plan [남] 계획

planifier [타] 계획하다

planche [여] 널빤지

plancher [남] 마루; 바닥

planer [자] (새가 날개를 펴고 공중에 떠돌다, 날다

planète [여] 행성

plantation [여] 농원

plante [여] 식물

planter [타] 심다; 식목하다; 꽂다, 박다, 세우다

planteur(se) [명] 심는 사람

plaque [여] 액자

plaquer [타] 입히다, 씌우다, 도금하다; 바르다
plasma [남] 혈장
plastique [형] 플라스틱의 [남] 플라스틱
plat(e) [형] 평탄한; 싱거운, 멋없는 [남] 접시; 접시에 담긴 음식; 요리 oeuf au ~ 계란반숙 프라이
plateau [남] ([복] ~**x**) ① (큰) 쟁반 ~ de bois 나무 쟁반 ② 쟁반에 담은 음식; 바구니에 담은 과일 ③ 고원 ④ [연극] 무대; [영화, TV] (스튜디오의) 플로어; 촬영장치 및 요원 일체
plate-forme [여] 플랫폼
plat(e) [형] 편편한, 평탄한; 싱거운, 멋없는
plate-forme [여] ([복] ~s-~s) 옥상; 운전대; (버스, 전차 입구의) 승객이 서는 자리
platine [남] 백금
platiner [타] 백금을 입히다[씌우다]
platitude [여] 평범한 의견
platonique [형] 플라톤 철학의; 정신적인
platonisme [남] 플라톤 철학
plâtre [남] 회반죽
plâtrier [남] 미장이
plausible [형] 그럴듯한
play-boy [남] ([복] ~-~s) 돈 많고 멋쟁이인 바람둥이, 플레이보이
plébéien(ne) [형] 평민의; 서민의
plébiscitaire [형] 평민회의의 결의에 의한; 국민투표의
plébiscite [남] (옛 로마의) 평민회의의 결의; 국민투표
plébisciter [타] ① 국민투표로 표결[임명]하다 ② 압도적 다수로 결정[선출]하다
pléiade [여] 뛰어난 사람들의 일단; 플레이야드 (문예부흥시대의 프랑스의 유명한 일곱 명의 시인)
plein(e) [형] 가득 찬, 충만한
plénier(ère) [형] 완전한
plénipotentiaire [형] 전권을 가진
pleur [남] 눈물

pleural(ale, [복] **aux)** [형] 늑막의
pleurer [자] 울다, 눈물을 흘리다 [타] (죽음 따위를) 슬퍼하다; 한탄하다 Je pleure la mort de mon père. 나는 아버지의 죽음을 슬퍼한다
pleurésie [여] [의학] 늑막염
pleuvoir [비] 비가 오다 Il pleut. 비가 온다
pli [남] (옷, 종이 등의) 주름
plier [타] 접다, 포개다; 굽히다
plinthe [여] 토대
plomb [남] 납, 연
plomber [타] 납으로 씌우다
plomberie [여] 납공업
plombier [남] 배관공
plonge [여] (물 속에) 빠뜨리기, 잠그기
plongée [여] 잠수
plongeon [남] 잠수; 다이빙
plonger [타] (물속에) 빠뜨리다 [자] 빠지다, 잠기다
plongeur(se) [형] 잠수하는 [남] 잠수부
pluie [여] 비
plumage [남] 깃털
plume [여] 깃털
plupart (la) [여] 대부분, 거의 모두 La ~ d'entre vous le saviez. 여러분 대부분은 그것을 알고 있었지요
plural [형] (**ale,** [복] **aux**) 복수의, 다수의
pluralisme [남] 다원적 문화(보호)
pluralité [여] 다수; 대다수; [문법] 복수
pluriel(le) [형] 복수의 [남] [문법] 복수 au ~ 복수로
plus [부] 더, 더 많이 d'autant ~ 그만큼 ~ ou moins 다소 [남] 최대한 au ~ 기껏해야
plusieurs [형] 몇몇의, 약간의, 여러
plus-que-parfait [남] [문법] 대과거
plus-value [여] ([복] ~~-~~s) 증가; 증액; 잉여금
plutonium [남] 플루토늄
plutôt [부] 오히려, 차라리

pluvial [형] (ale, [복] aux) 비의, 비가 많이 오는

pneu [남] ([복] ~s) 타이어

pneumatique [형] 공기의; 압착 공기의

pneumonie [여] 폐렴

poche [여] 호주머니, 포켓

pochée [여] 한 주머니 가득

podium [남] (스포츠 경기의) 시상대

poêle [여] 프라이팬

poème [남] 시

poésie [여] 작시법, 시학; 시

poète [남] 시인

poétesse [여] 여류시인

poétique [형] 시의, 시가의; 시적인, 시 같은

poids [남] 무게, 중량

poignant(e) [형] 폐부를 찌르는 듯한, 비통한, 통렬한

poignard [남] 단도, 단검

poignarder [타] 단도로 찌르다; 몹시 괴롭히다, 폐부를 지르다

poignée [여] 한줌; 손잡이, 자루

poignet [남] 손목; 소맷부리

poil [남] 털

poilu(e) [형] 털이 많이 난, 털투성이의

poing [남] 주먹

point [남] (공간의) 한 점, 지점 un steak [cuit] à ~ 미디엄으로 익힌 스테이크 [bien cuit와 saignant의 중간)

pointe [여] 뾰족한 끝, 첨단

pointer [타] 점을 찍다

pointillisme [남] 점묘법

pointu(e) [형] 뾰족한, 날카로운

poire [여] 배

poireau [남] ([복] ~x) [식물] 부추

poirier [남] 배나무

pois [남] 완두(콩)

poison [남] 독; 유해물

poisson [남] 생선, 물고기

poissonnerie [여] 생선시장; 생선가게
poitrine [여] 가슴, 흉부
poivre [남] 후추
pouvron [남] 고추
polaire [형] (북 또는 남)극의, 극지의; 전극의
polarisation [여] 편극, 편광
polariser [타] 극성을 갖게 하다
polarité [여] 전기의 극성
pôle [남] 극; 극지; 북극
polémique [여] 논쟁; 논증법
poli(e) [형] 예의바른, 공손한
police [여] 치안, 공안; 경찰
policier(ère) [형] 경찰의 [남] 경찰관
poliment [부] 공손히
poliomyélite [여] [의학] 소아마비
polir [타] 닦다, 윤내다
politesse [여] 공손
politique [여] 정치, 정책 [형] 정치적인 nous avons pour ~ de inf. …하는 것은 우리의 방침이다
politiquement [부] 정치적으로
politiser [타] 정치화하다
pollen [남] 꽃가루
polluant [남] 오염물질
polluer [타] 오염시키다
pollueur(se) [명] 오염자, 오염원
pollution [여] 오염
polo [남] ① [운동] 폴로 match de ~ 폴로 경기 ② [의복] 폴로 셔츠
polychrome [형] 여러 가지 색채의
polyester [남] 폴리에스테르 섬유
polyéthylène [남] 폴리에틸렌
polygamie [여] 일부다처제
polyglotte [형] 여러 언어로 이루어진
polymère [남] 중합체
polype [남] [동물] 폴립 (히드라, 해파리 따위의 강장동물의 기본적인 체형의 하나)
polystyrène [남] 폴리스티렌

polyuréthane [남] 폴리우레탄 섬유
pomme [여] 사과
pompe [여] ① (의식, 행렬 따위의) 화려함, 성대함 ② 펌프
pompeux(se) [형] 점잔 빼는
pompier [남] 소방수
pompon [남] 자동 기관총
ponctuation [여] 구두법
ponctuel(le) [형] 시간을 잘 지키는
ponctuellement [부] 시간[기일]대로, 정각에, 엄수하여
ponctuer [타] …에 구두점을 찍다
pont [남] 다리; 갑판 faire le ~ 일요일과 축제일 사이에 있는 날에 놀다
pontife [남] 제사장
pontifical(ale, [복] aux) [형] 로마 교황의
pontificat [남] 교황의 직
pontifier [자] 거드름 피우다, 잘난 체하다
ponton [남] 큰 거룻배
pontualité [여] 시간 엄수, 정확함, 꼼꼼함
popeline [여] 포플린
populaire [형] 인기 있는
popularisation [여] 대중화
populariser [타] 민간에 보급시키다, 통속화하다; 인기를 얻게 하다
popularité [여] 인기
population [여] 인구
populeux(se) [형] 인구가 조밀한
populisme [남] 대중영합주의, 포퓰리즘
populiste [형] 대중영합주의의, 포퓰리즘의
porc [남] 돼지; 돼지고기
porcelaine [여] 자기
porche [남] 현관
pore [남] 모공
poreux(se) [형] 작은 구멍이 많은
pornographie [여] 포르노물 (외설적인 문학, 회화, 영화, 사진 따위 [약] porno); 외설성
pornographique [형] 포르노의

porridge [남] 교도소
port [남] 항구
portable [남] 휴대폰 [형] 휴대할 수 있는
portail [남] ① 으리으리한 정문 ② [정보] 포털 사이트
portant(e) [형] 받치는; 건강한 ...한 être bien ~ 건강이 좋다
portatif(ve) [형] 가지고 다니기 간편한, 휴대용의
porte [여] 문, 입구
porte-bonheur [남] (불변) 부적, 호신부
porte-drapeau [남] (불변) 기수
portée [여] (시선, 목소리 따위의) 이르는 거리; 능력; 범위
portefuille [남] 서류가방
portemanteau [남] ([복] ~**x**) 외투걸이, 옷걸이
porter [타] (짐 따위를) 들다, 지다; 가져가다, 나르다; 입다, 쓰다, 신다
porteur(se) [명] ① 운반인, 짐꾼 ② 휴대[착용]하고 있는 사람 ~ de torches 횃불을 든 사람
portfolio [남] [영] 포트폴리오 (작가의 작품 경향이나 과거의 작업들을 열람할 수 있게 모아놓은 사진, 판화 따위의 작품집)
portion [여] 일부
portique [남] 주랑 현관
Porto Rico [여] [지리] 푸에르토리코
portrait [남] 초상(화)
portugais(e) [형] 포르투갈의 [명] (P~) 포르투갈 사람
Portugal [남] [지리] 포르투갈
pose [여] ① (자리에) 놓기, 설치, 가설, 부설 ~ d'un tapis 양탄자를 깔기 ② 포즈 séance de ~ (모델의) 1회의 포즈 시간
poser [타] 놓다; 설치하다, 배치하다
positif(ve) [형] 긍정적인
positivement [부] 확실히, 참말로; 단연; 긍정적으로
position [여] ① 위치 ~ d'une ville sur la carte 지도상의 도시의 위치 ② 태도, 의견, 입

장 ~ politique 정치적인 입장
posséder [타] 소유하다
possesion [여] 소유
possibilité [여] 가능성, 있을 법함; 실현성
possible [형] 가능한
postdater [타] 뒤에 일어나다
postal(ale, [복] aux) 우편의, 우편에 관한
poste [여] 우체국
poster [타] 배치하다; 우편으로 보내다
postérieur(e) [형] 뒤의, 후의 [남] 뒤, 엉덩이
posteriori (a) [형] 귀납적인; 경험적인 [부] 귀납적으로; 후천적으로
postérité [여] 자손
posthume [형] 사후의
postnatal(ale, [복] aux) [형] 출생 후의
postopératoire [형] 수술 후의
post-scriptum [남] (복수불변) (편지 따위의) 추신 ([약] P.S.)
post-traumatique [형] 외상 후의
posture [여] 자세
pot [남] 항아리
potable [형] 음료가 될 수 있는 eau ~ 마실 수 있는 물, 식수
potasse [여] 잿물
potassium [남] 칼륨
potentat [남] 유력자
potentiel(le) [형] 잠재하는
potentiellement [부] 잠재적으로
poterie [여] 도공
potier [남] 도기공
potion [여] 물약 1회 분량
pot-pourri [남] ([복] ~s-~s) (고기, 야채 따위를 섞어 끓인) 잡탕; (향기가 강한 여러 꽃잎을 섞어 넣은) 향료 단지
poudre [여] 가루
poudreux(se) [형] 가루의
pouf [남] 두꺼운 쿠션
poule [여] 암탉

poulet [남] 병아리; 닭고기
poulie [여] 도르래, 활차
pouls [남] 맥박, 고동, 동계
poumon [남] 폐
poupée [여] 인형
pour [전] ...을 위하여, ...하기 위하여; ...을 위한; ...대신에; ... 때문에
pourboire [남] 팁
pour-cent [남] 퍼센트
pourcentage [남] 퍼센티지
pourparler [남] (흔히 복수) 협상, 협의, 회담 les ~s à six 육자회담
pourpre [형] 자줏빛의 [남] 자줏빛
pourquoi [부][접] 왜, 어찌하여
pourri(e) [형] 썩은, 부패한
pourrir [자] 썩다, 부패하다 [타] 썩히다, 부패시키다
poursuivre [타] 쫓다, 뒤따르다
pourtant [부] 그렇지만, 그럴건만
pourvoir [자] 대비하다, ...에[에게] 필요한 것을 공급하다
pourvu(e) [형] 준비된, 마련된 ~ que ...하기만 하면, ...한다는 조건으로
pousse [여] 싹, 움
poussée [여] 밀기, 추진(력)
pousser [타] 밀다 La voiture ne veut pas démarrer ; il faut la ~ 차가 시동이 걸리지 않아요. 뒤에서 밀어야합니다
pouvoir [타] ...할 수 있다 [남] 권력
practiquement [부] 실제적으로
pragmatique [형] 실용적인 [여] [언어] 화용론
pragmatisme [남] 실용주의
pragmatiste [형] [철학] 실용주의의 [명] 실용주의자
prairie [여] 대초원
praticien(ne) [명] 전문가; (의술, 법률 등의) 실무가
pratiquant(e) [형] 종례를 지키는 [명] 실천적 신

자

pratique [여] 실제, 실행; 응용; 습관; 관행
pratiquer [타] 실행[실시]하다; 만들다
préalable [형] 먼저 해야할, 선결해야 할, 예비적인 [남] 전제[선결] 조건 au ~ 우선, 먼저, 사전에
préambule [남] 머리말, 서언
précaire [형] 불안정한, 임시의, 믿을 수 없는, 덧없는
précarité [여] 불안정, 불확실, 덧없음, 믿을 수 없음
précaution [여] 조심
précédent(e) [형] 앞선 [남] 전례
précéder [타] 앞서다
précepte [남] 교훈
prêche [남] 설교
prêcher [타] ① (복음을) 전하다, 전도하다; 설교하다 ~ l'Évangile 복음을 전하다 ② 권장[장려, 강조]하다 ③ (구어) (에게) 훈계[충고]하다 ~ un enfant 아이에게 훈계하다 [자] ① 설교하다 ② 설교[훈계]를 늘어놓다; 잔소리하다
prêcheur(se) [명] 설교자; 교훈적인 말을 하기 좋아하는 사람
précieusement [부] 귀중하게, 주의하여; 잘난 체하여
précieux(se) [형] 귀중한
précipice [남] 절벽
précipitamment [부] 다급히
précipitation [여] 조금, 성급 (비 따위의) 강하
précipiter [타] 떨어뜨리다, 투하하다
précis(e) [형] 정확한
préciser [타] 명확하게 하다, 확실하게 하다
précision [여] 정확
précoce [형] 조숙한
précocité [여] 조숙; 철 이른
préconçu(e) [형] 예견된
préconiser [타] 칭찬하다
précuire [타] 미리 조리하다

précurseur [남] 선구자
prédateur [남] 약탈자
prédécesseur [남] 전임자
prédestination [여] 운명
prédestiner [타] 운명 짓다
prédéterminer [타] 미리 결정하다
prédicat [남] 술어
prédication [여] 설교, 포교; 훈계; 선전
prédiction [여] 예언, 예측, 예보
prédigéré(e) [형] 소화 잘되도록 요리된
prédilection [여] 편애
prédisposer [타] 사람을 병에 걸리기 쉽게 하다
prédisposition [여] 경향
prédominance [여] 탁월
prédominant(e) [형] 우세한
prédominer [자] 우세하다
préfabriquer [타] 사전에 만들다
préface [여] 서문
préfacer [타] 서문을 쓰다
préfecture [여] 도청, 현청
préférable [형] 오히려 나은
préférence [여] 선호도
préférentiel(le) [형] 우선적인, 특혜의
préférer [타] 선호하다 ~ la ville à la campagne 시골보다 도시를 더 좋아하다
préfet [남] 도지사 cabinet du ~ 도청
préfigurer [타] …의 형상을 미리 나타내다
préfixe [남] 접두사
préfixer [타] 앞에 놓다[두다]
préhistorique [형] 유사(有史) 이전의, 선사(先史)의
préjudice [남] ① (권리, 이익의) 침해, 손해, 피해, 폐 ② [심리] délire de ~ 피해망상
préjudiciable [형] 편견을 갖게 하는, 편파적인
préjugé [남] 편견, 선입관
prélat [남] 고위 성직자
pélever [타] 공제하다, 미리 빼다
préliminaires [남][복] 사전준비, 예비행위

prélude [남] 전주곡, 서곡
prématuré(e) [형] 조숙한
prématurément [부] 시기상조로, 너무 이르게
prémédication [여] 예비 마취
préméditer [타] 미리 숙고[계획]하다
premier(ère) [형] 제1의, 최초의
prémonition [여] 예고, 예감, 조짐
prénatal [형] (**ale**, [복] **aux**) 탄생 전의
prendre [타] 잡다, 붙들다, 쥐다, 들다, 안다; 장악하다; 파악하다; 빼앗다, 점령하다; (성질, 빛깔 따위를) 띠다; (형태를) 띠다, 갖추다
prénom [남] 이름
préoccupation [여] 선입견, 편견
préoccupé(e) [형] 걱정[근심]하는; 몰두한, 전념한
préoccuper [타] ① 걱정[근심]시키다 Sa santé ~ me préoccupe. 그의 건강이 염려스럽다 ② 몰두[전념]하게 하다 Cette idée le *préoccupe*. 그는 그 생각에 사로잡혀 있다 se ~ [대] 걱정[근심]하다; 몰두[전념]하다 [se ~ de qch/qn/inf.] se ~ de ses enfants 아이들 걱정을 하다; 아이들에게 전념하다
préopératoire [형] 수술 전의
préparatif [남] (흔히 복수) 준비, 채비
préparation [여] 준비[예비](함)
préparatoire [형] 준비의, 예비의 [여] 그랑제콜 (grandes écoles) 입시 준비반 (= classe ~) ((약, 구어) prépa)
préparer [타] ① 준비[채비]하다; (계획 따위를) 세우다, 꾸미다 ~ un voyage 여행을 준비하다 ② 조제하다; 조리하다; (식탁을) 차리다 ~ un gâteau à[pour] ses enfants 아이들을 위해 케이크를 만들다 se ~ [대] se ~ au combat 싸울 준비를 하다
prépondérance [여] 우월성, 우위; 주도권, 지배권
prépondérant(e) [형] 무게가 더하는; 우세한, 우월한

préposition [여] [문법] 전치사
prépositionnel(le) [형] 전치사의[적인]
prérogative [여] 특권, 특전, 대권
près [부] 가까이(에) Il habite tout ~. 그는 아주 가까이에 산다 [~ de] habiter (tout) ~ d'ici 여기에서 (아주) 가까운 곳에 살다
présage [남] 전조, 조짐
presbytérien(ne) [형] 장로파의, 장로교회의 [명] 장로파 교도
prescriptible [형] [법] 시효의 대상이 되는 droits ~s 시효의 대상이 되는 권리
prescription [여] 처방, 약방문, 처방약
prescrire [타] 정하다, 명령하다, 지령[지시]하다
préséance [여] 우위
présence [여] 존재, 현존, 실재
présent(e) [형] 있는; 출석한, 입회한; 현시의, 지금의 [남] 현재
présentable [형] 남 앞에 내놓을 만한, 보기 흉하지 않은
présentation [여] 증정, 바침, 기증
présenter [타] 제출하다, 내놓다; 제시하다, 보이다; 소개하다
préservatif(ve) [형] 예방이 되는, 보호하는 [남] 콘돔, 피임기구
préservation [여] 보존, 저장, 보호
préserver [타] 보호하다, 지키다
présidence [여] 대통령의 지위[직, 임기]
président(e) [명] 대통령; 의장, 회장
présidentiel(le) [형] 대통령의
présider [타] 의장이 되다, 사회하다
présomption [여] 추정, 가정, 추측
présomptueusement [부] 건방지게, 주제넘게, 거만하게
présomptueux(se) [형] 잘난 체하는, 건방진, 주제넘은
presque [부] 거의, 대부분 ~ sans exception 거의 예외 없이
presqu'île [여] 반도

pressant(e) [형] 절박한, 긴급한; 절실한; 집요한; 간절한; 열렬한
presse [여] 신문; 출판물
pressé(e) [형] 바쁜, 급한
pressentir [타] 예감하다, 예측하다; 떠보다
presser [타] 누르다; 밀다; 조이다
pression [여] 압박
pressoir [남] 압착기
pressurer [타] 짜다; 세금을 짜내다; 착취하다
pressuriser [타] 기압을 일정하게 유지하다
prestation [여] 부역 또는 세금
prestige [남] 위세, 명성, 인기; (주위 사람들에게 주는) 정신적 영향력
prestigieux(se) [형] 고급의, 일류의, 훌륭한
présumer [타] 고급의, 일류의, 훌륭한
présupposition [여] 예상, 가정, 전제
prêt [남] 대여, 대부; 대차
prêt(e) [형] 준비[각오]가 되어 있는
prétendre [타] 요구하다; 주장하다
prétentieux(se) [형] 자만하는, 자부하는
prétention [여] 요구, 주장
prêter [타] 빌려주다; 제공하다
prétexte [남] 구실, 핑계
prêtre [남] 승려, 사제, 신부
prévaloir [자] 능가하다, 낫다, 우세하다
prévenir [타] 예방하다, 피하다; 알리다, 통지하다
préventif(ve) [형] 예방적인
prévention [여] 저지, 방해, 막음
prévisible [형] 예측[예견]할 수 있는
prévision [여] 예측, 예상, 예견
prévoir [타] 대주다, 공급하다, 지급하다
prévoyance [여] 예측; 선견지명; 예비, 준비
prévoyant(e) [형] 선견지명이 있는, 신중한
prier [자] 기도하다 ~ pour qn/qch ...을 위해 기도하다 [타] ① (에게) 기도하다, 기원하다 ~ le ciel de nous aider 우리를 도와주십사고 하늘을 우러러 기도하다 ② (에게) 간청하다; 부탁하다

~ le médecin de venir 의사에게 와달라고 부탁하다
prieuré [남] 소(小)수도원
primaire [형] 초보의, 초등의
primauté [여] 탁월
prime [여] 프리미엄, 증가 할당금; 수출장려금, 상여금, 보너스
primitif(ve)[형] 원시의
primordial [형] (ale, [복] aux) [형] 최초의, 초기의, 제일의; 원시시대의; 원시의
prince [남] 왕자, 태자
princesse [여] 공주, 황녀, 왕가의 여자
princier(ère) [형] 왕자[세자]로서
principal(ale, [복] aux) [형] 주요한, 주된
principalement [부] 주되게
principauté [여] 공국, 후국
principe [남] 원칙, 법칙, 공리 avoir pour ~ de inf. ...하는 것을 원칙으로 삼다
printemps [남] 봄
priorité [여] (시간·순서적으로) 앞[먼저]임
pris(e) [형] 뽑아낸; 걸린; 사로잡힌
prise [여] 잡기, 쥐기, 포획, 포박; 점령; 탈취
priser [타] (비유, 문어) 높이 평가하다 ~ un ouvrage 어떤 작품을 높이 평가하다
prisme [남] 프리즘
prison [여] 교도소, 감옥
prisonnier(ère) [명] 수감자
privation [여] 상실, 결핍, 부족
privatisation [여] 민영화
privatiser [타] 민영화(民營化)하다
privé(e) [형] 사사로운, 사적인; 사립의, 사설의, 민간의
priver [타] 빼앗다, 박탈하다; 금하다 ~ un héritier de ses droits 상속인에게서 권리를 박탈하다
privilège [남] 특권, 특전
privilégié(e) [형] 특권[특전]이 있는[주어진],
prix [남] 값, 가격; 댓가, 요금; 상, 상금, 상품, 상

장; 보수 à tout ~ 어떤 댓가를[희생을] 치르고라도, 기어코
probabilité [여] 있을 법함, 그럼직함; 개연성
probable [형] 있음직한, 충분히 가능한
probablement [부] 아마(도), 대개는
probatoire [형] 시험적인, 가채용[가급제]의
probe [형] (문어) 성실한, 정직한, 올바른
probité [여] 성실, 정직, 올바름
problématique [형] 문제의, 문제가 있는
problème [남] 문제, 의문, 난문제
procédé [남] 제도; 방법
procéder [자] [~ à] 행하다, 시행하다, 하다
procédure [여] 순서, 차례
procession [여] 행렬, 행진, 진행
processus [남] 과정, 공정
prochain(e) [형] 이웃의; 다음의; 오는; 가까운
prochainement [부] 머지않아, 이윽고
proche [형] 가까운, 이웃의
proclamation [여] 선언, 선포, 포고
proclamer [타] 선언하다
procrétion [여] 출산, 생식
procurer [타] 마련하다, 조달하다
procureur [남] 검사
prodige [남] 신기한 일, 놀라운 일
prodigieusement [부] 거대[막대]하게
prodigieux(se) [형] 굉장한, 놀라운, 비범한
prodigue [형] 낭비하는, 풍부한, 남아도는
producteur(trice) [형] ① 생산하는, 생기게 하는, 창조하는 ② (영화) 제작의 [명] ① 생산자 ② 영화 제작자[제작사]; (라디오, 텔레비전의) 제작자, 프로듀서
productif(ve) [형] 생산적인, 생산력을 가진
production [여] 생산, 제조
productivité [여] 생산성, 생산력
produire [타] 낳다; 만들다, 생산하다, 열매를 맺다; 보이다, 제시[제출]하다; 제작하다, 저술하다; 가져오다, 초래하다, 야기하다
produit [남] 산출물, 생산품

profane [형] 신성을 더럽히는, 불경스러운
profaner [타] 신성을 더럽히다, 모독하다
professeur [남] 교수
profession [여] 직업
professionnalisme [남] 직업의식, 프로정신
professionnel(le) [형] 직업의, 직업상의
profil [남] ① 옆모습, 옆얼굴, 반면상 ② (신문의) 간단한 인물 소개, 프로필 dessiner le ~ de qn …의 측면도를 그리다
profit [남] 이익, 이득, 이윤
profiteur(se) [명] 폭리 획득자, 부당 이득자
profond(e) [형] 깊은, 난해한
profondément [부] 난해하게
profus(e) [형] 수없이 많은, 넘치는
programme [남] 프로그램
progrès [남] 전진, 진행, 진척
progressif(ve) [형] 전진적인, 진보적인; 점진적인, 누진적인
progression [여] 진행, 전진
progressivement [부] 점진적으로
prohiber [타] 금하다, 금지하다
prohibitif(ve) [형] 금지하는, 금제의
prohibition [여] 금지, 금제
projecteur [남] 투사기, 투광기
projectile [남] 투사물, 사출물, 발사물
projection [여] 투사, 발사, 방사
projet [남] 계획
projeter [타] 던지다; 투사하다; 피하다, 계획하다
prolétariat [남] 노동계급, 무산계급
prolétaire [명] 프롤레타리아, 무산계급
prolifération [여] 증식, 번식
proliférer [자] 증식[번식]하다[시키다]
prolifique [형] 아이[새끼]를 많이 낳는, 열매를 많이 맺는
prologue [남] 서언(序言), 머리말
prolonger [타] ① (시간을) 연장하다 ~ son séjour d'une semaine 체류기간을 1주일 연장하

다 ② (공간을) 길게 하다, 연장하다 ~ les lignes de métro 지하철 노선을 연장하다
promenade [여] 산책, 산보
promener [타] 산책시키다 se ~ 산책하다
promesse [여] 약속, 서약 tenir sa ~ 약속을 지키다 manquer à sa ~ 약속을 지키지 않다
prometteur(se) [형] 유망한, 장래성 있는
promettre [타] 약속하다, 언약하다; 예보하다, 예언하다, 예고하다 ~ à qn d'être exact au rendez-vous ...에게 약속시간을 엄수하겠다고 약속하다
promontoire [남] 갑(岬), 벼랑, 낭떠러지
promoteur(trice) [명] 조장자, 장려자, 후원자
promotion [여] 승진, 진급 demander une ~ 승진을 요구하다
promotionnel(le) [형] 승급[승진]의
promouvoir [타] 증진[촉진]하다, 진척시키다
prompt(e) [형] 재빠른, 날렵한, 신속한
promulguer [타] (법률 따위를) 공포하다
prôner [타] 설교하다; 훈계하다; 격찬하다
pronom [남] [문법] 대명사
prononçable [형] 발음하기 쉬운, 발음이 가능한
prononcé(e) [형] ① 발음된; (말, 연설 따위가) 행해진 ② 선고된, 언도된 ③ 두드러진, 뚜렷한 ④ 강렬한; 현저한, 명백한
prononcer [타] 발음하다; 선고하다, 선언하다
prononciation [여] 발음
pronostic [남] 예후
pronostiquer [타] 예지하다, 예언[예상]하다
propagande [여] 선전, 선전 방법
propagation [여] 번식; 보급, 전파
propager [타] 전파하다, 선전하다, 보급하다, 퍼뜨리다
propension [여] 경향, 성향, 기호
prophète(étesse) [명] 예언자, 선지자
prophétie [여] 예언; 예언 능력
prophétique [형] 예언자의, 예언자다운
prophétiser [타] 예언하다

propice [형] 순조로운, 유리한; 상서로운, 좋은
proportion [여] 비율, 비
proportionnel(le) [형] 비례하는
proportionnellement [부] ① 일정한 비율로 ② (에) 비례[상응]하여, (에) 비해
propos [남] 결심; 주제, 건, 일; 이야기, 담화 à ~ de ...에 관하여
proposable [형] 제출[제안]할 수 있는[할 만한]
proposer [타] 제안하다 ~ une solution 해결책을 제안하다 Il m'a proposé de me raccompagner. 그는 나에게 배웅해 주겠다고 제안했다
proposition [여] 제안, 제의
propre [형] 자신의, 고유의; 깨끗한
propriétaire [명] 소유자, 소유주
propriété [여] 재산, 자산, 소유물 droit de ~ intellectuelle 지적재산권
propulser [타] 나아가게 하다, 몰아대다
propulsion [여] 추진수단. 추진력
prosaïque [형] 산문적인, 무미건조한
proscrire [타] 금지하다, 배척하다
prosaïque [형] 산문체의, 산문적인; 평범한
prose [여] 산문, 산문체
prospecteur(trice) [명] 시굴자, 투기자
prospection [여] 전망, 조망(眺望)
prospectus [남] 취지서
prospère [형] 부유한, 성공한
prospérer [자] 번영하다
prospérité [여] 번영, 번창, 융성, 성공
prostate [여] 전립선
prostituée [여] 매춘부
prostitution [여] 매음, 매춘
prostration [여] 엎드림, 부복함
protagoniste [남] ① (극, 영화 따위의) 주연(배우), 주인공 ② (사건, 논쟁 따위의) 주역, 중심인물[국가], 주모자
protecteur(trice) [형] 보호하는 [명] 보호자, 옹호자
protection [여] 보호

protectionnisme [남] 보호주의
protectionniste [명] 보호 무역주의자
protéger [타] 보호하다, 막다, 지키다
protéine [여] 단백질의, 단백질을 함유한
protestant(e) [명] 프로테스탄트, 신교도 [형] 프로테스탄트의
protestation [여] 항의, 이의(의 제기), 불복
protester [자] 항의하다, 반대하다 ~ contre l'oppression 압박에 반대하다
prothèse [여] 보형술
protocole [남] 의전, 의례, 의식
prototype [남] 원형; 전형
proue [여] 뱃머리, 이물
prouesse [여] 용맹, 무용; 무훈, 공훈
prouver [타] 입증[증명]하다
provenant(e) [형] [~ de] ...으로부터 온, ...에 유래한
provenir [자] ...로부터 오다[일어나다], ...에 유래하다
proverbe [남] 속담, 격언, 금언, 교훈
providence [여] 섭리(攝理), 신의 뜻
providentiel(le) [형] 신의, 섭리의, 신의 뜻에 의한
province [여] 지방, 시골 en ~ 지방에
provision [여] ① 저장, 비축 ② (복수) (식품, 생활용품 따위의) 구매; 구입품
provisoire [형] 일시적인, 잠정적인
provisoirement [부] 일시적으로
provocant(e) [형] ① 도전[도발]적인 ② 선정적인, 요염한
provocateur(trice) [형] ① 선동하는; 도전[도발]하는 ② 욕정을 불러일으키는
provocation [여] 도발, 도전, 선동, 사주
provoquer [타] 자극하다; 도발하다, 도전하다; 선동하다; 일으키다, 유발하다, 야기하다
proximité [여] 근접, 접근
prudence [여] 조심성, 신중, 용의주도
prudent(e) [형] 신중한, 조심성 있는

prune [여] 자두
pseudonyme [남] 필명
psychanalyse [여] 정신 분석(학, 법)
psychanalyste [명] 정신 분석 학자, 정신 분석 전문의
psychiatre [명] 정신과 의사
psychiatrie [여] 정신 의학
psychique [형] 심적인, 영혼의, 정신의
psychiatrique [형] 정신 의학의, 정신병 치료법의 [에 의한]
psychologie [여] 심리학
psychologique [형] 심리학의; 심리의, 정신의
psychologue [명] 정신분석의사, 심리학자
psychothérapie [여] 정신요법
psychopathique [형] 정신병(성)의
psychose [여] 정신병, 정신 이상
psychothérapeute [명] 정신[심리]요법 의사
psychothérapie [여] 정신[심리]요법
puanteur [여] 악취, 역한 냄새
puberté [여] 사춘기, 성숙기
public(que) [형] 공공의, 공중의 hygiène ~que 공중위생 [남] 공중, 일반인들; 국민
publication [여] 발표, 공표, 공포
publicité [여] 광고, 선전
publier [타] ① 출판[발행]하다 ~ un recueil de poèmes à ses frais 시집을 자비로 출판하다 ② 발표하다, 게재하다 ~ un article dans une revue 잡지에 논문을 발표하다
publiquement [부] 공개적으로, 공적으로
puce [여] 벼룩
pudeur [여] 정결, 정숙
puer [자] 악취를 풍기다 [타] ...냄새가 나다
pugnacité [여] 싸우기[논쟁하기] 좋아하는 기질
puis [부] 그다음에, 뒤에, 그리고
puiser [타] (물을) 푸다, 퍼내다
puisque [접] ...이니까, ...이기 때문에
puissance [여] 힘, 권력, 권세, 세력
puissant(e) [형] 강한, 강력한, 든든한

pull-over [남] 풀오버
pulmonaire [형] 폐의, 폐를 침범하는
pulpe [여] 연한 덩어리, 걸죽한 것
pulvériser [타] 가루로 만들다, 부수다
punch [남] [영] 펀치 (럼주에 레몬, 향신료 따위로 향을 넣어 만든 음료)
punissable [형] 벌 줄 수 있는, 처벌할 만한
puinitif(ve) [형] 처벌[형벌]의
punition [여] 형벌
pur(e) [형] 순수한, 섞이지 않은, 순전한
purée [여] [요리] 퓨레 (야채류를 익혀 으깬 음식); 감자퓨레
purement [부] 순수하게, 깨끗하게
pureté [여] 맑음, 청순, 순결
purgatoire [남] 연옥(煉獄), 영혼의 정화, 정죄(淨罪)
purge [여] 소독; 세탁; 설사약, 하제
purger [타] 깨끗이 하다
purificateur [남] 깨끗이 하는 사람
purification [여] 정화, 정제(精製)
purifier [타] 깨끗이 하다, 정화(淨化)하다
puritain(e) [명] 청교도
pyajama [남] 파자마, 잠옷
pyramide [여] 피라미드
pythagorique [형] 피타고라스의; 피타고라스파[학설]의
pythagorisme [남] 피타고라스 (Pythagore) 학설

Q

Q, q [남] 불어 자모의 열 일곱째 글자
Qatar [남] [지리] 카다르
quadrilatère [남] 4변형
quadriller [타] ① (에) 바둑판 무늬를 넣다, 바둑판 모양으로 선을 긋다[구획을 정하다] ~ du papier pour dessiner 데생을 위해 종이에 바둑판 모양으로 선을 긋다 La ville est quadrillée par un réseau de rues. 도시는 도로망에 의해 바둑판 무양으로 구획이 정해졌다 ② (도시, 지역 따위를) 소구역으로 나누어 경비하다 forces de police qui *quadrillent* une région 어떤 지역을 소단위로 나누어 경비망을 펴는 경찰력 ③ (상가, 공공시설 따위를) 한정된 지역에 골고루 배치하다 administration dont les services *quadrillent* l'ensemble des régions 각 지역 전체에 골고루 미치는 행정서비스

quadruple [형] ① 4배의; payer une amende ~ de la somme indûment retenue 부당하게 착복한 금액에 대해 4배의 벌금을 내다 [남] 4배(의 양)

quadripuler [타] ① (을) 4배로 하다 ~ son capital[la production] 자본금[생산량]을 4배로 증가시키다 [자] 4배가 되다 La production *a quadruplé* en dix ans. 생산이 10년 동안에 4배로 증가했다

quadripulés(ées) [명][복] 네쌍둥이

quai [남] ① 강둑; 부두; 방파제 ~ d'embarquement[de débarquement] 승선[하선] 부두 Le navire est à ~. 배가 부두에 정박해 있다 droit de ~ 부두 사용세[사용료] ② 기슭, 강가, 강변 Le Q~ des Orfèvres (구어) (오르페르브 기슭에 있는) 파리 경찰청 Le Q~ (센 강 오르세 기슭에 있는) 프랑스 외무성 ③ 둑길; 강변도로

~s de la Seine 센 강의 강변도로

qualifiable [형] ① 형언[형용]할 수 있는, 규정지을 수 있는 (흔히 부정적 표현으로 쓰임) Sa conduite n'est pas ~. 그의 행위는 언어도단이다 ② (스포츠 선수가 경기에) 출전자격이 있는

qualifiant(e) [형] (직업 훈련, 연수 따위가) 자격[능력]을 부여하는

qualificatif(ve) [형] ① [언어] 품질을 나타내는 adjectif ~ 품질형용사 ② [운동] 출전권을 주는 épreuve ~ve 예선 [남] ① 형용사, 형용어, 수식어 ② [언어] 품질형용사

qualification [여] ① 호칭, 지칭 ~ d'excellent mathématicien 뛰어난 수학자라는 지칭 ② 자격, 직능, 기능 carte de ~ professionnelle 기능사 자격증 ~ du travail 직무평가 ③ [운동] 출전자격; [경마] 출장자격 épreuves de ~ 예선 équipe 표뭇 obtenu sa ~ pour la finale 결승출전권을 얻은 팀 ④ [문법] 수식 ⑤ [법] 죄과의 결정; (분쟁에 적용할) 법률의 성격 결정 ~ d'empoisonnement[de crime] 독살죄[범죄] 결정

qualifié(e) [형] ① 자격이 있는 ouvrier ~ 기능사 (=professionnel) [être ~ pour qch/inf.] Il est parfaitement ~ pour occuper un poste de responsabilité. 그는 요직을 맡을 자격을 충분히 갖추고 있다 ② 출전자격을 얻은, (경주마가) 출장자격이 있는 athlète ~ pour les Jeux olympiques 올림픽 경기에 출전자격이 있는 육상선수

qualifier [타] ① 형언하다; (을) (라고) 규정짓다[말하다, 부르다] (=appeler, désigner) conduite qu'on ne saurait ~ 뭐라 형언할 수 없는[언어도단의] 행동 [~qch/qn (de + 속사)] ~ une attitude d'inadmissible 어떤 태도를 용납할 수 없는 것으로 규정짓다 ② (에게) (의) 자격을 주다 [~ qn (pour qch/inf.)] Son diplôme le *qualifie* pour cet emploi. 자격증을 갖고 있기 때문에 그는 그 자리에 취업할 자격이 있다 Cela ne vous *qualifie* nullement pour étudier une telle question. 그것이 당신에게 그런 문제를 검토할 만한 자격은 전혀 주지 않는다 ③ (에게) 출전 자격을 주다 Ce but *a qualifié* leur équipe pour le chmpionnat. 그 결승골로 인해 그들의 팀은 선수권 대회에 출전자격을 얻었다 ④ [문법] 수식하다 adjectif qui *qualifie* le nom 명사를 수식하는 형용사 se ~ [대] ① (에) 출전할 자격을 얻다 [se ~ pour qch/inf.] se ~ pour (participer à) la finale 결승전에 출전할 자격을 얻다 ② (...라고) 자칭하다 [se ~ de] se ~ de génial 천재적이라고 자칭하다

qualitatif(ve) [형] 질적인

qualitativement [부] 질적으로

qualité [여] 특성, 특질, 특색

quand [부] 언제 Quand partez-vous ? 언제 떠나십니까? [접] ...할 때 Quand il est arrivé à la gare, le train partait. 그가 역에 도착했을 때 기차는 출발하려는 참이었다

quant(e) [형] ① 얼마나 toutes et ~es fois que ...할 때는 언제나 ② ~ à [전] ...에 관해서는 ~ à moi 나에 관해서는, 나는 어떤가 하면, 나로 말하자면

quantitatif(ve) [형] 양의, 양에 관한

quantité [여] 분량, 수량

quantum [남] 특정량, 몫

quarantaine [여] ① 약 40, 40세 ② (전염병, 환자 따위의) 격리, 검역

quarantième [형] 마흔째의 [명] 마흔째 [남] 40분의 1

quart [남] 사분의 일 un ~ d'heure 15분

quartette [여], **quartetto** [남] 사중주[사중창] (곡)

quartier [남] 구역

quartz [남] 석영, 수정

quasi [부] 거의

quatorze [형] 열넷의 [남] 열넷

quatorzième [형] 열네째의 [명] 열네째 [남] 14분의 1

quatre [남] 넷
quatrième [형] 네 번째의 [명] 넷째 [남] 4분의 1
quatuor [남] 4중주[사중창] (곡)
que [접] ① ...이라고, ...이라는 것을 Je veux ~ vous veniez. 당신이 오셨으면 좋겠습니다 ② (plus, moins, aussi) 등의 비교어와 함께 쓰이는 경우) Vous écrivez plus correctement ~ vous ne parlez. 당신은 말하는 것보다 쓰는 것을 더 정확하게 합니다 ne ~ 다만 ... 뿐 [대명] ① 무엇(을) ② 그것을, ... 바의 le livre ~ j'ai acheté 내가 산 책 [부] 얼마나, 정말 Q~ vous êtes bon ! 정말 당신은 친절하십니다
Québec [남] [지리] 퀘벡
québécois(e) [형] 퀘벡의 [명] Q~ 퀘벡 사람
quel(le) [형] ① (부가형용사) 어느, 어떤, 무슨 Q~le fleur aimez-vous ? 어떤 꽃을 좋아하십니까? ② (속사) 어느, 어떤, 무슨 Q~le est votre profession ? 직업이 무엇입니까? ③ 얼마나 큰, 놀라운, 굉장한 Q~ malheur ! 얼마나 큰 불행인가!
quelconque [형] 어떤; 특징 없는, 평범한, 하찮은
quelque [형] 몇몇의, 몇 안되는; 약간의 inviter ~s amis chez lui 그의 집에 몇몇 친구들을 초대하다 [부] 약(=environ) il y a ~ vingt ans 약 20년 전에
quelquefois [부] 때때로, 이따금
quelqu'un(e) [대명] 어떤 사람, 누군가
querelle [여] 말다툼; 논쟁
quereller [타] 싸움을 걸다; ...과 다투다 se ~ [~ avec] [대] 싸우다, 다투다
question [여] 질문, 물음; 의문, 의혹; 문제, 과제 une question venant de qn ...가 제기한 질문
question [여] ① 질문, 물음 poser une ~ à qn ...에게 질문을 하다 ② 문제, 과제 ~s sociales 사회 문제
questionnaire [남] 질문서; 설문지

questionner [타] 질문하다; 심문하다
queue [여] 꼬리; 줄 faire la ~ 줄을 서다
qui [대명] 그는, 그것은, ...바의; ...하는 사람; 누구 Q~ vous l'a dit ? 누가 당신에게 그 이야기를 했습니까? le livre ~ est sur la table 테이블 위에 있는 책
quiet(ète) [형] 평온한, 조용한
quiétitude [여] 평온, 정적
quille [여] 핀 ~s de bowling 볼링의 핀
quinquennal [형] (**ale**, [복] **aux**) 5년째의; 5년마다의; 5년 간의
quintuple [형] 5배의
quintuplé(e) [명] 다섯 개 한 벌, 5인조
quintupler [타] 5배로 하다
quinzaine [여] 열 다섯 쯤
quinze [형] 열 다섯의 [남] 열 다섯
quinzième [형] 열다섯째의 [명] 열 다섯째 [남] 십 오분의 일
quinzièmement [부] 열다섯째로
quitte [형] 빚을 갚은, 부채를 면한; (의무, 병역 등이) 면제된
quitter [타] ① (장소를) 떠나다; (활동, 직업 따위를) 그만두다, 중지하다 ② (전화를 끊지 않고) 기다리다 Ne *quittez* pas ! (전화를 끊지 말고) 잠깐 기다리세요
quoi [대명] (의문대명사로서) 무엇; (관계대명사로서) 그것, ...바의 것 après ~ 그리고 나서, 그 다음에
quoique [접] [~ + sub.] ...일지라도, ...이지만
quorum [남] 정수, 정족수
quota [남] 몫, 분담한 몫, 분담[할당]액 système du ~ à l'écran 스크린쿼터제
quotidien(ne) [형] 매일의, 일상의 [남] 일간지
quotidiennement [부] 매일, 날마다
quotient [남] 몫, 상(商), 지수, 비율

R

R, r [남] 불어 자모의 열 여덟째 글자
rabais [남] ① 할인, 가격인하 (=réduction, discount) accorder[consentir, faire] un ~ sur un produit 제품의 값을 깎아주다 ~ de 10% sur les prix affichés 정가의 10퍼센트 할인 ② [토목] (홍수후의) 수위저하, 감수 au ~ 할인하여 vente au ~ 할인판매, 바겐세일 vendre[mettre] des marchandises au ~ 상품을 싸게 팔다
rabaisser [타] ① (가격을) 인하하다 ~ le prix d'une robe de cent euros 드레스의 가격을 100유로 인하하다 ② (의) 가치를 떨어뜨리다; 격하시키다 Cette conduite le *rabaisse*. 이렇게 처신하면 그의 평판이 나빠진다 ③ 깎아내리다, 헐뜯다 (=déprécier) ~ les mérites d'autrui 남의 장점을 깎아내리다[과소평가하다] chercher à ~ qn devant des tiers 제3자를 앞에서 …을 헐뜯으려고 애쓰다 ④ (요구 따위를) 억누르다, 꺾다 ~ l'orgueil de qn …의 오만을 꺾다
rabat-joie [명] (복수불변) 흥을 깨는 사람 [형] (불변) 흥을 깨는, 찬물을 끼얹는
rabattable [형] (의자 따위가) 접을 수 있는 table ~ 접을 수 있는 탁자
rabattage [남] 값의 인하, 할인; 사냥거리를) 몰기
rabattre [타] ① (가격 따위를) 깎다, 할인하다, 공제하다 [~ qch (de/sur qch)] ~ dix euros du [sur le] prix fixe 정가에서 10유로를 깎다 Je ne *rabattrai* pas un euro de plus. 더 이상 한푼도 깎아주지 않겠다 / (보여 없이) ~ de son prix 값을 인하시켜 주다 ② (자신감, 기세 따위를) 꺾다, 떨어뜨리다 ~ l'orgueil de qn …의 콧대를 꺾다 ~ la frénésie des spectateurs 관중의 열광을 가라앉히다 ~ les flammes 불길을

가라앉히다 ③ (사물을) 내리다, 낮추다 ~ son jupon (올라간) 속치마를 잡아당겨 내리다 ④ (옷깃, 종이 따위를) 접다, 꺾다 (=replier) (개폐식 뚜껑을) 닫다 ⑤ (두드리거나 눌러서) 평평하게 하다 (=aplatir); (대리석 따위를) 깎다, 다듬다 ⑥ (사냥감 따위를) 몰아가다, 유도하다 ~ le gibier vers les chasseurs 사냥거리를 사냥꾼들 쪽으로 몰아가다

rabattu(e) [형] ① 처진; 접힌 cornes longues et ~es (밑으로) 처진 긴 뿔 ② 할인된 somme ~ sur un prix fixe 정가에서 할인된 금액 [남] ① (눈꺼풀 따위의) 처진 부분 ② [의복] 공그르기 (=couture ~e)

rabbin [남] 랍비, 율법학자

rabique [형] 광견병의, 공수병의

raccomodage [남] 수선, 수리; (속어) 화해

raccommoder [타] ① (옷 따위를) 수선하다, 깁다 ~ une partie décousue 해어진 부분을 꿰매다 ② (구어) 화해시키다 ~ deux amis 두 명의 친구를 화해시키다 ~ un fils avec son père 아들을 아버지와 화해시키다 se ~ [대] ① (의복 따위가) 수선되다 ② 화해하다 (=se réconcilier) Elle *s'est raccommodée* avec son mari. 그 여자는 남편과 화해했다

raccommodeur(se) [명] ① 옷 수선하는 사람; 도자기[그물] 수선공 [여] (광학 렌즈의 재가공에 쓰이는) 연마기구

raccompagner [타] (손님을) 전송하다, 배웅하다 Il m'*a raccompagné* en voiture. 그는 나를 자동차로 데려다 주었다

raccord [남] ① 접합; 접합부 ~ de pièces métalliques par soudure 용접에 의한 금속 부품의 접합 faire un ~ de maçonnerie 벽돌[기와]을 이어쌓다 ② 연결(부품); 이음매 ~ de tuyaux de plomberie 연관 연결(부품) ~ de pompe (펌프와 밸브 사이의) 연결 고무관 ~ à culotte Y 연결[이음매] ③ (미술작품 따위의) 보수; 보수부분 Les ~s de peinture sont visibles. 그림의 덧칠한 부분이 눈에 띈다 ④ [영화] 장면 연결 [조정]; 연결성 장면

raccordement [남] ① 연결, 접속; (특히 전화 따위의) 가설 ~ de deux bâtiments 두 건물의 연결 ~ voie de ~ d'une nationale à une autoroute 국도와 고속도로의 연결도로 boîte de ~ [전기] 접속 상자, 배전반 ②.[철도] voie (ferrée) de ~ 교차 선로 ~ deux tuyaux[des plans de cinéma] 두 관[영화의 장면]을 연결하다

raccorder [타] 잇다, 연결하다 se ~ [대] 이어지다, 연결되다 [se ~ (à/avec qch)] Cette route *se raccorde* à l'autoroute. 이 도로는 고속도로로 이어진다

raccourci(e) [형] 짧게 한, 줄인 [남] ① 지름길 prendre un ~ 지름길로 가다 ② 응축된 표현, 암시적 어법; 생략(법) ③ [정보] 바로가기

raccourcir [타] 줄이다, 단축하다 ~ une robe par un grand ourlet 옷단을 넓게 접어 갑쳐서 드레스를 짧게 하다 ~ un texte de plusieurs paragraphes 여러 문단을 줄여 텍스트를 요약하다 [자] 짧아지다, 줄어들다 Les jours commencent à ~. 날이 짧아지기 시작한다 Cette jupe *a raccourci* au lavage. 이 치마는 세탁으로 줄어들었다

raccrocher [타] ① 다시 걸다[걸어놓다] [~ qch (à qch)] ~ un tableau 그림을 다시 걸다 ~ un manteau à un portemanteau 외투걸이에 외투를 다시 걸어놓다 ② (수화기를) 내려놓다; (보어 없이) 전화를 끊다 ~ l'appareil 전화를 끊다 J'ai décroché pour répondre, mais on *a raccroché* immédiatement. 내가 전화를 받자마자 상대방이 전화를 끊었다 ③ 연결하다; 결부시키다 [~ qch à qch] ~ des wagons à une locomotive 기관차에 객차를 연결하다 ~ une idée à une autre plus générale 어떤 생각을 더 일반적인 다른 생각에 결부시키다 ④ (운동선수가 운동용구를) 버리다, 벗다 ce boxeur vieillit, il devrait ~ (les gants). 이 권투선수는 늙어서

글러브를 벗어야[은퇴해야] 할 것이다 ⑤ 운 좋게[요행으로] 얻다[재개하다] ~ une négociation (결렬될 뻔한) 협상을 요행히 재개하다 se ~ [대] ① (주어는 사람) 매달리다, 의지하다 [se ~ à qch/qn] se ~ à une branche pour ne pas tomber 떨어지지 않으려고 나뭇가지에 매달리다 se ~ à la religion 종교에 의지하다 ② (주어는 사물) 관계가 있다, 결부되다 [se ~ à qch] idée secondaire qui peut se ~ au sujet 주제와 관계가 있을지도 모르는 부차적인 생각 se ~ aux branches (비유) 최후의 희망에 매달리다 race [여] ① 인종 croisement entre ~s 혼혈 ② (동물의) 품종 animal de ~ pure[pure ~] 순종의 동물 ③ 순종 (=~ pure) ④ (유서 깊은) 혈통, 가문 être de ~ noble 귀족 가문[명문] 출신이다

race [여] 혈통, 가문, 가계; 종족, 족속, 인종; 패, 동아리 cheval[chien] de ~ 순혈종의 말[개]

rachat [남] ① 되사기; 매입, 매수 ② (정기 채무 따위의) 청산, 변제; (보험금의) 상환

racheter [타] ① 더(다시, 도로) 사다 ~ cinq mètres de tissu 옷감을 5미터 더 사다 ② (산 사람에게서) 사다; (중고품을) 매입하다 ③ (회사 따위를) 매수하다 ~ une entreprise 기업을 사들이다

racial (ale, [복] aux) [형] 인종(상)의, 종족의, 민족의

racine [여] 뿌리; 밑; 근본, 근원, 기초

racisme [남] 인종차별주의

raciste [명] 인종차별주의자

raconter [타] 이야기하다, 말하다; 자세히 말하다, 묘사하다, 서술하다 ~ une histoire 이야기를 하다

radar [남] 레이더

radiateur [남] ① 방열기, 냉각기, 난방기 ② [자동차] 라디에이터, 냉각장치 ③ [물리] 방사체

radiation [여] 방사, 복사

radical(ale, [복] aux) [형] ① 근원의, 근본적인

② 철저한, 전면적인 ③ 급진주의의, 급진사회주의의, 급진적인
radieux(se) [형] 빛[열]을 내는, 빛나는
radio [여] 라디오
radioactif(ve) [형] 방사성[능]이 있는, 방사성의
radiographie [여] 방사선 사진술
radiologue [명] 방사능 연구자, 방사[엑스]선 학자
radio-réveil [남] 라디오 겸용 자명종 시계
radiothérapie [여] 방사선 요법, 방사선 치료
radis [남] [식물] 무의 일종
radium [남] [화학] 라듐
radoucir [타] 온화하게 하다, 부드럽게 하다; 완화하다
raffiné(e) [형] 정제[정련]된
raffinement [남] 세련, 고상, 우아
raffiner [타] 정련[제련]하다, 정제하다
raffinerie [여] 정제[정련]소, 정련 장치
rafraîchir [타] 상쾌하게 하다, 원기를 회복시키다
rafraîchissant(e) [형] 상쾌한, 산뜻한
rage [여] 격노, 분격, 분노
raid [남] 습격, 침입
raide [형] 뻣뻣한, 굳은; 가파른; 억센, 완강한, 준엄한
raidir [타] 뻣뻣하게 하다; 완강[완고]하게 만들다; 뻗치다
railler [타] 비웃다, 놀리다
raillerie [여] 비웃음, 빈정거림, 야유, 우롱
raisin [남] 포도
raison [여] 지각, 분별, 상식; 이유, 동기; 비율; 이치, 도리
raisonnable [형] 도리에 맞는, 논리적인
raisonnablement [부] 도리에 맞게
raisonnement [남] 추리, 추론
raisonner [자] 추리하다, 추론하다
rajuster [타] 재조정하다
ramasser [타] 모으다, 채집하다, 수집하다

rame [여] 노
rameau [남] ([복] ~**x**) 작은 가지
ramener [타] 도로 데려오다[가져오다]
rami [남] 카드놀이의 일종
ramification [여] 가지, 분지
ramollir [타] 부드럽게[무르게] 하다
ramper [자] 기다, 포복하다; 덩굴을 뻗다
ramure [여] 나뭇가지 (전체)
rancoeur [여] 원한
rançon [여] 몸값, 배상금
rancune [여] 원한, 앙심
randonnée [여] 짧은 여행
rang [남] 열, 줄; 순서
ranger [타] 가지런히 놓다, 나란히 하다, 진열하다
ranimer [타] 되살아나게 하다, 소생[부활]시키다
rap [남] 랩
rapatrier [타] 본국으로 송환하다
râpe [여] 이가 굵은 줄, 강판
rapide [형] 빠른, 급한, 신속한
rapidement [부] 빨리, 급속히
rapides [남][복] 여울, 급류
rapidité [여] 급속, 신속
rappeler [타] ① 다시 부르다; 돌아오게 하다 ② 다시 전화하다 Voulez-vous me ~ plus tard ? 나중에 다시 한번 전화해주시겠습니까? ③ 잊지 않게 하다, 상기시키다 Je te *rappelle* ta promesse. 네가 한 약속을 잊지 않았겠지? se ~ [대] 회상하다, 기억하다 avoir mal à se ~ qch …을 기억하는데 어려움을 느끼다
rapport [남] 보고; 보고서
rapporter [타] 도로 가져오다, 가지고 돌아오다; 옮겨오다, 가져오다
rapprochement [남] 가깝게 하기, 접근; 화목; 비교, 대조
rapprocher [타] 다시 가깝게 하다; 가깝게 하다, 접근시키다
raquette [여] 라켓

rare [형] 귀한, 진기한

raréfaction [여] 희박하게 하기[되기]

raréfier [타] 희박하게 하다 se ~ [대] 희박해지다

rarement [부] 드물게

rareté [여] 아주 드묾, 희박, 진귀

raser [타] (털, 수염을) 깎다, 밀다; 남김없이 파괴하다, 무너뜨리다

rasoir [남] 면도칼, (전기) 면도기

rassemblement [남] 모으기; 집합; 집합신호; 군중

rassembler [타] 모으다, 집합시키다; 수집하다

rassurer [타] 안심시키다 se ~ [대] 두려움에서 벗어나다; 안심하다

rat [남] [동물] 쥐

rater [타] [자] (화기가) 불발하다; (사업, 계획 따위가) 실패하다 [타] (겨눈 것을) 맞히지 못하다; 놓치다; 만나지 못하다; 실패하다; 그르치다, 망치다

ratification [여] 비준

ratifier [타] 비준하다, 재가하다

ration [여] 일정한 배급량, 할당량, 정량

rationaliste [형] 이성론의, 합리주의의 [명] 이성론자, 합리주의자

rationnel(le) [형] 이성적인 [남] 이성[합리]적인 것

rationner [타] (할당량을 제한하여) 배급하다 ~ les vivres 식량을 배급하다

rattacher [타] 다시 매다[잇다]

ravages [남][복] 파괴, 황폐

ravager [타] 유린하다, 파괴하다

rave [여] [식물] 순무우

ravir [타] ① (문어) 빼앗다, 강탈하다; 겁탈하다; 유괴하다 ~ un enfant pour se faire payer une rançon 몸값을 요구하기 위해 아이를 유괴하다 ② (의) 넋을 빼앗다, 황홀하게 하다 chansons qui *ravissent* le public 청중을 매료시키는 노래

ravissement [남] 강탈, 유괴; 황홀

ravisseur(se) [형] 강탈하는; 유괴하는 [명] 강탈자; 유괴자

ravitailler [타] 보충하다, (양식, 탄약을) 보급하다

raviver [타] 소생하게 하다, 되살리다, 기운나게 하다

rayer [타] 줄을 치다[긋다]; 줄을 그어 지우다, 삭제하다

rayon [남] 광선; 시렁, 선반; (백화점의) 매장

réactif(ve) [형] 반동하는, 반응이 있는

réaction [여] 반응

réactionnaire [형] 반동의, 반작용의, 반발적인

réadapter [타] 다시 적응하다; 다시 번안[각색]하다

réagir [자] 반응하다, 대응하다 ~ positivement à une proposition 제의에 긍정적인 반응을 보이다; 반발하다 ~ contre l'injustice 부당한 일에 반발하다

réalignement [남] 재편성

réalisation [여] 실현, 실행, 성취

réaliser [타] 실현[실행, 성취]하다

réalisme [남] 현실주의; 실재론

réaliste [형] 현실주의의, 현실적인

réalité [여] 현실

réarmer [타] 재무장 시키다,

réarranger [타] 다시 정리[정렬]하다

rebattre [타] 다시 때리다[치다]; (트럼프 따위를) 다시 섞다, 다시 치다; 쏘다니다; 귀찮게 되풀이하다

rebelle [형] 반역하는, 모반하는 [명] 반역자, 반도, 반항자

rébellion [여] 모반, 반란, 폭동

rebours [남] 반대

rebrousser [타] (머리, 털 따위를) 결의 반대방향으로 쓸어 올리다; 곤두세우다; 되돌아가다[오다] ~ chemin 되돌아가다[오다]

rebuffade [여] 거절, 퇴짜, (계획 등의) 좌절

recalculer [타] 다시 계산하다, 재검토하다
récapitulatif(ve) [형] 요약[약설]하는
récapitulation [여] 요점정리, 요약, 개요, 요점의 되풀이
récapituler [타] 요점을 되풀이하다, 요약하다
recapturer [타] 탈환하다, 되찾다
recéler [타] 숨기다, 은닉하다
récemment [부] 최근에
récemption [여] 되찾기, 되사기
recensement [남] (인구, 투표 등의) 조사, 검사
recenser [타] 인구를 조사하다; 투표를 세다; 상품을 검사[대조]하다
récent(e) [형] 최근의, 근래의, 근대의
réceptif(ve) [형] 수용하는
réception [여] 환영, 응접, 접견, 접대
réceptionniste [명] 접수원
récessif(ve) [형] 후퇴하는, 퇴행(退行)의
récession [여] 경기 후퇴, 수herzegovina기, 불경기
recevoir [타] 받다, 수취하다, 얻다
rechargeable [형] 충전 가능한
recharger [타] 충전하다
réchauffer [타] 다시 데우다, 다시 따뜻하게 하다
recherche [여] ① 추구, 탐구, 찾기 ~ du bonheur 행복의 추구 ② 수색, 수배, 수사; (정보의) 수집 ~ d'un objet perdu 분실물 되찾기 ③ (총체적인) 학술연구 faire de la ~ 연구생활을 하다
rechercher [타] ① 찾다; 수배하다 ~ une lettre dans des archives 편지 한 통을 찾으려고 고문서를 뒤지다 ② 탐구하다, 연구하다, 조사하다 ~ la cause d'un phénomène 어떤 현상의 원인을 규명하다
récidiviste [명] 재범자, 상습범
recigorer [타] 되살리다, 새로 기운을 차리게 하다
récipient [남] 그릇, 용기
réciproque [형] 상호간의(mutual), 호혜적(互惠

的)인
réciproquement [부] 서로, 상호간에; 역으로, 거꾸로
récital [남] 리사이틀, 연주회, 독주[독창]회
récitation [여] 상술(詳述)
réciter [타] 읊다, 암송하다, 낭독[낭송]하다
réclamation [여] 요구, 청구
réclamer [타] 요구하다, 주장하다
reclus(e) [형] 칩거하는, 틀어박힌, 은둔하는 [명] 은자, 은둔자, 세상을 버린 사람; (비유) 칩거생활을 하는 사람
recommandation [여] 추천
recommander [타] 추천하다
recommencer [타] 다시 시작하다
récompense [여] 보상, 배상, 변상
récompenser [타] 상주다; 벌주다; 갚다, 보답하다
recompter [타] 다시 세다, 계산을 다시 하다
réconciliation [여] 조정, 화해
réconcilier [타] 화해시키다, 융화시키다
réconfort [남] 위안, 격려
reconnaissance [여] 확인; 인정; 감사
reconnaissant(e) [형] 감사하게 여기는, 은혜를 느끼고 있는
reconnaître [타] 알아보다, 확인하다; 인정하다; 감사히 여기다
reconstituer [타] 재구성[재편성]하다, 재건하다, 개조하다
reconstruire [타] 부흥[복원, 복구]하다, 개조하다
reconstruction [여] 재건, 복구, 부흥, 재건[복구]된 것
record [남] 기록 battre un ~ 기록을 깨다
recoudre [타] 다시 꿰매다, 깁다
recours [남] 의지, 의뢰 avoir ~ à qch ...에 의지하다, ...의 힘을 빌다, ...을 사용하다
recouvrable [형] 회복 가능한, 되찾을 수 있는
recouvrir [타] 다시 씌우다, 다시 덮다

récréation [여] 휴양, 기분 전환
recréer [타] 다시 만들다
récréer [타] 쉬게 하다; 즐겁게 하다 se ~ [대] 놀며 쉬다, 즐거이 놀다, 쉬다, 휴양하다
récrimination [여] 고발
recrutement [남] 신병 모집, 신규 모집, 채용, 보충
rectangle [남] 직사각형
rectangulaire [형] 직사각형의, 직각의
recteur [남] 대학구장
rectification [여] 교정, 수정, 정정, 개정
rectifier [타] 개정[수정]하다, 교정하다
recueillir [타] 거두어들이다; 상속하다, 물려받다
recul [남] 후퇴; 퇴각
reculer [타] 뒤로 물리다; 후퇴시키다 [자] 물러서다, 뒷걸음질하다, 후퇴하다
récupérer [타] 회수하다, 만회하다, 회복하다
récurrence [여] 다시 일어남, 재현, 재발
récurrent(e) [형] 재발[재현]하는
recyclable [형] 재생 가능한
recyclage [남] 재활용 ~ des papiers usagés 폐지류의 재활용
recycler [타] (폐기물 따위를) 재활용하다
rédacteur(trice) [명] 편집자
rédaction [여] 편집, 편찬; 문서 작성
redécouvrir [타] 재발견하다
redevance [여] 정기 채무; 납부금; 부과금; 사용료; 인세
rédiger [타] (문서를) 작성하다, 글로 표현하다
redire [타] 다시 말하다, (같은 말을) 되풀이하다
redoubler [타] 강화하다, 늘리다 ~ d'efforts 노력을 배가하다
redoutable [형] 무서운, 가공할
redouter [타] 두려워하다, 무서워하다
rederessement [남] 교정; 개혁; 재건
redresser [타] 다시 바르게 하다; 다시 일으키다; 교정하다, 고치다
réduction [여] ① 삭감, 감소, 저하 ~ des

armements 군축 ② 가격할인 faire une ~ de 15% sur les prix affichés 표시된 가격에서 15 퍼센트를 할인하다

réduire [타] 줄이다, 감소시키다
réduit(e) [형] 줄인, 축소한
rééduquer [타] 재교육시키다
réel(le) [형] 실재의, 현실의
réélection [여] 재선
réélire [타] 재선하다
réellement [부] 정말로, 실제로
réévaluation [여] 재평가;(통화 가치의) 개정
réévaluer [타] 재평가하다
réexaminer [타] 재검토하다
réexportation [여] 재수출
refaire [타] 다시 하다; 다시 만들다
réfectoire [남] 다실, 휴게실
référence [여] 참조, 대조
référendum [남] 국민투표, 일반투표 soumettre à un ~ un projet de loi 법률안을 국민투표에 부치다
référer [타] ① [en ~ à qn/qch] ...에게 호소[의뢰]하다, 결정을 맡기다 ② [~ à qch] ...에 관련되다 ③ [언어] ...을 지시하다
réfléchissant(e) [형] 반사하는, 반영하는
réflecteur [남] ① [물리] 반사장치, 반사경 ② [천문][광학] 반사망원경 ③ [원자력] 반사체 ④ [지구물리] 반사면 [형] 반사하는
refléter [타] ① 반사하다; (의) 상을 비추다 surface polie qui *reflète* la lumière 빛을 반사하는 반들반들한 표면 ② (비유) 반영하다; 나타내보이다 Ses paroles reflète ses idées. 그의 말은 그의 생각을 반영한다
réflexe [남] 반사 작용의, 반사적인, 반사행동
réflexible [형] 반사될 수 있는
réflexion [여] 반사; 반향; 생각
refondre [타] 다시 주조하다; 개작하다; 개정하다
réformateur(trice) [명] 개혁[개량]가
réformation [여] 개혁, 개량, 교정 R~ 종교개혁

réforme [여] 개량, 개선, 개혁
réformé(e) [형] 개량[개선, 개혁]된
réformer [타] 개선하다, 개혁하다
refrain [남] (노래의) 후렴
réfrigérateur [남] 냉장고
réfrigération [여] 냉각
réfrigérer [타] 냉각하다
refroidir [타] 식히다, 냉각하다, 차갑게 하다
refroidissement [남] 냉각, 식히기, 식기
refuge [남] 피난소, 은신처
réfugié(e) [명] 피난자, 망명자
refuser [타] 거절[거부]하다
réfutation [여] 반박; 반증
réfuter [타] 반박하다, 반증을 들어 논파하다
regagner [타] 만회하다, 회복하다; 돌아가다
régaler [타] 융숭하게 대접하다
regard [남] 눈길, 시선; 주시, 주목, 주의; 방위 au ~ de ...과 비교하여, ...에 대하여
regarder [타] 보다, 바라보다; 간주하다, 생각하다, 여기다; 중요시하다
régate [여] ① (흔히 복수) 보트 경기, 요트 경기 ② (폭이 넓은 수병의) 넥타이
régence [여] 섭정 정치, 섭정의 직
régénération [여] 갱생, 신생
régénérer [타] 재생하다
régent(e) [형] 섭정의 [명] 섭정(攝政)
régie [여] 재산관리; 국가관리; 세무처
régime [남] ① 체제, 제도 ~ politique[économique] 정치[경제]체제 ② 식이요법, 다이어트
régiment [남] (육군의) 연대; 군대; 다수
région [여] 지방, 지역
regional(ale, [복] **aux)** [형] 지역(전체)의, 지대의
régionalisme [남] 지방(분권)주의
règle [여] 자; 규칙, 법칙; 규율, 질서
règlement [남] 결정; 조정, 해결; 규정, 규칙, 법규; 정관

réglementaire [형] 규정의; 법규의
réglementation [여] 법규[규칙] 제정
régler [타] 결정하다; 결말짓다, 해결하다, 결제하다
règne [여] 통치; 치세
régner [자] [~ sur] 군림하다; 다스리다
régressif(ive) [형] 되돌아가는, 후퇴하는, 회귀하는
regret [남] 유감
regrettable [형] 유감스러운; 애석한, 슬픈
regretter [타] 후회하다; 유감스럽게 여기다; 그리워하다
régularisation [여] 올바르게[정연하게] 하기, 정규화, 정리, 조정
régulariser [타] 올바르게[정연하게] 하다, 정규화하다, 정리하다, 조정하다
régularité [여] 규칙[질서]정연함, 정확함
régulation [여] (나침반의) 조절, 조정
réguler [타] 규제하다, 단속하다, 통제하다
régulier(ère) [형] 규칙적인; 정확한; 균형이 잡힌; 정규의
régulièrement [부] 규칙적으로; 정연하게; 법칙상; 정확하게
réhabilitation [여] 복원; 명예회복
réhabiliter [타] 복직시키다; 명예를 회복시키다
rehaussement [남] 더 높이기[올리기]; 인상
rehausser [타] 더 높이다[올리다]; 인상하다
réincarnation [여] 다시 육체를 부여함
réincarner (se) [대] (죽은 자의 영혼이) 다른 육체에 깃들다, 환생하다; (비유) 되살아나다
reine [여] 왕비; 여왕
réinstaller [타] 다시 설치하다; 다시 거처를 정해주다[거주시키다]
réintégration [여] 점유[권리]의 회복; 복직; 반납, 반환
réintégrer [타] 점유[권리]를 회복시키다; 복직시키다; 제자리에 다시 놓다
réinventer [타] 다시 발명하다

réitération [여] 거듭하기, 되풀이, 반복
réitérer [타] 되풀이하다
rejet [남] 거절, 배제
rejeter [타] 거절하다, 각하하다
rejoindre [타] (헤어졌던 사람과) 다시 만나다, 합류하다; (앞선 사람을) 따라잡다 ~ ses enfants en vacances 휴가를 떠난 아이들과 합류하다
réjouir [타] 기쁘게 하다, 즐겁게 하다, 유쾌하게 하다; 쾌감을 주다, 호감을 주다
réjouissances [여][복] 환호, 축하, 환락
relâche [남] 휴지, 휴식; 소강
relâchement [남] 이완; 해이; 완화, 태만
relâcher [타] 늦추다, 느슨하게 하다; 완화하다; 놓아주다, 해방하다; 풀어주다
relais [남] 역마, 저마; 역참 course de ~ 계주 habit de ~ 갈아입을 옷
relancer [타] 다시 던지다; 재개하다
relatif(ve) [형] 관계있는, 관련되어 있는
relation [여] 관계
relativement [부] 상대적으로
relativisme [남] 상대론[주의]
relaxer [타] 늦추다; 방면[석방]하다
relayer [타] 교대시키다
relégation [여] 좌천
reléguer [타] …을 내려앉히다[내쫓다, 좌천시키다]
relever [타] 일으키다, 다시 세우다; 올리다
relief [남] 제거, 경감
relier [타] 다시 묶다, 고쳐 매다, 다시 비끄러매다; 연결[결부]시키다
religieusement [부] 종교상으로, 종교적으로
religieux(se) [형] 종교(상)의
religion [여] 종교
relire [타] 다시 읽다
relocalisation [여] 재배치, 배치 전환
remaniement [남] 다시 만지기[손질하기]; 수정, 개정
remanier [타] 다시 만지다, 개정하다

remariage [남] 재혼

remarier [타] 재혼시키다 se ~ 재혼하다

remarquable [형] 주목할 만한, 현저히 눈에 띄는, 두드러진, 놀라운, 놀랄 만한; (명사 앞, 뒤) 뛰어난, 훌륭한

remarquablement [부] 두드러지게

remarque [여] 주의, 주목; 고찰; 주의서; 비고, 주

remarquer [타] 다시 승선시키다; 다시 싣다

remboursement [남] 상환, 변상, 지불

rembourser [타] 변상[배상]하다

remède [남] 치료, 요법

remédier [자] [~ à] 치료하다, 고치다

remettre [타] 다시 놓다[넣다, 붙이다, 입다, 쓰다, 신다]

remise [여] 도로 붙이기, 도로 놓기; 연기, 지연

réminiscence [여] 회상, 추억, 기억

rémission [여] 용서

remonter [자] 다시 오르다[타다]; 떠오르다; 거슬러 오르다

remorquate [남] (배, 수레 따위를) 끌기

remorquer [타] (배, 수레 따위를) 밧줄로 끌다

rempart [남] 누벽(壘壁), 성벽

remplacement [남] 대체

remplacer [타] 대체하다 ~ une vieille nappe par une neuve 낡은 식탁보를 새 것으로 바꾸다

remplir [타] (다시) 가득 채우다; 써 넣다

remplissage [남] (통 따위를) 채우기; 빈틈을 메우기

remuer [타] 움직이다; 옮기다; 동요시키다; 혼란케 하다; 자극하다; 감동시키다 ~ ciel et terre 백방으로 노력하다, 갖은 수단을 다 쓰다

rémunération [여] 보수, 보상

rémunérer [타] …에게 보수를 주다, 보상하다

renard [남] [동물] 여우; 여우가죽; 교활한 사람

renchérir [타] 값을 올리다, 비싸게 하다 [자] 값이 오르다

rencontre [여] 만남; 부딪침, 충돌; 결투 aller à la ~ de qn …을 마중나가다

rencontrer [타] 만나다, 부딪치다; 발견하다 se ~ [대] 서로 만나다; 서로 알게 되다; 회견하다

rendement [남] 수확고, 생산고; 이윤; 효율; 생산능률

rendez-vous [남] 만날 약속 avoir un ~ avec qn …와 만날 약속이 있다

rendre [타] ① 돌려주다, 반환하다 ② …을 …하게 하다 ~ qch impossible …을 불가능하게 만들다

rêne [여] 고삐

renfermer [타] 다시 가두다; 포함하다, 지니다; 숨기다, 감춰두다; 제한하다

renforcement [남] 보강, 강화, 증원

renforcer [타] 강화[증강, 보강]하다

renfort [남] (군대 따위의) 증원; 보강

renoncer [타] [~ à] 포기 하다

renouer [타] 다시 매다; 다시 맺다; 관계를 부활시키다

renouveau [남] ([복] ~x) 부활

renouveler [타] 새로이 하다, 인실하다, 쇄신하다

renouvellement [남] 새로이 하기, 새로워지기

rénovation [여] 새롭게 하기, 혁신, 쇄신, 개혁; 변경

rénover [타] (청소·보수·개조 등을 하여) …을 새롭게 하다

rentable [형] 이익이 될 수 있는

rente [여] 연금; (임대에 의한) 소득; 금리; 정기수입

rentrée [여] 다시 들어감[들어옴]; 새학기 à la ~ 새학기에

rentrer [자] 다시 들어오다[들어가다]

renverser [타] 방향, 순위를 거꾸로 하다; 뒤집어 엎다

renvoi [남] 반송; 해고, 면직, 파면

renvoyer [타] 다시 보내다; 돌려보내다, 반송하

다; 해고[면직, 파면]하다; 미루다, 연기하다

réorganisation [여] 재조직, 재편성, 개조

réorganiser [타] 재조직하다, 재편성하다, 개조[개설]하다

répandre [타] 뿌리다; 퍼뜨리다; 보급하다; 전파하다

réparation [여] 배상, 배상금

réparer [타] 수선[수리]하다

repartie [여] 재치 있는 응답

repartir [자] 다시 출발하다; 되돌아가다

répartir [타] ① 나누어주다, 분배하다 ~ équitablement une somme entre plusieurs personnes 돈을 몇몇 사람들에게 똑같이 분배하다 ② 나누어 배치하다; 분산시키다 armée qui *répartit* ses troupes dans divers villages 여러 마을에 병력을 분산 배치시키는 군대

repasser [타] 다리미질하다

repentir (se) [대] [~ de] 후회하다, 뉘우치다

répercussion [여] (간접적) 영향

repère [남] 표, 표적, 표지, 부호, 기호

repérer [타] 부호를 치다, 표하다; 소재를 알아내다

répertoire [남] 레퍼토리, 상연 목록

répéter [타] 되풀이하다, 반복하여 말하다

répétitif(ve) [형] 자꾸 되풀이하는, 지루한

répétition [여] ① 되풀이, 반복 ② (연극, 음악 따위의) 연습, 리허설

répit [남] 일시적 중지, 휴지

repli [남] 주름살; 주름

replier [타] 다시 접다

réplique [여] 대답, 답변; 항변; 대꾸; 원작의 모사

répondre [타] ① 대답하다 *Réponds* quelque chose, même si c'es faux. 틀려도 좋으니 뭔가 대답을 해봐라 ② (답신을) 보내다 ~ un mot aimable à une invitation 초대를 수락하는 회신을 보내다 [타간] [~ à qn/qch] (물음 따위에) 대답하다; (부름 따위에) 응하다 Je vais ~ à votre question. 당신의 질문에 대답을 드리겠습니다

réponse [여] 대답, 회답, 답장; 반응, 응답
repos [남] 휴식
reposer [타] (제자리에) 다시 놓다 se ~ [대] 쉬다
repousser [타] 다시 밀다; 떠다밀다; 거절하다; 격퇴하다
répréhensible [형] 비난할 만한, 괘씸한
reprendre [타] 다시 잡다; 다시 먹다[마시다] [자] 다시 시작하다, 다시 일어나다, 다시 유행하다; 재발하다
représailles [여][복] 보복, 앙갚음 en ~ contre qn ...에 대한 보복조치로서
représentant(e) [명] 대표자, 대리인
représenter [타] 다시 제출하다; 제시하다; 대리하다, 대표하다
représentation [여] 표시, 표현, 묘사
représenter [타] 다시 선사하다, 다시 제출하다
répressif(ve) [형] 제지하는, 억압적인, 진압의
répression [여] 진압, 억제, 제지
réprimander [타] 꾸짖다, 질책하다
réprimer [타] 억제하다, 참다; 진압[억압]하다
reprise [여] 도로 찾기, 탈환, 회수
reproche [여] 비난; 비난받을 만한 이유
reprocher [타] 비난하다, 나무라다
reproducteur(trice) [형] 생식의, 생식하는, 번식하는
reproduction [여] 생식; 번식; 재생, 재현; 재생산; 복사
reproduire [타] 번식시키다; 다시 낳다, 다시 생기게 하다[일으키다]; 모사하다; 복사하다
reptile [남] 파충류 동물
républicain(e) [명] 공화국의
républicanisme [남] 공화주의
république [여] 공화국
répulsion [여] 격퇴, 반박, 거절
réputation [여] 평판, 세평 avoir bonne[mauvaise]

~ 평판이 좋다/나쁘다

réputé(e) [형] ...이라고 여겨진, ...이라고 평판이 있는

requérir [타] 요구[요청]하다; [법] 신청[청원]하다; [군사] 징발하다; 호소하다 ~ la force armée 무력에 호소하다

requête [여] 요구, 요청, 청원

requiem [남] 망자를 위한 미사(곡), 위령곡, 레퀴엠

réseau [남] ([복] ~x) 그물; 거미줄; (철도, 도로 등의) 망상조직; 네트워크

réserve [여] 남겨두기, 보류; 제한; 남겨둔 것; 저장, 예비; 조심성, 신중, 겸손; [군사] 예비역

réserver [타] ① (을 위하여) 마련해놓다 On vous a réservé cette place. 이 자리를 당신을 위해 마련해 놓았습니다 ② 나중에 쓰려고 떼어[남겨]두다, 비축하다 ~ le meilleur pour la fin 마지막에 쓰려고 가장 좋은 것을 남겨두다 ③ 예약하다 ~ une table au restaurant[une chambre dans un hôtel] 식당에 자리를[호텔에 방을] 예약하다

réserviste [남] 예비[후비]군, 재향 군인, 보충병

réservoir [남] 저수지

résidence [여] ① (의무적인) 거주, 주재; 주재기간 emploi[charge] qui demande ~ 임지에 거주해야 하는 직책 ② 거주(지) avoir sa ~ à Lyon 리옹에 거주지를 정하다 ~ universitaire 대학 기숙사 ③ 고급주택; (고관의) 관저, 공관

résident(e) [명] 체류 외국인 ~s espagnols en France 프랑스에 체류하는 스페인 사람들

résidentiel(le) [형] 주택의 quartier ~ 주택가

résider [자] 거주하다

résidu [남] 잔여

résiduel(le) [형] 남은, 잔여(殘餘)의

résignation [여] 사직, 사임

résigner [타] 사직하다; (이득 따위를) 포기하다 ~ son emploi[ses fonctions] 사직하다

résiliation [여] 취소, 해제, 철회

résilier [타] 취소하다, 해제하다, 철회하다
résine [여] 수지(樹脂), 송진
résistance [여] 저항, 반항, 적대, 반대
résister [자] [~ à] ① (외력에) 지탱하다, 버티다; (작용을 받아도) 변질[변형], 변색]되지 않다 ② 견뎌내다 ~ à la fatigue 힘든 일을 견뎌내다 ③ (주어는 추상명사) 견뎌내다, 지속되다 La douleur *résiste* au temps. 세월이 지나도 고통은 없어지지 않는다
résolu(e) [형] 해결된; 결심한
résolument [부] 굳게 결심하여
résolution [여] 결의, 결심(한 일); 결의안 adopter une ~ 결의안을 채택하다
résoudre [타] 해결하다 ~ un problème 문제를 해결하다
respect [남] 존경, 존중
respectabilité [여] 존경할 만함, 인격의 고결
respectable [형] 존경할 만한, 훌륭한
respecter [타] 존경하다; 존중하다; 고려하다; 훼손하지 않다
respectif(ve) [형] 저마다의, 각각의, 각자의
respectivement [부] 각기, 제각기
respectueusement [부] 정중하게
respectueux(se) [형] 경의를 표하는, 공손한, 정중한
respiration [여] 호흡
respiratoire [형] 호흡(작용)의, 호흡을 하기 위한
respirer [자] 숨 쉬다, 호흡하다; 살아있다
responsabilité [여] 책임, 책무, 의무 prendre la ~ de qch …에 대한 책임을 지다
responsable [형] (…에 대하여) 책임이 있는, 책임을 져야 할 ~ de la mort de dix personnes 10명을 살해한 혐의를 가지고 있다
ressemblance [여] 유사, 닮음
ressembler à [타] [~ à] …을 닮다, …와 공통점이 있다
ressentir [타] 느끼다, (감정을) 품다
resserrer [타] 조이다, 긴축하다; 굳게 하다, 친밀

히 하다; 좁히다; 포위하다; 제한하다; 간직하다; 압박하다
ressource [여] 자원, 재원, 자력
ressusciter [타] 소생시키다, 부활시키다
restaurant [남] 레스토랑, 음식점, 식당
restauration [여] 회복, 부활, 복구
restaurer [타] 복구[재건]하다, 부흥하다
reste [남] 나머지; 여분
rester [자] 남다; 머무르다
restitution [여] 반환, 상환
restreindre [타] 제한하다, 한정하다
restrictif(ve) [형] 제한[한정, 구속]하는
restriction [여] 억제, 제지, 금지, 억제력
restriction [여] 제한
résultat [남] 성과, 귀착, 결말
résumé [남] 요약
résumer [타] 요약[개괄]하다
résurrenction [여] 부활
rétablir [타] 다시 세우다; 회복시키다
rétablissement [남] 건강[질서]의 회복; 수리; 부흥; 복직
retard [남] 지체, 지연, 지각 être en ~ 지각하다; 늦다; 뒤지다
retardataire [형] 지각한, 연착한 [명] 지각자, 연착자
retardé(e) [형] 정서·지능·학력 발달이 뒤진
retarder [타] 늦추다, 지연시키다
retenir [타] 억제하다, 누르다
rétention [여] 보류, 보유, 유지
réticence [여] 말이 적음, 과묵
réticent(e) [형] 할 말을 일부러 하지 않는
rétif(ve) [형] 침착성이 없는, 들떠 있는
rétine [여] (눈의) 망막
retirer [타] 다시 끌다; 끌어내다, 끄집어내다
retomber [자] 다시 떨어지다; 늘어지다
retour [남] 돌아감, 돌아옴, 귀환; 복귀; 재발; 반복; 회고; 반성; 책략, 술책 en ~ de ...의 보수로서, ...의 대가로서

retourner [타] (다시) 돌리다[돌려 보내다] [자] 돌아가다

retrait [남] 철수, 후퇴 ~ des troupes 군대의 철수 (예금을) 꺼내기, 찾기; 회수; 철거

retraite [여] ① 퇴직, 퇴역, 은퇴, 은거, 퇴거, 은둔 ② [군사] 후퇴, 퇴각 ③ [종교] 피정 묵상회

retraité(e) [형] 은퇴한, 퇴직한, 퇴역한

rétrograde [형] 후퇴하는, 되돌아가는, 퇴행적인

rétrograder [자] 역행하다; 후퇴하다, 퇴보하다

rétrogression [여] 역행, 후퇴

rétrospective [여] 회고의, 회구의

rétrospectivement [부] 회고하여

retrouver [타] 다시 찾아내다, 다시 발견하다

rétrovirus [남] RNA 종양 바이러스

réunification [여] (재)통일 ~ de la péninsule coréenne 한반도 통일

réunifier [타] (재)통일 ~ de l'Allemagne 독일의 통일

réunion [여] ① 결합, 연결, 집합 ~ d'éléments nombreux 여러 요소들의 결합 ② 집회, 모임, 회의; 소집 ~ de famille 가족회의 salle de ~ 집회소 liberté de ~ 집회의 자유

réunir [타] 재결합[합동]시키다

réussite [여] 성공

revanche [여] 갚음; 앙갚음, 보복, 복수

réveiller [타] 깨우다; 깨우치다, 각성시키다 se ~ [대] 잠에서 깨어나다

révélateur(trice [형] 계시의, 계시적인

révélation [여] 폭로, 적발

révéler [타] 적발[폭로]하다, 밝히다

revendication [여] 요구

revendiquer [타] (권리를) 주장하다; 요구하다

revendre [타] 다시 팔다, 전매하다

revenir [자] 다시 오다; 다시 나타나다, 다시 나오다, 다시 생기다

revenu [남] 수입

rêver [자] [~ de] 꿈꾸다; 열망하다

révérer [타] 숭배하다, 경외하다, 존경하다

revers [남] 안, 이면
réversible [형] 역으로[거꾸로] 할 수 있는
revêtir [타] 다시 입히다; 옷 입히다; 입다; 씌우다
réviser [타] 교정[정정, 수정, 개정]하다
révision [여] 개정, 수정; 복습
revivifier [타] 원기를[기운을] 회복시키다
revoir [타] 다시 보다[만나다]; 돌아오다
révolte [여] 반란, 반발
révolter [타] 반항[모반]시키다, 반란을 일으키게 하다 se ~ 반란[폭동]을 일으키다; 분격하다
révolution [여] 혁명
révolutionnaire [형] 혁명의, 혁명적인
révolutionner [타] 혁명[대변혁]을 일으키다, 급격한 변화를 가져오다
revue [여] 잡지
rhapsodie [여] 서사시, 랩소디
rhétorique [여] 수사학(修辭學), 웅변술 [형] 수사학의, 수사적인, 웅변술의
rhétorique [여] 수사법, 화려한 문체
Rhin [남] [지리] (독일의) 라인강
rhinocéros [남] 무소, 코뿔소
rhum [남] 럼 술
rhumatisme [남] 류머티즘
rhumatologie [여] 류머니즘학
riche [형] [~ en, de] 부유한, 풍부한
richement [부] 부유하게
richesse [여] ① 부, 부유함, 부유 ② 풍부, 풍부함; 윤택
ride [여] 주름살; 주름
rideau [남] ([복] ~**x**) 장막, 커튼
rider [타] 주름잡히게 하다; 주름살지게 하다; 잔물결을 일으키다
ridicule [형] 우스운, 가소로운, 쑥스러운
ridiculiser [타] 야유하다, 조소하다
rien [대명] 어떤 것, 그 무엇; 사소한 일, 대수롭지 않은 일, 하찮은 일; 아무 것도 Cela ne fait ~. 괜찮습니다

riff [남] 리프, 반복 악절
rigide [형] 단단한, 딱딱[빳빳]한
rigidité [여] 단단함, 강직(强直)
rigoler [자] 웃으며 흥겨워하다
rigolo(te) [형] 우스운, 재미있는
rigoureusement [부] 엄격하게
rigoureux(se) [형] 엄한, 엄격한
rigueur [여] 엄격; 엄정, 엄밀, 정확
rime [여] 운
rimer [자] 운이 맞다
rinçage [남] 헹굼
rincer [타] 헹구어 내다
rire [자] 웃다
risque [남] (어느 정도 예상 가능한) 위험(성), 모험 Le diabète augmente considérablement le ~ cardio-vasculaire. 당뇨병은 심장질환의 위험성을 상당히 높힌다.
risqué(e) [형] ① 위험한, 위험천만의, 대담한, 모험적인 ② (농담 따위가) 음탕한, 외설적인
risquer [타] 위태롭게 하다; (목숨 따위를) 걸다
rite [남] ① (종교의) 제례, 의식, 전례 ② 의식, 예식, 의례
rituel(le) [형] 의식의, 의식에 관한 [남] 의식서
rituellement [부] 의식적으로
rivage [남] 물가, 바닷가, 강가, 호숫가, 해안, 강안, 호반; 연안 지방
rival (ale, [복] **aux)** [형] 경쟁하는, 대항[대적]하는 [명] 경쟁자, 라이벌
rivaliser [자] 경쟁하다, 대항[대적]하다
rivalité [여] 경쟁, 대항, 대적
rive [여] 물가, 강가, 호숫가, 둑
riverain(e) [형] 강가의; 길가의
rivet [남] 대갈못, 리벳
riz [남] 쌀, 벼
rizière [여] 논
robe [여] 원피스, 드레스
robinet [남] (술통 따위의) 꼭지; 수도꼭지
robot [남] 로봇

robotique [여] 로봇 공학(工學)
robotisation [여] ① (공장 따위의) 산업 로봇 도입, 자동 기계화 ② (사람의) 기계화, 로봇화
robotiser [타] ① (공장 따위에) 산업 로봇을 설치하다 ② (인간을) 기계화하다, 로봇처럼 만들다
robotisé(e) [형] 로봇을 이용하는
robuste [형] 강건한, 건장한
robustesse [여] 강건, 건장
rocaille [여] 바위로 된 정원
rocambolesque [형] 기괴한, 어처구니없는, 믿어지지 않는
roche [여] 바위, 암석; 암초
rocher [남] 바위, 암벽; 암초
roder [타] (기계 부품품을) 닳게 하다, 마멸시키다; (모터 따위를) 시운전하다
rôder [자] 배외하다, 방황하다, 돌아다니다; 슬그머니 엿보며 돌다, 어슬렁거리고 다니다
roi [남] 왕, 임금
rôle [남] 역할 interpréter un ~ ...로 분하다
romain(e) [형] 로마의
roman [남] 소설
romancier(ère) [명] 소설가
romantique [형] 낭만적인
rompre [타] 깨뜨리다, 부수다, 끊다, 꺾다
rond(e) [형] 둥근; 뚱뚱한; 솔직한; 명쾌한
ronfler [자] 코를 골다, 윙윙거리다, 울리다
ronger [타] 쏠다, 좀먹다; 부식하다, 침식하다; 괴롭히다
ronronner [자] (고양이가 목구멍으로) 가르릉거리다
rosaire [남] 염주; 로자리오 (165개의 구슬이 있는 염주)
rose [여] 장미꽃 [형] 장밋빛의 [남] 장미빛
rotatif(ve) [형] 도는, 회전하는
rotation [여] 회전, 선회
rôti [남] 구운 고기, 불고기
rôtir [타] 굽다; 말리다; 햇볕에 태우다

rotin [남] [식물] 등(藤)(나무), 그 줄기
rotonde [여] 원형 건물
roue [여] 차바퀴
rouge [형] 빨간 [남] 빨간색
rougeur [여] 붉은 빛; 홍조
rougir [타] 붉게 하다, 붉게 칠하다
rouleau [남] ([복] ~x) 두루마리
rouler [타] 굴리다; 말다
roulette [여] 룰렛
roumain(e) [형] 루마니아의 [명] (R~) 루마니아 사람
route [여] 도로, 길
routier(ère) [형] 도로의; 도로를 가리키는 locomotive ~ère 견인기관차
routine [여] 일상의 일[과정] C'est la ~. 그것은 일상적인 일이다
rouvrir [타] 다시 열다
roux(ousse) [형] (머리가) 빨간색의
royal(ale) [복] **aux**) [형] 왕의; 장엄한, 훌륭한, 늠름한
royaume [남] 왕국
royauté [여] 왕위; 왕의 신분
ruban [남] 리본; 리본 모양의 띠
rubéole [여] 풍진
rubis [남] 루비, 홍옥(紅玉)
rubrique [여] 표제
rude [여] 거칠은; 우둘투둘한; 뻣뻣한; 힘에 겨운, 벅찬, 견디기 어려운
rue [여] 거리, 길
ruer [자] (말이) 차다, 뒷발질하다; (대포가) 반동하다 se ~ [대] 달려들다 (se ~ sur, à)
rugir [자] (맹수가) 포효하다
rugissement [남] 맹수의 울음소리, 포효
ruine [여] 폐허
ruiner [타] 파괴하다, 와해시키다
ruineux(se) [형] 파괴된, 황폐한
ruisseau [남] ([복] ~x) 시내, 개울; (길가의) 도랑; 내처럼 흐르는 것; 하층 사회

ruisseler [자] 흐르다; 번쩍이다, 번득이다, 어른거리다

ruissellement [남] 냇물처럼 흐르기; (땀, 피가) 철철 흐르기, 한없이 흐르기; 번득이기, 번쩍거림, 어른거림

rumeur [여] 소문, 풍문 faire courir une ~ 소문을 퍼뜨리다

ruminer [자] 반추하다

rupture [여] ① (물체의) 파열, 끊어짐 ~ d'un câble 케이블 파열 ② (관계 따위의) 단절; (계약 따위의) 파기, 취소 ~ des relations diplomatiques 외교관계의 단절

rural [형] (**ale**, [복] **aux**) 농촌의, 시골의

ruse [여] 책략, 계략; 술수, 술책, 속임수

rusé(e) [형] 교활한, 꾀바른 [명] 교활한 사람

russe [형] 러시아의 [명] (R~) 러시아 사람 [남] 러시아어

Russie [여] [지리] 러시아

rustique [형] 시골(풍)의, 전원생활의

rustre [형] 촌스러운; 상스러운, 세련되지 못한 [남] 시골뜨기; 상스러운 사람

rythme [남] 율동, 리듬

rythmer [타] 율동적으로 만들다, 리듬을 붙이다 [넣다]

rhythmique [형] 리듬에 관한; 리듬이 좋은, 운율적인 [여] 운율학

Rwanda [남] [지리] 르완다

S, s [남][여] 불어 자모의 열 아홉째 글자
sa [형] (son의 여성형) 그의, 그녀의, 그것의
sabbat [남] 안식일
sabbatique [형] 안식일의(같은)
sable [남] ① 모래 plage de ~ 모래 해변 dune de ~ 사구 vent de ~ 모래 바람 ~s mouvants 표사; (밟으면 폭폭 빠지는) 유사 bacs à ~ (공원의) 모래사장 horloge à[de] ~ 모래시계 plantes qui vivent dans le ~ 모래 속에 사는 식물 ② (복수) 모래밭; 사막 renard des ~s 사막의 여우 ③ [의학] 결석 avoir du ~ dans les yeux (구어) 졸려서 눈을 비비다; 졸리다 bâti à chaux et à ~ 견고하게 지어진; 아주 건강한
sabler [타] ① (길 따위에) 모래를 뿌리다, 모래를 깔다 ~ une route verglacée 얼어붙은 도로에 모래를 뿌리다 ② (메달 따위를) 모래 주형으로 주조하다
sabot [남] ① 나막신 paysan en ~s 나막신을 신은 농부 ② (말 따위의) 발굽 ferrer le ~ d'un cheval 말의 발굽에 편자를 박다 ③ (가구의 다리 끝에 붙이는 보호, 장식용) 쇠붙이; (말뚝 따위의 끝에 다는) 촉 ④ 질 나쁜 악기; 고물이 다 된 배[차] Ce bateau est un vrai ~. 이 배는 정말 고물이다
sabotage [남] ① (일 따위를) 서둘러 대충 해치우기; 태업, 사보타주 prôner le ~ du travail 태업을 적극 지지하다 ② (기계, 설비 따위의 고의적인) 파괴, 파손 accident d'avion dû à un ~ (설비 파손 따위로) 방해 행위로 인한 비행기 사고 ③ (비유) (협상 따위의) 방해공작 ④ (말뚝 따위의 끝에) 촉 달기
saboter [타] ① (일 따위를) 서둘러 대충 해버리

다 ~ un devoir 숙제를 대충 해버리다 L'orchestre *a saboté* ce morceau. 그 오케스트라는 이 곡을 엉터리로 연주했다 ② (기계, 설비 따위를 고의로) 파괴하다, 파손하다 ~ une machine (방해의 목적으로) 기계를 파손하다 ③ (계획, 협상 따위를) 방해하다 ~ un projet 계획을 방해하다 ④ (말뚝 따위의 끝에) 촉을 달다

saboteur(se) [명] ① 일을 대충 해버리는 사람; 태업하는 사람 ② (설비 따위의) 파괴자; (계획 따위의) 방해자

sabre [남] ① 검, 군도 ~ de cavalerie[d'infanterie] 기병용[보병용] 군도 ~-pognard 단검 S~ au clair !; S~ (à la) main ! (구령) 칼을 뽑아라! d'un coup de ~ 단칼에 ② (구어) (날이 긴) 면도칼 ③ (비유) 무력, 군대 ④ [운동] (펜싱의) 사브르 ⑤ [피혁] (양피의 털, 불순물 제거 작업에 쓰이는 칼 모양의) 쇠막대

sabrer [타] ① 검으로[군도로] 베다 ~ l'ennemi 적을 검으로 베다 ② (비유) (주름 따위를) (에) 깊이 새기다; (책 따위에) 줄을 긋다 visage *sabré* de rides 깊게 주름이 패인 얼굴 ③ (비유) (원고 따위를) 대폭 삭제하다 ~ de nombreux passages dans un texte 텍스트의 많은 대목들을 삭제하다 ~ un long article 긴 기사를 대폭 줄이다 ④ (구어) 해고하다 (=licencier) se faire ~ 해고당하다 ⑤ (구어) 퇴학시키다; (수험생 따위를) 낙제시키다, 불합격시키다; (답안에 형편없는 점수를 주다 ~ la moitié des candidats 지원자의 절반을 떨어뜨리다

sac [남] ① 부대, 자루; 봉지, 주머니 mettre en ~ 자루에 넣다 ~ de toile 마대 ~ à blé 밀부대 ~ de charbon[sable] 석탄 부대[모래 주머니] ~ en papier 종이 봉지[부대] ~ en matière plastique; (구어) ~ plastique 비닐봉지 ~ s postaux 우편 행낭 ~(-)poubelle (쓰레기통 안쪽에 끼우는 비닐로 된) 쓰레기 봉지 ② (한 부대[자루]의 분량 moudre cent ~s de blé 밀

백 부대 분량을 찧다 ③ 배낭 (=~ à dos); 가방 ~ de soldat 군용 배낭 ~ de plage 비치백 ~ de voyage 여행용 가방 ④ 핸드백 (=~ à main) ~ en crocodile 악어 가죽 핸드백

saccharine [여] 사카린

sachée [여] (드물게) 한 부대[자루]의 분량

sachet [남] 작은 봉지 ~ de papier 작은 종이 봉지

sacré(e) [형] 신성한, 성스러운; 종교적인 édifice ~ 성소, 신전

sacrement [남] (가톨릭의) 성사; (신교의) 성례

sacrifice [남] ① (제의적인) 공여, 희생 ② [종교] (가톨릭에서의 그리스도의) 희생 ~ du Christ [de la Croix] 그리스도[십자가]의 희생 ③ (일반적인 의미의) 희생; 희생물; 희생적인 행위

sacrifier [타] 산 제물을 바치다, 희생시키다 se ~ [대] 자기를 희생하다, 자신을 바치다; 희생되다, 죽다

sacrilège [형] 신성을 더럽히는 [남] 신성 모독 (죄)

sacristie [여] (성당의) 성구실, 제의실, 의식 용구실

sadique [형] ① [심리, 정신분석] 사디즘의, 가학성 변태 성욕의 ② 가학 취미의, 잔인한 [명] ① 사디스트, 가학성 변태성욕자; 잔인한 사람 ② 성범죄자

sadisme [남] ① [심리, 정신분석] 사디즘, 가학성 변태 성욕 ② 가학 취미, 잔인성

safari [남] 원정 여행

saffran [남] 사프란 [형] 사프란색의

saga [여] 전설, 모험담

sagace [형] 현명한

sagacité [여] 현명

sage [남] 현명한; 분별있는; 온순한, 얌전한, 착한; 박학한; 조심성있는, 절제있는 [남] 현인, 성인

sage-femme [여] (복) ~s-~s) 산과, 조산부

sagement [부] 현명하게; 온순하게, 착하게, 얌전

하게
sagesse [여] 현명; 지혜, 예지; 온순, 얌전함; 절제 dent de ~ 사랑니
sagou [남] 사고(사고야자의 나무심에서 뽑은 녹말)
Sahara [남] 사막, 불모지 le désert du ~ 사하라 사막
saignant(e) [형] ① 피가 흐르는 ② (고기를) 설익힌 Vous voulez votre bifteck ~ ou à point ? 비프스테이크를 레어로 하시겠어요 아니면 미디엄으로 하시겠어요?
saigner [타] 피를 흘리다
saillant(e) [형] 현저한, 두드러진
saille [여] 출격, 반격
saint(e) [명] 성인, 성자
saisie [여] 붙잡음, 체포
saisir [타] 붙잡다, 꽉 쥐다
saison [여] 철, 계절 hors ~ 철이 지난
saisonnier(ère) [형] 계절의
salace [형] 호색의, 음탕한
salade [여] 샐러드, 생채 요리
salaire [남] 봉급, 급료
salarié(e) [형] 봉급을 받는
sale [형] 더러운, 불결한
salé(e) [형] 소금기 있는
saler [타] 소금을 치다
salin(e) [형] 염분을 함유한, 짠
salir [타] 더럽히다
salive [여] 타액, 침
saliver [자] 침을 흘리다, 침이 나오다
salle [여] 홀, 방
salmonelle [여] 살모넬라균
salon [남] 객실, 응접실 ~ de coiffure[de beauté] 미용실
salubre [형] 건강에 좋은, 유익한
saluer [타] ① (에게) 인사하다 ~ qn en s'inclinant ...에게 고개 숙여 인사하다 ② (국기 따위에) 경의를 표하다, 경례하다 ~ le drapeau

국기에 경례하다
salut [남] 인사, 경례 faire un ~ 예포를 쏘다
salutaire [형] 건강에 좋은, 유익한
salutation [여] 인사
salvation [여] 구제, 구세
salve [여] 일제 사격, 환호
samedi [남] 토요일
sanatorium [남] 요양소, 휴양지
sanctifier [타] 신성하게 하다
sanction [여] ① 비준, 재가 ② 승인 ③ 필연적 귀결, 대가 ④ [법] 상벌; 처벌, 제재; 형벌, 징계 (처분) ~s économiques 경제적 제재
sanctionner [타] ① (법 따위를) 비준하다; 승인하다 ② 벌하다; [법] 제재하다
sanctuaire [남] 성소 (성당의 제단 주위에 위치한 내진); (특히 유태교회의) 지성소
sandale [여] 샌들
sandwich [남] 샌드위치
sang [남] 피, 혈액
sanglier [남] [동물] 산돼지
sanguin(e) [형] 피의, 혈액의
sans [전] 없이, 없어서 être interrogé ~ avocat 변호사 없이 심문받다
sanscrit(e) [남] [언어] 산스크리트(어), 범어 (고대 인도의 브라만 성전을 기록한 언어) [형] 산스크리트(어)의 grammaire ~e 산스크리트(어) 문법
santé [여] 건강 À votre ~ ! 건배!
saoudien(ne) [형] 사우디아라비아의 [명] (S~) 사우디아라비아 사람
saper [타] 대호를 파다; 굴을 파서[밑을 파서] 무너뜨리다; 전복시키다, 파괴하다; 곡괭이로 파다; 낫으로 베다
sapin [남] 전나무
sarcasme [남] 비꼼, 빈정거림
sarcastique [형] 비꼬는
sarcophage [남] 석관
Sardaigne [여] [지리] 사르디니아 섬

sardine [여] [어류] 정어리
sardonique [형] 냉소적인
sardoniquement [부] 냉소적으로
Satan [남] 사탄, 마왕 royaume de ~ 지옥; 사악한 세계
satanique [형] 사탄의
satellite [남] 위성
satiété [여] 싫증남, 포만
satin [남] 견수자, 새틴
satire [여] 풍자, 야유
satirique [형] 풍자적인, 비꼬는
satiriste [명] 풍자시 작자, 풍자가
satisfaction [여] 만족
satisfaire [타] 만족시키다
satisfaisant(e) [형] 만족시키는, 만족할 만한, 더할 나위 없는
satisfait(e) [형] 만족한
saturation [여] 포화
saturer [타] 포화시키다
Saturne [남] 토성
sauce [여] 소스, 양념 ~ à l'orange 오렌지 소스 ~ soja 간장
saucisse [여] 소시지
sauf(ve) [형] 구원[구조]된; 안전한, 무사한 sain et ~ 무사히 [전] ....을 제외하고
saumon [남] [어류] 연어
sauna [남] 사우나
sauté(e) [형] (기름, 버터에) 튀긴 [남] [요리] 소테 (적은 기름이나 버터 등으로 살짝 튀긴 요리), 튀김
sauter [자] ① 뛰어오르다[내리다], 뛰어넘다 ② 힘차게 오르다[내리다, 일어나다]; 달려들다; 매달리다 ③ faire ~ 데치다; 튀기다
sauvage [형] 야만적인
sauvagerie [여] 야만, 미개 상태
sauvetage [남] 해난 구조
sauver [타] 구원[구조, 구제]하다
sauveur [남] 구조자, 구세주

saveur [여] 맛, 풍미

savoir [타] 알다 Nous *savons* que nous sommes mortels. 우리는 우리가 죽는다는 것을 알고 있다

savoir-faire [남] 기지, 임기응변의 재치

savon [남] 비누

savourer [타] 맛보다, 음미하다

savoureux(se) [형] 맛있는; 풍미[풍취]있는

saxophone [남] 색소폰

saxophoniste [명] 색소폰 연주자

scalper [타] (인디언이 적의) 머리가죽을 벗기다

scandale [남] 추문, 악평

scandaleux(se) [형] 수치스러운

scandaliser [타] 분개시키다

Scandinavie [여] [지리] 스칸디나비아(반도)

scanner [남] 스캐너

sceau [남] 인감

sceller [타] 국새를 찍다; 봉인하다; 밀봉하다

scénario [남] 시나리오

scénariste [명] 영화각본작자

scène [여] 장면, 신

scepticisme [남] 회의론, 무신론

sceptique [형] 회의적인

schéma [남] 도식

schizophrène [명] 정신 분열증 환자

schizophrénique [형] 정신 분열증의

sciatique [여] 좌골 신경통

scie [여] 톱; 시끄러운 사람[일]; 상투적 언사

science [여] 과학, 학문 enseigner les ~s 학문을 가르치다 ~ sociale 사회과학

scientifique [형] 과학의, 과학적인 [명] 과학자

scientifiquement [부] 과학적으로

scintillant(e) [형] 생기발랄한

scintiller [자] 불꽃을 내다, 번쩍이다

scolarité [여] (학교의) 교유과정 [복] 수업료

scolastique [형] 학교의, 학자의

scone [남] 스콘 (핫케이크의 일종)

score [남] 점수, 득점 Le ~ est toujours zéro à

zéro 득점은 여전히 영대영이다
scorpion [남] ① [동물] 전갈 ② (S~) [천문] 전갈자리
scotch [남] 스카치테이프
scout [남] 스카우트
scoutisme [남] 스카우트의 활동
scrupule [남] 양심의 가책 n'avoir aucun ~ à inf. …을 하는데 주저함이 없다.
scrupuleux(se) [형] 양심적인
scruter [타] 세밀히 조사하다
scrutin [남] 투표; 표결
sculpter [타] 조각하다
sculpteur [남] 조각가
sculpture [여] 조각
séance [여] 열석; 회의; 회기; (모델의) 포즈 잡고 있는 시간
seau [남] ([복] ~x) 들통
sec(sèche) [형] 건조한, 마른
sécher [타] 말리다, 물기를 없애다
sécheresse [여] 건조; 가뭄
second(e) [형] 둘째의 [명] 제 2위자
secondaire [형] 제2위의
secouer [타] 흔들다; 흔들어 떨어뜨리다
secourir [타] 돕다, 원조[구제]하다
secours [남] 도움, 원조, 구제 Au ~ ! 사람 살려
secret(ète) [형] 비밀의; 은밀한 [남] 비밀 confier un ~ à qn …에게 비밀을 말하다
secrétaire [명] 비서
secrétariat [남] 사무국, 비서실
secrètement [부] 비밀히
sécréter [타] 분비하다
sécrétion [여] 은닉, 분비
sectaire [형] 분파의, 종파(학파)의
secte [여] 분파, 종파
secteur [남] (학문, 경제 따위의) 활동분야[부문]; 산업분야 ~ agricole 농업 분야
section [여] 부분, 구역
sectionner [타] 구분(구획)하다

séculaire [형] 백년마다[1세기마다] 일어나는 année ~ 한 세기의 마지막 해 cérémonie ~ 백주년 기념제
séculariser [타] 세속화하다
séculier(ère) [형] 세속의
sécurité [여] 안전, 보안 ~ de l'emploi 고용 보장 (확보)
sédatif [남] 진정제
sédentaire [형] 가만히 있는
séduction [여] 유혹
séduire [타] 유혹하다
séduisant(e) [형] 유혹(매력)적인
segment [남] 구획, 단편
ségrégation [여] 분리, 격리
seigneur [남] 영주; 지배자, 소유주; 귀족
sein [남] 가슴; 젖가슴, 유방; 내부, 속, 품 [au ~ de qch] ...의 한 가운데에, 내부에 Même au ~ de la majorité, l'opinion est partagée sur ce sujet. 여당 내부에서조차 이 문제에 대해 의견이 나뉘어져있다
séisme [남] ① 지진 ② (비유) 격동, 대혼란 ~ politique 정치적 격동
seize [형] 열 여섯의; 열 여섯째의 [남] 열 여섯
seizième [형] 열 여섯째의 [명] 열 여섯째 [남] 십 육분의 일
seizièmement [부] 열 여섯째로
séjour [남] 체류, 체재 Bon ~! 머무르시는 동안 좋은 시간 보내세요!
séjourner [자] 체재하다; 머무르다
sel [남] 소금
sélecteur [남] 선택자
sélectif(ve) [형] 선택하는
séléction [여] 선발
sélectionné(e) [형] 선택된, 선발된
sélectionner [타] 고르다, 뽑다
selon [전] ...에 따라; ...에 의하여; ...의 의견에 의하면
semaine [여] 주; 일주일간의 일

sémantique [형] 의미의
semblable [형] [~ à] 같은, 비슷한
sembler [자] …처럼 보이다 Elle m'a semblé fatiguée. 내가 보기에 그녀는 피곤해 보였다
semence [여] 씨, 종자; 정액; 근원
semer [타] 씨뿌리다; 뿌리다, 퍼뜨리다; 유포하다
semestre [남] 6개월; (6개월의) 학기
semestriel(le) [형] 6개월마다의, 반년마다의
semeur(se) [명] 씨 뿌리는 사람; 퍼뜨리는 사람
semi-automatique [형] 반자동식의, 반자동식 기계 (소총)
semi-autonome [형] 반자율적인
semi-circulaire [형] 반원형의
séminaire [남] 세미나
sémiotique [여] 기호(언어)학
sémite [형] 셈족의
sénat [남] 의회, 상원
sénateur [남] 상원 의원
sénile [형] 노쇠한
senior [남] 손위의
sens [남] 감각; 뜻, 의미; 방향
sensation [여] 감각, 느낌
sensationnel(le) [형] 지각의, 선풍적 인기의
sensibiliser [타] 민감[예민]하게 하다, 관심을 갖도록 만들다 L'opionion publique *est aujourd'hui sensibilisée* à ce problème. 사람들은 오늘날 이 문제에 대해 민감한 반응을 보인다
sensibilité [여] ① 감각, 감각 능력 ② 감수성, 감성, 민감성
sensible [형] ① 지각[감각] 능력이 있는 ② 민감한, 예민한
sensualité [여] 관능(성)
sensuel(le) [형] 관능적인
sentiment [남] 감정
sentimental(ale, [복] aux) [형] 감정적인, 감상적인
sentimentalement [부] 상상적으로

sentimentalité [여] 감상적임, 다정다감
sentir [타] 느끼다, 감각하다; 감정을 품다
séparable [형] 분리 할 수 있는
séparation [여] 분리, 별거
séparatiste [형][명] 분리주의자(의)
séparément [부] 따로따로
séparer [타] 가르다, 분리하다, 떼어놓다
sépia [여] [동물] 오징어; 오징어의 먹물
sept [형] 일곱의; 일곱째의 [남] 일곱
septennal(ale, 복 aux) [형] 7년 주기의; 7년 임기의
septième [형] 일곱째의
septembre [남] 9월
septicémie [여] [의학] 패혈증
séquence [여] 연달아 일어남, 결과
séquentiel(le) [형] 잇달아 일어나는
Serbie [여] [지리] 세르비아
serein(e) [형] 고요한
sérénité [여] 고요함
sergent [남] 하사관
série [여] ① 연속, 일련 une ~ de catastrophes 일련의 참사 ② 한 벌, 세트, 총서 une ~ de casseroles 냄비 한 세트
sérieusement [부] 진지하게
sérieux(se) [형] 진지한, 중대한
seringue [여] 세척기, 관장기
seringuer [타] 씻다, 세척하다
sermon [남] 설교
séropositif(ve) [형] 에이즈 바이러스를 보유한 [명] 에이즈 바이러스 보균자
serpent [남] 뱀
serré(e) [형] 촘촘한; 빽빽한, 밀집한, 꽉 들어찬; 빈틈없는; 간결한; 죄어진, 긴축된
serrer [타] 죄다; 꽉 쥐다
sérum [남] 혈청, 림프액
serveur [남] 봉사자, 근무자
service [남] 섬기기; 시중; 서비스
servile [형] 노예의, 노예 같은, 비열한, 비굴한

servilement [부] 비굴하게, 비열하게
servir [타] 섬기다; 이바지하다, 공헌하다, 봉사하다
session [여] 개회중임, 회의
seul(e) [형] 단독의; 혼자인
seulement [부] 다만, 단지; 그렇지만
sévère [형] 엄한, 엄격한, 심한
sévèrement [부] 엄하게, 심하게
sévérité [여] 엄격, 혹독함
sexe [남] 성, 성별
sexisme [남] 성 차별(주의)
sexiste [형][명] 성 차별주의자(의)
sexualité [여] ① 성, 성생활, 성본능 ② [생물] 성징
sexuel(le) [형] 성의, 성적인
shampooing [남] 샴푸
si [접] 만약에 ...이라면 [부] 그렇게; 아무리; 그렇소
Sibérie [여] [지리] 시베리아
sidérurgie [여] 철공술, 단철술
siège [남] 의자; 좌석, 자리; 본부; 포위 공격
siéger [자] 자리를 차지하다, 적을 갖다; [종교] 재직하다; (장소에) 놓여있다; 본부[본사]를 두다; 개회하다, 개정하다, 의사를 진행하다
sien(ne) [대명] 그의 것
sieste [여] 낮잠 faire la ~ 낮잠을 자다
siffler [자] 휘파람 불다
sifflet [남] 호각
sigle [남] 약호의 첫 글자
signaler [타] 신호로 알리다
signataire [명] 서명자
signature [여] 서명, 사인 apposer sa ~ à 서명하다
signe [남] 기호, 신호, 간판, 서명 C'est ~ que ...한 신호이다
signer [타] 서명하다
significatif(ve) [형] 중요한, 의미있는
signification [여] 의미, 의의

signifier [타] 의미하다, 나타내다
silence [남] 침묵, 정숙 en ~ 조용히
silencieux(se) [형] 조용한
silhouette [여] 실루엣, 윤곽
silicone [여] 실리콘 ~ élastomère 고무 실리콘
silo [남] 사일로, 저장고
similaire [형] 비슷한, 같은 quelque chose de ~ 비슷한 것
similarité [여] 유사점
simple [형] 간단한, 단순한 la vèritè pure et ~ 순전한 진실
simplement [부] 간단히, 단순하게
simplicité [여] 단순, 단일성; 간략; 용이; 소박; 솔직; 고지식함, 어리석음
simplification [여] ① 단순화; 간소화, 간략화 ② [수학] ~ d'une fraction 분수의 약분
simplifier [타] 간단하게 하다
simplisme [남] (논리 따위를) 지나치게 단순화하는 것, 속단; 간략주의
simpliste [형] 너무 단순한 [명] 속단하는 사람, 간략주의자
simulateur [남] 모의시험장치, 시뮬레이터
simulation [여] 가장, 흉내
simulé(e) [형] 모조의, 가짜의
simuler [타] 흉내 내다
simultané(e) [형] 동시에 일어나는
simultanéité [여] 동시, 동시성
simultanément [부] 동시에
sincère [형] 성실한, 참된
sincèrement [부] 마음으로부터, 진정으로
sincérité [여] 성실, 정직
sine qua non [형] 필요불가결한 condition ~ 필요불가결한 조건 [남] 필요조건
Singapour [여] [지리] 싱가포르
sinueux(se) [형] 꾸불꾸불한, 물결모양의
singularité [여] 특이성; 기이, 기괴, 기발; 단독성
singulier(ère) [형] 특이한; 기이한
sinistre [형] 불길한; 불행한, 처참한; 험악한, 험

상궂은; 음험한, 흉악한; 무시무시한 [남] 흉사, 재난
sinistré(e) [형] 재해를 당한 [명] 이재민
sinologie [여] 중국학
sinon [접] 그렇지 않으면; ...이 아니고는; ...을 제외하고는; ... 않더라도
siphon [남] 사이펀
siphonner [타] 사이펀으로 주입[흡입]하다
sirop [남] 시럽
sismique [형] 지진의
sismographe [남] 지진계, 진동계
sismologie [여] 지진학
situation [여] 위치, 상태 la ~ économique actuelle 현재 경제시국
situer [타] …을 놓다, …의 위치를 정하다 se ~ [대] 위치하다, 자리잡다 Sa maison *se situe sur une colline.* 그의 집은 언덕 위에 자리잡고 있다
six [남] 여섯 [형] 여섯의
sixième [형] 여섯째의 [명] 여섯째 [남] 6분의 1
ski [남] 스키
skieur(se) [명] 스키 타는 사람
Slovaquie [여] [지리] 슬로바키아 공화국
Slovénie [여] [지리] 슬로베니아 공화국
smoking [남] 야회복
snob (불변, 때로 [복] ~s) [형] 속물의, 속물들이 드나드는, [명] ([복] ~s) 속물
sobre [형] 절제하는
sobrement [부] 술기운 없이, 냉정히
sobriété [여] 금주, 절주, 절제
sociable [형] 사교적인
social(ale, [복] **aux)** [형] 사회의, 사회적인, 노사(관계)의 Le climat ~ est tendu. 노사관계가 긴장되어 있다
socialisme [남] 사회주의
socialiste [형] 사회주의(자)의 [명] 사회주의자
société [여] 사회; 단체; 회사; 협회

sociologie [여] 사회학
sociologue [명] 사회학자
soda [남] 소다, 소다수
soi [대명] 자기, 자신, 그 자신
soi-disant [형] (불변) 자칭의; 소위
soie [여] 생사; 명주
soif [여] 갈증; 갈망
soigner [타] 돌보다; 간호하다
soigneux(se) [형] 세심하게 주의하는 [염두에 두는]
soin [남] 주의, 배려
soir [남] 저녁; 오후
soit [접] ...하든지, ...한다 할지라도; 혹은, 또는
soja [남] 콩, 대두
sol [남] 흙, 땅
solaire [형] 태양의
soldat [남] 군인
solde [남] 싸게 팔아치우는 재고품, 떨이상품; 특매
sole [여] 발바닥, 밑바닥
solécisme [남] 문법(어법) 위반, 파격
soleil [남] 해, 태양
solennel(le) [형] 엄숙한, 진지한
solennité [여] 장엄, 엄숙
solidarité [여] 결속, 일치, 단결
solide [형] 고체의 [남] 고체; 고형
solidement [부] 굳게, 견고하게
solidifer [타] 응고시키다
solidité [여] 굳음, 고체성
solitaire [형] ① 혼자 사는, 홀로인 ② 고독한, 외로운; 혼자서 하는 ③ 아무도 없는; 버려진, 황량한 [명] 혼자 사는 사람; 혼자 지내길 좋아하는 사람
solitude [여] 고독, 외로움
sollicitation [여] 권유; 선동, 유혹, 유인; 애원, 청원
solliciter [타] 권유하다; 선동하다, 유혹[유인]하다, 부추기다; 애원[청원]하다

solo [남] 독창(독주)곡 [형] 솔로의
solstice [남] [천문] 지 ~ d'été 하지 (6월 21, 22일) ~ d'hiver 동지 (12월 21, 22일)
soluble [형] 녹는, 용해할 수 있는
solution [여] 해결, 녹임
solvent [남] 용제, 용매, 해결책
sombre [형] 어두침침한, 흐린
sommaire [형] 간략한, 간결한
sommairement [부] 간략하게, 간단하게; 요약해서
somme [여] 합계, 개요
sommeil [남] 졸음; 잠
sommet [남] ① 꼭대기 정상 ~ d'un toit 지붕 꼭대기 ② (비유) 정점, 절정, 극치; 정상회담 ~ de l'OTAN 나토 정상회담
somptueux(se) [형] 값비싼
sondage [남] 여론조사 favori des ~s 여론조사에서 인기인 사람
sonde [여] 측연, 수심측량기
songe [남] 꿈
songer [자] 꿈꾸다
sonner [자] 울리다; 종이 울리다; 때를 알리다; 도래하다; 초인종을 울리다; 인상을 주다 [타] 울리다, (종을) 치다; 초인종을 울려서 부르다
sonnerie [여] 종소리; 나팔소리; 명종장치
sonnet [남] 소네트, 단시
sonore [형] 울리는, 낭랑한
sophistiqué(e) [형] 정교한
soporifique [형] 최면의, 졸리는
soprano [명] 소프라노(가수, 악기)
sorcellerie [여] 마법, 마술, 요술
sordide [형] 더러운, 지저분한
sort [남] 운명; 운
sortant(e) [형] (밖으로) 나가는; 퇴직하는; 퇴원하는; 만기의; 졸업의; 당첨된 [명] 나가는 사람; 퇴직자; 만기자; 졸업생; 퇴원자
sorte [여] 종류, 부류 une ~ de 일종의
sortie [여] 외출, 출구

sortir [자] 밖으로 나가다[나오다] ~ de chez soi 집에서 나오다 [타] 꺼내다 ~ sa voiture du garage 차고에서 차를 꺼내다
sou [남] 1수짜리 동전; 동전
souche [여] 나무포기, 그루터기; 조상, 시조
souci [남] 걱정, 근심
soucier (se) [대] [~ de] 걱정하다, 근심하다
soucieux(se) [형] [~ de] 걱정하는
soudain(e) [형] 돌연한, 갑작스러운
Soudan [남] [지리] 수단
souder [타][자] 납땜하다, 수선하다
soudure [여] 납과 주석의 합금, 땜납, 접합물
souffler [자] 입김을 내불다; 숨을 내쉬다 [타] 속삭이다, 소곤소곤 말하다; 은밀하게 알려주다; (비유) 암시하다 ~ qch à l'oreille de qn …의 귀에 …을 속삭이다
souffrir [타] ① (문어) 참다, 견디다 ② 허용하다, 용서하다, 묵인하다 [자] 고통을 느끼다, 아프다; 고통을 겪다 ~ du froid 추위[감기]로 고생하다
soûl(e) [형] [~ de] 슬 취한; 배부른, 포만한
soulager [타] 부담을 경감하다; (고통 따위를) 덜어주다, 가라앉히다
soulever [타] 쳐들다, 들어올리다; 일으키다
souligner [타] 글자 밑에 줄을 긋다
soumettre [타] 복종시키다
soumission [여] 복종, 항복
soupçon [남] 의심; 혐의; 추측
soupçonner [타] 수상히 여기다, 의심하다; 추측하다
soupe [여] 수프
souper [남] 저녁 식사, 야식
soupirer [자] 한숨짓다; 탄식하다
souple [형] 나긋나긋한, 유연한
source [여] 샘, 원천, 근원, 출처 à la ~ 샘(수원)에서
sourd(e) [형] 귀먹은, 귀머거리의
sourire [자] 미소 짓다

sous [전] 아래에, 밑에 mettre un oreiller ~ la tête 머리 밑에 배개를 베다
sous-comité [남] 분과 위원회, 소위원회
souscripteur [남] 기부자
sous-estimer [타] 과소평가하다
sous-marin [남] 잠수함 [형] 해저의
sous-sol [남] ([복] ~-~s) 지하
sous-titrage [남] 자막 넣기
sous-titre [남] 작은 표제
sous-titrer [타] 부제를 달다, 자막을 달다
sous-total [남] 소계
soustraction [여] 빼어버리기, 제거; 사취; [수학] 뺄셈; [법] 횡령
soustraire [타] 빼어버리다, 떼어버리다, 제거하다; 덜다; 사취하다; [수학] 빼다; 면하게 하다, 벗어나게 하다
soutenir [타] 지지하다
soutenu(e) [형] 지지된; 유지된; 고상한[기품 있는]; 끊임없는, 변함없는
souterrain(e) [형] 지하의
soutien [남] ① 받침대, 지지물, 지주 ② 후원, 부양; 옹호, 지지 apporter son ~ au gouvernement 정부를 지지하다
soutien-gorge [남] ([복] ~(s)-~) 브래지어
souvenir [남] 기념품, 선물
souverain(e) [형] 지상의, 최고의; 주권을 행사하는 [명] 주권자, 군주
souveraineté [여] 주권, 통치권
spacieux(se) [형] 넓은, 훤히 트인
spaghetti [남][복] [요리] 스파게티
spam [남] 스팸 메일
spartiate [형] 스파르타(사람)의
spasme [남] 경련, 발작
spasmodique [형] 경련(성)의
spatial(ale, [복] aux) [형] ① 공간의, 공간적인 ② 우주의, 우주공간의, 우주탐험의
spatule [여] ① 주걱; (회화용, 약제용의) 칼 ② (숟가락, 포크의) 손잡이 끝부분 ③ (스키의) 휘

어진 앞부분
spécial(ale, [복] aux) [형] 특별한
spécialement [부] 특히; 제한적인 의미로; 특별히; 전문적으로
spécialiste [명] 전문가, 전문의
spécialité [여] 전공, 전문
spécification [여] 명세(사항)
spécifier [타] 명확히 하다, 명시하다
spécimen [남] 견본, 표본
spectacle [남] 광경, 장관
spectaculaire [형] 눈길을 끄는, 화려한, 눈부신
spectateur(trice) [명] 구경꾼, 관객, 방관자
spectre [남] 유령, 망령
spéculateur(trice) [명] 사색가, 투기꾼
spéculatif(ve) [형] 사색적인, 투기적인
spéculation [여] 투기, 사색
spéculer [자] 사변하다; 투기하다
spéléologie [여] 동굴학, 동굴 탐험
sperme [남] 정액
sphère [여] 구체, 구 ~ d'influence 세력권
sphinx [남] 스핑크스 (여자 머리에 사자 몸을 하고 날개가 있는 괴물); 고대 이집트의 스핑크스상; 불가해한 사람; 어려운 질문을 하는 사람
sphrérique [형] 구형의, 둥근
spiral(ale, [복] aux) [형] 나선 모양의 [남] (시계의) 태엽 [여] 나상선; 나선 en ~e 나선형으로; 사선형의
spiritisme [남] 관념론, 정신주의
spiritualité [여] 영성, 정신적임
spirituel(le) [형] 정신의, 정신적인, 영적인
spleen [남] 우울; 우울증
splendeur [여] 훌륭함, 빛남
splendide [형] 화려한, 훌륭한
spongieux(se) [형] 해면질의, 해면(스펀지)모양의
sport [남] 운동, 스포츠
sportif(ve) [형] 운도의, 스포츠의
sponsor [남] 보증인, 후원자, 스폰서
sponsorat [남] 후원, 지원, 주최

sponsoriser [타] 후원하다
spontané(e) [형] 자발적인, 임의의
spontanéité [여] 자발성, 자연스러움
spontanément [부] 자발적으로, 자연스레
sporadique [형] 때때로 일어나는, 우발적인
sporadiquement [부] 우발적으로
sporran [남] 가죽 주머니(킬트 앞에 차는)
sport [남] 스포츠, 운동, 경기
sportif(ve) [형] 운동의, 운동을 좋아하는
sportivement [부] 스포츠맨답게
sprat [남] 청어 무리의 잔 물고기, 어린애
sprint [남] 단거리 경주, 스프린트
sprinter [자] 전속력으로 달리다
squash [남] 스쿼시, 과즙음료, 찌그러진 물건
squat [남] 불법 점거 건조물, 쪼그리고 앉은 자세
squelette [남] 골격, 해골, 뼈대
squelettique [형] 골격의, 해골의
stabilisateur [남] 안정 장치, 안정제
stabiliser [타] 안정시키다
stabilité [여] 안정, 확고, 안정성
stable [형] 안정된, 고정된
staccato [형] 스타카토의 [부] 스타카토로
stade [남] 경기장
stagnant(e) [형] 흐르지 않는, 정체된
stagnation [여] 침체, 불경기
stagner [자] 흐르지 않다, 괴다, 상하다
stalactite [여] 종유석
stalagmite [여] 석순
stalle [여] 마구간, 매점
standard [남] 표준, 기준, 표준의
standardiser [타] 표준에 맞추다
station [여] 정류장; 정박소; 잠시 머무르기; 서있는 자세; 파출소
stationnaire [형] 부진의, 한자리에 머물러 있는, 진보하지 않는
station-service [여] 주유소
stationnement [남] 주차 ~ interdit 주차금지
stationner [자] 잠시 머무르다; 주차하다

statique [형] 정적인, 정지상태의
statisticien(ne) [명] 통계학자
statistique [형] 통계적인 [여] 통계, 통계학
  année où l'organisme a commencé à établir les ~s à la matière 기관이 관련통계를 작성하기 시작한 해
statistiquement [부] 통계적으로
statue [여] 상, 조각상
steak [남] 두껍게 썬 고기
sténographie [여] 속기, 속기술
stéréo [여] 입체 음향
stéréophonique [형] 입체 음향(효과)의
stéréoscopique [형] 입체적인
stéréotype [남] 연판, 고정관념
stéréotyper [타] 정형화하다, 연판으로 하다
stérile [형] 불모의, 메마른
stériliser [타] 살균하다, 소독하다
stigmate [남] 낙인; 흔적, 자국
stimulant(e) [형] 자극하는 [남] 흥분제
stimulation [여] 자극, 흥분
stimuler [타] 자극하다
stimulus [남] 자극, 격려
stipulation [여] ① (계약서의) 약정, 조항, 조건 ② 분명한 설명
stipuler [타] ① [법] 약정하다; (계약의 조항을) 규정하다, 정하다 ② 분명히 알리다, 명기하다
stock [남] 재고품, 저장, 비축, 주식
stoïcisme [남] 스토아 철학(주의)
stratagème [남] 전략, 술책
strate [여] 지층, 층, 계급
stratège [남] 전략(전술)가
stratégie [여] 전략, 전술
stratégique [형] 전략의, 전략적인
stratégiquement [부] 전략적으로
stratosphère [여] 성층권, 상한
stress [남] 강조, 압박, 긴장
stressant(e) [형] 스트레스를 주는
stresser [타] (에게) 스트레스를 일으키다[주다]

strict(e) [형] 엄한, 엄밀한
strictement [부] 엄하게, 심하게
strophe [여] (시의) 절
structure [여] 구조, 건물, 체계
structurel(le) [형] 구조(상)의
structurellement [부] 구조상으로
structurer [타] 구성하다, 조직화하다
stuc [남] 치장 벽토
studieux(se) [형] 근면한; 학구적인
studio [남] 원룸아파트
stupéfiant(e) [형] 마취시키는; 대경실색케 하는 [남] 마약; 향정신성 물질 lutte contre le trafic et la consommation de ~s 마약 거래 및 복용 퇴치 운동
stupéfier [타] 마취[마비]시키다; 대경실색케 하다, 어리둥절하게 하다
stupeur [여] 마비; 대경실색, 망연자실
stupide [형] 어리석은, 우둔한
stupidité [여] 어리석음, 우둔
style [남] 스타일, 생활 양식
stylisé(e) [형] 양식화된, 틀에 박힌
styliste [명] 디자이너
subdiviser [타] 다시 (부분으로) 나누다
subjectif(ve) [형] 주관의, 주관적인
sublime [형] 장엄(숭고, 웅대)한
submergé(e) [형] 물에 잠긴, 가라앉은
submerger [타] 물에 잠그다, 가라앉히다
subordonner [타] 아래에 두다
subsistance [여] 생존, 존재
subsister [자] 생존하다, 살아남다
substance [여] 물질, 실질
substantiel(le) [형] 상당한, 튼튼한, 실체의
substituer [타] 대리를 시키다
substitution [여] 대리, 대용
substratum [남] 하층, 기저
subtil(e) [형] 희박한; 예민한; 섬세한; 빨리[깊이] 스며드는; 미묘한; 기묘한, 교묘한; 예민한
subtilement [부] 희박하게; 기묘하게, 교묘하게;

섬세하게, 미묘하게
subtilité [여] 섬세함, 예민함; 미묘함
subvenir [자] (~ à) 원조하다, 돕다; 응하다; 공급하다
subvention [여] 조성금, 보조금
subversif(ve) [형] 파괴 활동 분자, 위험인물
subversion [여] 전복, 파괴, 멸망
succéder [자] 뒤이어 오다; 뒤를 잇다; 계승하다 (~ à) se ~ [대] 연달아 오다[일어나다], 속출하다; 서로 교대하다
succès [남] 성공, 달성
successeur [남] 후임자, 상속자
successif(ve) [형] 연속하는, 계속적인
succession [여] 연속, 계승
succomber [자] ① (싸움 따위에서) 패하다, 궤멸하다; 굴복하다 ② 죽다 ~ à l'épidémie de choléra 콜레라에 전염되어 사망하다 ③ (에) 짓눌리다, 압도되다 ~ sous un fardeau 무거운 짐에 짓눌리다
succulent(e) [형] 즙이 많은, 신선한
sucer [타] 빨다, 흡수하다
sucre [남] 설탕
sucrer [타] 설탕을 넣다, 달게 하다
Suède [여] 스웨덴
suédois [형] 스웨덴의 [명] (S~) 스웨덴 사람 [남] 스웨덴 말
suer [자] 땀 흘리다, 발한하다
suffire [자] 족하다, 충분하다
suffisance [여] 충분함; 능력, 자격; 자만, 건방짐
suffisant(e) [형] 충분한; 넉넉한
suffixe [남] 접미사
suffocant(e) [형] 질식시키는, 숨막히게 하는
suffoquer [타] 숨막히게 하다; 질식시키다 Les larmes l'ont suffoquée. 흐르는 눈물로 그녀는 숨이 막혔다
suffrage [남] 투표, 찬성, 동의
suggérer [타] 제안하다
suggestion [여] 제안

suicidaire [형] 자살의, 자포자기한
suicide [남] 자살
suisse [형] 스위스의 [명] (S~) 스위스, 스위스 사람
suivre [타] ① 뒤따라가다, 쫓아가다 *Suivez cette voiture.* 저 차를 따라가 주세요 ② (강의 따위를) 계속 수강하다 ~ un cours 강의를 듣다; 계속 수강하다
sujet(te) [형] ① 종속된 ② 지배되는, 복종해야 하는 ~ à l'impôt 세금을 바쳐야 하는 ③ ...하기가 일쑤인, ...하는 경향[버릇]이 있는, ...하기 잘하는 ~ à la colère 성 잘내는 [남] 이유; 주제
super [남] 고급휘발유 (=supercarburant) *Du ~ ou de l'ordinaire ?* (휘발유를) 고급으로 넣을까요 보통으로 넣을까요? [형] (불변) (구어) 멋진, 훌륭한, 우수한 *C'était ~, cette fête !* 이 파티 정말 좋았어!
superbe [형] 최고(최상)의
superficiel(le) [형] 표면(상)의
superflu(e) [형] 여분의, 과잉의
supérieur(e) [형] 위의, 상류의, 상부의; 보다 높은, 보다 나은, 능가하는 (~ à); 고등의, 상등의; 탁월한, 우량한; 우세한 [명] 상관; 수도원장
supériorité [여] 상위, 상급; 탁월, 우량
supermarché [남] 슈퍼 마켓
superposer [타] 얹다, 첨가하다
supersonique [형] 초음속의
superstitieux(se) [형] 미신의, 미신적인
superstition [여] 미신, 미신적 습관
superstructure [여] 상부 구조물
superviser [타][자]. 감독하다, 관리하다
supervision [여] 감독, 관리, 통제
supplément [남] 추가, 보충
supplémentaire [형] 보충하는, 보유의
supplier [타] 애원하다, 탄원하다
supposer [타] 가정하다, 상상하다; 추측하다; 전제하다; (가짜를 진짜로) 속여 넘기다

supposition [여] 상상, 가설
suppositoire [남] 좌약, 좌제
suppression [여] 억압, 진압, 탄압
suppurer [자] 곪다, 화농하다
suprématie [여] 패권; 주도권; 지배권
suprême [형] 최고의, 최상의
suprêmement [부] 최고로, 최상으로
sur [전] ① 위에 ② 관하여 ③ 의하여
sûr(e) [형] 확신하는, 틀림없는 je suis ~ que 나는 …라고 확신한다
surcharge [여] 과도한 부담
surcharger [타] 짐을 더[너무] 지우다[싣다]; 지나친 부담을 주다, 과한 일을 시키다
surchauffer [타] 과열하다
sûrement [부] 확실히, 반드시
surf [남] 파도타기 aller faire du ~ 서핑하러 가다
surface [여] 표면 à la ~ 외관상
surfeur(se) [명] 서퍼
surhumain(e) [형] 초인적인
surmonter [타] 오르다, 넘어서다; 극복하다
surnaturalisme [남] 초자연주의
surnaturel(le) [형] 초자연의
surnom [남] 별명
surnommer [타] 별명을 붙이다; 별명으로 부르다 Guillaume, *surnommé* le Conquérant 정복자라는 별명으로 불리는 기욤
surnuméraire [형] 규정수 이상의
surpasser [타] ① (한계 따위를) 넘어서다; (을) 상회하다 ② (주어는 사람) (보다) 뛰어나다, (을) 능가하다 ~ ses concurrents 경쟁자들보다 월등하다
surplus [남] 잉여; 잉여금 au ~ 게다가, 그 위에 또
surprendre [타] 놀라게 하다; 기습하다, 뜻하지 않게 오다
surprise [여] 놀람, 놀랄만한 사건 c'est une ~ d'apprendre que... …을 알게되는 것은 놀라운

일이다
surréaliste [형] 초현실주의의 [명] 초현실주의자
surtaxe [여] 부가세
survie [여] 생존, 살아남음
survivre [타] 살아남다
susceptibilité [여] 민감성; 격하기 쉬운 성질; [의학] 신경과민
susceptible [형] 민감한, 감정을 품기 쉬운; 격하기 쉬운, 성미 급한; ...을 할 수 있는 [하기 쉬운] (~ de)
suspect(e) [형] 수상한 [남] 수상한 사람, 용의자
suspendre [타] 매달다, 중지하다
suspens [형][남] [종교] (성직에서) 정직당한 [남] (문어) 긴박감; 불안
suspense [여] [종교] (성직의) 정직(처분); 정직 기간 [영][남] (영화, 소설 따위의) 서스펜스; 긴박함
suspension [여] 매달리기, 걸치기
suveillance [여] 감시, 망보기, 감독
synchronique [형] [언어] 공시적인; 공시론의
synchronisation [여] ① 동시화, 동기화, 동기성 ② [영화] 싱크로나이즈, 동시 녹음
syllogisme [남] 삼단 논법
symbole [남] 상징, 기호
symbolique [형] 상징적인, 기호의
symboliser [타] 상징하다
symbolisme [남] 상징주의
symétrie [여] 대칭, 균형
symétrique [형] 대칭의
sympathie [여] 공감, 동정
symphonie [여] [음악] 교향곡, 심포니
symptôme [남] 징후, 증상
syndicat [남] 노조
syndrome [남] [의학] ① 증후군 ~ clinique 임상증후군 ② (상황 따위에 관한) 부정적[비관적]인 징후
synonyme [형] 동의어의, 같은 뜻의 [남] 동의

어, 유의어
synopsis [남] 개요, 강령
syntaxe [여] 구문론, 통사론
syntaxique [형] 구문론의, 통사론의
synthèse [여] 종합, 합성
synthétique [형] 종합의, 합성의
synthétiser [타] 종합하다, 합성하다
synthétiseur [남] 신디사이저, 합성하는 사람(것)
Syrie [여] [지리] 시리아
systématique [형] 조직적인, 계통적인
systématiquement [부] 조직적으로
systématiser [타] 조직화하다, 분류하다
système [남] 체계, 조직

T

T, t [남] 프랑스 자모의 스무째 글자 [약] ① téra [계량] 10^{12}배 ② testla [전기] 자속밀도 MKSA 의 단위 ③ tome, 권, 책 ④ tonne [도량형] 톤

ta [형] [여] ⇒ ton

tabac [남] ① [식물] 담배 champ de ~ 담배농장 culture de ~ 담배 재배 ② (가공한) 담배 ~ brun[noir] 질은 색의 강한 담배 ~ blond [d'Orient] 엷은 색의 약한 담배 ~ à mâcher[chiquer] 씹는 담배 ③ 담배가게 (=bureau de ~)

tabagie [여] ① 흡연실; 담뱃내가 배어있는 곳 [방]

tabagique [형] ① [의학] 담배 중독의

tabagisme [남] [의학] 담배[니코틴] 중독

tabasser [v.t] (구어) 마구 때리다, 난타하다

table [여] ① 탁자, 테이블 ~ de bois[marbre] 나무[대리석] 탁자 ~ ovale 타원형 탁자 ~ à rallonges 보조판이 달린 테이블 ② 식탁; (식사 시중드는) 하인 haut[bas] bout de la ~ 식탁의 상석[말석] dresser[mettre] la ~ 상을 차리다 desservir[débarrasser] la ~ 상을 치우다 réserver[retenir] une ~ de six couverts au restaurant 식당에 6인용 테이블을 예약하다 sortir[se lever] de ~; quitter la ~ 식사를 마치고 일어나다; 식사중 자리에서 일어나다 ③ 식사; 음식 plaisirs de la ~ 식사의 기쁨 À ~ ! 자! 식탁에 앉읍시다; 식사합시다!

tableau [남] ([복] ~**x**) ① 그림, 회화 ~ peint à l'huile 유화 ~x religieux 종교화 ~ figuratif [abstrait] 구상[추상]화 ~ de musée (미술관에 전시할 만한) 좋은 그림 galerie de ~x 화랑 amateur[collectionneur] de ~x 그림 애호가[수집가] marchand de ~x 화상 accrocher[pendre] un ~ au mur 벽에 그림을 걸다 encadrer un

~ 그림을 액자에 넣다 faire[peindre] un ~ 그림을 그리다 ② (말, 글에 의한) 묘사 faire un ~ optimiste d'une situation 상황을 낙관적으로 묘사하다 ③ [연극] 장 drame[oérette] en vingt ~x 20장짜리 극[오페레타] ④ 판; 게시판 ~ d'affichage 게시판 ~des départs[arrivées] (역, 공항의) 출발[도착]시각 지시판 ⑤ 칠판 (=~ noir) aller[passer] au ~ (선생님의 지명을 받아) 칠판 앞으로 나가다 faire un dessin au ~ 칠판에 그림을 그리다

tabler [타간] [~ sur] ...에 기대[희망]를 걸다; ...에 기초하여 결정하다 On ne peut ~ sur sa présence. 그의 출석은 기대할 수 없다 ~ sur une augmentation de salaire 예상된 봉급 인상을 근거로 결정하다 [타] (을) 기준으로 설계하다 [~ qch sur qch] ~ l'avenir sur la rente 연금을 예상[기대]하고 장래를 설계하다

tablier(ère) [명] (상아, 나무로 장기 용구 따위의 놀이기구를 만드는) 세공물 제조인

tablette [여] ① 선반, 시렁; 판자; 판 ~s d'une armoire 옷장의 선반 ~ à glissière 미닫이 선반 ~ d'un bureau 사무용 책상의 윗판 ~ d'une cheminée 난로 선반 ② [약학] 정제; 작은 판자 모양으로 굳혀 만든 것 médicament en ~ 정제로 된 약 une ~ de chocolat[chewing-gum] 초콜릿[껌] 한 개

tablier [남] ① 앞치마; mettre un ~ pour faire la cuisine 요리를 하기 위해 앞치마를 입다 ~ à bavette 가슴까지 올라오는 앞치마 ~ de domestique 하인의 앞치마 ② 일옷, 덧옷 (=~ -blouse) ~ d'écolier 초등학생의 덧옷 robe-~ (등 뒤에 단추가 달린) 앞치마

tabloïd(e) [남] ① 타블로이드판 신문

tabou(e) [형] (때로 불변) ① 금기의, 금물의, 금지된 armes ~es (사용이) 금기시되는 무기 sujets ~s 금기시되는 주제 ② 비판해서는 안되는, 신성불가침의 auteurs ~s 비판해서는 안되는 작가 [남] 금기; 금제 ~s d'une société primitive 원시사회의 금기 ~s sexuels 성적 금기

tabouret [남] (팔걸이도 등받이도 없는) 의자
tabulation [여] 도표 작성, 표, 목록
tabuler [타] 표로 만들다
tache [여] 얼룩; 반점
tâche [여] 직무, 과제, 과업 avoir pour ~ de faire qch ...할 과제가 있다
tachygraphe [남] 자기(회전) 속도계
tacite [형] 암묵의, 무언의
tact [남] 재치, 기지
tacticien(ne) [명] 전술가, 책략가
tactique [여] 전술
taekwondo [남] 태권도
taille [여] 재단, 자르기; 깎기; 키, 신장; 사이즈
tailler [타] 자르다, 깎다, 베다, 썰다, 마르다
tailleur [남] ① 양복 짓는 사람, 재단사, 재봉사[양복점[양장점] 주인 ② (같은 천으로 된 여성용) 투피스 ③ 자르는[깎는, 재단하는] 사람
taire (se) [대] 말을 하지 않다, 침묵을 지키다
talc [남] [광물] 활석(滑石)
talent [남] 재능
talentueux(se) [형] 재능이 있는, 유능한
talisman [남] 부적
talon [남] (발)뒤꿈치; (구두의) 뒤축, 굽
talonner [타] ① 바싹 뒤따르다[추격하다] ~ un adversaire 적을 바싹 추격하다 ② (말에) 박차를 가하다 ③ (여유를 주지 않고 계속) 괴롭히다, 들볶다
tambour [남] 북
tambourin [남] 탬버린
tam-tam [남] [음악] (복수불변) (인도, 인도양 국가의) 북
tampon [남] ① 마개, (맨홀 따위의) 뚜껑; (연못 따위의) 수문, 배수구 ② (헝겊 따위의) 뭉치; (칠에 쓰이는) 패드 ③ (지혈하거나 피부를 닦는 데 쓰는) 탐폰, 연구, 지혈전
tandem [남] ① 일렬로 나란히 맨 두 필의 말 ②

(두 사람이 나란히 앉는) 2인승 자전거 ③ (협력하는) 2인조, 단짝, 커플 en ~ 협력해서, 어울려서; (둘이) 함께 travailler en ~ 협력해서 일하다

tandis que [접] …하는 동안에; …하는 한; …하는데, …하는 반면에, 한편
tangent(e) [형] 접촉[접선]의
tangible [형] 만져서 알 수 있는, 실체적인유형의
tango [남] 탱고 danser le ~ 탱고 춤을 추다
tanin [남] 타닌산
tannage [남] 제혁법(製革法), 무두질
tanner [타] (가죽을) 무두질하다, 귀찮게 하다
tant [부] 그렇게 많이, 그처럼, 그토록, 그만큼 J'aime ~ le café ! 나는 커피를 무척 좋아한다
tante [여] 숙모, 아주머니
taper [타] 때리다; 타자치다 faire ~ une lettre 편지를 타자치게 하다
tapis [남] 융단, 양탄자
tapisserie [여] 태피스트리, 벽걸이 융단
taquin(e) [형][명] 놀리기 좋아하는 (사람), 짓궂은 (사람)
tard [부] 늦게, 늦어서 Il est trop ~. 너무 늦었습니다
tarder [자] 늦어지다, 지체하다
tarif [남] 요금
tarte [여] 타르트
tartelette [여] 조그만 파이
tartre [남] 주석(酒石)
tasse [여] (손잡이가 달린) 잔 ~ à thé 찻잔
tasser [타] 압축하다, 누르다; 쌓아올리다; 틀어넣다; 다지다
tatouage [남] 문신
tatouer [타] 문신하다
taureau [남] 황소; (T~) 황소자리
tautologie [여] 동의어[유의어] 반복
taxe [여] 세금 ~ à l'achat 판매세 ~ à la valeur ajoutée 부가가치세
taxer [타] 과세하다

taxi [남] 택시 prendre le ~ 택시를 타다
technicien(ne) [명] 기술자
technicité [여] 전문적 성질
technique [형] 기술[기법]의, 기술적인 [여] (예술·스포츠 등의) 기법
techniquement [부] 전문적으로(는), 기술적으로, 법적으로
technocrate [명] 기술자 출신의 고급 관료, (경영·관리직에 있는) 전문 기술자
technologie [여] 과학 기술, 생산[공업] 기술공학 La Corée du Sud est un des leaders mondiaux en ~ de l'information. 한국은 세계적인 IT 강국 중 하나이다
technologique [형] 기술의
teck [남] 티크나무
tee-shirt [남] 티셔츠
teindre [타] 물들이다, 염색하다; 색칠하다, 채색하다
teinte [여] 빛깔, 색조
teinter [타] 물들이다, 착색하다
tel(le) [형] 이러한, 그러한
télé [여] 텔레비전 (수상기)
téléachat [남] 텔레쇼핑
télécommande [여] 원격조정, 원거리 조정; 그 장치 ~ d'une télévision 텔레비전의 리모콘
télécommander [타] 원격조정하다
télécommunication [여] (전기, 전파 따위에 의한) 원거리 통신 satellite de ~ 통신위성
téléconférence [여] 전화회의
télégramme [남] 전보
télégraphe [남] 전신
télégraphie [여] 전신(술); 통신(술), 신호(술)
télémarketing [남] 텔레마케팅
téléobjectif [남] 망원 렌즈
télépathie [여] 텔레파시
télépathique [형] 텔레파시의, 정신 감응적인, 정신 감응력이 있는
téléphone [남] 전화

téléphoner [자] 전화를 걸다 [타] 전화로 알리다
téléphonique [형] 전화에 관한, 전화에 의한
télescope [남] 망원경
télescopique [형] 망원경의;망원경으로 본
téléscripteur [남] 텔레타이프라이터, 전신 타자기
télétravail [남] 원격근무
télévente [여] (전화에 의한) 판매·광고 활동
télévisé(e) [형] 텔레비전으로 방송된
téléviser [타] 텔레비전 방송을 하다
téléviseur [남] 텔레비전 수상기 ~ couleur 컬러 텔레비전
télévision [여] 텔레비전 à la ~ 텔레비전에서
télévisuel(le) [형] 텔레비전 (방송)의
télex [남] 텔렉스, 가입자 전신
témoignage [남] 증언; 증거; 표시
témoigner [자] 증언하다 [타] ① 증언하다 Elle *a témoigné* l'avoir rencontré. 그녀는 그를 만났다고 증언했다 ② 표시하다, 나타내다, 보이다 ~ sa gratitude à qn …에게 감사의 뜻을 표명하다 [타간] [~ de] …을 증명하다 Je peux ~ de sa probité. 나는 그의 청렴함을 증명할 수 있다
témoin [남] 증인
tempe [여] 관자놀이
tempérament [남] 기질, 성질, 성미
tempérance [여] 절제, 삼감, 절도;자제(自制), 극기, 중용
température [여] (온도계로 잰) 온도 à ~ ambiante 실내온도에서
tempéré(e) [형] (기후가) 온화한 climat ~ 온화한 기후 zone ~e 온대
tempérer [타] ① (추위, 더위를) 완화하다 ② (비유, 문어) (감정 따위를) 완화하다, 진정시키다
tempête [여] ① 폭풍우 돌풍; (바다의) 격심한 풍랑 ② (비유) 동란, 소요; (감정의) 격동; 격렬한 소리; 격론
tempétueux(se) [형] 폭풍우[폭설]의
temple [남] (불교·힌두교·유대교 등의) 신전(神

殿), 절, 사원

tempo [남] 속도, 빠르기박자 sur un ~ rapide 빠른 템포로

temporaire [형] 일시적인, 잠시의, 순간의, 덧없는

temporairement [부] 일시적으로

temporel(le) [형] 현세의, 세속의; [문법] 시제를 나타내는

temps [남] 시간 ~ universel 만국 표준시

tenace [형] (의견·주의 등을) 고집하는

ténacité [여] ① 점착성, 점착력; (얼룩, 냄새 따위가) 잘 지워지지[제거되지] 않음 ② (비유) (감정 따위가) 뿌리깊음; (병 따위가) 잘 치유되지 않음 ③ 완고함; 끈기, 집요함; 완강함

tendance [여] ① 성향, 성벽 ~égoïste 이기적인 성향 ② 경향, 추세, 동향, 트렌드 ~ politique 정치적 경향 une ~ dans le domaine de qch ... 분야에 관한 트렌드

tendancieux(se) [형] (경멸) 편향적인, 저의를 지닌 propos ~ 저의가 섞인 말

tendon [남] 건(腱), 힘줄

tendre [형] 부드러운, 씹기 쉬운, 연한 [타] 팽팽하게 하다, 잡아당기다; (손 따위를) 뻗치다

tendrement [부] 상냥하게, 친절하게, 유약하게, 상하기 쉽게, 예민하게

tendresse [여] 다정함, 상냥함, 자애, 애정

tendreté [여] 부드러움, 연함

tendu(e) [형] 팽팽하게 당겨진; 내민; 향한

ténèbres [여][복] 어둠, 암흑; 지옥

ténia [남] 촌충

tenir [타] 손에 들다, 잡다, 쥐다; (약속 따위를) 지키다, 이행하다 ~ sa parole 약속을 지키다 se ~ [대] ① (어떤 장소, 자세, 상태에) 있다; 행동[처신]하다 se ~ près de la fenêtre 창가에 있다 ② (회의 따위가) 열리다, 개최되다 fêtes qui *se tiennent* chaque année 매년 열리는 축제

tennis [남] 테니스 une partie de ~ 테니스 한

게임
tennis de table [남] 탁구
ténor [남] 테너
tension [여] 긴장
tentacule [남] 촉수, 촉각, 더듬이
tentant(e) [형] 마음을 끄는, 유혹하는
tentateur(trice) [형] 유혹하는 [명] 유혹하는 사람 [남] [종교] 사탄, 악마
tentation [여] 유혹, 유혹함[됨] céder à la ~ 유혹하다
tenter [타] 유혹하다, 꾀다, 부추기다, 마음을 끌다 être ~ par ~에 유혹되다
tenu(e) [형] 정리[유지]가 된
ténu(e) [형] ① 아주 가느다란; 아주 작은 ② 구별하기 힘든, 미세한
tenue [여] 쥐는[잡는] 법; (회의의) 개최, 개최중; 옷차림, 몸차림; 자세; 태도; 복장; 계속력, 오래 가기 ~ de rigueur 요구되는 복장
terme [남] 기간, 기한
terminaison [여] 종료, 종지, 종결, 끝, 최후
terminal(ale, [복] **aux)** [형] 마지막의, 최후의
terminologie [여] ① 학술어, 전문용어 ② 술어학
terminus [남] (철도, 버스의) 종착역, 종점 aller jusqu'au ~ 종점까지 타고 가다
termite [남] [곤충] 흰개미
ternir [타] 윤[광택]을 없애다, 흐리게 하다, 퇴색시키다
terrain [남] 지역, 지대
terrasse [여] 테라스
terrasssement [남] 흙 쌓기[나르기], 토역; 토목공사
terrasser [타] 흙을 쌓다; 땅 위에 넘어뜨리다
terre [여] 지구; 육지, 육로
terrestre [형] 지구(상)의
terreur [여] 공포, 무서움, 두려움
terrible [형] 무서운, 가공할, 소름끼치는, 무시무시한

terriblement [부] 무시무시하게; 몹시, 굉장히
terrifiant(e) [형] 무서운, 두려운
terrifier [타] 무섭게[겁나게] 하다, 놀래다
territoire [남] 영토
territorial [형] (ale, [복] aux) 영토의, 토지의, 사유지의
terroir [남] 토지, 경지; 산지
terroriser [타] 무서워하게 하다, 공포의 도가니로 몰아넣다
terrorisme [남] 테러리즘, 테러 행위
terroriste [명] 공포 정치가, 폭력 (혁명)주의자, 테러리스트 [형] 테러리즘의, 테러리스트의 organisation ~ 테러조직
tertiaire [형] 제3의, 제3위의
test [남] 테스트, 시험, 고사(考査), 실험, 검사 ~ de marché 테스트 마케팅
testeur [남] 시험[검사]자, 음미자, 분석자
testicule [남] 고환(睾丸), 정소(精巢)
tétanos [남] 파상풍, 파상풍균
tête [여] 머리, 두부; 두개골; 두뇌; 이성; 냉정; 침착; 선두 en ~ de ...의 선두에
têtu(e) [형][명] 고집불통인 (사람), 완고한 (사람)
texte [남] 본문, 원문
textile [남] 직물의방직의
textuel(le) [형] 본문[원문]대로의
texture [여] 직조; 피륙; 조직, 구성, 구조
thé [남] 차 une tasse de ~ 차 한잔
théâtral(ale, [복] **aux)** [형] ① 연극의 représentation ~ale 연극 공연 ② 연극적인 ~ situation ale~ 연극적 상황
théâtre [남] ① 연극(예술); 극작품 ~ total 전체 연극 (음악, 무용 등 모든 형태의 무대예술을 종합하여 연출하는 연극) ② 극장; 무대 un grand ~ 대극장 ③ 공연, 상연
théière [여] 차 끓이는 그릇; 다기
thématique [형] [문법] 어간의; 주제의
thème [남] 주제, 제목, 테마
théologie [여] 신학

théologien(ne) [명] 신학자
théologique [형] 신학(상)의 신학적 (성질)인
théorème [남] (수학·논리에서) 정리
théorie [여] 이론
théorique [형] 이론(상)의
théoriquement [부] 이론상으로
théoriser [자] 이론[학설]을 세우다
thérapeute [명] 치료학자, 치료 전문가
thérapeutique [형] 치료상[법, 학]의
thérapie [여] 요법, 치료 suivre une ~ 치료 요법을 받다
thermal (ale, [복] aux) [형] 온천의; 온천을 이용한, 온천수 치료의
thermie [여] 열량 단위 (1,000 킬로칼로리)
thermique [형] ① 열을 동력으로 한 moteur ~ 열기관 ② [물리] 열의 effet ~ 열효과
thermomètre [남] 온도계
thermpstat [남] 자동 온도 조절 장치
thermpstatique [형] 자동 온도 조절의
thèse [여] ① 주장, 의견, 견해 ② (박사) 학위논문 ③ [철학] 명제
thon [남] [어류] 참치, 다랑어
thriller [남] 스릴러 (영화)
thym [남] [식물] 백리향 속의 식물
thyroïde [형] 갑상의, 갑상선의 [여] 갑상선
Tibet [남] [지리] 티벳
tic [남] 버릇, 습관; (말의) 나쁜 버릇
tie-break [남] 동점
tiède [형] 미지근한
tien(ne) [형] 너의, 그대의, 자네의
tiers(ce) [형] 셋째 번의, 재삼의 [남] 삼분의 일
tige [여] 줄기; 대
tigre(sse) [명] [동물] 호랑이
timbre [남] 음색(音色), 음질특징, 특색; 우표
timide [형] ① (행위, 조처가) 과감하지 못한, 결단력이 없는, 우유부단한 ② (사람이) 소심한
timidement [부] 소심하게, 수줍어하며, 머뭇거리며

timidité [여] 겁 많음, 수줍음
timoré(e) [형] 소심한, 겁 많은
tintement [남] (종, 방울 따위의 소리, (물건이 서로 부딪치는) 땡그랑 소리
tinter [자] 울리다
tir [남] 사격, 포격 ~ à l'arc 활쏘기; 양궁
tirage [남] 잡아당기기; 늘이기; 배를 끌기; 배를 끄는 말; 추첨; 인쇄; 인쇄 부수; 채굴; 바람이 빠지기, 통풍; 옥신각신, 갈등 ~ au sort 추첨
tirer [타] ① 잡아당기다 ② 뽑다, 꺼내다, 끌어내다 ③ (줄을) 긋다 ④ 인쇄하다 ~ un livre 책을 인쇄하다 ⑤ (제비 따위를) 뽑다
tiret [남] 횡선, 대시
tireur(se) [명] 쏘는 사람, 사격수
tisane [여] 탕약
tiroir [남] 서랍
tissu [남] ① 직물, 피륙; 천 (복수) [상업] 옷감 t ② [생물] 조직
titre [남] ① (귀족의) 작위; 칭호; 직함 ② 지위; (의사, 변호사 따위의) 자격 ③ 선수권 disputer un ~ 선수권을 놓고 싸우다 ④ 증서, 증명서; 학위, 졸업증명서 ⑤ 제목, 표제; 책
titré(e) [형] 자격 있는, 직함[칭호, 작위]이 있는
tituber [자] 비틀거리다, 아장아장 걷다
titulaire [형] 실제 직책을 가진, 정식의
toast [남] 축배, 건배 porter un ~ 축배를 들다
toaster [자] 빵을 굽다, 토스트를 하다
toboggan [남] 미끄럼틀
Togo [남] [지리] 토고
toi [대명] 너, 그대, 자네
toile [여] 린네르; 천, 포목, 헝겊; 캔버스
toilettes [여][복] 화장실 ~ publiques 공중화장실
toison [여] (짐승, 사람의) 텁수룩한 털 ~s des moutons 양털
toit [남] 지붕
tolérable [형] 참을 수 있는
tolérance [여] 관용
tolérant(e) [형] 너그러운, 관대한

tolérer [타] 허용하다, 용인하다, 너그러이 봐주다
tomate [여] 토마토
tombe [여] 무덤, 묘; 묘석, 비석
tombeau [남] 무덤, 묘
tomber [자] 떨어지다; 넘어지다, 쓰러지다 ~ par terre 바닥에 넘어지다
ton [형] ① (소유관계) 너의, 그대의, 당신의[남] ② 목소리, 음색, 어조
tonal(ale, 복) aux) [형] 성조의, 조성의, 음계의
tonalité [여] 음계, (전화의) 발신음
tondre [타] ① (동물의) 털을 깎다, 깎아내다 ~ la toison d'un mouton 양털을 깎다 ② (머리카락을) 아주 짧게 깎다 ③ (직물의) 보풀을 깎다; (잔디를) 깎다 ~ le gazon 잔디를 깎다
tonnage [남] 무두질
tonne [여] 미터톤
tonnerre [남] 천둥, 우뢰
topaze [여] 황옥
torche [여] 횃불
torchon [남] 차 탁자용 식탁보
tordre [타] 비꼬다, 비틀다
tornade [여] 선풍, 회오리바람
torpide [형] 움직이지 않는
torpille [여] 어뢰
torpiller [타] 어뢰로 공격하다
torréfier [타] 볶다, 굽다; (태양이) 작열하다, 찌는 듯 쪼이다
torrent [남] 급류(急流)
torrentiel(le) [형] 급류의[같은]
torride [형] 찌는 듯한, 무더운
torse [남] ① [미술] 토르소 (머리, 손발이 없는 조상; 상반신상) ② (구어) 상반신
tort [남] 부정, 틀림 avoir ~ 잘못이다, 옳지 않다
tortiller [타] 꼬다; 비틀다, 비꼬다
tortue [여] 남생이, 거북
tortueux(se) [형] 구불구불한

torture [여] 고문
torturer [타] 고문하다
Toscane [여] [지리] 토스카나
tôt [부] 일찍이; 곧; 빨리, 속히
total(ale, [복] **aux)** [형] 전체의, 전부의 [남] 합계, 총계, 총액
totalement [부] 전적으로, 아주
totaliser [타] 합계하다, 총계하다
totalitaire [명] [형] 전체주의의
totem [남] [민족, 사회] 토템
totémique [형] 토템의; 토템 숭배의
totémisme [남] 토템 숭배; 토템 연구
touchant(e) [형] 감동적인
touche [여] 건반
toucher [타] 만지다 ~ l'épaule de qn 누군가의 어깨를 두드리다; 감동시키다, 애처로운 생각이 들게 하다, 동정을 일으키다
touffe [여] (풀, 털, 싹 따위의) 뭉치, 타래, 술장식
toujours [부] 언제나, 항상, 영원히
tour [여] 탑 [남] 일주 faire le ~ du monde 세계일주를 하다
tourbe [여] 잔디, 잔디밭
tourele [여] 회전 포탑
tourisme [남] 관광, 여행, 유람
touriste [명] 관광객, 여행객, 유람객 ~s étrangers 외국인 관광객
tourmenter [타] 학대하다; 괴롭히다, 가책하다; 동요시키다, 뒤흔들다; 걱정시키다; 귀찮게 굴다; 만지작거리다; 지나치게 고심하여 만들다, 지나치게 꾸미다
tournant [남] 전환기
tournée [여] 순회
tournesol [남] 해바라기
tourner [타] 돌리다; 뒤집다; (페이지 따위를) 넘기다
tournoi [남] 토너먼트, 승자 진출전
tournure [여] ① 표현, 표현방식, 어법, 어투 ~

propre au français 불어 특유의 표현 ② (사물의) 모양, 외관, 생김새
tousser [자] 기침하다
tout(e) [형] (남성복수는 **tous**, 여성복수는 **toutes**) 모든; 어떠한 ...일지라도; 전체의 [대명] 모두, 무엇이나 du ~ 조금도, 추호도
toutefois [부] 그러나, 그렇지만
tout-puissant(e) [형] 전능한 [남] T~-P~ 전능한 신
toux [여] 기침
toxicomane [형] 마약중독의 [명] 마약중독자
toxicomanie [여] 마약중독
toxine [여] 독소
toxique [형] 유독한
trace [여] 발자국, 자국, 흔적
tracer [타] (길을) 내다
traceur(se) [명] 제도공
tracteur(trice) [형] 견인하는, 끄는 [남] 트랙터; 견인차
traction [여] 늘이기, 신장, 끌기, 견인하기
tradition [여] 전통, 관례
traditionaliste [형] 전통주의의 [명] 전통주의자
traditionnel(le) [형] 전통의, 전통적인, 고풍의
traditionnellement [부] 전통적으로
traducteur(trice) [명] 번역사
traduction [여] 번역
traduire [타] ① 번역하다 ~ de l'anglais en coréen 영어를 한국어로 번역하다 ② 표현하다, 나타내다; 표출하다 mots qui doivent ~ votre pensée 당신의 생각을 나타내야 하는 말들 se ~ [대] ① 번역되다 Les noms propres ne *se traduisent* pas. 고유명사는 번역되지 않는다 ② 표현되다, 나타나다; 표출되다, (의) 형태를 띠다 La joie des spectateurs *se traduisait* en explamations. 관객들의 기쁨이 환호로 나타났다
trafic [남] 거래, 매매, 장사
trafiquant(e) [명] 밀매자 ~ de drogue 마약 밀

매상
tragédie [여] 비극
tragi-comédie [여] ([복] ~-~s) 희비극
tragique [형] 비극의, 비극적인
tragiquement [부] 비극적으로
trahison [여] 배신, 불신, 불충
train [남] 열차, 기차, 전차 aller à Paris en ~ 기차로 파리에 가다
traîner [타] 끌다, 질질 끌다; 끌고 다니다; 지연시키다
trait [남] 끌기; 화살; 끄는데 쓰는 줄; 단숨; 선, 줄; 표현, 표현법; 독설; (정신적) 타격; 행위; 특색, 특징; 얼굴 모습, 윤곽 avoir ~ à ...에 관계가 있다
traité [남] 조약, 협정 ~ de paix 평화협정
traitement [남] 대우, 대접 ~ de faveur 특별대우
traiter [타] 대우하다, 다루다, 취급하다 ~ humainement des prisonniers 죄수를 인간적으로 대우하다
traître(sse) [명] 배반[배신]자, 반역자, 매국노 [형] (다음의 의미로는 여성도 남성형을 사용함) 배신[배반]하는, 반역할 가능성이 있는
traîtreusement [부] 비열하게, 음흉하게
traîtrise [여] 비열함, 엉큼함, 배신행위, 반역행위
trajectoire [여] 탄도(彈道)
trampoline [남] 트램폴린 (쇠틀 안에 스프링을 단 즈크 그물의 탄성을 이용하여 뛰는 운동 기구); 트램폴림 체조
tramway [남] 시가노면) 전차
tranche [여] 얇은 조각; 책장 가장자리
tranchée [여] 참호
trancher [타] 자르다, 베다; 얇은 조각으로 썰다
tranquille [형] 조용한, 고요한
tranquillisant [남] 진정제
tranquillité [여] 평온, 고요함
transaction [여] 거래 ~ en liquide 현금 거래

~ effecuée avec une carte de crédit 신용카드 거래

transatlantique [형] 대서양 저편의
transcendantal(ale, [복] **aux)** [형] 초월적인
transcender [타] 초월하다, 능가하다
transcription [여] 베낀 것, 사본, 등본전사, 복사
transcrire [타] 베끼다, 복사[등사]하다
transférer [타] 옮기다, 이전하다, 전근시키다
transfert [남] 이동, 이송, 이전 ~ technologique 기술이전
transfiguration [여] 변형, 변모
transfigurer [타] 변모[변형]시키다
transformateur [남] 변압기
transformation [여] 변형, 변모, 변질
transformer [타] 변형시키다
transfuge [남] 투항자; 탈주병
transfusion [여] 주입(注入), 옮겨 붓기
transgresser [타] (법, 명령, 의무 따위를) 위반하다, 어기다
transgression [여] 위반
transistor [남] 트랜지스터
transit [남] 통과, 통행, 횡단
transitif(ve) [형] 타동(사)의
transition [여] 변천, 이행, 변화
transitoire [형] 일시적인, 잠시의, 과도적인, 임시의
translucide [형] 반투명의
transmettre [타] 부치다, 보내다, 건네다, 전달[송달]하다
transmissible [형] 전달 가능한, 양도 가능한, 전염하는 maladie ~ 전염병
transmission [여] 전달, 전송매개
transmuer [타] 변화시키다
transparence [여] 투명성, 투명도
transpirer [자] 땀을 흘리다, 땀이 나다
transplantation [여] (나무를) 옮겨심기, 이식
transport [남] 운반, 수송, 운송, 교통 utiliser les ~s en commun 대중교통을 이용하다

transportation [여] 운반, 운송, 수송
transporter [타] 운반[운송, 수송]하다
transposer [타] 바꾸어 놓다
transposition [여] 바꾸어 놓음, 전위
transsexuel(le) [형] 성전환의 [명] 성전환자
transversal (ale, [복] aux) [형] 가로놓인; 횡단의
trapèze [남] (체조, 서커스의) 그네 ~ volant 공중그네
trappe [여] 뚜껑문, 함정문, 들창; 함정; 덫, 올가미
trappeur [남] 덫 사냥꾼, 덫을 놓는 사람
traumatisant(e) [형] (신체적, 정신적) 외상을 유발하는
tramatique [형] 외상성의
traumatiser [타] (신체적, 정신적) 외상을 일으키다, 충격을 주다
traumatisme [남] 정신적 외상[충격], (정신적 외상[충격]이 원인이 되는) 쇼크성 장애
travail [남] 수고, 노력; 일, 노동; 근무
travailler [자] 일하다, 노동하다; 수고하다; 활동하다
travers [남] ① 결점, 나쁜 버릇 ② (슬레이트의) 균열 방향 ③ 라켓의 가로줄 à ~ le monde 전 세계에 걸쳐
traverser [타] 건너다, 횡단하다
travesti(e) [형] 변장한, 가장한, (남자 배우가) 여자로 분장한
travestir [타] 가장[변장]시키다; 와전하다; (우습게) 개작하다 se ~ [대] 변장하다; 본성을 속이다
trayon [남] (소, 양의) 젖꼭지, 유두
trèfle [남] ① [식물] 클로버, 토끼풀 chercher des ~s à quatre feuilles (행운의 상징) 네잎 클로버를 찾아다니다 ② 클로버 문양 ③ [카드놀이] 클로버; 클로버 카드 jouer ~ 클로버를 내다
treillis [남] 즈크, 돛베, 훈련복, 전투복, 격자, 철망

tremblant(e) [형] (사람, 몸 따위가) 떠는, 휘청거리는

tremblement [남] 떨림, 전율

trembler [자] 떨리다

tremper [타] 잠그다, 담그다, 적시다

trench-coat [남] 트렌치코트

trente [형] 30의 [남] 30, 30일

trentième [형] 제30의 [명] 30번째의 것[사람] [남] 30분의 1

trépied [남] 삼각대

très [부] 몹시, 매우, 대단히 T~ bien. 아주 좋습니다

trésor [남] ① 보물, 보배 ② (비유) 소중한[중요한] 존재; 유용한 것 ③ (흔히 복수) 부, 재물, 큰 돈

trésorerie [여] ① 재무부; 재무행정 ② 유동자산, 현금자산 ③ 경리과; 회계과; (도의) 재정국 ④ (영국의) 재무성

trésorier(ère) [명] 회계원

tresser [타] 짜다, 땋다, 엮다

tréteau [남] 가대(架臺), 구각

trêve [여] 휴전(협정)

triangle [남] 삼각형

triangulaire [형] 세모의, 삼각의

tribal(ale, [복] **aux)** [형] [사회] 부족의 organisation ~ale 부족조직

tribu [여] 부족

tribulation [여] 재난, 고난

tribunal [남] 법정, 심판 위원회

tribune [여] ① (의회의) 연단; 의회 연설, 정치 웅변; 토론술 ② (비유) 토론회, 좌담회; (신문의) 논단; 출판물의 제목 ③ (교회의) 특별석 ④ (복수) 청중, 관중

tricentenaire [남] 300주년

tricolore [형] 삼색의 le drapeau ~ 삼색기 (프랑스 국기)

tricot [남] 뜨개질하여 만든 천, 편물; 뜨개질하여 만든 옷

tricotage [남] 뜨개질
tricoter [타] 짜다, 뜨다 [자] 뜨개질하다
tricycle [남] 세발자전거
trigonométrie [여] 삼각법, 삼각술
trille [남] 전음, 바이브레이션
triller [타] 전음으로 장식하다
trilogie [여] 3부작
trinté [여] (T~) [신학] 삼위일체
trio [남] 트리오
triomphal [형] (ale, [복] aux) 승리를 얻은, 성공한; 의기양양한
triomphalement [부] 성공적으로
triomphe [남] 개선, 대승, 압승
triompher [타자] (~de qn / qc) …을 이기다[물리치다] ~ de son adversaire 적을 물리치다
triparti(e) [형] 삼부로 된; 셋으로 갈린
tripes [여][복] 동물의 장, 창자
triple [형] 3중의, 3배의
tripler [타] 3배로[3중으로] 하다 [자] 3배가 되다
triplé [남] ① [운동] 3연승 ② [경마] 3연승식 ③ (복수) 세쌍둥이
tripoter [타] ① (남의 돈을 이용하여) 돈벌이하다, 투기하다 ② 만지작거리다, 주물럭거리다 ③ (구어) (몸을) 만지다, 애무하다
triste [형] 슬픈
triumvirat [남] 집정관의 직
trivial (ale, [복] aux) [형] 진부한; 비속한, 저속한
trois [형] 셋의; 셋째의 [남] 셋; 3일
troisième [형] 셋째의; 3분의 1의 [명] 셋째 [남] 3분의 1
trois-quarts [남] 아동용의 소형 바이올린, 7부 외투 (윗저고리와 외투 중간 길이의 외투)
troll [남] 요정 (북유럽신화)
trolley [남] (전차의) 트롤리
trolleybus [남] 트롤리버스, 무궤도 전차
trompe [여] (코끼리의) 코; 사냥 나팔

tromper [타] 속이다; 실망시키다, 배반하다 se ~ 잘못 생각하다, 오해하다, 틀리다
tromperie [여] 속임수
trompette [여] 트럼펫
trompettiste [명] 트럼펫 연주자
trompeur(se) [형] 속이는, 기만적인 [명] 기만자, 협잡꾼
tronc [남] (나무의) 줄기, 몸체
trône [남] 왕좌, 옥좌; 왕위
tronquer [타] (글 따위를) 훼손하다, 삭제[누락]하다
trop [부] 너무, 지나치게 Je ne sais pas ~. 잘 모르겠네요
trophée [남] 트로피
tropical(ale, [복] **aux)** [형] 열대(지방)의, 열대성의
tropique [남] 회귀선
trot [남] 빠른 걸음, 속보 au ~ 속보로 se mettre au ~ 빨리 걸어가다
trou [남] 구멍; 구덩이
troubadour [남] [문학사] (중세 남프랑스의) 음유시인
trouble [남] 혼탁; 혼잡, 혼란; 불안, 근심, 걱정
troubler [타] 흐리게 하다; 어지르다; 어지럽게 하다
trouer [타] 구멍을 뚫다
troupe [여] 대(隊), 무리
trousse [여] 묶음, 다발; 기구 넣는 케이스
trouver [타] 찾아내다, 알아내다, 발견하다; 고안하다; 만나다; 느끼다, 맛보다; ...라고 생각하다 Comment le *trouvez*-vous ? 그것을 어떻게 생각하십니까? se ~ [대] 있다, 존재하다; 발견되다 Sa maison *se trouve* au bout du village. 그의 집은 마을 끝에 있다
troyen(ne) [형] 트로이의 [명] (T~) 트로이 사람
truc [남] ① (구어) 요령, 비결 ② 속임수, 트릭 ③ (구어) (이름을 모르거나 밝히기 싫은 사물,

사람을 가리켜) 거시기, 것, 아무개 Qu'est-ce que c'est que ce ~ ? 저게 뭐야?
truelle [여] 모종삽
truffe [여] 송로(松露)의 일종
truisme [남] 자명한 이치
truite [여] [어류] 송어
trust [남] 신임, 신뢰, 신용
tsar [남] 황제, 군주
tee-shirt, T-shirt [남] 티셔츠
tu [대명] 네가, 너는, 자네가, 그대가, 그대는
tube [남] 관(管), 통(筒)
tuberculose [여] [의학] 결핵
tubulaire [형] 관(모양)의, 통 모양의
tuer [타] 죽이다, 시들게 하다; 건강을 해치다; 망치다, 부서뜨리다 se ~ [대] 자살하다; 무리하다; 건강을 해치다
tuerie [여] 학살; 도살
tueur(se) [명] ① 살인자 ② 청부 살인자 ③ 도살업자
tuile [여] 기와; 뜻밖의 재난, 재수 없는 일; 나사의 털을 반반하게 늬는 널빤지
tulipe [여] [식물] 튤립
tumeur [여] [의학] 종양
tumulte [남] 소란, 떠들썩함, 소동, 법석
tumultueux(se) [형] 떠들썩한, 소란스러운
tunique [여] ① 허리까지 스커트를 덮는 여성용 코트; 짧은 스커트가 달린 여자 운동복 ~ de gymnastique 체조복 ② (옛) 군인의 약식 제복; 중고등학생의 제복 ③ [고대 그리스로마] 무릎까지 내려오는 속옷 ④ [가톨릭] 조제복
Tunisie [여] [지리] 튀니지아
tunnel [남] 터널, 굴, 지하도
turban [남] 회교도의 두건, 터번
turbine [여] 터빈
turbo [남] ① [패류] 소라의 일종 ② [자동차] 터보 과급기 [형] (불변) [정보] 처리속도가 빠른
turbot [남] [동물] (유럽산) 가자미의 일종
turbulence [여] ① 소란스러움, 부산함 ② [물리]

turbulent(e) (액체, 기체의) 소용돌이, 난류

turbulent(e) [형] ① 소란스러운, 부산한 ② (문어) 혼란한; 파란만장한

turc(turque) [형] 터키인, 터키의 [명] (T~) 터키 사람

Turquie [여] [지리] 터키

tutelle [여] ① 보호; 감독, 감시 être sous la ~ des lois 법의 보호하에 있다 tenir qn en ~ ...을 보호[감독]하다 ② [법] 후견 ~ légale 법정 후견

tutoyer [타] 너, 나로 말하다, 벗하다

tuyau [남] ([복] ~**x**) 관, 통

TVA [약] taxe à la valeur ajoutée 부가가치세

tympan [남] [해부] 고막

type [남] ① 형, 유형, 타입 ② 전형, 표본, 견본 ③ (제품 따위의) 형, 형식, 모델 ④ (구어) 녀석, 놈

typhoïde [형] [의학] 티푸스성의 [여] 장티푸스

typhon [남] 태풍

typique [형] 전형적인, 대표적인

typiquement [부] 적형적으로

typographe [명] 식자공

typographie [여] 활판 인쇄(술)

typographier [타] 활판으로 인쇄하다

typographique [형] 활판 인쇄의; 인쇄상의

typographiquement [부] 활판 인쇄로; 인쇄상으로

typolithographie [여] 석판 인쇄(술)

typologie [여] ① 유형학, 유형론 ② [신학] 예형론 (신약에 기술된 것이 구약에 예시되어 있다는 설)

typologique [형] ① 유형학의, 유형학상의 ② [신학] 예형론의

tyran [남] ① 전제군주, 폭군, 압제자 ② (비유) 폭군적인 사람[것], 지배자

tyrannie [여] 전제 정치

tyrannique [형] 폭정의, 압제의, 폭군적인

tyranniser [타] 전제적으로 다스리다, 폭정을

행하다 seigneur qui *tyrannise* les paysans 농민들에게 폭정을 펴는 영주

U

U, u [남] 프랑스 자모의 스물 한번째 글자
ubiquisme [남] [신학] 그리스도 편재론
ubiquiste [형] ① 동시에 도처에 존재하는, 편재하는 ② [생물] (동식물이) 어디서나 서식하는 ③ [신학] 그리스도 편재론의 [명] ① (문어) 편재자; 어디든지 얼굴을 내놓는 사람 ② [생물] 범존종 ③ [신학] 그리스도 편재론자 ubiquitaire [명] [신학] 그리스도 편재론자 [형] ① 문어] 편재하는 ② [신학] 그리스도 편재론의
ubiquité [여] ① 동시에 도처에 존재함 ② [신학] 그리스도 편재 avoir le don d'~ 어디에나 모습을 나타내다 Il a le don d'~. 그는 신출귀몰한다
Ukraine [여] [지리] 우크라이나
ukrainien(ne) [형] 우크라이나의 [명] (U~) 우크라이나 사람
ulcératif(ve) [형] [의학] 궤양성의, 궤양을 일으키는
ulcération [여] [의학] 궤양 형성; 궤양 début d'~ 궤양 초기 ~ cancéreuse 암 궤양
ulcère [남] [의학] 궤양 ~ de[à] l'estomac 위궤양 ② [식물] 암종
ulcéré(e) [형] ① [의학] (상처 따위가) 궤양이 된 ② (비유) 깊은 상처를 입은 coeur ~ 원한 맺힌 마음 avoir une conscience ~e 양심의 가책으로 고통을 받다
ulcérer [타] ① [의학] 궤양을 일으키다 ② [비유] 마음에 깊은 상처를 입히다; 원한을 품게 하다 Ton injustice à son égard l'*a ulcéré*. 그에 대한 너의 부당함에 그는 깊은 상처를 받았다 s'~ [대] (상처 따위가) 궤양이 되다
ulcéreux(se) [형] [의학] ① 궤양성의 ② 위[십이지장] 궤양에 걸린 [명] 위[십이지장] 궤양 환자

Ulster [남] [지리] 북아일랜드
ultérieur(e) [형] 나중의, 차후의, 장래의
ultimatum [남] 최후통첩 adresser un ~ 최후통첩을 보내다
ultime [형] 최후의, 최종의, 궁극의
ultraconservateur(trice) [형] 초보수적인
ultra-rapide [형] 초고속의 avion ~ 초고속 비행기
ultrason [남] [물리] 초음파
ultrasonique [형] [물리] 초음파의
ultrasonographie [여] ~ oculaire 초음파 검사법
ultrasonore [형] [물리, 의학] 초음파의 ondes ~s 초음파
ultraviolet(te) [형] 자외(선)의 rayons ~s 자외선 [남] 자외선 ([약] U.V.)
Ulysse [남] [그리스신화] 율리시스
un(e) [형] 하나의; 첫째의, 제일의 [남] 하나, 일
unanime [형] 합의의, 동의하는
unanimement [부] 합의의, 동의하는
unanimité [여] 만장일치 obtenir l'~ des suffrages 전원의 찬성표를 얻다
UNESCO [약] [영] United Nations Educational, Scientific and Cultural Organization 유네스코, 국제연합 교육과학문화기구
uni(e) [형] ① 결합된; 화합된, 일치된 ~s par le mariage 결혼으로 결합된 ② 통합된, 연합된, 단결된 former un front ~ contre qn/qch ...에 대항하여 연합전선을 형성하다
UNICEF [약] [영] United Nations International Children's Emergency Fund 국제연합 아동기금
unicellulaire [형][남] [생물] 단세포의 (동물)
unicolore [형] 단색의
unicorne [형] 외뿔의 [남] 외뿔 짐승, 일각수
unification [여] 통일, 통합, 단일화 ~ d'un pays 나라의 통일
unifier [타] ① 통일하다 ~ un pays 나라를 통일하다 ② 단일화하다 ~ des programmes scolaires 학교 교육 프로그램을 단일화하다

uniforme [남] ① 똑같은, 동형의; 일률적인; 균일한, 일정한 maisons ~s de la banlieue 교외의 획일적인 집들 ② (태도 따위가) 변함없는, 한결같은; 단조로운 conduite ~ 한결같은 행동 [남] 군복; 제복, 유니폼

uniformisation [여] 통일, 규격화, 획일화

uniformiser [타] 균일하게 하다, 통일하다

uniformité [여] 한결같음, 고름

unilatéral(ale, [복] aux) [형] 한쪽만의, 일방의; 일방적인

unilatéralement [부] 한쪽으로만; 일방적으로

union [여] ① 연결, 결합, 융합 ~ de l'âme et du corps 영혼과 육체의 결합 ② 통합, 합병 ~ de deux sociétés 두 회사의 통합 ③ (남녀의) 결합; 결혼 ~ libre 내연(관계) ~ légitime 합법적인 결혼

unioniste [형] ① 통일[연방]주의의 ② (퀘벡주의 독립을 반대하는) 국가연방당원의 [명] ① 통일[연방]주의자; 통합주의자 ② (퀘벡주의) 국가연방당원

unique [형] 유일한; 단독의

uniquement [부] 오로지, 다만

unir [타] ① 연결[결합]하다; (모아서) 합치다 s'~ 연결[결합]되다; 합쳐지다, 융합되다 ② 결혼시키다

unisex(e) [형] (복장 따위가) 남녀에 공통인, 유니섹스의

unisexualité [여] [생물] 단성

unisson [남] 동조, 동음 chanter à l'~ 제창하다

unitaire [형] 하나의, 단위의, 일원의

unité [여] 단일성; 단위, 균일; 통일; 조화

univers [남] ① 우주 auteur de l'~ 창조주, 신 ② 세계, 지구전체 citoyen de l'~ 세계의 시민 ③ (비유) 세계, 영역, 활동의 장 ~ de l'enfance[du rêve] 어린이[꿈]의 세계

universalisation [여] 보급, 확산; 보편화

universaliser [타] 보편화하다, 세계적으로 하다

universalisme [남] 보편주의

universaliste [남] 보편주의자
universalité [여] 보편성, 일반성 ~ d'une vérité 진리의 보편성
universel(le) [형] 보편적인
universellement [부] 보편적으로
universiade [여] 국제 대학생 체육대회, 유니버시아드
universitaire [형] 대학에 속하는, 대학의
université [여] 대학교
uranium [남] 우라늄 ~ enrichi 농축 우라늄
urbain(e) [형] 도시의 [명] 도시 거주자
urbanisation [여] 도시화
urbaniser [타] 도시화하다 s'~ 도시화되다
urbanisme [남] 도시계획
urbaniste [명] 도시계획자
urbanité [여] 도풍, 점잖음, 우아, 정중, 예절
urgence [여] ① 긴급, 화급, 절박 insister sur l'~ d'une solution 해결의 긴급성을 역설하다 ② 구급, 응급(처치), 응급환자 service des ~s 응급실
urgent(e) [형] 긴급한, 화급한, 절박한 travail ~ 급한 일
urinaire [형] 오줌의, 비뇨기(泌尿器)의
urination [여] 배뇨
urine [여] 오줌, 소변
uriner [자] 소변보다
urinoir [남] 남자용 공중변소, 소변소
urne [여] ① 유골 단지 ② [시] 항아리, 단지 ③ 투표함 se rendre aux ~s 투표하러 가다
urologie [여] [의학] 비뇨기학
urologue [명] [의학] 비뇨기과전문의
U.R.S.S. [약] Union des Républiques Socialistes Soviétiques 소비에트 사회주의 연방
Uruguay [남] [지리] 우루과이
US, USA [약] United States (of America) 미국 aller aux ~ 미국에 가다
usage [남] 사용 ~ des nombres en géométrie 기하학에서의 숫자의 사용 ~ de la force 무력

의 행사
usager [남] 이용자, 사용자
usé(e) [형] 써서 낡은, 해진; 쇠약한, 허약해진; 진부한
user [자] [~ de] 사용하다, 행사하다
usine [여] 공장
ustensile [남] 도구, 용구, 기구
~s de ménage[cuisine] 살림[취사]도구
usuel(le) [형] 상용의, 관용의, 일상의
usure [여] ① 고리, 폭리 ② 마모, 마멸
usurpateur(trice) [명] ① 횡령자 ② 왕위 찬탈자
usurpation [여] 찬탈, 횡령, (권리의) 침해
usurper [타] 빼앗다, 탈권(奪權)하다
utérus [남] [해부] 자궁
utile [형] 유용한 ~ pour faire qch ... 하는데 유용한
utilsateur(trice) [명] 사용자
utilisable [형] 이용할 수 있는
utilisateur(trice) [명] (기계, 설비 따위의) 사용자, 이용자
utilisation [여] 이용
utiliser [타] 이용하다
utilitaire [형] ① 실용적인 ② 실리를 추구하는, 실리적인, 영리주의의 ③ [철학] 공리주의의
utilitarisme [남] (문어) 실리주의; [철학] 공리주의
utilitariste [형] [철학] 공리주의의 [명] 공리주의자
utilité [여] 유용성, 유익성, 효용; 이익, 실리, 이점
utopie [여] 유토피아
utopique [형] 공상적인, 비현실적인
utopiste [명] 유토피아를 꿈꾸는 사람, 공상가, 몽상가 [형] (옛) 유토피아를 꿈꾸는; 공상적인
U.V. [약] ultra-violets 자외선

V

V, v [남] 프랑스 자모의 스물둘째 글자

vacance [여][복] ① 방학, 바캉스; 휴가 ~s de Noël[de Pâques] 크리스마스[부활절] 방학 ~s d'hiver 겨울방학 les grandes ~s 여름방학 un lieu de ~s 휴양지 étalement des ~s 바캉스의 시기를 나누기[조절하기] colonie de ~s 하기학교, 임간[임해]학교 centre de ~s et de loisirs 휴양, 레저 시설 partir en ~s 휴가[바캉스]를 떠나다 passer ses ~s au bord de la mer 휴가를 해변에서 보내다 Depuis 1936, les ~s sont payées aux salariés. 1936년부터 봉급자들에게는 유급휴가가 주어지고 있다 Bonnes ~s ! 즐거운 방학을 보내세요! ② 휴식, 휴양 (=repos) Vous êtes fatigué, vous avez besoin de ~s. 당신은 피곤해 보이는군요, 휴식이 필요합니다

vacancier(ère) [명] 피서객

vacant(e) [형] ① 비어있는 maison ~e 빈 집 ② 공석의, 결원의 poste ~ 공석

vacarme [남] ① 소란, 소동, 야단법석 ~ d'enfer 굉장한 소란 faire du ~ 소란을 피우다 ② (요란한) 소음 ~ de camions[des klaxons] 트럭[경적음]의 요란한 소음

vaccin [남] ① [의학] 백신; 우두, 종두 ~ antigrippal 감기 예방 백신 ~ préventif[curatif] contre qch ...에 대한 예방[치료] 백신 injection [inoculation] d'un ~ 백신 주사 ② (구어) 백신 [예방] 접종 (=vaccination) faire un ~ à un enfant 아이에게 백신[예방]접종을 시키다 ③ (비유) 예방약, 면역제 Il n'y a pas de ~ contre la jalousie. 질투에는 예방약이 없다

vaccinable [형] 백신[예방]접종이 가능한

vaccinal [형] (**ale**, [복] **aux**) [의학] 백신의; 종두의; 백신 접종에 의한; inoculation ~ale 백신

주사
vaccinateur(trice) [명] 백신 접종 의사; 종두 의사 [형] 백신을 접종하는; 종두하는
vaccination [여] [의학] 백신접종[주사]; 예방접종 (=~ préventive); 종두 (=~ jennérienne) ~ par injection[par la bouche] 주사[경구] 접종 ~ antityphoïdique 장티푸스 예방 접종 ~ curative 치료 백신 접종
vaccine [여] [의학] ① 우두; 마두; 접종용 우두 ② 종두 반응, (종)두진
vacciné(e) [형] ① [의학] 백신[예방] 접종을 받은, 종두를 한 enfants ~s 예방주사를 맞은 아이들 ② (비유, 구어) 면역이 된, 무감각해진 [~ contre] être ~ contre la peur 무서움을 타지 않게 되다 être majeur et ~ 성인이 되다, 스스로 모든 일을 할 수 있게 되다 [명] 백신 접종을 한 사람, 종두를 한 사람
vacciner [타] 백신[예방] 접종을 하다
vache [여] 암소
vaciller [자] 흔들거리다, 흐느적거리다, 너울거리다; 깜빡거리다, 아물거리다; 망설이다
vagabond(e) [형] 방랑하는, 유랑하는 [명] 방랑자, 유랑자, 부랑자
vagabondage [남] 방랑, 부랑
vagin [남] [해부] 질(膣)
vague [형] 막연한, 모호한, 애매한 rester ~ sur 애매하다 [여] 물결, 파도 La ~ coréenne 한류
vaguement [부] 어렴풋이; 애매하게, akruds하게 distinguer ~ qch 어렴풋이 …을 알아보다
vaillammnet [부] 용맹스럽게
vaillant(e) [형] 용맹스런, 씩씩한, 장한, 영웅적인
vain(e) [형] 헛된, 무익한 en ~ 보람없이, 헛되이
vaincre [타] 이기다, 정복하다; 쳐부수다; 억누르다; 능가하다; 설복하다
vainement [부] 헛되게, 무익하게
vainqueur [남] 승리자, 전승자, 정복자
vaisseau [남] (복) ~x ① (옛, 문어) (커다란) 배, 선박; 군함 ② [해부] 관, 맥관 ③ [식물] 물

관, 도관 ④ [항공] ~ spatial 우주선
val [남] ([복] ~s. **vaux**) 골짜기, 계곡 (지명, 관용어 외에는 별로 쓰이지 않음 V~ de Loire 루아르 강 계곡 일대의 지방
valable [형] 유효한; 승인될 만한
valence [여] [화학][물리] 원자가; 이온가
valentin [남] (2월 14일의) 성발렌타인제에 처녀들이 골라잡는 남자
valet [남] 하인
valeur [여] 가치, 값어치
valide [형] 근거가 확실한
valider [타] 정당성을 입증하다, 실증하다, 확인하다
validité [여] ① (법적) 유효성, 효력 ② 정당성, 타당성, 적합성
vallée [여] 골짜기; 유역
valoir [자] 값나가다, 가치가 있다 Il *vaut* mieux + inf. [que + sub.] ...하는 편이 낫다
valve [여] [기계] 판(瓣), 밸브
vamp [여] 요부; 요부역의 여배우
vampire [남] 흡혈귀
vandale [명] ① (V~) [역사] 반달인 (고대 게르만의 한 부족) ② (비유) (예술, 문화 따위의) 파괴자 [형] ① 반달인의 ② (예술, 문화 따위를) 파괴하는, 야만적인
vandaliser [타] (예술, 문화 따위를) 고의적으로 파괴하다
vandalisme [남] (예술, 문화 따위의) 파괴
vanille [여] [식물] 바닐라
vanité [여] 허영심, 자만심
vapeur [여] 증기; 수증기; 술기운; 허황된 생각, 망상; 덧없는 것 à la ~ 증기로; 서둘러서
vaporisateur [남] 증기
vaporiser [타] 증발[기화]시키다
variable [형] 변하기 쉬운, 곧잘 변하는
variance [여] ① [물리] (열역학의) 가변도 ② [통계] 분산
variation [여] 변화, 변동

varié(e) [형] 변화가 많은, 다양한; 여러 가지의, 잡다한, 잡색의

varier [타] 여러 가지로 바꾸다[갈다], 가지각색으로 하다; 변곡하다 [자] 여러 가지로 변하다[달라지다]; 다르다

variété [여] 변화(가 많음), 다양(성) grande ~ 풍부한 다양성

variole [여] 천연두

variolé(e) [형] 얽은

varioleus(se) [형] 천연두에 걸린 [명] 천연두 환자

variolosation [여] 두창 접종

variqueux(se) [형] 정맥류(靜脈瘤)의

vasectomie [여] [의학] 정관절제(술)

vasculaire [형] ① [해부] 맥관의; 혈관의 ② [식물] 유관속의

vase [남] 꽃병

vaste [형] 널따란, 광대한, 광활한

vaudou [남] 부두교

vautour [남] [조류] 독수리

veau [남] ([복] ~x) 송아지; 송아지 고기

vecteur [남] ① [수학] 벡터 ② [의학] (병원체의) 매개물, 매개동물[식물] ③ (비유) 매개자, 매체

végétal (ale, [복] aux) [형] 식물의

végétarien(ne) [형][명] 채식주의자(의)

végétarianisme [남] 채식주의

végétarisme [남] 채식주의

végétarien(ne) [명][형] 채식(주의)(의)

végétarisme [남] 채식주의자

végétation [여] (집합적) (한 장소, 지역의) 식물, 식생 ~ tropicale 열대식물

végéter [자] (식물이) 생장하다; 보람 없이 살다, 허송세월하다

véhémence [여] 격렬함, 맹렬함

véhément(e) [형] (문어) 격렬한, 맹위를 떨치는, 맹렬한

véhérable [형] 존경할 만한

véhicule [남] 탈것, 차, 운송 수단, 수레

veille [여] 전날; 직전 à la ~ de son entrée au collège 그가 중학교에 진학하기 직전

veiller [자] 밤새우다, 철야하다, 자지 않고 지내다; 밤일하다; 야경하다; 숙직하다; 당직하다; ...에 주의하다 (~ à)

veine [여] 정맥

veiné(e) [형] 맥[결, 줄]이 있는

veineux(se) [형] 정맥의; 맥관의; 엽맥의 나뭇결이 많은

velche, welche [명][형] (독일인의 입장에서 본) 외국인 (특히 프랑스, 이태리인)(의)

velcro [남] 벨크로

vélo [남] 자전거

véloce [형] 민속한, 빠른

velours [남] 벨벳

velouté(e) [형] (감촉이) 부드러운

vénal(ale, [복] aux) [형] 돈으로 좌우되는

vendange [남] 포도 수확; 포도 수확기; 거두어들인 포도

vendeur(se) [명] 파는 사람, 판매인, 상인

vendre [타] 팔다, 매도하다

vendredi [남] 금요일

vénération [여] (종교적인) 숭배, 존경, 숭상, 존중

vénérer [타] 존경하다, 숭배하다

vénérien(ne) [형] 성병의 maladie ~ne 성병

Venezuela [남] [지리] 베네수엘라

vengeance [여] 복수, 원수 갚기, 앙갚음

venger [타] 원수를 갚다, 복수를 하다 se ~ [대] 복수하다 se ~ de ses ennemis 적에게 복수하다

véniel(le) [형] 용서받을 수 있는

venimeux(se) [형] (동식물 따위가) 독이 있는, 유독한

venin [남] (동식물 따위의) 독, 독액

venir [자] 오다; 가다; 이르다

Venise [명] [지리] 베네치아

vent [남] 바람; 공기; 기류

ventilateur [남] 선풍기
ventilation [여] 통풍, 공기의 유통, 환기
ventiler [타] 환기하다; 송풍하다; [법] 비례평가하다
ventre [남] 배, 복부
ventriloque [형] 복화(술)을 하는 [명] 복화술사
venue [여] 오기; 도래, 도착; 발육 allées et ~s 왕래
vénus [여] ① 절세미녀 **V**~ ② [로마신화] 비너스 (사랑과 미의 여신) ③ 비너스상 ④ [천문] 금성
ver [남] ① 지렁이; 벌레 ② 기생충
véracité [여] ① 진실성, 사실성; 정확성 ② (문어) (사람이) 진실함, 성실함
véranda [여] 베란다, 툇마루
verbal(ale, [복] **aux)** [형] 말의, 말에 관한, 말로 나타낸 ordres ~aux 구두 명령
verbalement [부] 언어로, 말로
verbe [남] 동사
verbeux(se) [형] 말수가 많은
verdict [남] ① [법] (배심원의) 평결 ② 심판, 판결; 혹독한 비판
vericalement [부] 수직으로
vérifiable [형] 증명할 수 있는 입증[검증]할 수 있는
vérification [여] 확인, 조회
vérifier [타] 증명[입증]하다
véritable [형] 실제의, 정말의, 진실의, 틀림없는
vérité [여] 진실; 진리; 진상; 사실; 성실; 자연 그대로의 표현 à la ~ 실은, 사실은
vermillon [남] 주홍색 [형] (불변) 주홍색의
vermine [여] ① (집합적) (벼룩, 이 따위의) 벌레, 해충, 기생충 ② (비유, 문어) 사회의 기생충 [쓰레기]
vermout(h) [남] 베르뭇주 (에피타이저의 일종), 베르뭇 술잔
vernir [타] 니스를 칠하다, 매니큐어를 바르다 se ~ les ongles 손톱에 매니큐어를 바르다

vernis [남] 니스, 매니큐어 mettre du ~ à ongles 손톱에 매니큐어를 칠하다

vernissage [남] 니스칠; 미술전람회 개회 전일 (작품에 가필이 허용되는 날)

vernisser [타] 니스를 칠하다

véronique [여] [종교] 베로니카 (그리스도가 십자가를 지고 가던 도중에 성녀 베로니카 (sainte Véronique)가 땀을 씻어드렸을 때 그리스도의 얼굴이 새겨졌다고 하는 수건); 성면상

verre [남] 유리; 유리 제품; 컵; 한 컵 가득; 안경알; (남포의) 등피; 시계의 유리; 한 잔의 술

verrou [남] 빗장 fermer une porte au ~ 문에 빗장을 지르다

verrouillage [남] 빗장을 지르기; 문 빗장 장치

verrouiller [타] 빗장을 지르다; 감금하다 se ~ [대] 들어앉다, 칩거하다

vers [전] ...의 쪽으로, ...을 향하여 se diriger ~ la sortie 출구 쪽으로 가다 [남] (시, 운문의) 행, 시, 운문

versé(e) [형] 숙달[정통]한, 통달한

versement [남] (액체를) 붓기; 불입, 납입, 납부; 인도; (액체의) 유출

verser [타] 붓다, 따르다; 흘리다; 쏟다; 전복시키다; 불입[납입, 납부]하다; 생각을 털어놓다

versification [여] 작시법; 시풍

vesifier [자] 시를 짓다 [타] 운문으로 쓰다

version [여] ① (텍스트의) 판; 이본 ② (영화 따위의) 판, 버전

vert(e) [형] 초록색의 Les membres de la fondation ont donné leur feu ~ la semaine dernière à cette transaction. 그 재단의 회원들은 이 거래에 동의하였다 [남] 녹색, 초록색

vert-de-girs [남] (복수불변) 녹청(綠靑) [형] (불변) 회녹색의

vertébral (**ale**, [복] **aux**) [형] 척추의

vertèbre [여] [해부] 척추뼈

vertébré(e) [형] 척추가 있는 [남][복] 척추동물

vertex [남] 정수리; 최고점, 정상, 꼭대기

verticale [여] [형] 수직[연직]의
vérité [여] 진실; 진리; 진상; 사실
vertige [남] 현기(眩氣), 어지러움 avoir le ~ 현기증을 느끼다
vertigineusement [부] 어지러울 지경으로
vertigineux(se) [형] 어지러운; (높이, 속도 따위가) 어지러울 지경의; 현기증의
vertu [여] 덕, 덕행, 선 une femme de petite ~ 덕녀
vertueusement [부] 미덕을 지켜, 덕망 있게
vertueux(se) [형] 덕이 있는, 덕이 높은
verve [여] ① (글이나 말의) 풍부한 재치[기지], 열기, 능변 ② (문체 따위의) 정열, 혈기
verveine [여] 버베나
veste [여] 재킷
vestige [남] (흔히 복수) ① 유적, 유물; 잔해, 폐허 ~s d'une civilisation disparue 사라진 문명의 유적 ② 자취, 흔적, 추억 ~s d'un grandeur 영광의 흔적
vêtement [남] 옷, 의복
vétéran [남] ① 고참병, 노병; 퇴역군인 ② 노련한 사람, 노장
vétérinaire [형] 수의의 [명] 수의사
vêtir [타] 옷을 입히다
veto [남] 거부권
vêtu(e) [~ de] ...을 입은
veuf(ve) [명] 홀아비, 과부
vexer [타] 기분을 상하게 하다, 화나게 하다; 자존심을 상하게 하다, 모욕하다 se ~ [대] 기분이 상하다, 화내다
via [전] ...을 통하여, 경유하여
viabiliser [타] (대지에 전기 상하수도, 도로 따위의) 정지작업을 하다, 택지 조성을 하다
viabilité [여] (태아의) 생존 가능성[능력], 생육력, 지속성, 발전성, 실현성
viable [형] (태아가) 생존할 수 있는, 지속성이 있는
viande [여] 고기 ~ de boeuf 쇠고기

vibration [여] 떨림, 진동, 흔들림
vibrer [자] 떨리다, 떨다, 진동하다; 감격하다
vice [남] 악, 악덕
vice-président(e) ([복] ~-~s) [명] 부통령, 부의장, 부회장, 부사장
vicomte [남] 자작
victime [여] ① (신에게 바쳐지는) 제물, 희생 ② 희생자, 피해자; 희생물
victoire [여] 승리, 전승 remporter une ~ 승리를 거두다
victorieux(se) [형] 승리를 거둔, 전승자의
vidange [여] 비우기; 퍼내기
vide [형] 빈, 헛된, 공허한 [남] 허공, 빈자리, 공백 combler le ~ 공허를 채우다
vidéo [형] (불변) 비디오의, 영상의 signal ~ 영상 신호 [여] ① 영상 주파수 ② 비디오[텔레비전] 기술 ③ 비디오 기기 ④ 비디오 영화 en ~ 비디오상에서
vider [타] 비우다; 끝장내다, 해결 짓다
vieillir [자] 늙다, 나이 먹다, 노쇠하다
vieillissant(e) [형] 늙어가는, 쇠퇴하는, 나이를 먹는
vieillissement [남] 늙음; 노화, 노쇠 ~ de la peau 피부의 노화
vierge [여] ① [종교] 동정녀 ② (V~) [종교] 성모 마리아 ③ (V~) [천문] 처녀자리
Viêt-nam [남] [지리] 베트남
vieux(vieille) [형] (모음 또는 무성 h로 시작하는 남성 단수명사 앞에서는 vieil를 사용함) 늙은; 오래된
vif(ve) [형] 살아있는, 발랄한, 활발한, 생기 있는
vigilance [여] 경계, 조심, 불침번
vigilant(e) [형] 조심하고 있는, 주의를 게을리 하지 않는, 경계하고 있는
vigile [여] 철야, 밤샘, 불침번
vigne [여] 포도나무
vignoble [남] 포도밭
vigoureusement [부] 기운차게, 원기 있게

vigoureux(se) [형] 정력적인, 강건[강장]한, 원기 왕성한
vigueur [여] 정력, 힘, 활력
vilain(e) [명] 천노; 평민, 백성; 야비한 사람
villa [여] 별장
village [남] 마을, 촌락
villageois(e) [형] 시골의, 시골사람의 [명] 시골 사람
ville [여] 도시
vin [남] 포도주, 와인
vinaigre [남] 식초, 초
vindicatif(ve) [형] 복수심이 강한, 앙심을 품은
vingt [형] 스물의 [남] 스물
vingtième [형] 스무번째의 [명] 스무번째 [남] 20분의 1
vinicole [형] 포도 재배의; 포도주 양조의
vinyle [남] [화학] 비닐
violacé(e) [형] 보랏빛이 도는, 자색의 [여][복] 제비꽃과
violation [여] 위반, 위배
violemment [부] ① 세차게; 난폭하게 ② 맹렬하게, 강력하게 ③ 열렬하게, 정열적으로 aimer ~ 열렬히 사랑하다
viol [남] 강간죄
violence [여] 맹렬, 세찬 기세; 폭력; 난폭함; 강박; 억지; 무리; 강간 faire ~ à qn ...에게 폭력을 쓰다
violent(e) [형] 격렬한, 맹렬한; 난폭한; 과격한 une attaque ~ 맹렬한 공격
violer [타] 위배[위반]하다; 침범하다; 유린하다; 강간하다
violet(te) [형] 보라색의, 자색의 [남] 보라색, 자색
violon [남] 바이올린
violoniste [명] 바이올리니스트, 바이올린 연주자
vipère [여] 살무사
virage [남] 회전, 선회; (자전거, 자동차 따위가) 커브 돌기

virer [자] 방향을 바꾸다

virginal(ale, [복] **aux)** [남] 처녀의, 처녀다운

virginité [여] 처녀성; 순결

virgule [여] 쉼표

viril(e) [형] ① 남성의 ② 성년 남자의 ③ (남성이) 정상적인 성욕, 성기능을 가진 ④ 남자다운, 씩씩한, 용감한

virilité [여] 남성임; 사나이다움, 씩씩함; 성년, 장년

virologiste [명] 바이러스학자

virologue [명] 바이러스학자

virtuel(le) [형] 가상의

virtuose [명] ① (음악의) 명인(名人), 명연주가 ② (예술의) 대가, 거장, 달인

virulence [여] 유독성, 독기; 악랄함, 신랄함

virulent(e) [형] ① (비유) 신랄한, 격렬한; 악의에 찬 ② (사람이) 적의를 품은 ③ (세균이) 유독한, 독성이 있는, 맹독의

virus [남] 바이러스

vis [여] 나사, 나사못

visa [남] 사증, 비자, 입국 허가

visage [남] 얼굴; 모습; 안색, 혈색; 사람

viscéral(ale, [복] **aux)** [형] (감정 따위가) 뿌리 깊은, (무의식적으로) 잠재된, 본능적인

viscose [여] [화학] 비스코스

visée [여] 겨냥, 조준; 표적, 과녁 [복] 목적; 주장

viser [자] ① 겨냥하다, 조준하다 ~ juste 정확하게 겨냥하다 [타간] 목표하다 ~ Le comique vise à provoquer le rire. 진정한 희극은 웃음 유발을 목표로 한다 [타] ① 겨누다, 겨냥하다; 조준하다 ~ qn avec un fusil ...을 총으로 겨누다 ② (비유) 목표하다, 노리다; 추구하다 ~ l'effet 효과를 노리다

viseur [남] ① (총기의) 조준장치, 조준기 ② [광학, 사진] 파인더

visibilité [명] 눈에 보임 avoir une ~ limitée 제한된 시야를 가지다

visible [형] 눈에 보이는 bien ~ 잘 보이는
visiblement [부] 눈에 보이게
visière [여] (모자의) 챙
vision [여] 시각, 시력; 환영; 환상 avoir une ~ très nette de qn ...의 모습을 똑똑히 보다
visionnaire [명] ① 환영을 보는 사람, 환각에 빠진 사람, 망상가 ② 계시를 받은 사람; 예언자 [형] ① 환영을 보는, 환각에 빠진; 망상에 사로잡힌 ② (문어) 예언[예견]력 있는
visite [여] 방문, 심방, 문안 une ~ officielle 공식 방문
visiter [타] 방문하다
visiteur(se) [명] 관람객, 관광객, 여행자
visqueux(se) [형] 점착성의, 끈적끈적한
visuel(le) [형] 시각의, 시각에 의한, 시각에 호소하는
visuellement [부] 시각적으로
vital(ale, [복] aux) [형] 생명의, 생명에 관한, 생명의 유지에 필요한
vitaliser [타] 생기[활기]를 주다
vitalité [여] 생명력, 활력, 왕성한 체력, 생활력
vitamine [여] 비타민
vite [형] 빠른 [부] 빨리, 속, 곧
vitesse [여] 속력, 속도
viticole [형] 포도재배의
viticulteur [남] 포도재배자
viticulture [여] 포도재배
vitrage [남] 유리를 넣기; (건물 전체의) 유리
vitrail([복] aux) [남] 스테인드글라스; (le ~) 스테인드글라스 제조법 (=l'art du ~)
vitre [여] 판유리, 창문의 유리, 차창
vitrer [타] (창문 따위에) 유리를 넣다[끼우다]
vitreux(se) [형] ① 유리 비슷한; 반투명의 ② 유리 모양[상태]의, 유리 같은, 유리질의
vitrifier [타] ① 유리화하다 ② (마루 따위에) 투명한 수지를 칠하다
vivace [형] 생명력이 강한; 강인한
vivacité [여] 활발함, 민첩함

vivant(e) [형] 살아있는; 살아있는 것 같은, 실감이 나는; 번화한, 활기찬 rue ~e 활기찬 거리
vivement [부] 활발히; 열렬히; 깊이; 통렬하게
vivification [여] 생기[활기]를 주기
vivifier [타] 생기를 주다, 활기를 띠게 하다
vivisection [여] 생체해부학
vivre [자] 살다; 존속하다
vocabulaire [남] 어휘
vocal (ale, [복] aux) [형] 음성의; 구두의
vocalement [부] 목소리로, 구두로
vocaliser [타] (자음을) 모음화하다 [자] 모음으로 노래하다, 모음으로 발성연습을 하다
vocation [여] 천직, 사명
voeu ([복] ~x) [남] ① (신에 대한) 서원 ② (신에 대한)맹세, 서약 ③ (신에 대한) 기원 ④ 소원, 희망 À vous, et à vos proches, nous vous souhaitons nos meilleurs ~x pour cette année. 여러분과 여러분의 가정에 행운이 함께 하시기를 기원합니다
vogue [여] 유행, 성행, 인기
voici [전]여기에 …이 있다; 이것은 …이다; 다음과 같다
voie [여] 길, 도로
voilà [전] 거기[저기]에 있다; 그것은 …이다
voile [남] 장막, 베일 [여] 돛; 배
voilé(e) [형] 베일로 덮인[가린]
voiler [타] 너울을[면사포를] 씌우다; 덮어 가리다; 숨기다
voir [타] 보다; 방문하다; 만나다 Ceci est à ~. 이것은 두고 보아야 할 일이다 se ~ [대] 서로 만나다; 교제하다; 사귀다 Nous *nous sommes vus* récemment. 우리는 최근에 서로 만났다
voisin(e) [형] 이웃의; 가까운 [명] 이웃사람
voisinage [남] 근처, 부근
voisiner [자] [~ avec qch/qn] 인접하다
voiture [여] 차량; 자동차
voix [여] 목소리, 음성 à haute ~ 큰 목소리로
vol [남] 날기, 비상, 비행

vol [남] ① 날기, 비상, 비행 ~ de nuit 야간비행 ② 도둑질, 절도
volaille [여] 가금류
volant(e) [형] 나는, 비행하는 [남] (자동차의) 핸들
volatil(e) [형] 기화하는, 휘발성의
volcan [남] 화산분화구
volcanique [형] 화산의, 화산성의
volée [여] ① 날기; 비상 ② (화살·탄환 등의) 일제 사격
voler [자] 날다, 비행하다 [타] 훔치다, 도둑질하다
voleur(se) [명] 도둑
volley-ball [남] [운동] 배구
volontaire [형] 자발적인, 자유의사에 따른 [명] 자원자, 자원봉사자 [남] 지원병, 의용병
volontairement [부] 자발적으로
volonté [여] 의지 작용, 의욕
volontiers [부] 기꺼이
volt [남] [전기] 볼트 (전압의 단위)
voltage [남] [전기] 전압, 전압량, 볼트 수
volte-face [여] (불변) 전향; 표변; 방향전환
volume [남] ① 책; 책 한 권 분량의 글 ② 용적, 부피 ③ 볼륨, 소리 크기
volumineux(se) [형] 부피가 큰, 용적이 큰; (작품이) 여러 권으로 된
volupté [여] 육체의 향락, 관능적 쾌락; 기쁨, 즐거움
voluptueusement [부] 육감적으로, 관능적으로
voluptueux(se) [형] ① 향락적인, 관능적 쾌락을 쫓는 ② 쾌감을 주는, 달콤한; 관능적인, 에로틱한
vomir [타] 토하다 ~ du sang 피를 토하다 (보어 없이) avoir envie de ~ 토할 것 같다, 구토증을 느끼다
vorace [형] 폭식하는; 욕심 많은
voracité [여] ① 탐식 ② (비유) 탐욕; 악착스러움 lire avec ~ 손에서 책을 놓지 않다

vote [남] 투표
voter [자] 투표하다 ~ pour[contre] qn/qch ...에 찬성[반대] 투표하다
votre [형] 당신을[너희들, 자네들, 그대들]의; 당신의
vôtre [대명] 당신(들)의 것, 너희들의 것
vouer [타] 신에게 바치다; 맹세하다, 선서하다
vouloir [타] 바라다, 원하다 Nous *voulons* la liberté. 우리는 자유를 원한다
vous [대명] 당신(들)은[이], 너희들은[이]
voûte [여] 둥근 천장, 궁륭
voûté(e) [형] 궁륭형의; 구부러진
voûter [타] 궁륭형으로 만들다; 구부러뜨리다
vouvoyer [타] (에게) vous를 사용하여 말하다
voyage [남] 여행
voyager [자] 여행하다; (새가) 이주하다
voyageur(se) [명] 여행자, 여객, 승객
voyelle [여] 모음
voyou(te) [명] 불량배
vrac [남] 짐을 선창에 난잡하게 싣기 en ~ 뒤죽박죽, 난잡하게; 포장하지 않고
vrai(e) [형] 참된, 진실한; 사실의
vraiment [부] 참말로, 사실; 확실히; 실제로
vraisemblable [형] 사실[진실]임직한, 있음직한
vraisemblablement [부] 아마
vraisemblance [여] 사실[진실]임직함, 있음직함
vu(e) [형] 보인 [전] ...에 비추어; ...이므로 ~ que ...이므로 [여] 시력; 눈; 눈길, 시선; 보기; 전망, 조망 diminution de la ~ 시력 저하
vulgaire [형] 비열한, 저속한, 상스러운
vulgarisation [여] 통속화, 대중화, 보급
vulgariser [타] (지식, 유행 따위를) 대중화[통속화]하다, 보급하다
vulgarité [여] 저속한[상스러운] 언행
vulnérabilité [여] (문어) 상처받기 쉬움, 허약함; 비판[공격]받기 쉬움, 취약함
vulnérable [형] 상처받기 쉬운, 약한

W

W, w [남] 프랑스 자모의 스물 셋째 글자
W [약] Watt ① [전기] 와트 ② [화학] 텅스텐 ③ [생물] W염색체 ④ [물리] 충전된 보손(=boson chargé) ⑤ (영) West 서(쪽)
wading [남] [영] 수중낚시 pêche à la truite en 물속에 들어가서 서서 하는 송어낚시
wagage [남] (방언) 하천의 찐득찐득한 흙 (비료용)
wagnérien(ne) [형] [음악] 바그너의, 바그너 음악의
wagnérisme [남] 바그너의 작곡법, 바그너풍
wagon [남] 짐마차, 객차, 열차
wagon-bar [남] ([복] ~s-~s) [철도] (간이) 식당차
wagon-citerne [남] ([복] ~s-~s) [철도] (액체 수송용의) 탱크형 차량
wagon-foudre [남] ([복] ~s-~s) [철도] 주류 운반용 차량
wagon-lit [남] ([복] ~s-~s) [철도] ① 침대차 ② 침대칸 좌석
wagonnage [남] [철도] 차량에 의한 운송; 철도 편 운송
wagonnée [여] 화물차 한 대분의 적재량
wagonnet [남] 광차 (鑛車) (=benne, lorry)
wagonnier [남] [철도] 조차계 (操車係)
wagon-poste [남] ([복] ~s-~s) [철도] 우편물 수송 차량
wagon-réservoir ⇒ wagon-citerne
wagon-restaurant [남] ([복] ~s-~s) [철도] 식당칸, 식당차
wagon-salon [남] ([복] ~s-~s) [철도] 살롱으로 꾸며진 호화로운 열차
wagon-tombereau [남] ([복] ~s-~s) [철도]

(석탄, 흙 따위를 수송하는) 무개차량 (無蓋車輛)

wagon-trémie [남] ([복] ~s-~s) [철도] 호퍼차량

wagon-vanne [남] ([복] ~s-~s) (하수도내의) 순회궤도차

wahhabisme [남] 와하브교

wahhabite [형] 와하브교(도)의 [명] 와하브교도

walé [남] ① 아프리카 민속 체스놀이 (=awalé) (12개의 구멍이 뚫린 탁자위에서 한 구멍에서 다른 구멍으로 체스를 이동시키는 놀이) ② 놀이에 사용되는 탁자

wali [남] (군수 또는 구청장에 해당되는) 알제리의 공무원 (프랑스의 préfet에 해당)

walkie-talkie [남] [영] ([복] ~s-~s) 워키토키 (=talkie-walkie)

walkman [남] 워크맨 (헤드폰이 달린 작은 스테레오 카세트 플레이어, 상표명)

walk-over [남] [영] ① [경마] 한 마리만 뛰는 무경쟁의 경마 ② (구어) 부전승 gagner par ~ 부전승으로 이기다

walkyrie [여] ① [신화] 빌키리 (스칸디나비아 신화에서 전쟁의 승패 및 전사들의 생사를 결정하는 세 명의 여신 중의 하나) ② (경멸) 몸이 풍만하고 건장한 여자

wallaby [남] ① [동물] 소형 캥거루 ② 사향쥐 모피

wallace [여] (옛) (파리 시가의) 분수식 수도 (영국인 *Richard Wallace*가 파리시에 기증한 것에서 연유)

walligant(e) [형] (벨기에 발론 지역의) 독립[자치]주의자의 [명] (발론 지역) 독립[자치]주의자

wallon(ne) [형] 발론 (Wallonie) 사람의, 발론어의 W~ [명] 발론 사람, w~ [남] 발론어 (벨기에 남부에서 쓰이는 프랑스어의 사투리)

wallonisme [남] 발론어 특유의 표현

Wall Street [명] 월가 (뉴욕시의 증권 거래소 소

재지)

wapiti [남] [동물] (북미, 시베리아산) 고라니

wargame [남] [영] (무장 차림새로의) 가상 전쟁 게임

warning [남] [영] (자동차의) 비상등 mettre son ~ 비상등을 켜다

warrant [남] [영] ① [상법] 창고증권 ② 담보물건, 보증 ③ [법] 영장 (체포, 구속 영장 따위)

warrantage [남] [상법] 창고증권의 발행

warranter [타] (보관된 화물에 대해) 창고증권을 발행하다

Washington [남] 워싱턴(미국(États-Unis)의 수도)

washingtonia [남] [식물] 워싱턴 종려나무

wasp [형] [명] (미국에서) 백인 앵글로 색슨 크리스쳔(의) (White Anglo-saxon Protestant의 약어)

wassingue [여] (지방어 : 북프랑스) 행주, 걸레

water-ballast [남] [영] ① [해양] (물의 무게로 배의 안정을 유지하기 위해) 배 밑바닥에 마련된 물(연료)탱크 ② (잠수함의) 침강조 (沈降槽)

water-closet(s) [남] [영] 수세식 변소, 화장실 ([약] W.C.)

watergang [남] (지방어 : 벨기에, 북프랑스) 배수 공사

waterman [남] [영] ([복] men) ① 수저굴착기 (水底掘鑿機) ② 증기선 (蒸氣船) ③ (Waterman 사(社)의) 만년필

water-polo [남] [영] [운동] 워터폴로, 수구 (水球)

waterproof [형] [영] (불변) 방수의, 방수처리 된 montre ~ 방수 시계 [남] ① 방수처리가 된 물건 ② 레인코트, 우의, 우비 (=imperméable)

waters [남] [복] [영] ① 화장실 aller aux ~ 화장실에 가다 ② 변기 les ~ sont bouchée 화장실이 변기가 막혔다

waterzoï [남] [요리] 와테르조이 (크림과 백포도주에 샐러리와 같은 야채를 넣어 끓인 수프에

민물고기를 튀긴 프랑드르 지방 요리)
watt [남] 와트(전력의 실용 단위) ampoule de 100 watts 100와트짜리 전구
watté(e) [형] [전기] courant ~ (=actif) 유효전기
wattheure [남] [전기] 와트시 (侍) (1시간 1와트의 전기량)
wattheuremètre [남] [전기] 전력계, 와트미터 (어떤 기간 동안 쓴 전력의 총량을 재는 계기)
wattman [남] ① (옛) 전차 운전사 (=traminot) ② 자동차 운전사
Wb [약] weber [물리] 웨버
W.-C. [남][복] 변소, 화장실 (water-closet(s)의 약어)
web [남] 월드 와이드 웹 surfer sur le W~ 웹 서핑하다
webcam [여] 웹캠(인터넷영상을 위한 특수 카메라)
webmestre [명] 웹마스터 (웹서버를 운영, 관리하는 시스템 운영자)
week-end [남] 주말 le week-end suivant 다음 주말
welche ⇒ velche
wellingtonia [남] [식물] 세쿼이어 (=séquoia) (미국산의 거대한 삼나무과 식물)
weltanschauung [여] [철학] 세계관
welter [남] [운동] (권투의) 웰터급
wergeld [남] [역사] (프랑크 시대에 가해자가 피해자 또는 그 가족에 지불한) 배상금 (특히 인명 피해의 경우)
western [남] [영] [영화] (미국의) 서부극, 서부영화 (경멸) ~ spaghetti 이탈리아 서부극 ~ soja (서양의 서부영화와 유사한 동양의) 무술영화
westphalien(ne) [형] 베스트팔리아(*Westphalie* : 독일의 주)의 W~[명] 베스트팔리아 사람
Wh [약] [전기] 와트시(時)
wharf [남] 부두, 선창 droit de ~ 부두 사용료

whig [명] [영] [역사] 휘그당원 [형] 휘그당의
whiggisme [남] (영국의 휘그당의) 정책, 주장
whipcord [남] [직물] (올이 촘촘한) 영국산 능직물 (특히 승마복에 쓰임)
whisky [남] (pl. ~s, ~ies) ① 위스키, 스카치 ② 위스키 한 잔
whist [남] [영] 휘스트 (브리지(bridge)의 전신인 카드놀이)
white-spirit [남] [화학] 화이트 스피릿 (페인트, 와니스 등의 용제)
wicket [남] [운동] (크리켓의) 삼주문(三柱門)
wigwam [남] 북미 인디언들의 천막집, 인디언 마을
wilaya [여] 알제리의 행정구분 단위
wildcat [남] [석유] 시추정(試錐井)
williams [여] (수분이 많고 향기로운) 배의 품종 중의 하나
winch [남] (요트의 돛을 올리는) 윈치
winchester [여] 원체스터 연발소총
wintergreen [남] essence de ~ 동록유 (철쭉잎에서 채취한 향유)
wishbone [남] 돛을 감싸는 긴 반원형의 돛대
wisigoth(e) [형] [역사] 서(西)고트(Goth)의 [명] 서고트 사람
wisigothique [형] [역사] 서(西)고트(Goth)의
wiski [남] (옛) 경(輕) 2륜마차
withérite [여] [광물] 독중석(毒重石)
witloof [여] [식물] 풀상치의 일종
wolfram [남] [광물] 볼프람, 텅스텐
wolframite [여] [광물] 볼프람 철광, 청망간 중석
wolof, ouolof [형] (서아프리카 세네갈 및 감비아에 퍼져있는) 월로프 민족의 W~[명] 월로프 종족인 [남] 월로프어 (세네갈의 공용어 중의 하나)
wombat [남] [동물] (오스트레일리아산의) 주머니곰 (=phascolome)
won [남] ([복] ~(s)) 원 (한국의 화폐 단위)

woofer [남] 저음(재생) 스피커
wormien [형] [남] [해부] os ~s 위름씨 뼈 (두 개골의 여러 뼈들 사이에서 생겨날 수 있는 여분 소골편(小骨片))
würmien(ne) [형] [지질] 뷔름 빙하기의
wyandotte [형] 와이언도트족의 [여] 와이언도트 종(種) 암닭

X

X, x [남] 프랑스 자모의 스물 네째 글자
xanthate [남] [화학] 크산틴산염
xanthélasma [남] [의학] 황색증
xanthène [남] [화학] 크산텐
xanthie [여] [곤충] 밤나방의 일종
xanthine [여] [생화학] 크산틴 (혈액, 간, 오줌에 함유됨)
xanthique [형] [화학] 크산틴산
xanthochromie [여] [의학] (피부가) 노랗게 변하는 현상, 황염, 황변
xanthogénique [형] [화학] 크산틴산
xanthome [남] [의학] 황색종
xanthophylle [여] [식물] 크산토필, 엽황소
xanthopsie [여] 의학 황시증
Xe [약] xénon [화학] 크세논
xénarthres [남] [복] [동물] 빈치포유류의 일종
xénélasie [여] ① [국제법] (국내에 거주하고 있는) 적국인 추방권 ② [고대그리스] 외국인 퇴거령
xénodevise [여] (1970년경) (흔히 복수) 외국환, 외국통화
xénogreffe [여] [의학] 이종이식
xénon [화학] 크세논
xénoparasitisme [남] [의학] 이물기생(異物寄生)
xénophile [형] (드물게) 외국인을 좋아하는 [명] 외국인을 좋아하는 사람 [여] (드물게) 외국인을 좋아함
xénophobe [형] 외국인을 싫어(혐오)하는
xénophobie [여] 외국인(것)을 싫어함
xénopplastique [형] [의학] 이종이식의 greffe ~ 이종이식 수술
xéranthème [남] [식물] 깔깔이, 애국화, 왜국화
xérès [남] 헤레스산 백포도주 (셰리주)

xérocopie [여] 제록스(xérox) 복사(술)
xérodermie [여] [의학] 피부건조증, 건피증
xérographie [여] 제록스(xérox) 복사(술)
xérographique [형] 제록스(xérox) 복사(술)의
xérophagie [여] ① 건조식(食)의 섭취 ② (원시 기독교의) 대제 (빵, 물, 소금, 생야채만을 먹는 단식일)
xérophile [형] [식물] 건조한 곳에서 자라는, 건생(乾生)의
xérophtalmie [여] [의학] 안구(眼球) 건조증
xérophyte [여] [식물] 건생식물
xérosis [남] 결막 건조증 (안구건조증의 첫단계)
xérus [남] [동물] (아시아, 아프리카산의) 작은 다람쥐
xi, ksi [남] 그리스 자모의 14째 글자
ximénie [여] [식물] 크시메니아 (열대식물, 열매는 식용)
xipho ⇒ xiphophore
xiphoïde [형] ① [의학] appendice ~ 검상돌기 ② [식물] 칼(검) 모양의 : iris ~ 수선화
xiphoïdien(ne) [형] [의학] 검상돌기의
xiphophore [남] [어류] (멕시코 만에서 나는) 검미류 (송사리과(科))
xographie [여] [사진] 조그라피
xylème [남] [식물] 목부(木部) (나무 외피, 잎 따위와 대조되어 쓰임)
xylène [남] [화학] 크실리딘
xylidine [여] [화학] 크실리딘
xylite [여] [화학] 크실리트
xylocope [남] [곤충] 어리호박벌속
xylographe [남] 목판(木板) 조각사
xylographie [여] 목판(木板)술; 목판화
xylographique [형] 목판(술)의 : incunable ~ 목판쇄본(木板刷本)
xylol [남] ⇒ xylène
xylolâtrie [여] (드물게) 목상(木像) 숭배
xylophage [형] [곤충] 나무를 파먹는 [명] 나무좀

xylophone [남] [음악] 실로폰, 목금(木琴)
xylophoniste [명] 실로폰연주가
xylose [남] [생화학] 크실로즈, 목당(木糖)
xyste [남] [고대그리스] 실내 경기장의 회랑

Y

Y, y [남] 프랑스 자모의 스물다섯째 글자
y [부] ① (장소 : à, en, dans, sur...+ 명사, 대명사를 대신함) 거기에(서) : Allez-vous à Paris? - Oui, j'y vais. 파리에 가시나요? - 예. (그곳에) 갑니다 ② (동사구에서 관용적으로 쓰임) y regarder à deux fois 곰곰이 (거듭) 생각하다 il y a ⇒ avoir
yachmak [남] (터키의 회교도 여성의 얼굴을 가리는) 베일 (=tchador)
yacht [남] 요트 ~ club 요트 클럽/ ~ de croisière 유람선
yachting [남] 요트 놀이, 요트 레이스
yack [남] ① [동물] (티벳 지방의) 야크 이우 ② 수다, 허튼 소리
yakitori [남] 야끼도리, (일본식 가금류) 꼬치구이
yakusa [남] 야쿠자, 일본의 비밀 (범죄) 조직
yang [남] 양(陽) (중국 도교철학의 기본개념; 음(陰)에 대비되는 개념)
yankee [남] ① 양키, 미국인, 미국 사람 ② [역사] (흔히 경멸) 영국계 이주자; (남북전쟁시) 북군파
yaourt [남] 요구르트
yard [남] 야드(3피트), 마당
yatagan [남] (터키의) 끝쪽날이 굽은 장검(長劍)
yawl [남] 욜 형 범선
Yémen [남] [지리] 예멘
yéménite [형] 예멘(Yémen)의 Y~[명] 예멘 사람
yen [남] 엔(일본의 화폐단위)
yéti [남] 예티 (히말라야 산맥에 산다고 추정되는 전설적인 눈 사람)
yeux [남][복] ⇒ œil(눈)의 복수형

yiddish [남] [영] (복수불변) 이디시어(語) (동유럽의 유태인들이 쓰는 독일어와 히브리어의 혼합어)

yin [남] 음(陰) (중국 도교철학의 기본개념; 양(陽)에 대비되는 개념)

yod [남] ① [언어] 페니키아 히브리어 자모의 10번째 자 (프랑스 자모의 y에 해당) ② 경구개 마찰 반모음 [j]

yoga [남] 요가

yogi [남] 요가 수행자

yogisme [남] 요가수행

yoghourt [남] ⇒ yaourt

yohimbine [여] [생화학] 요힘빈

yole [여] (여러 사람이 젓는) 경주용 보트

yom kippour [남] 유대인 속죄제 축제 (=Jour du Grand Pardon)

yorkshire-terrier [남] 요크셔, 영국산 소형 애완견

Yougoslavie [여] [지리] 유고슬라비아

youpi [감] 야호! (기뻐서 외치는 소리; 흔히 동작이 같이 따라옴)

youpin(e) [명] (구어, 경멸) 유태인 (인종차별주의자들의 욕설에 쓰임)

youtre [명] (경멸) 유태인(=youpin) [형] 유태인의

youyou [남] (정박하고 있는 배와 부두 사이를 왕래하는) 작은 보트

yo-yo [남] 요요(장난감)

ypérite [여] [화학] 이페리트 가스 (독일군이 벨기에의 Ypres를 공격할 때 사용한 독가스)

ypérité(e) [형] [명] 이페리트 가스의 해를 입은 (사람)

ysopet, isopet [남] [문학사] (중세의) 우화집

ytterbine [여] [화학] 산화 이테르븀

ytterbium [남] [화학] 이테르븀

yttria [남] [화학] 천연 산화 이트륨

yttrialite [여] [광물] 이트륨, 토륨 따위의 천연 규산염

yttrifère [형] [광물] 이트륨을 함유한
yttrique [형] [화학] 이트륨 화학물의
yttrium [남] [화학] 이트륨
yu [남] 중국의 용적 단위 (약 112리터)
yuan [남] 원(元) (중국의 통화 단위)
yucca [남] [식물] 유카, 실난초
yuppie [명] [영] 활동적이고 야심에 찬 젊은 고급 관리직 종사자

Z

Z, z [남] 프랑스 자모의 스물여섯째 글자
zabre [남] [곤충] (곡식에 기생하는) 딱정벌레의 일종
Z.A.C [약] Zone d'aménagement concerté (구획정리 대상지구)
Z.A.D [약] Zone d'aménagement différé (구획정리 예상지구)
zader [v.t] (토지를) 구획정리 예정지구(Z.A.D)에 편입하다, 도시계획으로 묶다; (의) 매매를 동결하다
zagaie [여] (토인의) 투창(投槍) (=sagaie)
zain [형] [남] (말, 개가) 얼룩없이 단색의, 흰털이 전혀 없는 : chien ~ 단색의 개
zamak [남] (기계제조에 사용되는) 아연, 알루미늄, 마그네슘, 구리 따위의 혼합물
zamier [남] [식물] (아프리카, 중미산) 소철류의 나무
zancle [남] [어류] 나비고기과(科)의 물고기
zanni [남] (베네치아 희극의) 어릿광대
zanzi, zanzibar [남] (세 개의 주사위로 하는) 주사위 놀이
zapatéado [남] 스페인 무도곡
zapper [자] TV 리모콘을 이용하여 채널을 이리저리 돌리다
zappeur(euse) (1986) [명] ① TV 리모콘을 이용하여하는 사람 ② (비유) (한곳에 마음을 못두고) 끊임없이 이리갔다 저리갔다 하는 사람 [남] 리모콘, 원격 조작 (=télécommande)
zapping [남] 채널 돌리기
zazou [자] [명] (제 2차 대전 중 재즈음악에 열중한 파리의) 재즈광
zèbre [남] ① [동물] 얼룩말 ② 이상한 사람, 괴짜
zèbré(e) [형] (얼룩말 같은) 줄무늬가 있는

zèbrer [타] (얼룩말 같은) 줄무늬를 넣다
zèbrure [여] ① (얼룩말 같은) 줄무늬 ② 긴 선, 줄 (=strie, traînée)
zée [남] [어류] 달고기
zèle [남] ① 열심, 열의, 열정 ② [문어] (종교적) 열의, 헌신
zélé(e) [형] 열심인, 헌신적인
zélotisme [남] 젤로트식 사고방식(주의); 열광, 광신
zen [남] 선(禪) [형] (불변) 선의, 선종의 : secte ~ 선종(禪宗)
zénana [남] ① (인도 회교들의) 규방, 안방 ② 실내복용 옷감
zend(e) [남] 젠드어(語) (고대 페르시아어)
zerbia [남] [직물] (알제리산) 융단
zéro [남] (수량의) 영(0), 없음
zérotage [남] (온도계 따위의 측정 계기를) 0°로 매기기
zest(e) [감] ① 씽, 획 (동작의 민첩함을 표시) ② 흥! 채! (거절, 멸시의 표현)
zeste [남] ① (레몬, 오렌지 따위의) 겉껍질 ② (호두를 4분하는) 속껍질 ③ 극소량
zester [타] (드물게) (오렌지 따위의) 껍질을 벗기다
zesteuse [여] (오렌지 따위의 과일의) 껍질을 벗기는 기구
zététique [형] ① [철학] (진리를) 탐구하는 (회의론적 철학자들을 특징적으로 지시하는 대 사용됨) ② [수학] 해석적인
zig, zigue [남] (구어) 녀석, 작자
zigzag [남] Z 자형, 지그재그형
zigzagant(e) [형] 갈짓자로 가는, 비틀거리는
zigzaguer [자] 갈짓자를 그리며 가다, 비틀거리며 가다
zinc [남] [화학] 아연
Zimbabwe [남] [지리] 짐자브웨(아프리카 남동부의 공화국)
zodiaque [남] [천문] 황도대 signes du ~ 황도

12궁
zombi(e) [남] ① 좀비 ② 꼭두각시
zone [여] 구역, 부분, 지역, 영역
zoo [남] 동물원
zoologie [여] 동물학
zoologique [형] 동물학(상)의
zoologiste [명] 동물학자
zoom [남] ① 줌; 줌렌즈 ② (비유) (관심)집중 ~ sur les nouveautés 신제품으로의 관심집중
zoomer [자] 줌렌즈를 이용하여 사진 찍다, 촬영하다
zoonomie [여] 동물권리옹호학
zoothérapie [여] (옛) 수의학
zozo [남] (구어) 순진한 사람, 바보
Zr [약] zirconium ([화학] 지르코늄)
zut [감] 젠장! 빌어먹을! (실망, 분노, 불만을 나타냄)
zymotique [형] [생화학] 발효의, 발효로 인한
zzzz... [감] 즈즈즈즈...(벌레, 파리 따위의 곤충이 윙윙거리는 소리)

DICTIONNAIRE FRANÇAIS-CORÉEN

부록

수의 표현
시간, 방위 명사, 축제일
유용한 표현
속담

수의 표현

1. 기수

0	zéro
1	un
2	deux
3	trois
4	quatre
5	cinq
6	six
7	sept
8	huit
9	neuf
10	dix
11	onze
12	douze
13	treize
14	quatorze
15	quinze
16	seize
17	dix-sept
18	dix-huit
19	dix-neuf
20	vingt
21	vingt et un
22	vingt-deux
23	vingt-trois
30	trente
31	trente et un
32	trente-deux
33	trente-trois
40	quarante
41	quarante et un
50	cinquante
51	cinquante et un
60	soixante

61	soixante et un
70	soixante-dix
71	soixante et onze
72	soixante douze
73	soixante treize
80	quatre-vingts
81	quatre-vingt-un
82	quatre-vingt-deux
83	quatre-vingt-trois
90	quatre-vingt-dix
91	quatre-vingt-onze
92	quatre-vingt-douze
93	quatre-vingt-treize
99	quatre-vingt-dix-neuf
100	cent
101	cent un
102	cent deux
103	cent trois
200	deux cents
220	deux cent vingt
250	deux cent cinquante
300	trois cents
500	cinq cents
1.000	mille
1.001	mille un
1.345	mille trois cent quarante-cinq
2.000	deux mille
3.000	trois mille
10.000	dix mille
100.000	cent mille
200.000	deux cent mille
1.000.000	un million
2.000.000	deux millions
10.000.000	dix millions
100.000.000	cent millions
200.000.000	deux cents millions
1.000.000.000	un milliard

1.000.000.000.000 mille milliards

[주]
① 1은 남성형 un과 여성형 une가 있음. 마찬가지로 21, 31, 41... 등에서도 남성, 여성의 구별이 있음.
② million(백만), milliard(10억)는 명사이므로 복수형이 존재하고, 뒤에 명사가 오면 전치사 de로 연결함 : deux millions d'euros (2백만 유로)
③ 천단위를 구별하기 위해 [.](point)을 사용하고 소수점은 [,](virgule)을 사용. 0,3 zéro virgule trois; 15,41 quinze virgule quarante et un

2. 서수

1er	premier(ère)
2^e	deuxième
3^e	troisième
4^e	quatrième
5^e	cinquième
6^e	sixième
7^e	septième
8^e	huitième
9^e	neuvième
10^e	dixième
11^e	onzième
12^e	douzième
13^e	treizième
14^e	quatorzième
15^e	quinzième
16^e	seizième
17^e	dix-septième
18^e	dix-huitième
19^e	dix-neuvième
20^e	vingtième
21^e	vingt et unième
30^e	trentième

31^e	trente et unième
100^e	centième
101^e	cent unième
111^e	cent onzième
1000^e	millième

[주]
① deuxième 대신 second을 쓰기도 하며 이 경우 여성형으로 seconde를 사용.
② 연대, 날짜, 군주, 제왕의 호칭 등에서 2이상은 서수를 대신하여 기수를 사용. 단, 1은 서수 사용.
mille neuf cent quarante-huit; dix-neuf cent quarante-huit 1948년
ex. Le premier mai 5월 1일
　　Louis XIV(quatorze) 루이 14세

3. 개략수

약 8	huitaine
약 10	dixaine
약 12	douzaine
약 15	quinzaine
약 20	vingtaine
약 30	trentaine
약 40	quarantaine
약 50	cinquantaine
약 60	soixantaine
약 100	centaine
약 1000	millier

4. 배수

2배	double
3배	triple
4배	quadruple
5배	quintuple

6배	sextuple
7배	septuple
8배	octuple
9배	nonuple
10배	décuple
100배	centuple

[주] deux fois, trois fois... 등의 fois를 사용할 수 있다.

5. 분수

$1/2$	un demi; la moitié; un sur deux
$1/3$	un tiers; un sur trois
$1/4$	un quart; un sur quatre
$1/5$	un cinquième; un sur cinq
$5/12$	cinq douzièmes; cinq sur douze
$7/10$	sept dixièmes
$4\,3/4$	quatre trois quarts
$14/324$	quatorze sur trois cent vingt-quatre

6. 기타

16%	seize pour cent
4^2	le carré de quatre; quatre au carré; quatre (à la) puissance deux
4^3	le cube de quatre; quatre au cube; quatre (à la) puissance trois
5^4	cinq (à la) puissance quatre
A^n	A à la Nième [ɛniɛm] puissance
$\sqrt{10}$	la racine de dix
$\sqrt[3]{10}$	la racine cubique de dix
$\sqrt[4]{10}$	la racine quatrième de dix
$\sqrt[n]{X}$	la racine Nième de X

7. 주요 수식 기호

+	plus
-	moins
±	plus ou moins
×	multiplié par
÷	divisé par
a/b	a sur b
=	égal à
≡	identique à
≠	différent de
≤	inférieur ou égal
≥	supérieur ou égal
≪	très inférieur à
≫	très supérieur à
Σ	sigma
∈	appartient à
∉	n'appartient pas à
⊂	inclus dans
⊄	non inclus dans
∩	symbole d'intersection
∪	symbole d'union
<	inférieur à
>	supérieur à
|x|	valeur absolue de x

8. 수식 읽는 법

덧셈 addition
2+3=5 deux et(plus) trois font(égale) cinq

뺄셈 soustraction
8-1=7 huit moins un font sept

곱셈 multiplication
6×9=54 six fois neuf égale cinquante-quatre; six multiplié par neuf égale cinquante-quatre

나눗셈 division
12÷3=4 douze divisé par trois égale quatre

시간, 방위 명사, 축제일

1. 달　mois

1월	janvier
2월	février
3월	mars
4월	avril
5월	mai
6월	juin
7월	juillet
8월	août
9월	septembre
10월	octobre
11월	novembre
12월	décembre

2. 요일　jours de la semaine

월요일	lundi
화요일	mardi
수요일	mercredi
목요일	jeudi
금요일	vendredi
토요일	samedi
일요일	dimanche

3. 계절　saisons

봄	printemps
여름	été
가을	automne
겨울	hiver
춘분	équinoxe de printemps
하지	solstice d'été

추분	équinoxe d'automne
동지	solstice d'hiver

[주] 계절명 앞에 전치사를 써서 부사구를 이룰 때 printemps 앞에 놓이는 전치사는 다른 계절의 경우와 구별됨.

au printemps, en été, en automne, en hiver

4. 방위 directions

동	l'Est [E.]
서	l'Ouest [O.]
남	le Sud [S.]
북	le Nord [N.]
동남	le Sud-Est [S. E.]
동북	le Nord-Est [N. E.]
서남	le Sud-Ouest [S. O.]
서북	le Nord-Ouest [N. O.]
동남동	l'Est-Sud-Est [N. S. E]
서북서	l'Ouest-Nord-Ouest [O. N. O.]
남남동	le Sud-Sud-Est [S. S. E.]
북북서	le Nord-Nord-Ouest [N. N. O.]

5. 축제일 fêtes

A. Fêtes légales 프랑스 법정 축제일
(*는 유동적 축제일)

 Jour de l'An 정월 초하루
(1월 1일)
*Pâques 부활절
(춘분 이후 보름달이 된 뒤에 오는 첫 일요일)
*Lundi de Pâques 부활절 다음 월요일
(부활절의 다음날)
 Fête du Travail 노동절
(5월 1일)
*Ascension 예수 승천절
(부활절 40일 후의 목요일)

시간, 방위 명사...

Victoire 1945 (2차대전) 승전기념일
(5월 8일)
*Pentecôte 성신강림축일
(부활절 후 7번째 일요일)
*Lundi de Pentecôte 성신강림축일의 월요일
(성신강림 축일의 다음날)
Fête nationale 프랑스 혁명 기념일
(7월 14일)
Assomption 몽소 승천절
(8월 15일)
Toussaint 만성절(萬聖節)
(11월 1일)
Armistice 1918 (1차 세계대전) 휴전 기념일
(11월 11일)
Noël 성탄절
(12월 25일)

B. 주요 가톨릭 축제일 (principales fêtes catholiques) (*는 유동적 축제일)

Avent 대림절
(크리스마스 전 4주간)
Noël 성탄절
(12월 25일)
Épiphanie 주현절
(1월 6일)
*Mercredi des Cendres 재의 수요일
(부활절의 46일 전)
*Quadragésime 사순절의 제 1 일요일
(부활절의 6주 전)
Annonciation du Seigneur 성모영보절
(3월 25일)
*Rameaux 성지주일
(부활절 전주 일요일)
*Pâques 부활절
(춘분 이후 보름달이 된 뒤에 오는 첫 일요일)
*Ascension 예수 승천절
(부활절 40일후의 목요일)

*Pentecôte 성신강림축일
(부활절 후 7번째 일요일)
*Trinité 삼위일체 축일
(부활절 후 8번째 일요일)
*Fête-Dieu 성체첨례
(부활절 60일 후의 목요일)
Transfiguration 예수 현성용 축일
(8월 6일)
Assomption 몽소 승천절
(8월 15일)
Nativité 성모탄생축일
(9월 8일)
Toussaint 만성절
(11월 1일)
Fête des morts[des Trépassés] 만령절
(11월 2일)

C. 월별 주요 축제일 및 행사

1월
Jour de l'An 신년 (1일): 경축일에 요란하게 법석을 떨며 신년을 축하하는 프랑스인들은 정월 초 하루만은 조용하게 보낸다. 가게도 문을 닫고 차도 적게 다니고 거리는 한적하다.

Épiphanie 주현절 (6일): 왕의 축일이라고도 불리는 가톨릭의 축일. 이 날은 'galette de rois'라고 하는 원형의 케이크를 먹는다. 잘려진 케이크 속에 콩이나 하얗고 작은 도자기 인형이 들어 있으면 그 날의 주인공이 된다. 종이 왕관을 쓰고 파티의 주역을 담당한다.

2월
Mardi gras 마르디 그라: 부활절 47일 전의 화요일. 행사로 니스의 카니발이나 망통의 레몬 축제가 유명하다.

3월
Pâques 부활절: 3월 22일 이후부터 4월 25일까지 춘분 이후 처음으로 보름달이 뜨는 다음 일요일이

부활절 당일이다. 매년 변하는 이동 축제일이다. 그 전 금요일은 그리스도의 수난을 기념하는 성 금요일이다. 약 2주간의 휴가를 즐길 수 있으며, 달걀 모양의 초콜릿을 선물하는 풍습도 있다.
Lundi de Pâques 부활절 다음 월요일: 부활절 다음날은 부활절 후 월요일이라고 해서 이 날은 법정 공휴일로 되어 있다. 달력상으로 봄이 되는 것도 부활절부터다.

4월
Poisson d'avril 만우절 (1일): 물고기 모양을 한 초콜릿이나 파이가 과자점에 진열된다.

5월
Fête du Travail 노동절 (1일): 이 날은 은방울 꽃을 서로 선물하는 풍습이 있다.
Victoire 1945 제2차 세계 대전 승전 기념일 (8일)
Fête Jeanne d'Arc 잔 다르크제 (둘째 일요일): 오를레앙 지방의 축제가 제일 유명한데 잔다르크 분장을 한 소녀가 행렬을 이끈다.
Ascension 승천제 : 부활절로부터 40일째 해당하고 매년 변한다.
Marathon de Paris 파리 마라톤 (중순): 파리 시내를 횡단하는 대회. 참가는 자유로 매년 1만 명 이상의 사람들이 달린다.
Internationaux de France de Roland-Garros 롤랑 가로스(프랑스 오픈) 테니스 대회: 롤랑 가로스에서 열리는 테니스 오픈.
Championnat de France de football 프랑스축구선수권대회: 압도적인 인기를 자랑하는 축구 선수권 대회.
Pentecôte 성령 강림제: 부활절로부터 50일째에 해당한다.
Lundi de Pentecôte 성령 강림제 다음 월요일
Fête des mères 어머니날 (네 번째 일요일): 카네이션은 없고 아이들의 취향을 노린 선물 전쟁으로 들뜬다.
Festival de Cannes 칸영화제

6월

Salon international de l'aéronautique et de l'espace de Paris 파리 항공우주쇼 (초순): 런던과 파리에서 2년마다 개최되는 대규모 쇼.

Course des garçons de café de Paris 파리 웨이터 마라톤 대회: 카페와 웨이터, 웨이트리스의 힘겨루기. 시 청사 앞에서 바스티유까지 쟁반에 병을 올려놓고 경주.

Fête des pères 아버지의 날 (세 번째 일요일)

7월

Tour de France 투르 드 프랑스 (6월 말부터 7월 중순): 전 프랑스 국민이 열광하는 자전거 경주.

Fête nationale 혁명 기념일 (7월 14일): 파리 축제로 알려져 있다. 샹젤리제의 퍼레이드가 볼만하다.

Festival estival de Paris 파리 여름축제 (7월 중순-9월): 파리 시내에서 콘서트 등이 개최된다.

8월

Assomption de la Vierge Marie 성모 승천제 (8월 15일): 이 달은 바캉스 시즌이 한창인 때다.

9월

Festival d'automne à Paris 가을의 예술제 (9월 말-12월 초순): 파리 시내의 유명 극장 홀에서 콘서트가 열린다.

10월

Prix de l'Arc de Triomphe 개선문상 (첫째 일요일): 파리 롱샹 경마장에서 열리는 경주.

Salon d'automne 가을의 살롱 (10월 말부터 약 3주간): 그랑 팔레에서 열리는 국제 회화전.

Rallye Paris-Deauville 파리-도빌: 트로카데로 광장에서부터 노르망디의 도빌까지 달리는 우아한 클래식 자동차 경주.

11월

Toussaint 만성절 (11월 1일)

Armistice 1918 (1차 세계대전) 휴전 기념일 (11월 11일)

Fête des vendanges à Montmartre 몽마르트르 포도 축제: 몽마르트르에 남아 있는 포도밭에서 행해지는 수확제.

Fête du Beaujolais Nouveau 보졸레 누보 해금일 (세 번째 목요일): 한국에서도 아주 유명해진 축제. 이 날 와인 바에 가면 그 해의 와인의 숙성도를 음미하는 파리 사람을 만날 수 있을 것이다.

Trois Glorieuses 영광의 3일 (세 번째 주말): 부르고뉴에서 열리는 포도 수확제.

12월

Noël 성탄절 (12월 25일): 12월이 되면 거리는 트리로 장식되어 크리스마스 기분을 한층 느낄 수 있다. 크리스마스이브에는 교회에서 미사를 드리고 푸아그라(foie gras)나 뷔슈 드 노엘(bûche de Noël)이라고 하는 장작 모양의 케이크를 먹는 습관이 있다.

Réveillon 송년회: 가족 전부가 저녁을 먹는 크리스마스와는 달리 송년회는 모두가 성대하게 축하하는 것이 프랑스식이다. 파리에서는 오전 0시가 되면 옆에 있는 잘 모르는 사람과도 키스를 하고 신년을 서로 축하한다. 이날만은 그것이 무례가 아니다. 여기저기서 차의 클랙슨을 울려대기도 한다.

유용한 표현

1. 인사말 - 평소인사

- 인사를 할 때
Bonjour ! / Bonsoir ! / Salut !
안녕하세요.
Comment ça va ?
어떻게 지내니?
Comment allez-vous ?
어떻게 지내세요?

- 처음 만났을 때
Enchanté(e).
반갑습니다.
Ravi(e) de vous rencontrer.
만나서 기쁩니다.

- 자기소개를 할 때
Je me présente.
제 소개를 하겠습니다.
Je suis Marie. / Je m'appelle Marie.
저는 마리입니다.

- 헤어질 때
Au revoir !
안녕히 가세요.
À tout a l'heure !
잠시 후에 봐요.
On se revoit ce soir.
오늘 저녁에 다시 봐요.

- 병문안을 할 때
Comment vous sentez-vous ?
기분이 어떠세요?
Vous allez mieux ?
좀 나아요?

Soignez-vous bien.
몸조리 잘 하세요.

-새해 인사말
Bonne année !
새해 복 많이 받으세요!
Meilleurs voeux pour cette année !
좋은 새해가 되시기를!

2. 기원할 때

-식사 때
Bon appétit !
맛있게 드세요.

-술 마실 때
À votre santé !
건배!
À la vôtre !
당신의 건강을 위해!
À notre rencontre !
우리의 만남을 위하여!

- 용기
Bon courge ! 기운내세요!
Travaillez bien ! 일 잘 하세요!
Bonne chance ! 행운이 있기를!

- 여행가는 사람에게
Bon voyage !
좋은 여행 되세요!
Je vous souhaite un bon séjour !
머무르시는 동안 즐거운 시간 보내시기 바랍니다!

-기념일
Bonne fête !
축일을 축하합니다!

Joyeux anniversaire !
생일 축하합니다 !
Joyeux Noël !
메리 크리스마스!

3. 질문

-위치를 물을때
Excusez-moi Monsieur, vous pouvez me dire où se trouve le cinéma ?
실례지만 영화관이 어디 있는지 말씀해 주시겠어요?
Pardon Madame, je cherche la poste.
실례지만 우체국을 찾고 있는데요.

-시간을 물을 때
Vous avez l'heure, s'il vous plaît ?
시계 있으세요?
Quelle heure est-il ?
몇 시입니까?

- 가격을 물을 때
Quel est le prix de ce livre ?
이 책은 얼마입니까?
Combien ça coûte ?
얼마입니까?

- 나이를 물을 때
Quel âge avez-vous ?
나이가 어떻게 되세요?

- 취미를 물을때
Vous aimez le jazz ?
재즈 음악 좋아하세요?
Vous aimez bien le cinéma français ?
프랑스 영화 좋아하세요?
Tu aimes le ski ?

너 스키 타는 거 좋아하니?

- 사물에 대해 물을 때
À quoi ça sert ?
어디에 쓰는 물건인가요?
C'est fait en quoi ?
그것은 무엇으로 되어 있나요?
C'est de quelle couleur ?
그것은 무슨 색이죠?

4. 감정표현

- 기쁠 때
Je suis heureux(se) / content(e).
기쁩니다.
Je me sens de bonne humeur ce matin.
오늘 아침 난 기분이 좋습니다.
Tu as l'air en forme aujourd'hui.
너 오늘 컨디션이 좋아 보이는데.

-슬플 때
J'ai le cafard. / Je ne me sens pas bien.
난 기분이 우울해
C'est triste.
안 됐군요.

-음식이 맛이 없을 때
Ce plat ne me fait pas envie.
이 음식은 먹고 싶지 않네요.
Je ne trouve pas ça très bon.
이 음식은 별로 맛이 없네요.

-화가 났을때
Tu a l'air fâché.
화가 난 모양이군요.
C'est insupportable !
정말 참을 수가 없군!

Ça suffit !
그만 좀 해!
J'en ai marre de cette histoire !
그 이야기 이젠 정말 지긋지긋해!
Ça m'énerve.
신경질 나는군.

- 놀랐을 때
C'est surprenant / étonnant !
놀랍군요!
C'est pas vrai ! / C'est pas possible !
그럴 리가!

- 감탄했을 때
C'est magnifique / superbe / génial !
굉장하네요!
Qu'est-ce que c'est beau.
너무 좋아요.

- 실망했을 때
Je suis déçu(e).
실망스럽네요.
Il m'a vraiment déçu(e).
나는 정말 그에게 실망했어.
Je n'aurais pas cru ça d'elle.
난 그녀가 그럴 줄 몰랐어.

- 유감을 표현할 때
Je suis désolé(e) / Je regrette.
죄송합니다.
C'est vraiment dommage.
정말 유감이군요.

- 두려울 때
J'ai peur de prendre l'avion.
비행기 타기가 겁이 나요.
J'ai la trouille.
나는 겁이 나요.

Je crains qu'elle ne vienne pas.
그녀가 오지 않을까봐 걱정되네요.

5. 의사전달

- 무엇을 부탁할 때
S'il vous plaît, vous pouvez m'aider ?
저 좀 도와주시겠어요?
Vous voulez bien m'aider à porter mon bagage, s'il vous plaît ?
제 짐 좀 들어주시겠어요?
Pardon, pourriez-vous ouvrir la fenêtre ?
창문 좀 열어주시겠어요?

- 찬성이나 동의
Entendu.
좋아요
Je suis d'accord.
찬성입니다.
Vous avez raison.
당신 말이 옳아요.

- 반대나 부정
Je ne suis pas d'accord.
동의 할 수 없어요.
Ce n'est pas vrai.
그렇지 않아요.

6. 예절에 관한 표현

- 감사의 표시
Merci de m'avoir aidé(e).
도와 주셔서 감사합니다.
Tu es très gentil(le) !
너 매우 친절하구나!

- 감사에 답할 때
Il n'y a pas de quoi.
천만에요.
Ce n'est rien.
아무 것도 아니에요.
Je vous en prie.
천만에요.

- 초대할 때
Je vous invite à dîner ce soir.
제가 오늘 저녁 살게요.
Tu viens au cinéma avec moi ?
나랑 극장 같이 갈래?
Je t'offre un verre.
내가 한잔 살께.

- 초대나 대접에 응하기
Oui, avec plaisir. / Je veux bien.
네 좋아요.
C'est très sympa.
고마워요. 그러죠.
Chouette / Génial !
그거 좋죠 !

- 초대를 거절할 때
Je suis desolé(e), je ne suis pas libre.
죄송하지만 시간이 없는데요.
Je regrette, je suis déjà pris(e).
미안해요 이미 약속이 있거든요.

- 실수를 인정할 때
Je me suis trompé(e). / J'ai tort.
내가 착각했어. / 틀렸어.
Pardon, c'est une erreur.
미안해요, 실수예요.

- 약속시간에 늦었을 때
Excusez-moi d'être en retard.
늦어서 미안합니다.

- 축하할 때
Félicitations ! / Chapeau ! / Je vous félicite !
축하합니다!
Toutes mes félicitations !
축하드려요!

- 사과할 때
Pardon !/ Excusez-moi.
죄송합니다.
Je suis vraiment desolé(e).
정말 죄송합니다.

7. 예약 및 약속할 때

- 병원에 예약할 때
Je voudrais prendre rendez-vous avec le docteur, s'il vous plaît.
진료예약을 하고 싶은데요.
Lundi à onze heures ?
월요일 열한시에요?

- 친구들과 약속을 정할 때
Quand est-ce qu'on se voit ?
우리 언제 만나지?
Tu es libre ce soir ?
오늘 저녁 시간 있니?
Mardi à 17 heures, ça te va ?
화요일 오후 5시 괜찮니?
Oui, ça me va.
그래 좋아.

8. 레스토랑에서

- 주문할 때
Qu'est-ce que vous me conseillez ?
무엇을 권해 주시겠어요?

Apportez-moi la carte, s'il vous plaît.
메뉴판을 가져다주세요.
Je voudrais un steak-salade et un demi-pression.
샐러드 곁들인 스테이크와 생맥주 한잔 주세요.

- 계산할 때
L'addition, s'il vous plaît.
계산서 좀 주세요.
C'est moi qui paie.
제가 살게요.
On partage.
각자 부담하죠.

9. 그 밖의 표현들

-파티에 초대할 때
Venez manger chez moi, c'est mon anniversaire.
제 생일인데 우리 집에 식사하러 오세요.
Il y a une soirée chez moi, vous venez ?
저녁때 우리 집에 파티가 있는데 오실 거죠?

-손님을 맞이할 때
Bonjour, entrez.
안녕하세요, 자 들어오세요.
Mettez-vous à l'aise.
편히 쉬세요.
Faites comme chez vous.
집에서처럼 편히 쉬세요.

- 손님 대접하기
Vous voulez boire quelque chose ?
마실 것 좀 드릴까요?
Qu'est-ce que vous prendrez ?
무엇을 드시겠어요?

-음식을 권할 때

고생 끝에 낙이 온다.

24. Ce qui est amer à la bouche est doux au coeur.
    좋은 약은 입에 쓰다.

25. N'anticipons pas !
    지레짐작을 하지 말라.

26. Selon toutes apparences.
    십중팔구

27. Un malheur en appelle un autre.
    불행은 불행을 부른다.

28. Il n'est chère sauce que d'appétit.
    시장이 반찬이다.

29. L'appétit vient en mangeant.
    말 타면 경마장 가고 싶다.

30. Pain dérobé réveille l'appétit.
    훔친 음식이 맛이 난다.

31. On apprend à tout âge.
    배움에는 나이가 없다.

32. Entre l'arbre et l'écorce il ne faut pas mettre le doigt.
    집안싸움에는 참견하지 말라.

33. Il ne faut pas juger de l'arbre par l'écorce.
    겉만 보고 판단하지 말라.

34. L'arbre ne tombe pas du premier coup.
    열 번 찍어 안 넘어가는 나무 없다.

35. Les arbres cachent la forêt.

11. Un bien en acquiert un autre.
    돈이 돈을 번다.

12. Bien mal acquis ne profite jamais.
    부정으로 번 돈은 몸에 붙지 않는다.

13. Un individu qui s'est adonné à la boisson
    술에 빠진 사람

14. À beau mentir qui vient de loin
    먼데서 온 사람은 거짓말하기 쉽다.

15. Celui qui adore le veau d'or
    부귀에 아부하는 사람

16. Le grand âge affaisse l'esprit.
    늙으면 정신도 쇠약해진다.

17. À qui se lève matin Dieu aide et prête la main.
    아침에 일어나는 새가 벌레를 잡는다.

18. Aide-toi et le ciel t'aidera.
    하늘은 스스로 돕는 자를 돕는다.

19. Qui m'aime aime mon chien.
    좋은 사람의 것은 무엇이든 다 좋아 보인다.

20. Qui m'aime me suive !
    내가 좋으면 나의 뒤를 따르라!

21. C'est l'air qui fait la chanson.
    아 다르고 어 다르다

22. Allume ta pipe à la pompe !
    산에 가서 낚시질을 한다. 별꼴 다보겠네.

23. Il faut casser le noyau pour avoir l'amande.

Prenez un peu ce gâteau.
이 케이크 좀 드세요

Du vin rouge, ça vous va ?
적포도주 어떠세요?

Vous n'en voulez plus ?
더 드시지 않겠어요?

- 선물을 주고받을 때

Tenez. C'est pour vous.
받으세요. 당신께 드리는 거예요.

J'ai apporté un petit cadeau pour toi.
너에게 줄 작은 선물을 하나 가져왔어.

Vraiment, c'est trop gentil !
정말로 고마워요!

Oh, il ne fallait pas.
안 그러셔도 되는데…

- 쇼핑할 때

Je voudrais un parfum.
향수를 사려고 하는데요.

Je peux essayer ?
테스트 해봐도 되나요?

- 집을 구할 때

Je voudrais louer un studio meublé.
가구 딸린 원룸아파트 하나를 찾는데요.

De combien est le loyer ?
집세는 얼마입니까?

Je peux visiter l'appartement maintenant ?
지금 그 아파트를 방문할 수 있을까요?

- 관광 정보를 얻을 때

Où se trouve l'office de tourisme ?
관광안내소가 어디 있나요?

Il y a des visites organisées ?
단체 관광이 있나요?

On peut avoir un guide qui parle anglais ?
영어하는 가이드를 구할 수 있을까요?

속담

1. Ni savoir ni A ni B
   낫 놓고 기역자도 모른다.

2. Qui a dit A doit dire B.
   시작한 것은 끝을 맺어야 한다. 시작이 틀리면 끝도 틀린다.

3. A est à B ce que C est à D.
   그놈이 그놈이다.

4. Petite pluie abat grand vent.
   적은 비에도 큰 바람은 멎는다. 가는 비에 옷 젖는 줄 모른다.

5. Le temps ruine les monuments les plus solides.
   세월 앞에 장사 없다.

6. Ce qui abonde ne vicie pas.
   다다익선

7. Les absents ont toujours tort.
   자리에 없으면 손해 보게 마련이다.

8. Dans le doute abstiens-toi.
   의심스러울 때는 잠자코 있어라.

9. Une défaite s'accompagne toujours quelque humiliation.
   패배에는 항상 굴욕감이 따른다.

10. C'est la montagne qui accouche d'une souris.
    태산명동에 서일필

나무는 보고 숲은 못 본다.

36. Tel père, tel fils.
    부전자전

37. L'argent n'a pas d'odeur.
    돈에는 귀천이 없다.

38. Plaie d'argent n'est pas mortelle.
    금전상의 손실은 구제할 길이 있다.

39. La faim assaisonne tout.
    시장이 반찬이다.

40. Qui se ressemble s'assemble.
    유유상종

41. Autant en emporte le vent.
    십년공부 나무아미타불

42. Il ne faut pas confondre autour avec alentour.
    서로 다른 것을 혼동해서는 안 된다.

43. Autres temps, autres moeurs.
    시대가 바뀌면 풍속도 달라진다.

44. Un homme averti en vaut deux.
    미리 알고 있는 자는 갑절의 조심을 하는 법이다.

45. Autant de têtes, autant d'avis.
    각인각색

46. On ne s'avise jamais de tout.
    사람의 생각에는 한도가 있다.

47. De tout s'avise à qui pain faut.

궁하면 통한다. / 필요는 발명의 어머니

48. Faute avouée est à moitié pardonnée.
 고백한 과오는 반은 용서받은 것이나 다름없다.

49. Il faut battre le fer pendant qu'il est chaud.
 달리는 말에 채찍질하다

50. Les beaux esprits se rencontrent.
 훌륭한 사람들은 마음이 통하는 법이다.